藍學堂

學習・奇趣・輕鬆讀

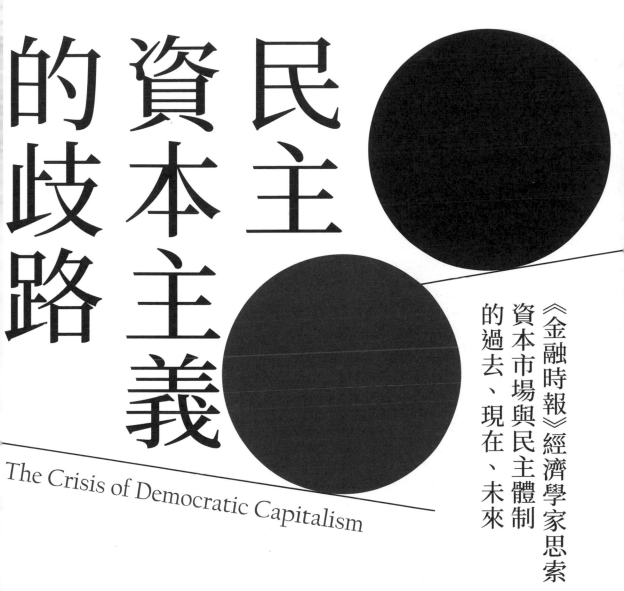

民主資本主義的歧路

The Crisis of Democratic Capitalism

《金融時報》經濟學家思索
資本市場與民主體制
的過去、現在、未來

馬丁・沃夫 Martin Wolf 著　　李芳齡 譯

目錄

揭開民主資本制度及其敵人的神祕面紗

王乾任／Zen大的時事點評版主

　　馬丁的新書《民主資本主義的歧路》，試圖回答一個大哉問：沒有了民主制度，資本主義社會可能續存嗎？

　　改革開放後中國的迅速崛起，證明不是民主政體，一樣能支撐資本主義的發展！即便是民主制度，也不保證資本主義能夠良序運轉，例如：歐豬五國（希臘、義大利、愛爾蘭、西班牙及葡萄牙）。

　　倘若資本主義不必然只能搭配民主，才能發揮得好，各國便能各自發展資本主義，不須理睬戰後西方世界宣揚的那套民主資本制度。台灣亦曾有類似的聲音，認為「民主不能當飯吃」，遠不如開明專制來得有效率。

　　不過，馬丁卻堅定地指出：民主資本主義制度才是最好的選擇。

　　資本主義誕生之初，資本家需要大量勞工操作工廠機器，工人們得以聯合起來成立工會，要求民選政府改善勞動環境與薪資，制衡資本家的擴權。

　　然而，自動化與數位科技崛起，還有鐵幕崩塌後釋放的大量廉價勞動力，取代了西方勞動工人，資本家將工作外包，同時積極遊說政府，修改經濟果實分配制度，贏者全拿，財富分配不均日益惡化，中產階級殞落，僅剩勉強餬口的零工經濟。

　　普羅大眾與年輕世代不滿翻身無望，凝結成一股強大的動能，積極向外找尋其他辦法突圍。

　　當人民不相信身處的社會體制時，不會成為什麼都懷疑的不信者，而是淪為什麼都願意相信的輕信者。馬丁認為，川普的勝選，就是靠煽動人心的民粹主義，抓住了被傳統政治經濟精英背叛、生活日益困苦且翻身無望的中下階級支持。只不過，以此勝選的川普，仍舊無法改善中下階級的經濟問題。

那麼，世上現存的其他政治體制與資本主義結盟，會是解方嗎？

馬丁給出否定的答案。曾經備受讚揚的中國式資本主義，威權獨裁的弊病滲入經濟場域，衰敗與亂象則在疫後大量噴發，短時間內無望翻轉復甦，統治正當性也受到質疑（例如：白紙革命）。

民主資本制度最大的敵人不是中國或其他體制，而是自己。馬丁從民主與資本主義制度的根本構造展開說明，帶出強大的民主資本制度本來樣貌，再描述、剖析與批判沉淪後的民主資本體制的殘破現狀，指出其衝擊與傷害。

不能或不願分享經濟果實的贏者全拿體制，終究只是殺雞取卵，無法長治久安。裂解後的民主資本制度，強者只勝在比其他人晚一些滅亡而已，單靠少數贏家或AI，無法維持資本主義的長久昌盛！

全書最後一部分，馬丁借鏡波普的社會改革工程，提出修補制度的建言，倡議強化社群主義式公民聯合、監督政府、壓制民粹、做好經濟果實分配管理……，巧妙地維持政治經濟與公民社會的均衡，若能順利遏止政治與經濟不平等繼續惡化，維護機會平等，各種不同族群都能享受平等的政治權利，未來仍大有可為。

雖然不容易，但我們必須做到，因為氣候變遷難題亟需各國政府與公民聯手解決。馬丁認為，如今我們不可能放棄資本主義回歸前現代社會，亦不可能回頭擁抱已經失敗的社會主義，惟良序運轉的民主資本主義制度才有一線生機。

話說回來，通讀全書，個人覺得，從馬丁提出的各個指標檢視民主資本制度在台灣的發展，其實並不差。公民參政、政治平權，機會平等，許多政治與經濟精英默默為台灣奮鬥打拼（才能擋下疫情侵襲、屢創經濟成長、投資次世代基礎建設……），經濟果實也有分配到中下階層（屢屢調高基本薪資、減稅、還稅於民、增編社福預算），算是不錯的成績了（除了房價真的太高）……

推薦序
欲復興民主，先究其問題根源

陳方隅／東吳大學政治學系助理教授

當前全世界的民主體制正面臨重大的倒退危機，這應該是學界與媒體界的共識，而探究這個危機是怎麼來的、及該怎麼樣面對與改善，這就是我們所必須要好好面對的課題。本書作者是《金融時報》的首席經濟評論員馬丁・沃夫，他從民主政治與資本主義結合的歷史開始爬梳，試圖為當代政經體制面臨的挑戰尋找出路。

本書的主旨很簡單明瞭：當今世界最主流的政治與經濟制度組合，也就是民主政治搭配資本主義，正在走向失敗。在了解現今的問題並做出診斷之前，作者從政治與經濟體制的源頭講起。他回顧民主與資本主義市場的結合，解釋為什麼二者可以結合在一起，這當中需要不同行為者之間的妥協與交換。作者認為，民主體制取得正當性，很大程度是因為經濟運行得很好，可以讓大家過上好日子。然而，近年來先進民主國家漸漸受到去工業化的影響，成長趨緩、不平等升高、工資成長停滯，而2008年的金融危機給予整個體制嚴重打擊，掌握權力的精英們似乎也不知道該怎麼辦。

如果從民主化理論的幾個主要學說來看，沃夫的觀點很接近所謂的「現代化理論」，也就是說，「經濟發展」是最主要的一個解釋變數。他認為體制取得正當性的主要原因是經濟表現好，反過來說，他認為當前體系的失敗是從經濟層面開始，先進工業國家無法維持高度經濟成長，而且經濟果實愈來愈集中在少數人手裡，「消失的中產階級」是整個體制最主要的問題所在。作者認為，這樣的經濟失敗會逐漸外溢到政治層面，因為經濟面的治理危機讓人們開始質疑這套體制的運作，導致強人崛起、民粹主義政客當道，人們更加傾向支持這些炒作特定保守元素、甚至攻擊整個體制的政客，進而讓這些強人有機會可以破壞整個體制。

在書中，作者提供了經濟史的回顧，尤其是對全球政治經濟發展的大事件以及相關數據，資料與論述內容都很豐富。最後也提出許多政策面的討論。他認為現在各國政府最重要的任務，就是想辦法維持多元的、均衡的經濟成長。其中的解方包括要多投資教育，把資源投放在年輕人身上，讓年輕人過得更好、更多元，進而帶起整個社會的成長。

不過，讓我們先撇開「經濟發展這個因素到底能不能解釋人們的政治態度」（人們真的只會在乎經濟成長嗎？）這樣的討論，光是以作者所提出來的解方來看，可能就會有一些弔詭之處。畢竟，現在讓整個體制出問題的，是那些掌握政治與經濟權力的精英。但如果要解決這些問題、推動改革方案，根據沃夫的論點，恐怕很多時候仍然得靠這些精英們來推行政策、改變政治議程。人們的確可以由下而上地組織起來，用公民社會的力量去推動精英們做改變，但如果精英們不願意改變呢？而且，更多時候，一般人們會將希望放在那些號稱要打倒既有體制的民粹主義政客身上，而不是讓體制內的精英改變態度。

最有趣的是，如果從個人角度出發，當我們對整個體制的運作方式知道愈多、對於當前的危機根源討論愈深入，可能更知道改變的困難度有多高，使得有些人覺得體制大概沒救了而放棄政治參與；當我們對整個體制運作方式知道愈少，則會有人因不了解真正的結構性問題在哪裡，從而去尋求快速的解決之道，也就是寄望於強人、甚至是獨裁的領袖身上。

現在全球共同的現象就是年輕一輩感受不到希望、對民主失去信心。那麼，在高層精英們啟動必要的改革、將國家導向投資在年輕人身上之前，人們會不會已經放棄了民主體制呢？就算沒有放棄，現行體制（以及體制下的精英）有辦法導向這些必要的改革嗎？這些問題的前景恐怕都無法讓研究者樂觀起來。即使如此，身為一個民主國家的公民，我一直都覺得，認識我們的政治與經濟體制，是我們的公民責任。因此，包括本書在內，即使許多分析民主體制危機的書都會導向民主前途黯淡的氛圍，但我們仍然非常有必要去追溯到底問題是出在哪裡。

各界好評

「商業財金新聞從業者中，馬丁·沃夫無疑是其中的佼佼者，35年的職涯，沒有人的論述被閱讀、援引次數或見解的深刻程度，能勝過這位《金融時報》長期經濟評論員。遇上金融危機時，你第一個想聽取觀點的評論家是沃夫，他是一名富有思想且慷慨大方的同事，他是評價所有同業從業人員時被拿來參考的黃金標準。……不同於許多革新主義者，沃夫的吶喊不是要廢除制度，推翻那些制度的運行者，而是呼籲他的精英夥伴，履行隨其特權而來的責任。」──《華盛頓郵報》

「馬丁·沃夫一直是言詞犀利的經濟與政治評論家，本書綜合他對民主資本主義和如何解決其問題的看法，精闢且發人省思。」── 班·柏南奇（Ben Bernanke），前美國聯邦準備理事會主席

「馬丁·沃夫把數十年的思想與分析匯集成這本上乘之作，對於任何想為這時代最困難的疑問尋求解答的人來說，無疑是一本重要指南。」── 安妮·艾波鮑姆（Anne Applebaum），《大西洋》（*The Atlantic*）雜誌特約撰稿人、《民主的黃昏》（*Twilight of Democracy*）作者

「馬丁·沃夫是最睿智、敏銳、極富經驗的評論家，他始終是個樂觀者，但如今，他不再樂觀了，他認為現在的市場經濟不再與穩定自由的民主制度兼容。誠如古希臘哲學家柏拉圖所警告的，不安感及恐懼可能是通往專制的門徑。沃夫提出的建議聰慧有理，或許還不算太晚。不論是樂觀者或悲觀者，這都是一本必讀之作。」── 安格斯·迪頓爵士（Sir Angus Deaton），2015年諾貝爾經濟學獎得主

「馬丁·沃夫是當代最深刻的思想家之一，這本新著也是必讀佳作！他

出色地分析民主資本主義當前危機的導因，並提出成功振興它所需要的改革。他適切地呼籲，改革後的民主資本主義國家要建立一個新聯盟，以維護全球和平、共榮，以及對抗金權統治的民粹主義和專制。但願世人認真聆聽，專注他的睿智建言。」——諾里爾・魯比尼（Nouriel Roubini），紐約大學經濟學教授

「馬丁・沃夫是一位擘肌分理的偉大人道主義者，書中他訴說的民主資本主義令人振奮，為其辯護也同樣鼓舞人心。為捍衛自由與尊嚴的價值觀，民主制度和資本主義都必須改革。這是我們這時代必讀的一本書，也是一本指南。」——丹尼爾・齊布拉特（Daniel Ziblatt），哈佛大學教授、《民主國家如何死亡》（*How Democracies Die*）合著者

「在全球經濟進一步黯淡之際，本書出版再應時不過了。誰能比嫻熟歷史知識且了解經濟的馬丁・沃夫，更善於辨察掠奪性資本主義和煽動性政治的雙重威脅，並策畫出一條狹窄的逃生通道？這方法必須是熟悉整片森林的人，才能找出、並隔除樹根的腐爛部位。」——卡門・萊因哈特（Carmen M. Reinhart），哈佛大學經濟學教授

「馬丁・沃夫精闢地分析資本主義和民主制度的弊病，任何想了解民主資本主義如何陷入深度危機、其為何值得拯救，以及該如何拯救的人，這本博學且文筆出彩的著作將成為必讀之作。」——雅沙・芒克（Yascha Mounk），約翰霍普金斯大學國際事務實務教授、《大實驗》（*The Great Experiment*）作者

「熱情、警醒、睿智：馬丁・沃夫將自己的靈魂傾注這本代表作中。他直接點出自滿一代所忽視的不安真相，以及年輕人與之抗爭的後果。」——保羅・柯利爾爵士（Sir Paul Collier），《社會向左，資本向右》（*The Future Of Capitalism*）作者

「發自內心的吶喊……本書的研究令人印象深刻，對於想了解近幾十年來推動全球經濟的人來說，這是一座資料寶庫……正如丘吉爾曾經說過的，

民主是最糟糕的政府形式——除了其他所有形式之外。相對於其他形式的經濟組織，資本主義也是如此。解決這兩個問題是一大課題。」——大衛・史密斯（David Smith），《星期日泰晤士報》經濟編輯

「這本書的影響力出於沃夫中心的感知，以及解釋問題的規模。他所描述的問題——不平等、缺乏社會流動性、生產率成長放緩、金錢影響政治、民主的不滿——眾所周知，並將這些問題統稱為導致預見之災的原因，使解決問題急不可待。」——艾瑪・鄧肯（Emma Duncan），《泰晤士報》經濟和社會政策專欄作家

「馬丁・沃夫是世上最有影響力的經濟學家之一……其新作既是代表作，也是對信仰危機的解釋。……沃夫認為，民主和資本主義對立且相輔相成：對立是因為資本主義依賴於報酬的不平等，民主則依賴於政治的平等，互補是出於二者皆奉行個人選擇的原則。但近幾十年來，這種對立面的結合正在分崩離析，特別是號稱民主資本主義旗手的美國……本書深入分析西方社會的弊病。」——阿德里安・伍爾德里奇（Adrian Wooldridge），《彭博社》全球商業專欄作家

「本書借鑑了馬丁・沃夫在傑出職業生涯中積累的智慧……他提出的案例具有權威性和說服力。」——《經濟學人》

「本書將吸引廣大的讀者。世界領導人和執行長都會閱讀本書。如果本書說服了其中一些人改變策略，遠離國內和國際經濟目前所走的金權之路，我們都應該心存感激。」——威廉・戴維斯（William Davies），《新政治家》（New Statesman）政治與社會學作家

「馬丁・沃夫在其優秀新作中揭示了民主資本主義的厄運循環……」——比爾・艾默特（Bill Emmot），《金融時報》記者

謹以本書獻給我心愛的孫子輩：
扎克（Zach）、瑞貝卡（Rebecca）、
亞歷山大（Alexander）、
安娜（Anna）、亞比該（Abigail）、伊登（Eden），
希望他們的世代做得比我的世代更好。

ΜΗΔΕΝ ΑΓΑΝ

（凡事勿過度）

刻在德爾菲阿波羅神廟入口的箴言

作者序
撰寫本書的動機

> 歷史不會重演，但會如同押韻般地非常相似。
>
> —— 普遍認為出自馬克・吐溫（Mark Twain），小說家[1]

我的見解隨著世界的演變而改變，對此我理直氣壯。我認為一生從未改變見解的人，是不思考的人。不過，我自父母那裡承繼的價值觀從未改變，他們從希特勒掌控下的歐洲逃出來。我信仰民主和公民義務、個人自由和思想自由、啟蒙和真相第一。我認為，所謂「第四階級」的新聞界就是為了服務這些理想，身為其中一員，我引以為傲。[2]

我在2019年6月27日獲頒「傑拉德羅布終身成就獎」（Gerald Loeb Lifetime Achievement Award）時，做出了上述獲獎感言，也是我的信條。本書是那些未改變價值觀的人，以及我在21世紀的第三個十年開端轉變見解的證詞。

邁向80歲之際，我看到了一段很長的歷史循環，這循環不僅包含我的人生，也包含我父母的人生。這兩個世代的故事始於1910年4月23日，我父親艾德蒙・沃夫（Edmund Wolf）誕生於波蘭東南部的一座城市熱舒夫（Rzeszów），當時屬於奧匈帝國的領土。在19世紀初早已受到工業化、城市化、階級衝突、民族主義、帝國主義、種族主義，以及強權對立等綜合影響了很長一段期間。四年後，一戰爆發破壞了歐洲的穩定。我祖父伊格內茲・沃夫（Ignatz Wolf）擔心俄軍入侵，舉家搬遷至維也納，我父親就在那裡長大成人。我母親蕾貝卡・沃夫（Rebecca Wolf，娘家姓Wijnschenk）在1918年8月30日出生於阿姆斯特丹，正是一戰結束的兩個月前，不過一戰中荷蘭屬於中立國。她出生的九個多月前，布爾什維克黨推翻俄國臨時政府，建立蘇維埃俄國（簡稱蘇俄）。

君主逃亡、歐洲各帝國垮台，一個新世界誕生了。然而，美好新世界的希望，最終被證實只不過是個幻想。兩次大戰之間，世界迎來混亂的年代：1920年代出現惡性通貨膨脹、脆弱且不均衡的經濟復甦，以及民主主義者、共產黨人、法西斯主義者之間的爭戰；1930年代出現大蕭條、金本位制瓦解、阿道夫・希特勒（Adolf Hitler）在德國掌權、富蘭克林・羅斯福（Franklin Delano Roosevelt）當選美國總統、日本軍國主義擴張、史達林作秀審判反抗分子、西班牙爆發內戰、姑息主義興盛，最終於1939年爆發二戰。那是真正的混亂年代。

　　我父親正確地對希特勒掌權下的德國企圖展現出恐懼，於1937年離開奧地利，我母親於1940年5月及其父母及手足逃離被納粹入侵的荷蘭。1942年秋天，我母親的荷蘭籍猶太裔友人在倫敦舉辦一場宴會，慶祝我父親最親近的友人從拘禁中獲得釋放，他因被視為「敵僑」而在奧地利遭到拘禁，我父親也曾被視為敵僑而被拘禁在加拿大。我父母在那場宴會中結識，兩人於1943年10月21日結婚，我生於1946年8月16日，成長於英國，此生除了十六年的時光外，可稱得上道道地地的倫敦人。

　　若沒有二戰以及納粹德國（又被稱為第三帝國）的反猶太種族屠殺，奧地利籍猶太裔的父親和荷蘭籍猶太裔母親不會相識。跟無數人一樣，我和弟弟（生於1948年）是大災難下孕育出的小孩。我父母和他們的近親家屬因逃離家園而倖免於納粹迫害，我父親的家人（他父母、兄弟姊妹、他弟弟的妻女）歷經千辛萬苦，於1939年抵達巴勒斯坦。我母親的家人於1940年5月成功逃離，並搭乘一艘拖網漁船抵達英格蘭某座漁港，他們大家族中的叔伯舅嬸姨及堂表兄弟姊妹，幾乎全被屠殺。我母親出生在大家族，她父親是出生於阿姆斯特丹的窮人，有八名兄弟姊妹，她告訴我，她約有三十位近親死於納粹大屠殺。然後，她幾乎不再提起這場巨大災難與痛苦，但我知道父母的歷史不同於我認識的其他人，除了我父母的親近友人外，他們有著相似的難民史。

　　常有閱讀或聆聽過我論述的人抱怨我的悲觀傾向，對於這類批評，我做出三個回應。第一、我的悲觀為我帶來意外的美滿結局；第二、我犯的最大錯誤來自過度樂觀，最近的錯誤是太過樂觀地看待金融從業者的智慧，以及全體選民的明智程度；第三個、或許也是最重要的一個，因為兩個悲觀男人——我父親，以及我外祖——的決定，才有我的誕生。我父親靠著在維也納當劇作家所賺的版稅收入，抓住機會逃往倫敦，當時他希望借道倫敦前往美國。我外祖父年幼時離開阿姆斯特丹的學校，在荷蘭北部的港市艾默伊登（Ijmuiden）成為一名成功的魚販，他不僅務實，也能夠快速做出決定。德軍一入侵荷蘭，他就弄來一艘拖網漁船，並找到一名船長（他是個有名的魚販，大概覺得駕漁船逃難不會太難吧），然後邀請親戚加入他與家人的逃難行列。他在岸邊等了幾小時，但那些親戚都沒來，最終是船長催促他們得趕緊離開，可能德軍推進的速度很快吧。我外祖父的悲觀加上機敏，拯救了一家人，但他們的親戚幾乎全被屠殺，是悲觀救了他。

這些回答雖然真實，卻也不是全部。我的家族史使我認知到文明的脆弱，任何一名有基本歷史知識的猶太人都應該知道這點，只不過與納粹大屠殺有牽扯的人更能深刻體會。人類傾向無節制的愚蠢、野蠻、破壞，人類總是自然地把人區分為同類與非我族類，他們快活地消滅後者，也總是這麼做。我從不把和平、穩定或自由視為理所當然，我認為視其為理所當然的人是傻瓜。

不過，我童年安穩，我深愛且信賴我父母。戰後的英國百廢待舉，我還記得倫敦市在二戰時被轟炸過的地方，但這個國家令我感到穩定、和平、民主、自由。冷戰時期的某些事件使我們籠罩在陰影之下，1962年的古巴飛彈危機更是嚇人，但總體來說，我成長的過程中，世界似乎蠻穩固。

我的父母在1990年代相繼離世，母親在1993年去世，父親在1997年歸西，他們去世時的世界遠比他們年輕及剛成人時的世界好太多了，他們對民主、世界大致和平的信念，似乎被證明是對的。為歐洲帶來災難的極權主義者消失了、民主制度獲得勝利、共產主義的中歐及東歐撤除鐵幕、歐洲再度邁向團結。我們甚至可以想像俄羅斯邁向民主與個人自由世界的陣營，20世紀的意識形態、政治和經濟的大分裂（其實可遠溯至法國大革命）似乎結束了。

　　但是，後續事件證明，這種信心是建立在脆弱的基礎上。事實證明，自由化的金融並不穩定，亞洲金融危機爆發時，我已經認知到這點，在我2004年出版的著作《新世界藍圖：全球化為什麼有效》（*Why Globalization Works*）中解釋過。[3] 但是，在2007到2009年爆發全球金融危機和大衰退後，更加深了我的疑慮，我在2014年出版的著作《面對轉變與衝擊的年代》（*The Shifts and the Shocks*）探討這一重點。此外，總體經濟失衡導致世界經濟不穩定，這是我在2008年出版著作《馬丁沃夫教你看懂全球金融》（*Fixing Global Finance*）探討的主題[4]，書中指出，我們目睹的金融不穩定，導因於國際貨幣體系未能以夠安全的方式處理龐大的淨（及毛）跨國資本流動。此外，金融不穩定只不過是西方經濟失靈的眾多現象之一，其他現象還包括：愈趨嚴重的貧富不均、愈趨升高的個人不安全感，以及經濟成長放緩，尤其是金融危機導致大衰退之後。最後，大眾對商業、文化、學術、政治、行政等領域的精英階層失去信任，主要導因於前述所有的不幸，另一部分導因於精英階層本身的道德及智慧低落。

　　政治領域也發生大轉變。第一個大衝擊是美國於2001年9月11日遭到恐怖攻擊，以及後續的伊拉克和阿富汗戰爭。最大的改變是相對應的全球化經濟成功，亦即中國和印度的崛起（後者的強度明顯較低），使得全球經濟、乃至於政治力量的平衡，從美國和西方自由國家轉向中國及其官僚專制主義（bureaucratic absolutism）。然而，全球政治的變化遠不止此。伴隨21世紀推進，我們看到從自由民主制度轉向一些人所謂的「不自由的民主」（illiberal democracy），或許更好的名詞是「煽動型專制」（demagogic autocracy）。俄羅斯經濟學家古里耶夫（Sergei Guriev）和美國政治學家崔曼（Daniel Treisman）在他們最近合著出版品中，稱這類體制為「偽裝型獨裁」（spin dictatorship），以區別舊式的「恐懼型獨裁」（fear dictatorship）。[5] 唉，截至目前為止，我們可以看到，轉向新形式煽動型或偽裝型獨裁的現象不僅出現在新的民主國家，連世上一些最民主的國家也能見其身影，尤其是美國，唐納德・川普（Donald Trump）縱使在2020年敗選後，仍然是嚮往專制權力的化身。[6]川普、英國鮑里斯・強生（Boris Johnson）的崛起，傷害了兩國的國際可信度，削弱西方國家的凝聚力。最重要的是，他們的煽動型政治手法傷害了法治、誠信及國際協定的公信力，這些全是自由民主制度的基礎支柱。長此發展的終點很可能是徹底的專制政體。

21世紀一開頭的嚴峻挑戰，如同20世紀上半葉一樣，我們看到全球權力的轉移：當年是從英國和法國移向德國及美國，現在則是從美國移向中國。我們看到巨大危機：當年的危機是世界大戰、西班牙流感、1920年代中歐惡性通貨膨脹、1930年代大蕭條；現在的危機是大衰退、新冠肺炎、俄羅斯在2022年2月入侵烏克蘭。我們看到民主制度的崩潰和威權主義的興盛：當年發生於德國、義大利、西班牙及其他歐陸國家；現今則是開發中國家、中歐及東歐（包括俄羅斯在內）後共產主義國家的民主制度脆弱。但現在，就連在川普掌權下的美國和脫歐後的英國，自由民主制度也動搖了，這兩國可是整個20世紀都扛著自由民主旗幟的國家。[7]最重要的是，我們還面臨核武戰爭和氣候變遷失控的危險，前者是1940年代以前難以想像的，後者是1980年代以前幾乎不被考慮的。

我們或許避開了20世紀前半期的最大錯誤，但如果我父母尚在人世，一定會聯想起他們的過往。尤其是普丁（Vladimir Putin）堅決動武以重建帝俄，此舉令人無比痛苦地回想起，希特勒想把歐洲德語地區都收入極權統治之下的欲望，就連俄羅斯和北約組織之間的戰爭也變得不難想像了。

本書是對騷亂新紀元的回應，核心論點很簡單：當我們仔細檢視經濟和政治事件時必須認知到，若想要維繫西方的自由、民主、啟蒙等價值觀，就需要顯著的改革。但在這麼做的同時，也必須牢記，改革不是指革命，而是革命的相反。從無到有地重新建造新社會不僅不可能，也是錯的，此舉形同無視歷史價值，而且嘗試只會導致破壞與專制的結果。只有肆無忌憚的力量才能如革命般推翻既有秩序，但這種力量的本質就是破壞，摧毀以人際關係為基礎的安全感和正常生活。誠如18世紀政治家柏克（Edmund Burke）省思法國大革命：「社會不僅是活著的人彼此間的夥伴關係，也是活著的人、死去的人、未來將出世的人之間的夥伴關係。」[8]不論國內及國外，變革是必要，但變革必須在既有的基礎上推行。事實上，我們無法從其他地方做起，只能從既有的基礎出發。

　　本書以古希臘人的箴言為座右銘：「凡事勿過度」。[9]社會的健康有賴於在經濟與政治之間、在個人與集體之間，以及在國家與全球之間維持一個微妙的平衡，但這一微妙的平衡被打破了。我們的經濟使政治變得不穩定，反之亦然；我們不再能夠結合市場經濟和穩定的自由民主制度一起運行，大部分歸因於經濟未能如社會大多數人所期望的，提供安全感和廣為共享的繁榮。這種失望的第一個徵狀是社會廣泛地對精英階層失去信心；第二個徵狀是民粹主義和威權主義興起；第三個徵狀是左派與右派的認同政治；第四個徵狀是不再信賴真理，最後一點一旦發生，民主的基礎──公民之間的明智和理性辯論──就消失了。經濟學家海耶克（Friedrich Hayek）在1944年出版《到奴役之路》（*The Road to Serfdom*）；同年，經濟社會學家卡爾·博蘭尼（Karl Polanyi）出版《鉅變》（*The Great Transformation*），認為人類再已無法容忍生活於一個完全自由的市場制度下。[10]過去四十年的經驗證明，博蘭尼的觀點很正確。

　　我們並非基於國內的緊張情勢，驅使民主政治和市場經濟之間的關係必須改革（儘管，這些驅動力很重要），還有其他的情勢變化促使我們迫切需要改革，包括：專制政權在全球各地興起，以及最重要的，中國的專制資本主義明顯成功了。面對這些現實，西方國家必須改善自身經濟、社會、政治表現以做為回應。

　　若我們想強化社會健康所仰賴的團結性，國內改革有其必要，但改革不能僅限於國內，沒有任何一個國家是孤島，事實上，人類史上從未如此清楚地顯示，在脆弱的地球上，人類是命運共同體。人類這個部落型物種製造出的種種問題，其部落主義（tribalism）只會導致這些問題加劇。不論是不是民主國家，堅持狹隘、排他的國家主權將無法保護其子民，新冠肺炎可茲為證，川普說：「美國優先」，但疫情證明，縱使強大如美國，也無法獨自解決問題。氣候變遷問題也是，而且影響程度更深遠。

我們都想要市場經濟和自由平等的精神在新時代茁壯，但現在，看來並非如此。在嘗試判斷我們必須做什麼時，我只能從自己親眼目睹的事件和過往歷史中汲取教訓，目的很清楚：我們必須下定決心，如同林肯總統（Abraham Lincoln）在「蓋茲堡演說」（Gettysburg Address）中所言：「民有、民治、民享的政府，必將永存於世。」民主制度總是不完美，但專制絕對不是答案，而這必須靠每一世代人堅定地抗拒誘惑的靡靡之音，但截至目前為主，這種堅定地抗拒仍未達到我曾視為理所當然的程度，相反地，許多人正在屈服。

我把這本書獻給我的孫子輩扎克、瑞貝卡、亞歷山大、安娜、亞比該、伊登，我已經76歲了，來日不多，但孩子們應當有望迎接22世紀。我擔心屆時的世界會是什麼樣貌。我知道環境災難與核戰爭的危險性，但我也同等擔心他們最終將落入充滿謊言和壓迫的歐威爾世界，這樣的世界存在於中國和其他許多國家，但現在，就連先進的民主國家也隱隱浮現。

20世紀是有著眾多駭人獨裁者肆虐的世紀。現在，獨裁者再現，儘管他們可能不如上世紀最糟糕的獨裁者那般荒謬、可怕。習近平是獨裁者，普丁、川普、現任印度總理莫迪（Narendra Modi）、前巴西總統波索納洛（Jair Bolsonaro）也意欲成為獨裁者。以人口和經濟規模來看，上述都是世界上最重要的五大國家。日暮伴隨這些領導人降臨，他們的目標是肆無忌憚的權力，而只為權力服務的國家必死無疑，人類躲過了20世紀驚濤駭浪的命運，21世紀能再度幸免於難嗎？

第1章
燎原之火[1]

> 我們目睹的,可能不僅是冷戰的終結,或戰後一段特殊時期的結束,也是這種歷史的終章:即人類意識形態演進的終點,以及西方自由民主制度普及化成為人類政府的最終形式。
> ——法蘭西斯·福山（Francis Fukuyama）,日裔美國政治經濟學者[2]

　　法蘭西斯·福山在冷戰結束的1989年撰寫〈歷史的終結？〉（The End of History？）一文時,許多人贊同他的看法,認為自由民主制度加上自由市場的西式綜合體,其意識形態戰勝敵人,贏得了決定性的勝利。許多人看來,最後一個極權主義意識形態的終結,不僅是非凡且驚人的歷史事件,也是許諾人類迎向更好未來的事跡。極權高壓統治和大屠殺的年代結束了,自由的政治與經濟制度勝出。

　　但如今,不論自由民主制度或自由市場資本主義,好像根本沒贏過,不僅在開發中國家、新興國家、前共產主義國家如此,甚至在民主確立已久的西方國家亦然。經濟蹣跚動搖了人們對全球資本主義的信心,政治失靈削弱了人們對自由民主制度的信賴。在主政的共產黨拒絕結合資本主義與民主制度之下,中國的崛起也動搖了世界對西方國家及其人民的信心。

　　現在自由民主制度和自由市場資本主義被受質疑。在民族主義右派陣營,美國的川普、英國的奈傑爾·法拉吉（Nigel Farage）、法國的瑪琳·勒朋（Marine Le Pen）、義大利的馬泰奧·薩爾維尼（Matteo Salvini）、荷蘭的海爾特·威爾德斯（Geert Wilders）及奧地利的海因茲-克里斯提安·史特拉赫（Heinz-Christian Strache）等人，形塑與影響政治辯論，縱使他們不當權時也是如此。匈牙利和波蘭這兩國受益於蘇維埃帝國解體進而加入歐盟，迎來自稱為「不自由民主主義者」（illiberal democrat，其實是威權主義者的委婉詞）執政。[3] 匈牙利的奧班·維克多（Viktor Orban）和波蘭的雅洛斯瓦夫·卡臣斯基（Jaroslaw Kaczynski）師法俄羅斯的普丁，使國家處境艱難地對抗世界，並聲稱：「根據人民的意志」，反對個人權利。這些領導人也反對現代全球資本主義至少一個層面（但經常是多於一個層面）：他們或是反對自由貿易，或是反對資本自由流動，或是反對人民自由遷徙。無可避免地，這些反對演變成人們對歐盟的懷疑。

至關重要的是，美國選出了川普這名崇拜「強人」政治的總統，他痛恨新聞自由，對西方盟友的生存漠不關心，非常討厭歐盟，屬於強烈的保護主義者，喜歡肆意干預個別企業的決策。[4] 他對自由民主制度或自由市場資本主義沒有意識形態上的忠誠，他是民粹主義者，本能上的威權主義者，也是個民族主義者。最糟糕的是，他在2020年11月的總統大選中以極大差距敗選，卻扯謊宣傳他勝選，大大傷害了美國民主制度的根基。再者，美國不是別的國家，它是二戰後自由世界秩序的創造者。川普欠缺做為偉大的民主共和國總統必須具備的性格、才智與知識。他在2016年的執政，以及2020年敗選後對美國共和黨的持續影響，是美國這個舉世最重要的民主國家令人憂心的失敗。

本書將論述，對經濟失望是高所得民主國家出現左派和右派民粹主義的主要原因之一。[5] 許多人指向文化因素，包括：對身分地位的焦慮感、宗教信仰、毫不掩飾的種族主義等等，這些確實是關鍵的背景因素，但若經濟表現得更好，這些因素不會如此深刻地影響社會。再者，許多文化性質的變化跟經濟情況有關：產業空洞化對勞動力的衝擊、經濟移民對既有人口帶來的壓力都是明確的例子。人們期望經濟能為自己及其子女提供可接受的繁榮與機會，當期望落空時，他們就會沮喪且不滿。現實中發生的情形是，高所得國家中的許多人，把令人失望的結果歸咎於過去三、四十年間的全球資本主義。全球資本主義非但未能帶來繁榮及持續進步，還造成了愈趨嚴重的貧富不均、無前途的工作，以及總體經濟不穩定。可預期地，他們常把失望歸咎於外人——國內的少數族群和外國人。因此，左派和右派民粹主義者都贊同限制國際貿易，許多人認為也必須限制資本和工作者流動。

　　一言以蔽之，三十年前意氣風發的自由民主制度和全球資本主義，如今喪失被民眾認可與接受的正當性（legitimacy），由於二者分別為西方國家採行的政治與經濟制度，造成的影響甚大。民主制度賦予公民選舉權，資本主義賦予從事全球競爭的私人企業業主與經理人決策權，政治與經濟制度之間的潛在抵觸不證自明：民主政治是國家性質，市場經濟是全球性質；民主政治是基於一人一票的平等主義思想，市場經濟是基於不平等主義思想，亦即贏者全拿。

　　現在，民主制度與資本主義的綜合體——民主資本主義——陷入危機。[6] 危機的性質，以及該如何因應此危機，是本書的核心主題，探討聚焦於民主資本主義在西方國家的命運，但並不僅限於西方國家，因為西方國家的未來與世界其他地區息息相關、密不可分。不過，西方國家是民主資本主義的心臟地帶，而世界的新興強權中國，則是以迥異的方式管理政治權力與財富創造之間的鏈結，我們或可稱為「威權型資本主義」（authoritarian capitalism）或「官僚型資本主義」（bureaucratic capitalism）。至於其他地方，在巴西、印度、土耳其、甚至俄羅斯的情形，或可稱為「煽動型資本主義」（demagogic capitalism）或「煽動型專制資本主義」（demagogic autocratic capitalism）。不過，從創造繁榮、自由及一定程度的幸福能力來看，西式民主資本主義制度仍然是世上最成功的政治與經濟制度。民主資本主義也在過去成功應付不少大挑戰，尤其是1930年代和1940年代，以及冷戰期間。但是，現在到了必須改革的時候，最重要的是，必須在市場經濟和民主政治之間找到新平衡，否則民主資本主義可能會崩潰。

　　我所謂的民主制度和資本主義是什麼形式？我說的民主制度是主流的現代形式——普選制、代議制的民主制度。[7] 所以，那些想要縮限選舉投票權的人，就是反民主。

進一步細究，我說的民主制度，指的是法蘭西斯・福山所謂的「自由的民主」（liberal democracy）。胡佛研究所（Hoover Institution）的傑出政治學家戴雅門（Larry Diamond）認為，自由的民主制度有四個大元素，缺一不可：自由公正的選舉、公民積極參與、平等地保護所有公民的人權、人人平等的法治。[8] 這些元素全都必要，而且結合起來足以構成自由的民主制度。請注意，上述元素強調「公民」，自由的民主制度具有排他性：包含公民，但排除非公民。這並非指外國人和移民之類的非公民沒有所有權利，而是指他們沒有公民的政治權。

很重要的一點是，自由的民主制度並非只是決定由誰治理國家，這名詞也定義了國家的類型。19世紀自由主義哲學家約翰・彌爾（John Stuart Mill）在著作《代議制政府論》（*Considerations on Representative Government*）中堅持，民主是或應該是：「非僅少數個人有討論的自由，而是公眾全體皆有，他們透過這種自由，一定程度的參與治理，同時也被治理，共同接受制度與精神的規範。」[9] 因此，為使自由的民主制度有效運行，公民必須有權表達他們的意見，也必須容忍他們不贊同的意見和異議者。套用20世紀著名的自由主義思想家以撒・柏林（Isaiah Berlin）提出的術語，身為公民，人們享有消極的自由（negative liberty）：免於受到他人強迫、能夠自行決定的權利，以及積極的自由（positive liberty）：參與公眾生活的權利，包括投票。[10] 這種政治制度的本質是多元主義[11]，因其關心所有公民的政治權利，也關心少數族群的政治權利。

本質上，自由民主制度是接受敗選的各黨派或陣營之間的權力競爭，這是一種「文明的內戰」，不能使用暴力，但也意味著，贏家不會趁此摧毀輸家。像流氓那般企圖置對手於死地、踐踏個人權利、壓制言論自由、中飽私囊、以不正當手段操縱選舉的制度，都不是自由的民主制度。「不自由的民主」也不是民主制度[12]，這種制度下，最好的情形頂多是多數人的獨裁，最糟的則是

「公民投票式獨裁」（plebiscitary dictatorship）。普丁統治的俄羅斯就是一種公民投票式獨裁，雷傑普・艾爾多安（Recep Tayyip Erdogan）統治的土耳其、奧班統治的匈牙利都是如此。事實上，上述情況愈來愈像純粹的獨裁，統治權力毫無限制、為所欲為。

我說的資本主義，指的是市場、競爭、私人部門經濟行動，以及私有財產扮演核心角色的經濟。這種制度是「市場資本主義」，其規模、範疇、監管干預、稅負、預算支出等方面的政府性質，因資本主義國家而異。伴隨社會發展更民主，政府干預也隨之增強，這是免不了的，因為投票權擴大到沒有太多資產的人。不過，這傾向也反映經濟生活愈趨複雜，以及充滿經濟學家所謂的「市場不完美」，換句話說，市場誘因可能導致有害的社會或經濟結果。

但就跟「自由的民主」一樣，國家無論大小、干預度高低，都必須依法治理。沒有法治，盜竊橫行，就沒有市場資本主義。此外，資本主義經濟也開放全球貿易和資本流動，至少某種程度上開放。資本主義從來不僅限於國家性質，因為更寬廣的世界提供大量有利可圖的交易機會。

較狹隘的市場資本主義，我指的是過去七十年間，尤其是過去四十年間興起的市場經濟形式，「全球化」一詞提供了簡略的描述。[13] 就跟人們的政治生活一樣，在經濟生活中也應該擁有免受國家（但不僅限於國家）專制強迫的自由，以及買賣勞力和合法擁有權的自由。此外，跟政治生活一樣，這種自由並非絕對，必須受規章、法律和憲法約束。

法治是民主制度和資本主義不可或缺的共同基礎，保障二者所需的自由。這意味著：「一國的所有人和管理當局，不論是私人部門或公共部門，都應該受到公共制定、未來生效且在法庭公開審理的法律所約束與保護。」[14] 若有個人或機構高於法律之上，沒有特權的人將無法安全地行使自由，法律必須具有全體適用的約束力和保護力，自由民主制度和市場資本主義才能續存與興盛。

自由民主制度和市場資本主義有一個共同的核心價值觀：相信代理人在政治和經濟中的價值與正當性。基於此，兩種制度都建立於「自由」思想的基礎上。但是，民主資本主義的可行性仰賴全體人，特別是精英階層的品德，若缺乏相當程度的誠實、可靠、自制、坦誠，以及對共同政治、法律及其他機制的忠誠，不論政治或經濟均無法運作。一旦缺乏這些品德，不信任的惡性循環將侵蝕社會、政治和經濟之間的關係。

簡言之，政治與經濟制度的成功仰賴廣受遵行的基本行為規範，有時這被稱為「社會資本」。但現在，自由民主制度和市場資本主義都生病了，二者之間的平衡也打破。我探討全球金融危機的前作《面對轉變與衝擊的年代》，最後一章標題是〈下一次是大火〉（The Fire Next Time）[15]，那本書的倒數第二段這麼論述：「對精英階層的能力與廉潔度喪失信心，無可避免地降低了人們對民主正當性的信賴。人們比以往更加認為國家治理不是為他們而生，是為一小群有好人脈的局內人所用，這些人囊括大部分的利益，出了事，不僅免於損失，還能把龐大的成本轉嫁給他們以外的每一個人。這種行為導致憤慨的民粹主義，左派與右派皆有。因此，接受共同犧牲的意願，在未來的重要性更甚於全球金融危機之前。西方世界的經濟情況比十年前想像的更糟糕，他們必須預期將有一段蠻長的緊縮開支期，並要在實質上和表面上都把事情辦得更公平。」[16]

我錯了，大火不是下一次，而是現在，再者，新冠肺炎和俄羅斯入侵烏克蘭的衝擊，使這場大火燒得更旺。這場大火有相當程度是上次金融與經濟危機殘留下的憤怒餘燼，在西方國家長期乏善表現和痛苦的社會變遷下助燃。川普是這一過程中的產物，他承諾填平沼澤，卻無可避免地深陷泥沼，從他的行動可以看出其損人利己的思維。原本料想，伴隨金融危機和新冠疫情消散、經濟復甦，大火將熄滅。但現在看來，大火熄滅如同癡人說夢，全球的民主資本主義陷入民眾不滿現狀、更不安於未來之間，先是保護主義、民粹主義、金權政治，可能很快就會迎來獨裁專制的高潮，最值得注意的當屬美國。

恢復西方制度的健全是我們面臨的最大挑戰之一，當然未必能成功，但若不嘗試，任何好事都不會發生，本書接下來將闡釋這點。第一篇分析政治與經濟之間的關係，尤其是從理論和歷史來看我所定義的民主制度與資本主義之間的關係。第二篇檢視在緊密相連的掠奪型資本主義和煽動型政治興起下，資本主義經濟和民主政體出了哪些錯。第三篇闡述若想創造一個更包容、成功的經濟，以及更健全的民主制度，我們需要做出哪些改革。第四篇探討重振的民主資本主義國家聯盟應該如何自我捍衛，在全球範圍內宣揚其核心價值觀，保護全球的和平、繁榮與地球。最後，本書的結論會重返核心課題，亦即精英階層應該肩負起保衛民主資本主義脆弱成就的責任，以防其在來勢洶洶的金權民粹主義（pluto-populism）及暴政（tyranny）浪潮中消失。

第一部

論資本主義與民主制度

民主制度與自由市場有根本上的共同點：地位平等的思想。在民主國家，人人有權對公共事務發聲。在自由市場，人人有權買賣私有財產。在政府的支持下，市場經濟創造了鉅額的財富成長和經濟機會，也改變了經濟與政治制度。

在現代化前的農業經濟社會，大部分人口通常直接被排除於參政之外，事實上，這也被視為理所當然。但是，現代的市場經濟社會，真實情況恰恰相反，分享權力變得必要或至少是明智之舉。正因如此，伴隨富裕的市場經濟演進，政治參與逐漸擴大（儘管歷經痛苦的過程），最終達到成人普選制。

過去四十年，民主制度走向全球化，民主國家空前之多，占全球國家總數的比例也空前之高。不幸的是，這種進展熄火了，自21世紀初，一些國家甚至倒退回非民主制度，這現象有時被稱為「民主衰退」（democratic recession）。

第二章我會檢視民主制度與市場經濟之間的關係，第三章則是檢視過去兩世紀的實際情況。

第2章

共生雙胞胎：
人類史中的政治與經濟

> 人類天生是政治動物，蜜蜂和所有其他群居動物則否。
>
> —— 亞里斯多德，古希臘哲學家[1]

　　經濟為人類合作提供主要理由，政治為合作的運作提供框架，經濟與政治共生共存。那麼，市場資本主義和自由民主制度之間有何關聯？答案是：沒有民主政體，資本主義無法長存；沒有市場經濟，民主制度無法獨活。所以，我們或許可以把市場資本主義和自由民主制度，想成由市場經濟及現代科學和技術所創世界的「互補對立面」（complementary opposites）——「陰與陽」。市場資本主義和自由民主制度結合了，但維繫關係很艱難，為經營這段有效卻充滿挑戰的關係，必須認知到一些現實。本章將討論為何如此及其演變。

經濟與政治緊密相連

　　人類創造的經濟是一種複雜、調適力強且富有創新能力的體系，但其存在只為了做一件簡單的事：提供人們賴以茁壯的資源。我們說「維持生計」有其道理。人類富有想像力，經常重新定義何謂「生計」，向來是指社會中存活下去。但現在，生計不僅指充足的食物、住屋、衣服、暖氣。在現今的高所得經濟體中，生計包含兩世紀前出生的人無法想像的各式各樣貨品與服務，有人估計，現在我們能取得的貨品與服務種類多達上百億種。[2]

人類經濟仰賴的所有資源來自地球和太陽：經濟植基於大自然，這是經濟學家蠢到遺忘的事實。不過，經濟也植基於人類社會，靠著合作，人類能遠比依靠個人更好地供養自己和家人，從靠狩獵採集維生的遠祖開始就是如此。合作讓人類得以創造出複雜的分工，勝過遠較人類更強壯、動作更快的動物。

　　史丹佛大學的史學家伊安・摩里士（Ian Morris）估計先進社會平均每人的「能量捕獲」（energy capture）[3]，依據資料顯示，自大約20萬至30萬年前在非洲演化出智人以來，已經發生過兩次經濟革命[4]，第一次是從狩獵採集慢慢地演進至農業經濟，第二次則遠以更快速從農業為主的經濟轉變為工業經濟。農業革命在高峰時的人均能量捕獲為農業前社會的7倍，到了2000年，工業革命的人均能獲量又再提高到農業社會時的7倍（參見＜圖1＞）。2022年時，人類經濟支撐79億人口（人口仍在繼續成長中），工業革命之初的1800

＜圖1＞人均每日能量捕獲（單位：千卡卡路里）

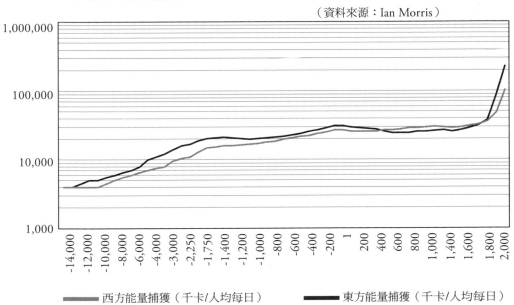

（資料來源：Ian Morris）

西方能量捕獲（千卡/人均每日）　　東方能量捕獲（千卡/人均每日）

年，全球大約有10億人口，1萬年前的農業革命之初，可能只有400萬人口。不同於日照所驅動的工業前經濟，近期能量捕獲的增加是由抽取化石化陽光（fossilized sunlight）❶所驅動，這也解釋了為何我們現在有氣候變遷問題。

人類繁榮昌盛，其他靈長類動物則否：地球現存的黑猩猩不到30萬隻，西部大猩猩20萬隻，紅毛猩猩7萬隻。[5]人類和飼養的家畜數量，占地球所有哺乳類動物總數的96%[6]，有人說，地球上的生命已經進入「第六次大滅絕」（sixth extinction），滅絕率比過去千萬年間高出100至1,000倍[7]。我們甚至可以把人類經濟想成一隻巨大的布穀雛鳥，大到把許多其他物種擠出地球這座鳥巢，同時還透過氣候變遷，把自己的巢搞得髒污不堪。

按人類主張行事的現代經濟，締造了驚人的成功，不僅支撐持續不斷增加的人口（參見＜圖2＞），也使個人獲得遠高於以往的平均生活水準（參見＜圖3＞）。[8] 1820年至2008年期間，實質人類經濟擴張超過70倍。[9]人類經濟活動的擴張也使國與國之間的貧富不均遽增，少數國家繁榮，其他則否。1820年時，世上最富裕國家的人均實質所得大約是最貧窮國家的5倍；2017年時，最富裕大國（美國）和最貧窮國家（剛果民主共和國）的人均實質所得比率為70：1。[10]

人類經濟的三大紀元有著不同的社會組織形式。狩獵採集群體的基本特徵是透過習俗和人際關係來合作，最強大的農業邦國是透過高壓和階級制度來合作，最成功的現代經濟體是透過分散競爭和民主共識來合作。

在狩獵採集群體裡，政治與經濟融合為一個大家庭。在這個世界裡，領土唾手可得，要麼不受管控，要麼以傳統習俗來管理。與此同時，不存在永久或固定財產，絕大多數的財產都屬於個人性質（工具、武器、衣服、飾物）。決

---

❶有機物吸收陽光後來變成化石，再被我們提煉成石化燃料。

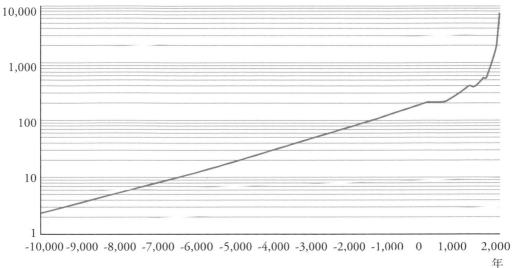

＜圖2＞世界人口（單位：百萬；1950年前使用條樣插值法）

（資料來源：Our World in Numbers）

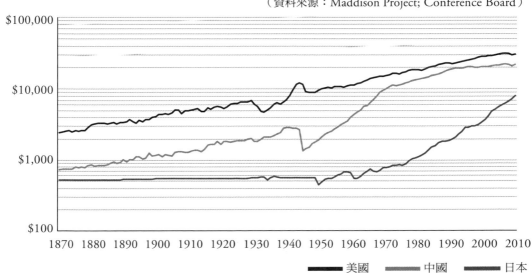

＜圖3＞人均GDP（購買力平價；以1990年國際美元為基準單位）

（資料來源：Maddison Project; Conference Board）

美國　　中國　　日本

策機制非制式、易變,只不過有些更有智慧、更聰明、更勇敢、更高技能者,其權威及影響力高於他人。這群人之所以能有效合作,是因為人人知道誰歸屬這個群體、受其保護且可被信賴。原始的群體是一個大家庭,成員包括透過婚姻而被納入其中的人,違反群體的規範與習俗可能被驅逐,這是非常嚇人的制裁。

　　人類最非凡的特徵,是有能力把想像的東西,例如:神、部落、國家、民族、貨幣、公司,化為社會現實。[11] 世界充滿有形和無形的存在物,「France」是一種概念,或者更精確地說,是許多概念,「God（上帝）」、「the gods（眾神）」、「the law（律法）」、「the dollar（美元）」、「the president（總統）」、「Exxon（埃克森）」、「the Treaty of Rome（羅馬條約）」也是如此。跟其他動物一樣,我們活在實體世界,但想像力賦予了我們控管人類社會與實體世界互動所帶來種種形式與活動。多個狩獵採集群體合併而成的部落,是第一個想像出來的社會與政治存在物,部落成了放大版的家庭,而為實現這種部落形式,人們想像死去祖先的存在。[12] 這些就是人類最早「想像的共同體」,民族國家則是現代最主要的範本。[13]

　　農業帶來遠更複雜的分工,以及更進步的概念、角色和制度,細節取決於技術、地勢、對貿易的依賴度、戰爭性質和宗教思想。不過,在多樣化的背後,一個堅定不移的邏輯驅動這些新國家的發展:必須保護那些寶貴、相對較不可移動的資源,例如:工作者、土地、莊稼、灌溉系統、儲存的食物,防禦內部和外來的強盜。農業也產生了支持從事上述工作者所需的保安資源,無可避免地,這些人既是保衛者,也是掠奪者。[14] 掠奪性保衛者創造的國家愈富強,他們的權力、財富、榮耀愈大。縱使國家無意擴張,也很容易被有野心的國家侵略,因此戰爭成為農業國家的半永久性活動,難怪他們的領袖往往也是戰士。

● ● ●

　　已故英國政治學家范乃三（Samuel Edward Finer）指出,國內權力鬥爭有四種潛在要角：皇宮（the palace，皇家及其侍從）；貴族（the nobility，泛指地主和戰士）；某種形式的教會（the church，為宗教正當性的源頭）；論壇（the forum，全體人民）。[15] 皇宮政體是主流形式，大王朝帝國波斯、中國、羅馬，到達君主政體權力的巔峰。農業國家也大多是世襲制（patrimonialism）：財產歸屬統治者及其家族[16]，財富集中於皇族手上，不過高級官員、神職人員、士兵、貴族地主也能分享戰利品，最核心的貴族通常是君主的近親。

　　人和被勞役的動物為經濟提供動力，因此社會在上位者仰賴強迫其下辛苦的農夫、附屬於土地的農奴和奴隸勞動來維生。奴隸制並不是歐洲殖民者所發明（有些人似乎這麼以為），而是相當普遍的制度。史丹佛大學教授沃特‧席代爾（Walter Scheidel）指出：「現代化前的國家，藉由為商業活動提供保護手段，以及為掌權者及相關集團開拓新財源，首度促使物質資源集中累積於少數人手中。」[17] 貧富不均的程度極高，貧窮勞動者只能拿到勉強餬口的所得。[18]

　　因此，這些社會的貧富不均近乎達到了最高水準。財富不均的情況，從狩獵採集群體轉變成農業國家，反而可能導致廣大民眾活在生活水準更低、更受束縛的社會中，但也遠比其他群體更容易存活下來。農業革命一旦爆發就無法回頭，傳統的狩獵採集者被趕至邊緣地帶，被征服或被消滅，反觀山區的游牧者能夠有效掠奪農業社會，例如：斯基泰人（Scythians）、匈奴人（Huns）和蒙古人，從歐亞大陸草原騎馬襲擊南方和西方的定居者。

　　誠如范乃三所言，各國的農業社會組成並不相同，一些國家的軍隊由成年的自由人所構成（例如：古希臘和羅馬共和國部分城邦），這類軍隊能夠抑制權力集中（至少能抑制一段期間），進而形成「論壇政體」（forum polities）。商人階級〔在義大利和北歐繁榮的「自由城市」（free cities）尤為顯著〕是另一股抑制權力集中的潛在力量，特別是國家仰賴財富創造者繳納的稅收，可能使商人跨國經營。若君主的法統性由神職人員裁定，宗教當局（例如：羅馬天主教會當局）又是絕對權力的另一道障礙。西方民主源起於中世紀皇宮、教會、貴族和自由城市之間複雜的權力平衡，以及統治者都建立不了如古羅馬帝國那般集權化帝國政體。然而，這種政體並非純屬巧合。[19]

對國王的所有合法約束，能造福平民（理論上是如此，某種程度上，甚至實務中也是如此），也能造福貴族成員。羅馬共和國是個典型的論壇政體，官員由選舉產生，職權分工明確，每一位執政官職有兩人擔任，只有在極端危機之際，才選出一位掌握全權的「獨裁者」。另一種不同版本的代表制，興起於西蒙・德孟福特伯爵（Simon de Montfort）領導貴族反抗英王亨利三世，並於1264年召開選舉產生議會，議會成員不僅有貴族，還有「平民」代表，其中每一個郡有2位爵士代表，每一個自治市鎮有2位公民代表。[20] 17世紀時，議會強大且正統到足以在一次內戰中擊敗君主政體，處死國王查理一世。代議制議會為現代的代議制民主（representative democracy）建立基礎。

英國的後續角色：日不落國、第一個工業國家，以及把歐亞大陸西緣小島上的發展演變成具有全球影響性的事件，促成現代形式的民主治理。伴隨議會和政黨的建立，專業化政治就此誕生。同時，也促進人口眾多的大國出現民主治理。在專業政府、法治、選舉政治這些基礎上，最終建立了現今的自由民主制度。

市場資本主義的成功發展

過去兩個世紀的繁榮轉型，其背後驅動力是一種獎勵人們在彼此競爭中發展出新商業點子的經濟，這是奧地利政治經濟學家熊彼得（Joseph Schumpeter）所描述「創造性破壞」（creative destruction）的經濟制度。[21] 關鍵因素在於經濟完全貨幣化的實現，工業革命前的同時代思想「勤勉革命」（industrious revolution）概念是基於：家計單位愈積極參與市場交易，以勞動力換取金錢，讓他們得以購買所需商品。這種市場的存在減少了自給自足的家計單位，並鼓勵專業化，因此創造出更大的市場需求。[22] 政策制定者也有意創造一些特別重要的市場，最顯著的是土地與勞力市場。[23]

隨著這些市場的發展，強迫勞動的舊做法變得多此一舉，經過長久的奮鬥，農奴和奴隸身分終於廢除，無疑是人類自由的一大進步。與此同時，區域性奴隸制和種族障礙的解放仍不夠全面，例如：美國南部各州，解放轉變成社會階層制度。後來，就連存在已久的女性次等、從屬觀念與實務也開始消弱，最終獲得經濟獨立和政治權。

至於到底是什麼開啟了現代經濟的快速成長，有很大部分的辯論屬於「一枚針頭能讓幾名天使在上面跳舞？」❷類型的議論。例如：有些人強調是資源的可得性使然[24]；有些人強調是制度使然[25]；有些人強調是「人們有權做什麼」和「什麼東西奏效」的概念使然[26]；有人強調是生產因素（尤其是勞動力）導致價格變化使然[27]。另外，也有人指出是種族化奴隸制使然，奴隸制度也是極端形式的剝削。其實，促成現代經濟快速成長的因素不可能只有一種。思想驅動制度，思想也教人們如何利用資源，包括：人力資源。話雖如此，市場與技術的結合是關鍵因素，促成的產業轉型推動了人類經濟史的轉折。

市場經濟的興起導致社會與經濟不穩定，另一種意識形態應運而生：社會主義計畫經濟。20世紀，我們見證了市場經濟對照計畫型社會主義經濟孰優孰劣的大考驗，這不是測試某種形式的「純」市場資本主義相對於計畫型社會主義經濟的替代方案，相反地，隨著福利國家和積極發展型國家的興起，資本主義本身也有所演變。不過，西德vs.東德、北韓vs.南韓、西歐vs.東歐、台灣vs.毛澤東主義中國，其經濟表現做出了確鑿的判決，甚至說服了蘇聯和中國共產黨本身，其結果是戈巴契夫（Mikhail Gorbachev）的「經濟改革」和鄧小平的「改革開放」。鄧小平很清楚他在做什麼，以及為什麼要這麼做，他看

---

❷ 這短語最早於17世紀新教徒在神學語境中，用以嘲笑中世紀經院哲學家討論的問題。然而，真實性存疑，可能旨在抹黑經院哲學。現代語境則用來比喻浪費時間討論沒有實際價值的話題。

著香港、新加坡、南韓和台灣，認知到這是中國必須跟進的一條路。

　　歷史證明他可真是太對了。沒有市場，經濟既無法生成資訊，也無法生成勞動力所需要的誘因。因此，直到鄧小平推行改革開放後，中國才展開驚人的經濟進步（參見＜圖3＞）。印度的情形也大致相同，1980年代開始緩慢地改革，1990年代改革速度大幅加速。這兩個國家在改革之前都不存在競爭性國內經濟，其中中國是完全沒有，印度則是嚴格限制企業活動，推行所謂「許可證制度」（Permit Raj／License Raj）[28]，存在有限度的競爭性國內競爭。事實證明，愈趨向世界開放的動態市場經濟是持續進步的非凡引擎。

　　總而言之，市場資本主義驅動經濟成長。而為此革命的國家提供了充足的基本先決條件，包括：穩定的財產權、致力於科技發展、相信國家裡人人（起初只是白種男性，但最終是人人）皆有權利憑藉自我實力追求成功。[29] 革命廣為流傳，開啟多國人均產出提高、財富分配不均的演變過程。這場經濟與社會革命在隨後的幾個世紀蔓延，殘酷無情且剝削，但也帶來徹底的改變。

市場資本主義與自由民主制度密切結合

　　經濟轉型較成功的國家，市場經濟的興盛引發愈來愈大的普選制民主要求。難以置信地，如此深遠的政治轉型，從18世紀的君主與貴族統治社會，轉變為20世紀的普選制民主，竟然源於一場意外。為何迎來這一轉變呢？答案來自意識形態、政治抱負、賦權、精英階層的自利以及影響力。

　　第一、意識形態。不論市場資本主義和自由民主制度看起來有多麼不同，實際上都是基於相同的哲學價值觀。如同政治哲學家賴利・西登托普（Larry Siedentop）所言：「西方人的信仰有利於平等思想，以排除國家永久的不平等，以及把威權的意見歸於任何人或團體，此一平等思想支撐了世俗國家和基本，或「天賦」權利的基礎。因此，自由主義傳統認為唯一與生俱來的權利是個人自由。」[30] 支撐市場經濟的核心信仰是個人有權利改變工作、創立事業、借貸金錢，並依其意願花錢和決定錢花在哪裡。這是個人主義的信條。

綜觀歷史，多數文明國家拒絕地位平等的觀念，掌權者被視為生來優於無權者，就如同南方白人認為他們優於被奴隸的非洲人。此外，權力帶來財富，沒有權力注定貧窮。儘管，有時候無權者可以透過經商致富，但也總是處於財富可能被君主或地主奪走的危險中。權力與財富緊密關連，二者往往是世襲而來，不是個人努力得來的，尤其是當土地所有權（乃至對土地工作者的控管權）既是權力的產物、又是財富的主要來源。在現代社會與經濟中，世襲觀念的沒落改變了這一切，儘管歷日曠久才變得明顯，但最終還是改變了。

很重要的一點是，一旦法律地位平等取代以往世襲地位的神聖性，政治權就更難限制了。若所有成年男性（或者，後來的所有成年男性與女性）有平等的閱讀與學習、買賣、創新與繁榮等權利來造福自己，為何他們不能擁有平等的政治代表權呢？[31] 長久以來，有人試圖基於財富、種族、性別來限制普選，但這種劃分專橫又不合理，每一個人都應該有權在政治中發聲，因為人人均受政治決策所影響，人人都有需要捍衛的利益。

有限的選舉權總是專橫且不公正，淪為最富裕者或最高權勢者所統治，而非由「最優者」統治，除非你誤解了「誰是最優統治者」。在專橫且不公正下產生的選舉權，無法獲得被統治者的認同。選舉權放愈寬，其限制就愈發不公正，例如：若賦予一名沒受過教育的男性投票權，卻不賦予一名受過教育的女性投票權，說得過去嗎？同理，你又怎能專橫地只賦予特定膚色的人投票呢？這顯然很荒謬。合理的統治權應該落在全體成年人身上，讓他們透過直接投票、間接投票（亦即透過代議制議會）或抽籤來行使權力。[32]

市場經濟與民主制度共同的基本思想是：人們有權個別地或集體地做出選擇，形塑他們自己的生活。這並不保證每個人的成就或結果都會相同，在民主的政治制度中，權力不是均等分布；在市場經濟中，幾乎可以確定財富會分配不均。但是，政治當權者必須接受人民問責，而非只是君臣關係（如同中國共產黨及其過往中國王朝所認為的那樣）。同理，市場參與者必須對顧客的決定做出回應。因此，市場經濟和民主制度都基於一個主張：人有與生俱來的選擇權。「所有成年公民的地位皆平等」的理想是現代民主最偉大的道德與實際成就之一。

第二、**政治抱負**。誠如哈佛大學教授班傑明・傅利曼（Benjamin Friedman）所言：「生活水準提高會促進開放、寬容及民主。」[33] 隨著機器承擔大部分的體力勞動，存在已久的勞力剝削變得無關緊要，經濟上不再需要農奴制和奴隸制，隨著人們日益厭惡而最終廢除。普遍的繁榮創造出更有自信、教育良好的人民，他們愈發不願受世襲地位較高、擁有更多財富者的政治想法左右。例如：在英國，經濟繁榮促成的政治變革始於中產階級對議會代表的訴求，《1832年改革法》（Great Reform Act of 1832）大致實現了。[34] 在美國，甚至更早廢除白人男性投票權的財產資格規定。[35] 人們富裕後，人生目的也跟著改變，以前的生活主要關心生存，現在他們更在乎為自己和家人爭取滿意的生活，這種渴望自然也包括想在社會與政治生活中發聲。人們有愈來愈多的時間參與、組建社會團體，從而顯著增強了政治欲望。

第三、**賦權**。伴隨市場革命而來的社會動盪，包括：大規模城市化、工廠發展以及有組織的勞工階級崛起。從這些動盪中浮現的制度中，最明顯的是工會，扮演了農民不可能企望的政治角色，以往農民散布於土地上，受到擁有土地的武士階級及其寄生後代無盡的殘酷壓制。工會這類的新團體則採取行動保護自己免於伴隨資本主義經濟而來的不公平及不安全，他們在民主政治中找到保護機制。[36]

第四、**精英階層的自利**。工業化戰爭是工業革命的另一個果實，國家需要有幹勁、受過教育的士兵，在兩次世界大戰中也發現，女性勞動力是堅實的後備軍。全國動員的需要和可能性，大大加快了成人普選制的腳步，許多國家的女性在一戰後獲得投票權並非巧合。新經濟也需要有教養的勞動力，這不單包含教育，還包括「民族價值觀」，因此形成現代國家與經濟的過程中，民族主義扮演一個重要角色。歷經時日，教育普及引領報紙的廣泛傳播和全民的政治參與。教育普及也具有政治合理性，19世紀英國貴族政治家、曾任財政大臣和內政大臣的謝布魯克勳爵羅伯‧勞（Robert Lowe, Lord Sherbrooke），在大大放寬選舉權的《1867年改革法》（Reform Act of 1867）通過後，做出回應：「你們絕對要說服我們未來的主人〔那些新獲得選舉權者〕學習字母。」[37] 這個論點被通俗地摘要成：「我們必須教育我們的主人。」以此為由提倡教育，反而成了日益繁榮的要素。

不過，精英階層的自利有利有弊。其於19世紀和20世紀初期的工業化經濟中，確實強而有力地驅動民主化，但民主化尚未普及，還差得遠了。英國和德國的對比尤其鮮明，儘管北歐和南歐之間也存在相似的對比。哈佛大學教授丹尼爾‧齊布拉特（Daniel Ziblatt）指出：「先前的社會權力集中，與後來包容的政治民主，二者之間實際上充斥著緊張的關係。」成功轉型和轉型失敗的差別在於：「舊政權的精英有能力形成強大的『保守派政黨』，在新政權中擁護他們的政黨利益。」齊布拉特的結論是：「這是民主發展中的一個重要因素。」[38] 寡頭政治國家有能力和意願，建立並維持有效的政治結盟來容忍真正的民主，這正是本書的核心重點，我不是講述什麼過時的故事，相反地，這是現今非常真實的情況。

第五、影響力。19世紀的強權是英國，20世紀的強權是美國，二者在經濟與政治上都是自由社會（至少基本上是）。這些強權邁向普選自由民主制的過程雖蹣跚、緩慢、困難（在非裔美國人方面並不光采），但大體上是由內部所驅動。其軍力又決定了兩次世界大戰及冷戰的結果，美國得以迫使德國和日本做出急劇的政治變革，不過隨後蘇聯的俄羅斯卻失敗了，俄羅斯的政治變革遠較二戰後的德國和日本更流於表面，因為蘇聯在冷戰中落敗是平和的，國土從未被占領。

市場驅動的經濟進步，儘管創造出支持民主政治崛起的強大力量，但其結果可能不是必然。沒有一戰，威權政治的德意志帝國經濟能繼續進步嗎？或者，經濟發展會進一步引領實現民主化嗎？後者起碼有相當大的可能。畢竟，我們近年目睹了（相當）自由民主的體制從威權主義中崛起的例子，例如：台灣和南韓，二者的經濟發展都高度成功。不過，中國共產黨做出相反的賭注，亦即市場驅動的繁榮將強化、而非削弱獨裁政黨的統治，事實是否真是如此，現在還言之過早。成功的中國資本主義或許將在長遠的未來產生一些有利於法治和民權的影響力，或許在習近平政權日益高壓專制下經濟陷入停滯。又或許，專制的國家力量可能會摧毀市場資本主義。

市場經濟與民主制度的結合：禍福與共

所以說，高所得民主國家存在市場經濟，而市場經濟引領普選制民主，一切並非偶然。不過，二者互補的對立面——競爭市場的圖謀私利，民主制度的集體決策——總是非常脆弱。畢竟，自由民主制度的生存，仰賴於把經濟資源的掌控和政治權力區分開來，不是非得有錢才有政治權力；同理，在競爭的市場經濟中，不是只有手握政治權力的人才能賺得到錢。光是如此解釋，就能看出二者的結合關係有多麼脆弱了。不過，我們也可以從中看出，這段關係與舊階級制度有多麼不同。在舊社會裡，財富與實權是一枚硬幣的正反兩面。

藉由反向思考，能夠輕易地看出權力和財富為何必須區分開。若財富直接來自掌權者或是由其賜與，市場經濟的財富將不再具有競爭性，無法成功地吸引和服務顧客，相反地，財富將來自掌權者或是為其服務。此舉將產生「裙帶資本主義」（crony capitalism／connections capitalism）：利用政治制度來圖利於掌權者及其親信與支持者。現在，反過來思考，若有錢人買得到政治權力，或是支持當權者，政治制度將轉向金權政治而非民主制度。這些富人必將摧毀競爭的市場經濟：他們無法容忍新崛起的競爭者。因此，民主資本主義需要把權力與財富區分開來，把政治和經濟區分開來，反之亦然。未能以此做出區分的國家，例如：許多新興及開發中國家，不論民主政治或市場經濟往往無法昌盛：政治和經濟制度緊密糾纏，以至於勒死彼此。

有兩種主要途徑可能摧毀政治與市場之間的微妙平衡：其一、國家控制經濟；其二、資本家控制國家。

國家控制經濟的極端形式是社會主義，這裡社會主義的定義是：由國家擁有及政府控制主要生產方法與工具的一種制度。控制政府者也將控制所有具有經濟價值的資源。在社會主義裡，不可能有政治競爭。若人們要採取政治行動，需要有自己的資源（個人或集體），以及有能力影響和公告大眾的意見，為此需要有獨立的媒體組織。競爭民主制度的這些先決條件，隱含了要獨立於政府控制外，有賴於一個多元的、合法保護私人財產的市場經濟。[39]

上述條件在社會主義不可能做到。控制國家者將控制經濟，由於控制了經濟與政府，等於也控制政治，如此一來是不可能在政治權力和經濟活動中公平競爭。所以，社會主義的民主是妄想、幻影，這種經濟與政治權力的結合，遲早會像查維茲（Hugo Chavez）和馬杜洛（Nicolas Maduro）統治下的委內瑞拉或蘇聯。就連在中國，專橫的國家權力也導致所有私人財產不牢靠，進而威脅到市場經濟。

掌權者的動機也是變動因素。在市場經濟中，失去權力未必意味著失去財富或所得：你大可轉職私人部門，可能薪酬還更高呢。但是，當財富由國家掌控，掌權者就負擔不起失去權力的成本，因為沒有私人部門這條退路了。只要大部分的經濟不與政治區分開來，民主政治就會變得岌岌可危，這不是指文明的內戰即將爆發，而是指政治將變成一場生存戰。此外，社會主義國家的掌權者勢必會發現，要防止失去權力很簡單，因為他們早已掌控了經濟的所有層面。完全社會主義的本質就是反民主、反競爭，因為追根究柢，這就是政治權力和珍貴資源的掌控權合而為一的另一種制度。

社會主義是國家控制的極端例子，而且只要選出的領導人設法破壞維持政治、經濟分界的法律與監管制度，就能有效控制國家財富，以及僅名義上為私人部門的財富。此舉將導致裙帶資本主義，普丁掌政下的俄羅斯、奧班領導下的匈牙利就是明證。在同時掌控政治機器和國家財富的體制中，統治者既沒有失去權力的風險，也不會被褫奪權力（除非政變或退位），私人經濟也得看國家的臉色，沒有獨立存在的可能。

摧毀政治與市場之間微妙平衡的第二條途徑恰恰相反，經濟不是在國家掌權者的手中，反倒是國家被掌握經濟者所控制。這又是經濟與政治力量的一種融合，不同的是，第一條途徑是政治去融合經濟，這第二條途徑是經濟去融合政治。掠奪式資本主義導致巨大的所得與財富分配不均，結果自然形成金權政治，伴隨財富與經濟力量愈趨集中，自由民主制度無可避免地受到威脅，如同當今現況，尤其是美國這個最重要的民主國家。隨著金權政治的興起，人民很有可能選出一名獨裁領導人，而事實證明，這名領導人比所有富人還要更貪婪、粗暴。就這樣，金權政治導致獨裁，當代實例多的是。簡單地說，如上一節所述，資本主義可能引領出民主制度，但隨後也可能摧毀民主制度。

總而言之，競爭市場確實能保護民主政治，但不代表經濟自由與政治自由相同：交易自由不同於政治行動的自由。經濟自由是人們藉由參與或不參與市場（有時稱為「退出市場」）來產生影響的權利，政治自由是人們透過表達意見（有時稱為「發聲」）來產生影響的權利。[40] 自由有兩個層面：在經濟中做出選擇的自由，在政治中採取行動的自由，二者自由相互關連。競爭的選舉政治只出現於合法保護私人經濟活動的國家，這並非偶然，脆弱的民主資本主義是我們能看到唯一形式的民主制度。

經濟與政治制度一定程度地區分開來，由獨立的制度、被接受的規範，以及具有約束力的規則來防護彼此，這是兩個制度各自適當地運作的必要條件。因此，儘管資本主義與民主制度這兩個相結合的夥伴需要彼此，也有必要讓彼此適當獨立地存在。國家要昌盛、其民主制度與資本主義制度若想生存，就必須維持這一種脆弱的平衡。

讓困難的結合行得通

戴倫・艾塞默魯（Daron Acemoglu）和詹姆斯・羅賓森（James A. Robinson）在他們的合著《自由的窄廊》（*The Narrow Corridor*）中，為自由社會得以運作的脆弱平衡提供一個互補的觀點。[41] 他們認為，挑戰來自於需要強大到能為其子民提供安全與保護、但又不致強大到剝奪其自由的國家，亦即17世紀政治哲學家霍布斯（Thomas Hobbes）所謂的「巨靈」（Leviathan）。因此，這二者極端之間有一條國家與公民社會交互作用行得通的窄廊，一個受到束縛、但強大的巨靈（國家機器），以及一個活躍參與的公民社會，在這條窄廊裡並存。[42] 換言之，就是上面討論的自由民主制度。

試想，社會脫離這條窄廊的可能場景。在極端情況下，這種脫離將朝向一個更「專制巨靈」（despotic Leviathan）發展，國家控制一切，鎮壓公民社會。此政體中，可能有名義上的私人企業，但只是勉強被容許存在，因為巨靈不賦予任何權利，只給予隨時可能撤銷的特許。當代最顯著的國家例子是中國。至於另一個極端情況，國家會發展成艾塞默魯和羅賓森所謂的「紙老虎巨靈」（paper Leviathan），既沒效能又專制，不能提供大眾所需的基本服務，其存在是為了服務掠奪性的精英階層。許多拉丁美洲國家是這種類型。

紙老虎巨靈相當相似於「新世襲制」（neopatrimonialism）國家，政治權力掌控經濟創造的近乎所有剩餘。普丁統治下的俄羅斯就是新世襲制國家[43]，許多後殖民國家也是，尤其是擁有「點源」（point source）大宗物資（例如：石油和天然氣）的國家更容易被控制。這類國家的政治權力讓少數特權者取得大量的國家財富：想想安哥拉或奈及利亞。結果就是糟糕的經濟表現、極度貧富不均、不穩定的政治以及專政。其經濟體中的當權者不能輸掉選舉，因為他們的生計仰賴權力，形成不穩定、暴力的政治，任何其他形式的政治對當權者來說，風險太大了。

共產主義國家是現在專制巨靈的主要例子，超集權化的蘇聯版本已經失敗，最終瓦解，但中國的答案—— 一個存在已久的官僚政體更新形式，加上市場資本主義形式—— 似乎得以繁榮，至少目前是如此，似乎成了替代民主資本主義的最可靠制度。不過，這有兩個基本限定條件：中國的獨特歷史背景，而且經濟仍處於貧窮狀態。中國模式不太可能適用於別處，或許只有越南例外。

艾塞默魯和羅賓森的觀點，照亮了民主資本主義脆弱性的幾個重要層面。第一、也是最明顯的層面是，民主制度和動態市場經濟仰賴受束縛的巨靈，亦即一個法治且有效能的國家。第二、若公民社會與國家互動的政治（民主）和經濟（市場）二者失衡，就不會有受束縛的巨靈。第三、建立與維持受束縛的巨靈政治與經濟相當困難且罕見：光有選舉或經濟自由化遠遠不夠，這也是許多國家嘗試民主制度卻失敗的原因。第四、最有可能導致社會脫離窄廊的途徑之一，是打破國家、人民、經濟之間的平衡，亦即打碎區隔權力和財富的牆，可能形成金權政治、煽動或專制而脫離窄廊。

現實中的國家該如何持續待在這條窄廊裡呢？答案是，透過民主資本主義中的社會、經濟與政治角色之間的妥協和合作。關於妥協和合作的過程有四個特別重要的層面。

第一、資本主義競爭並非人人皆可為所欲為，人人皆可為所欲為是為非作歹的同義詞，例如：鮑里斯・葉爾欽（Boris Yeltsin）統治下的俄羅斯。適當的市場競爭需要在同意遊戲規則下積極合作，並非只有透過政治來制定這些規則。許多規則是由公民社會參與者在運動人士、受僱者工會、股東或媒體施壓下所制定。不過，複雜的現代經濟大多數的規則由國家制定。因此，制定規則的國家必須不被經濟體系中最強而有力的參與者所掌控。

第二、遊戲規則必定複雜、且持續演變。其中包括建立、然後管理當代市場經濟中最重要的參與者——公司——的規則，也包括管理市場運作的規則：包含智慧財產權在內的財產權、勞動市場、資本市場、競爭與壟斷、環境保護、國際貿易等等。此外，許多的規則的形式是由獨立的官僚機構制定與監管。伴隨經濟日益複雜、具有侵擾性，以及政治變得更民主且要求更高，這些規則與監管無可避免，也理所當然地變得更繁重，然後可能導致成本過高，因此實現這種平衡成了現代政治中的重要部分。

第三、國際間一致贊同這些大量的規則，反映了市場經濟不可必免會有跨國性質。競爭資本主義是全球資本主義，早在19世紀人們早已了解國際協議有其必要，現今存在著大量的國際議定，反映經濟活動會產生無數的國際性影響。舉例而言，英國簽署超過1,400項國際協定，其中許多有經濟影響。[44] 國際議定的規則主要是為了管理貿易、銀行和金融、智慧財產、產品標準、旅行、運輸、電信、郵件、網際網路，以及其他一大堆的活動。民主問責制是關鍵，但國家主權並不代表絕對控管權，因為國家主權止於國界，縱使是強權國家也如此。

第四、大概也是最重要的一個層面，民主制度下的全體選民需要一定程度的經濟安全。認為經濟結果與廣大公眾無關的想法，在普選制民主制度中行不通。大眾會要求政府提出失業、病痛、老年等方面的保障，期望國家為他們的孩子提供教育，要求法律保護他們免於剝削，期望限制總體經濟不穩定的行動，希望限制經濟成果分配不均，期待經濟上最成功、最富裕者繳納可觀的稅。普選制民主制度引領出大政府（以19世紀的標準來看），這種大政府並不牴觸競爭性資本主義。然而，自由主義版本的資本主義和普選制民主制度並不相容，想要前者的人必須公開承認他們反對後者。

民主的脆弱性：來自古希臘的教訓

我們也可以從古希臘的教訓來了解民主的脆弱性。一些古希臘最著名的作者，非常反對缺乏教育的群眾治理國家，這一論點出於柏拉圖的著作《理想國》（*Republic*）。[45]

我們不需要贊同柏拉圖的保守觀點，或是他對哲王（philosopher king，很相似於儒家思想）的信念，也能看出他對於寡頭政體、民主政體、煽動行為，以及暴政提出的警告，相當貼切於現今截然不同的世界。柏拉圖說，反對某種寡頭政治（金權政治）的行動，可能會把民主政體變成暴政，可以說，川普擔任總統時的美國就是這種情形。[46] 類似的情形也發生於其他國家。

更確切地說，柏拉圖認為，平民會尋求一位護衛者（protector）來對抗富人。那麼，護衛者會有哪些行為表現呢？柏拉圖寫道：「在擁有一大群完全由他支配的群眾下，他毫不節制地製造流血事件；他喜歡誣告把他們送上法庭，謀殺他們；……一些人被他殺死，其他人被他流放，與此同時，債務被作廢，土地被瓜分；在這一切後，他的命運將會如何？他不是死於他的敵人之手，就是他從人變成了豺狼，也就是暴君（tyrant）。」[47]

柏拉圖的論點偏保守派[48]，但在他的反民主偏見下，有一點是正確的：未來的暴君經常以「對抗敵人的人民護衛者」面貌出現（他們幾乎都是男性）。實行獨裁統治的軍事元帥凱撒大帝（他的繼承人屋大維、亦即後來的奧古斯都，終結了羅馬共和國）早年是元老院民眾派領袖，民眾派理應祖護平民。誠如柏拉圖提出的警告：人民的「護衛者」（其實是他繼承人的護衛者）後來變成了豺狼。

柏拉圖說，不安感及恐懼是通往暴政的門徑，這見解很正確。穩定、繁榮的社會不太可能屈從從內部的專制統治，雖然社會可能被外來專制者征服。不過，被內部衝突撕裂的社會很有可能在暴君出現前早就分崩離析。事實上，誠如柏拉圖所言，人們的恐懼往往來自國內精英階層，或至少是精英階層分子，於是人民轉向以護衛者自居的人。但是，護衛者往往是虛有其表、充滿野心的人[49]，在人們賦予權力下，他把自己變成專制統治者。歷史上「護衛者」通常是戰事統帥，或至少是將軍，亦即「白馬騎士」（凱撒、拿破崙、法蘭西斯·佛朗哥等等）。[50]

我把推升川普登上總統寶座的政治方法稱為「金權民粹主義」（pluto-populism）：為達金權政治目的而利用民粹主義題材。[51] 川普是共和黨的金權民粹主義下的必然產物，他以人民的名義挾持共和黨，但不論他的起步是為金權政治服務或反對金權政治（事實上，他二者皆是），他的主要特徵一直是拒絕受限制。這種風格的領導人存在已久，跟民主政體的歷史一樣悠久，柏拉圖看到這種領導人，立馬就能認出他不過又是一位聲稱「護衛者」、其實想成為暴君的煽動家例證。

亞里斯多德也對民主制抱持懷疑[52]，他指的是人民意志不受約束的一種制度，我們或許可以稱為「煽動」（demagogy）、「不自由民主」（illiberal democracy）、或「多數暴政／多數專制」（tyranny of majority）。我們現在的代議制選舉、憲法保護和個人權利等制度，並不是亞里斯多德所指的民主制，不過，自由民主制度的支持者應該會贊同亞里斯多德的論點：在一個特定日，用投票來表達「人民意志」，並且以此做為定論的形式並非自由民主[53]，而是邁向暴政之路，更確切地說，這是一種公民投票式的獨裁。用憲法來限制暫時的多數，這不是反民主，而是對民主制度的一種必要保護。

如同柏拉圖和亞里斯多德皆指出，顯著的貧富不均抵觸了民主政府的平等主義前提，使得金權政治（柏拉圖和亞里斯多德都不喜歡的制度）成為民主制度的威脅。不過，古代的作者們（根據定義，他們是有學問的精英分子）也抱怨平民們喜歡的煽動家很不負責任。現在的保守派人士在抗議過高的「福利支出」墊高稅負、潛在的國家破產等，也發出類似的言論。在所得高度分配不均、且有某種形式的民主憲法國家，這是存在已久的衝突線。

民主資本主義與國家認同

為建立以信賴為基礎的經濟，以及保護個人自由和政治權利的政治，民主資本主義（結合自由民主制度和市場資本主義）已被證實為好方案，事實上，是激勵人心的解答。在這種制度中，政治透過規範、獨立制度、有法律治理的選舉和防貪腐，以及國家的角色使其不被經濟侵蝕；經濟透過規範、獨立制度來保護所有權與交易權的法律免受政治侵擾。如同我們在前文中了解的，市場經濟與民主政體之間的複雜關係容易失敗。

對整體政治共同體的忠誠度高於各別組織部分，是所有民主政治制度健康發展的必要條件，而這仰賴於每個人把自己視為公民。這對民主國家尤為重要，因為民主制度的必要條件是接受選舉失敗。唯有當選舉輸家也信賴選舉贏家時，輸家才可以忍受選戰打輸，否則就有爆發內戰之虞。國族（nationhood）是由無血緣關係、且大多將永遠不認識彼此的數千萬、甚至數億人組成名義上的大家庭，正是創造這種認同感強而有力的方法。這種認同感（亦即相互歸屬感）形成一個「人民」（demos）：亦即一國的國民（people）。歷史上有難以計數的人為了這種想像的共同體而奮戰和犧牲。

然而，我們看到現代世界局勢緊張。經濟制度旨在讓我們有信心、自由地與陌生人交易，不僅是自己國家裡的陌生人，還包括世界各地的陌生人。在當代經濟中，可信的制度（包括法治在內）是信任感的基礎。同樣地，在當代政治中，可信的制度（包括法治在內）和國家群體的觀念是信任感的基礎。當經濟發展愈侵蝕國家認同，政治與經濟變得愈緊張，市場資本主義和民主制度之間的關係就愈難維持。

現今世界大部分地區都出現這種危險。此外，若有某種威權主義取代自由民主制度的話，競爭的市場資本主義將不太可能生存，而且更有可能出現腐敗形式的新世襲制。危險並非遙不可及，川普及其同類就是這種情況的體現。

民主資本主義的精彩故事——競爭性市場資本主義和自由民主制度的脆弱結合——可能很快就結束了，以為不可能發生的人既愚蠢又自滿。至於如何應付這些逼近的危險，第三部會繼續探討。

第 3 章

民主資本主義的演進

沒錯，我們被稱為民主政體，因為行政管理權握於多數人、而非少數人手中。
但是，儘管在私人紛爭中一律平等對待所有人，卓越的主張也被認可；
當公民有出類拔萃的長處時，更受公共服務部門的青睞，這不是特權，
而是對能力的賞識。貧窮也不是障礙，一個人不論處境多麼卑微，也能造福國家。

——修昔底斯（Thucydides），古希臘史學家[1]

　　普選代議制民主制度經過兩世紀不斷演進，現今形式的民主制度是長期奮鬥下的產物。市場資本主義需要更平等主義的政治制度，這種地位平等的平等主義思想蔓延至整個社會，使得以階級與性別、最終乃至於種族來做為決定政治與社會權利的思想和實務，逐漸失去了正當性。其結果是，民主國家賦予所有成年公民平等的政治權。

　　上一章提到，市場資本主義和自由民主制度是我們世界的互補對立面——陰與陽。若互補對立面之間潛在的平衡未能維持，可能導致相互破壞。本章綜觀民主制度和資本主義的發展，以及在過去兩世紀二者之間的關係，接著進入本書第二部，探討何以二者之間總是摩擦不斷，在過去四十年間逐漸變得失衡、岌岌可危。

自由民主制度簡史

　　民主不是新概念，如第二章所述，政府接受一大部分的被治理者問責，甚至受被治理者監督。民主政體存在已久，最著名的是2,500年前的雅典。一些民主政體被君主摧毀，例如：馬其頓腓力二世征服雅典。還有因內戰摧毀了

的民主政體，例如：羅馬共和國終結於軍人獨裁政體的羅馬帝國。雅典與羅馬有高度受限的選舉權，女性及奴隸被排除在外，羅馬共和國也是高度的寡頭政體，儘管如此，這些制度都能對統治者問責，並為底層人民提供參與公共事務的機會，如同本章開頭引言中修昔底斯記述古希臘政治家暨將軍伯里克里斯（Pericles）所言（這些話也可能是修昔底斯假伯里克里斯之名所自撰）。其制度在這些層面上，不同於過去數千年大多數邦國組織採行的專制政體、神權政體和貴族統治政體，但最終還是毀滅了。

直到過去兩世紀左右，政府被大部分民眾監督、或受大部分民眾問責的思想鮮少實現。[2] 如上一章所述，這種政治制度崛起具有全球意義，是工業革命以來的革命性轉變之一，比這更早的是全球資本主義經濟的興起，但二者都不是線性發展。本章的目的是用實證來說明這歷史的關連性，藉此補充第二章偏理論性的探討。

在悠長的人類史中，讀寫文明化歷程相當短，對比文明化歷程，普選代議制的自由民主制度（即西方現在指的民主制度）的歷史只能算初生兒。在1893年，紐西蘭賦予全面投票權（包括女性在內）首見天日。芬蘭則是在1906年；挪威在1913年；丹麥在1915年；德國、荷蘭和瑞典在1919年（唯德國在1933年至1945年間喪失其民主制度）；愛爾蘭在1923年；英國在1928年（但其特有的大學選區制一直存續至1950年）；西班牙在1933年（但佛朗哥政權在1937年撤銷女性投票權，直到他死後的1977年才恢復）；奧地利、法國和義大利在1945年；日本在1947年；比利時在1948年；加拿大在1960年（這年，加拿大原住民取得投票權）；澳洲在1962年（這年，澳洲原住民取得投票權）；美國在1965年（這年，美國南方非裔美國人取得投票權，但一些州褫奪重罪犯的投票權，帶著濃烈的歧視性，充斥著壓制選民及根據種族而不公正地畫分選區）；葡萄牙在1974年；瑞士在1990年（聯邦層級的全面投票權在1971年實施，但其中一縣堅持至1990年才被強制賦予女性投票權）；台灣在1996年。[3]普選代議制自由民主制度確實是非常近期發展的產物。

可以說，上述國家與日期清單都是個別的，誠如胡佛研究所的傑出政治學家戴雅門所言：「從許多方面來看，民主制度是一個連續變數。」[4] 不論從投票權來看，或是從對反對黨的制度性保護、媒體自由等方面來看，民主制度都是落在一個連續帶上。光論投票權，就可將英國邁入民主進程的時間點往前推一個世紀，在1928年實行成年人全面普選制前，英國在19世紀和20世紀初通過一系列立法，廢除根據宗教信仰、財富和性別來決定投票權的限制。到了1970年，進一步賦予滿18歲者選舉權。比起僅限於一小部分的財產持有者才有投票權，廣泛地賦予成年男性投票權當然民主程度更高；比起只有男性有投票權，成年男女皆有投票權（縱使少數種族仍然被排除在外）自然又更高。所以，擴大投票權是階段性推進的過程。

從現實面來看，我們必須用合成指標來定義民主，美國智庫全面和平中心（Center for Systemic Peace）的「政體IV」（Polity IV）資料庫就是使用這種方法，評量自1800年以來的民主發展趨勢。[5] 根據該智庫的評量，在1800年時，沒有民主政體，縱使在有選舉制度的國家，選民也只占總人口的極小部分，例如：在美國獨立後建立共和，投票權僅限於擁有財產的白人男性，喬治‧華盛頓（George Washington）當選總統時，僅有6%的美國人口能投票。[6]

根據政體IV資料庫，可以稱得上民主政體的國家，從1800年時的0國，增加至1900年時的12國（雖然紐西蘭是當時唯一一個有普選制的國家），再增加至1922年時的24國。後來，這數目於1940年減少到只剩下9國。專制政體的國家從1922年時的10國，增加至1929年時的19國，再增加至1940時的27國。1946年時，民主國家數目增加至18國，再增加至1950年時的23國，到了1989年已經達到48國。此後，數目突然激增，1994年時達到76國，2016年時增加到了97國（參見＜圖4＞）。

專制政體數目在四十年間的劇降也非常明顯，從1977年的高峰數89國，降低至1989年時的62國，再降低至1994年時的35國，到了2016年時僅剩下21國。雖然，專制政體銳減令人欣慰，但「政體IV」資料庫裡名為「無體制政

＜圖4＞政體的全球發展趨勢

（資料來源：Center for Systemic Peace, Polity IV database）

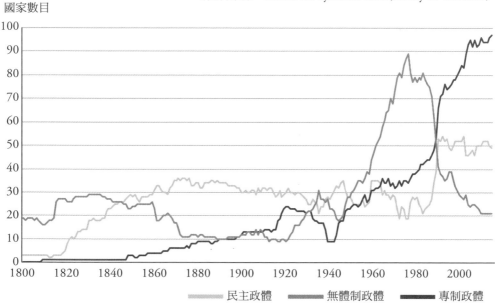

國家數目

民主政體　　　　無體制政體　　　　專制政體

體」（anocracy）——政府凝聚力低、不穩定且缺乏效能的國家——數目增加就不那麼令人開心了。無體制政體的數目從1984年時的21國，增加至1989年時的39國，再增加至2016年時的49國。因此，從許多面向來看，專制政體的垮台並不會轉變為民主政體，而是陷入混亂，例如：利比亞和其他許多國家的情況。所以，專制的反面往往不是民主，而是混亂無序。

不過，由於殖民帝國的消失，以及很多新國家的誕生，現在的國家數目遠多於一個世紀或更久以前。在政體IV資料庫裡，1800年時只有22國，1945年時有67國，到了2016年時高達167國。因此，我們也應該將民主政體的國家比例納入考量。得知這比例從1800年時的0％，增加到1900年時的22％，再增加至1922年時的36％，然後1940年時下滑至14％，1989年時回升至

36%，1994年時為47％，2016年時再提高到58％。完全專制政體的國家比例，在1989年時為43％（差不多同等於1940年時的比例，但低於1977年時的63％），到了2016年只剩下13％。不過，無體制政體的國家占比一直很高，現在民主政體的更大敵人可能是混亂無序的政體，而不是專制政體（參見＜圖5＞）。

那麼，故事如何演進呢？

工業革命始於一個全是專制政體或狹義寡頭的政治，19世紀時，適度地廣賦選舉權的國家數目增加，西方同盟國在一戰獲勝，以及戰敗後的專制政體陸續垮台，使得民主國家的數目激增。當時，許多國家也隨之擴大賦予選舉權，尤其是賦予成年女性選舉權，部分原因出於女性在戰爭期間扮演了重要角

＜圖5＞政體的全球發展趨勢（國家數比例）

（資料來源：Center for Systemic Peace, Polity IV database）

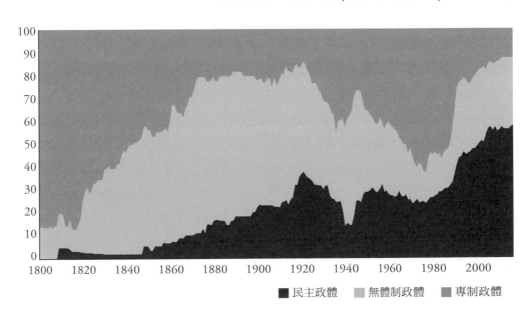

■ 民主政體　■ 無體制政體　■ 專制政體

色。但是，一戰遺留下來的混亂政治，以及大蕭條重創脆弱的新興民主政體，導致民主國家數目減半，被獨裁政體取而代之。二戰結束後，伴隨西方同盟國把西歐從納粹手上解放出來，以及殖民帝國的消失，民主國家的數目又開始長期攀升。印度於1947年獨立是攀升趨勢的分水嶺，不過，蘇聯解體後民主國家數目成長最快，刻劃了真正的民主轉型時代。

2007年至2012年跨大西洋發生了金融危機的大衰退，但並未像大蕭條那樣重創民主政治的發展，或許金融危機和大衰退比較好應付。（撰寫本書的2022年中，少有人能設想新冠肺炎可能帶來哪些長期的政治影響，但至少進一步降低了人們對政治當局的信心，只有少數國家例外。）應對全球金融危機的政策較成功（至少，相較於1930年代的悲慘失敗，這次相對成功），本來應該獲得讚許。然而，民主政體的國家數目已經停止增加，許多民主政體的品質惡化，包括長久以來守護全球民主的美國在內。其實，問題可能早就出現了，戴雅門在2015年就指出：「自2006年起，世界已經進入輕微、但長時期的民主衰退。」[7] 再者，民主衰退是多面向的，包括：「民主政體的不穩定和停滯，『灰色地帶』國家（無法輕易地區別其究竟是不是民主政體的國家）的民主愈趨衰落，非民主國家的威權主義深化，以及世上已開發富裕民主國家的機能與自信下滑。」[8]

同樣地，在政治指標外，個人自由指標的非營利組織自由之家（Freedom House）也發出警告，組織於2021年發表的報告中寫道：

> 2020年，在致命的疫情、經濟與人身不安全，以及暴力衝突肆虐下，民主捍衛者在對抗威權主義者的艱難奮鬥中，承受著沈重的新損失，國際上天平向暴政那一端傾斜。在位的領導者愈傾向使用武力壓制反對人士和算舊帳，有時假公共衛生之名，包圍未受國際有效支持的運動人士，在許多事件中對其施以重刑、折磨或殺害。
>
> 這些毀滅性打擊，導致連續第十五年的全球自由度下滑，自由度

惡化的國家數目大於改進國家的數目，二者的差距寫下自2006年呈現負數趨勢以來的最大差距。長期民主倒退愈趨嚴重。[9]

　　更重要的是，事實上在川普試圖推翻2020年美國總統大選結果，共和黨決定在沒有證據下，支持他宣告大選結果無效後，「民主衰退」一詞似乎不再適用，瀕臨「民主蕭條（democratic deprecession）」似乎更能形容2021年的美國和全球民主狀況。[10] 畢竟，美國已經在2016年選出一位不僅不懂什麼是自由民主制度還鄙視自由民主思想的人當總統，對川普來說，贏和把持權力至上。我們得假設投票給他的人贊同他。面對這樣的對手，喬‧拜登（Joe Biden）想試圖重振國家的民主原則聲譽，似乎相當大程度會失敗。

　　政治學家羅伯托‧福奧（Roberto Stefan Foa）和雅沙‧芒克（Yascha Mounk）在2016年發表的一篇開創性論文中，非常清晰地詳述人們對民主政治核心制度的信念下滑情況：

> 　　過去三十年，在北美和西歐確立的民主國家，人們對議會或法院之類政治制度的信賴感急劇下滑，投票率也一樣。伴隨政黨認同度降低和政黨黨員數減少，人民變得不再有意願繼續支持建制派政黨，選民愈來愈支持單一議題運動，投票給民粹主義候選人，或支持自我定義為反對現狀的「反體制」政黨。甚至在一些世上最富裕、政治最穩定的地區，民主制度彷彿身處嚴重破損失修的狀態。[11]

　　這並非只是不滿特定政黨或政府的問題，也是對民主政體本身的不滿。「世界價值觀調查」（World Values Survey）第五波及第六波（2005年至2014年）的調查結果顯示，人們認為必須生活在民主國家的比例大幅降低。在1940年代出生的人當中，不到60％的歐洲人和不到60％的美國人認為必須生在民主國家；在1980年代出生的人當中，比例分別降低近45％和30％。這是世代效應，不是年齡效應，近期的世代似乎對政治不抱幻想、也不關心了。令人震驚且害怕的是，在2011年的調查中，24％的美國千禧世代（當時年齡介在快成年到20歲出頭）認為，民主制度是一種「糟糕」或「很糟糕」的國家運作方式。[12]

較年輕的世代不僅對民主政治思想不以為然，對政治的興趣也每況愈下。最糟糕的是，其中還存在他們愈趨支持威權主義的證據。例如：在美國，認為由軍隊統治是「好事」或「很好的事」的公民比例，從1995年的每16人中有1人，提高至2014年的每6人中就有1人。這項統計中，較富裕者支持由軍隊統治國家的比例更是大幅提高。高所得公民認為由軍隊統治是「好事」或「很好的事」從1990年代中期僅占5％，到了2014年已經提高至16％。

總體來說，我們看到人民明顯轉向相信希臘神話中有著獅頭、羊身、蛇尾的神獸奇美拉——強人領導者，其中較年輕世代和富裕者最大宗，而高所得群體可能想藉此避免「庶民」的髒手染指他們的錢。誠如上一章和後文將進一步談論的，一旦貧富不均變得夠大，最有可能發生的情況是，富裕的少數人將拼命壓制眾多窮人的民主代表。

後續研究確認了這種可怕的景象。舉例而言，一份發表於2020年的研究報告指出，全球的「民主公民」總計約19億人，其中只有2％出頭的人生活在超過3/4的公民對民主制度感到滿意的國家，另有21％的人生活在1/2至3/4的公民對民主制度感到滿意的國家。但是，卻有57％的人生活在僅有1/4至1/2的公民對民主制度感到滿意的國家，這些國家甚至包括：法國、日本、西班牙、英國和美國。最後，20％的人生活在不到1/4的公民對民主制度感到滿意的國家。其統計數字呈現了幻滅的糟糕景象。[13]

這一切顯示民主制度變得脆弱，不僅在相對貧窮的民主國家（例如：撒哈拉以南的非洲國家）如此，在有巨大的社會、文化或種族分歧的中間所得國家（例如：巴西、印度、菲律賓和土耳其），或是新近才從威權主義轉變為民主制度的國家（例如：匈牙利和波蘭），甚至在公認為繁榮的西方民主國家也是如此。此外，如同戴雅門所言：「二戰後的自由秩序大多根基於美國的領導，全球民主也是以美國的民主為支柱。」[14]而川普掌政下的美國退出了捍衛民主的陣線，他對民主盟友和民主典範的不友善，以及對自由全球經濟秩序的輕蔑，全都是潛在的轉變事件。

過去，民主曾經消失，我們不能愚蠢地以為這種情形不會再發生。若這種情形再發生，我們將生活於一個專制、放縱地貪腐、私利交易、恐嚇，以及國家製造無止盡謊言的世界，我們將生活在一個由惡棍掌控、把人們視為永遠長不大的孩子的世界。

市場資本主義簡史[15]

過去兩世紀，自由民主制度橫掃世界，但過程有進有退，現在則處於倒退狀態。那麼，市場資本主義的演進，尤其是現今高所得國家的情況呢？[16]答案更複雜，但整體故事大家並不陌生。

下面將把國內資本主義和全球資本主義區分開來談。一般來說，雖然資本主義以一致的方向演進，但也歷經政府干預或多或少的週期。這裡我們要討論政府干預較多的年代，尤其是在全球整合上。因此，全球資本主義的蔓延速度減緩，再加上，新冠肺炎疫情以及美中關係破裂，似乎可能進一步倒退。這種情況與民主制度非常相近，對兩種制度來說，這是一個糟糕的年代。

資本主義的循環週期

資本主義並非靜止不動，而是一種動態、甚至千變萬化的制度，因應市場與技術機會，以及政治與社會壓力而演變，一直都是如此。若仍然維持著競爭市場的主要特性，以及保護私有財產，資本主義制度本身，包括：制度框架、與公民社會之間的關係、政府政策等，可能需要極大地改革。

可以說，資本主義最歷史性的大轉變，是從業主／經理人無限責任的小型企業，轉變為有專業管理的有限責任公司（美國用詞corporation，英國用詞company）。這項重大關鍵的制度性創新，目的是為了創造能夠融資和管理新型經濟活動的企業實體，其特徵是有著巨大的規模經濟，以及相應需求的龐大資本。如此一來，資本與信用結合成擁有法人資格的永恆實體，公司就像擁有生命的經濟體，能自行其事。19世紀中期，英國准許簡單註冊就能成立有限責任公司，這種社會暨法律性質的創新之舉被許多國家師法。[17]

公司被視為一種極其成功的創新，但也是一種「浮士德交易」。好處在於，公司成為現代經濟的心臟，例如：在美國，2021年第一季的國內生產毛額（Gross domestic product，後文簡稱GDP）中有56％為公司所創造。[18] 概念上，公司是嵌入競爭市場中的一個指揮與控管體系。[19]公司的成功來自其協調資源和服務全球市場的能力，並在過程中創造並管理極其複雜的全球分工。公司的誕生也引領出大批受過良好教育、精明幹練的經理人。[20] 公司在人類經濟中產生了大量的創新[21]，有必要保護的珍貴品牌和聲譽，從而鼓勵其展現負責任的行為。簡而言之，公司是繁榮的引擎。

壞處則在於，公司握有巨大的經濟與政治力量，可以、也確實濫用這種力量。亞當・斯密（Adam Smith）個人就很擔心經理人會忽視業主的利益，但更值得關注的是，公司的規模與機動性創造出的巨大市場力量。[22] 此外，公司被賦予人格權，包括公民的政治權利[23]，但在具有高度彈性與機動性下，卻可以漠視員工以及所在地國家的命運，變得善於逃避稅負與監管。[24]再者，司法系統發現，縱使有著重大的違法行為，也很難對公司和其高階主管判處刑事罪名。公司高階主管犯錯，承擔處罰成本的卻是股東，儘管股東通常只有有限能力可以控管公司主管。此外，部分受經濟學家彌爾頓・傅利曼（Milton Friedman）的公司目的觀所影響，長期以來公司的主要目的被視為是追求股東價值最大化，甚至於排除其他目的[25]，此舉可能鼓勵公司展現接近反社會的行為。

這種公司組織的發明帶來了其他制度性發展。盧卡・帕西奧利（Luca Pacioli）在15世紀末發明複式簿記法，但會計師的訓練與認證直到19世紀才出現。[26] 20世紀推出了官方的會計準則，例如：美國的一般公認會計原則（Generally Accepted Accounting Principles），以及國際財務報告準則（International Financial Reporting Standards），二者的主要目的在於，釐清日益趨向由外部股東持股的公司績效。

金融界也急劇地演進。19世紀出現的有限責任股份銀行，改變了公司的融資方式，公司債券市場的出現也有相同的功能。透過單位信託（unit trusts）而持有公司股份的機構股份所有權（在美國稱為共同基金）、投資信託、退休基金，以及更近期的指數股票型基金／交易所交易基金（exchange traded funds，ETFs）等金融商品，改變了所有權的含義，從隱含信諾於特定企業的長期健全，變成一種流動性金融資產。指數基金（index fund）與堅定的所有權更加脫鉤，旨在把風險分散化，藉此限制特定企業曝險（也不關心特定企業的健全性）。其結果是，「分離的資本主義」（detached capitalism），私募股權和創投資本可能被視為發展的部分反向平衡力。這種制度性發展也導致在公司控制權市場上，透過合併與接管（往往是敵意接管）不停地重塑公司。

資本主義的興起也促成了強大的抗衡力，其中最重要的是工會。19世紀與20世紀，在農業生產力提升下釋出的一大部分勞動力，轉往大規模的製造業和礦業找就業機會。這些東家必須確保讓珍貴的實物資本（勞動力）持續運轉下去，才能達成期望的報酬。而這些龐大且專注的勞動力也相當易於組織，經過長期辛苦的奮戰後，工會組織了大部分的勞動力。由於罷工可能造成僱主的巨大損失，工會因此有了左右僱主的影響力[27]，最終，迫使公司與勞工分享這些生產性新經濟組織使用勞動力所創造出的巨大獲利。[28]

工會也扮演重要的政治角色，他們建立或支持中間偏左和左派政黨，例如：支持建立於英國的工黨或美國的民主黨，這些政黨進而擴大投票權，以及後來普選制的新紀元中發揮政治作用。這些新工會也能夠資助和組織政治活動，這股新興的政治力量迫使企業業主上繳勞動所得和累進式的財富稅來分享其獲利。這些發展創造出一群待遇優渥的工業勞工階級，美國人稱為中產階級。

　　不過，最強大的抗衡力莫過於政府。長久以來，政府的角色是建立讓資本主義經濟能夠運作的法律與監管環境，因為沒有法治就沒有市場資本主義。不過，隨著生活水準提升至空前水準，政府可用的資源也隨之增加。由於政府的支出能力增加，擴大選民的訴求也增加，同樣增加的還有新工會和政黨對選民的影響力。選民要求教育支出（企業也如此要求）；要求失業、老年拮据和病痛的保險支出；要求現代基礎建設；要求充分就業；要求對環境、勞動市場、工作者安全性、金融機構健全性、反競爭行為、產品安全性、國際商業等方面的監管。

　　選民要求什麼，政府就提供什麼。如＜表1＞所示，自民主資本主義開始出現的1870年以後，政府支出占GDP的比重大幅提升，以美國為例：比重從1870年的7％提高至1960年的27％，再提高至2019年的36％。不過，＜表1＞列出的國家當中，美國的占比最低，在新冠肺炎疫情爆發前的2019年，一些國家的政府支出已經接近GDP的一半了，其增加的支出很大部分用於教育、保健和社會安全（尤其是退休金）等方面。公共支出的大躍增發生於一戰、大蕭條、二戰和戰後期間。1980年後，這些國家的政府支出占比幾乎不再明顯成長或不成長，許多國家的比重甚至還下降了（參見＜表2＞），大政府的政治或經濟，或可能二者皆已經達到極限，荷蘭和瑞典的縮減尤其顯著。

　　資本主義和民主制度在大致自由的社會——重視個人選擇、自由質詢、包容他人的社會——中崛起，當然激起熱烈討論，從亞當・斯密及卡爾・馬克思（Karl Marx），到約翰・凱因斯（John Maynard Keynes）和阿馬蒂亞・沈恩（Amartya Sen），思想家、歷史學家和論戰者全都參與這類辯論。不過，在高所得國家中，極左派和威權主義右派的反資本主義，以及反民主制度

＜表1＞政府支出占GDP比重

	1870	1913	1937	1960	1980	2001	2019
澳洲	18.3%	16.5%	14.8%	21.2%	31.6%	35.8%	38.3%
比利時		13.8%	21.8%	30.3%	58.6%	49.4%	52.1%
法國	12.6%	17.0%	29.0%	34.6%	46.1%	51.7%	55.5%
德國		14.8%	34.1%	32.4%	47.9%	47.4%	45.2%
義大利	11.9%	11.1%	24.5%	30.1%	41.9%	47.3%	48.6%
日本		8.3%	25.4%	17.5%	32.0%	35.5%	37.2%
荷蘭	9.1%	9.0%	19.0%	33.7%	55.2%	42.1%	41.3%
挪威	5.9%	9.3%	11.8%	29.9%	37.5%	43.3%	51.6%
瑞典	5.7%	10.4%	16.5%	31.0%	60.1%	51.7%	48.3%
英國	9.4%	12.7%	30.0%	32.2%	43.0%	34.8%	38.9%
美國	7.3%	7.5%	19.7%	27.0%	31.8%	32.8%	35.7%

資料來源：WP/00/44, IMF World Economic Outlook Database

＜表2＞政府支出占GDP比重的增減

	1913-1980	1980-2019	1913-2019
澳洲	15.1%	6.7%	21.8%
比利時	44.8%	-6.5%	38.3%
法國	29.1%	9.4%	38.5%
德國	33.1%	-2.7%	30.4%
義大利	30.8%	6.7%	37.5%
日本	23.7%	5.2%	28.9%
荷蘭	46.2%	-13.9%	32.3%
挪威	28.2%	14.1%	42.3%
瑞典	49.7%	-11.8%	37.9%
英國	30.3%	-4.1%	26.2%
美國	24.3%	3.9%	28.2%

資料來源：IMF World Economic Outlook Database，資料收集自＜表1＞

思想沒能站得住腳，至少到目前為止都是如此。在民主國家的辯論主要介於左派的「資本主義懷疑者」和右派的「資本主義支持者」之間，兩邊陣營都宣稱是民主制度的支持者，實際結果是一種妥協，用國家的干預來平衡資本主義的動態多變。

　　過去一個半世紀，這些思想的交鋒和伴隨而來的事件，在市場與政府的平衡之間擺盪，從自由放任到結合平等主義和干預主義，再回到自由市場（反對者稱其為「新自由主義」），最後再朝向更強的干預主義。

　　故事始於19世紀中期至末期占主導地位的自由市場經濟體（不過，工業政策的概念早已存在於迎頭趕上的國家，例如：美國及後來的德國和日本），當時批評這種體制的聲浪愈來愈大。然後，一戰導致參戰國的政府大舉接管經濟，以及俄國的共產主義革命。「戰爭社會主義」（war socialism）的成功被普遍視為支持計畫經濟的合理性，後來更被史達林推行到極致，他的第一個五年計畫從1928年開始至1932年，目的是透過完全國有經濟的中央計畫來強制實現工業化。[29] 這種方法在二戰後的世界各地具有高度影響力（不過大多降低了計畫經濟的強度），一方面是蘇維埃帝國的擴張，另外則是開發中國家（其中許多是在1945年後脫離殖民帝國獨立的國家）會採行類似的五年發展計畫。

　　一戰的痛苦強化了社會主義和民族主義思想在歐洲的支持度，尤其是極左派和威權主義右派。再加上，一戰後未能重建穩定的全球經濟，以及1930年代初期的經濟崩潰，人們不再相信由自利所驅動的經濟能自行運作，進而找到均衡點。大蕭條導致許多國家放棄以往的金本位制——經濟的自我均衡制度中神聖的組成部分——連英國都在1931年放棄金本位制。大蕭條也引領出美國的新政（New Deal）、納粹在德國掌控經濟，以及最終爆發二戰，二戰進一步推升高所得國家的政府控管經濟，為戰爭全面動員資源，尤其是英國。

　　到了1940年代末期，凱因斯的總體經濟穩定思想取得了極大影響力（雖然還未達普遍接受的程度），尤其是在美國和戰後的德國。許多國家於1944

年7月在新罕布夏州布列敦森林（Bretton Woods）集會，簽定成立國際貨幣基金（International Monetary Fund）的協議，後來該組織的目標和政策奉行凱因斯的思想。[30] 許多基本必要的產業，例如：鐵路運輸、煤礦開採和主要公用事業國有化（但美國沒有），政府支出不可逆地大舉增加，對高所得課徵累進式財富稅率也達到了懲罰性的苛刻程度：「1930年代，美國的政策制定者出台達近半世紀的高邊際所得稅稅率，最高所得者的稅率高達90％，公司獲利課稅50％，大筆地產稅率將近80％。」[31] 在英國，二戰期間的最高所得稅稅率達99.25％，1950年代和1960年代約90％。[32]

不過，這些經濟體充其量屬於「混合型經濟」，不是社會主義型經濟。但總體來說，以往自由放任的市場經濟已經喪失信譽，法國甚至採行一種廣受稱讚的「指導性計畫」（indicative planning）。在歐洲，最接近舊思想的是首先在德國推行的「社會市場經濟」（social market economy），擁抱私有財產、競爭和貨幣穩定等舊原則，但也接受社會性保護。路德維希·艾哈德（Ludwig Erhard）是這項政策制度的推手，率先被戰後被西方強權占領的德國地區採納，繼而在他擔任西德經濟部長時推行，締造了影響深遠的巨大成功。

凱因斯學派混合型經濟期間一直持續至1970年代，但1970年代後半，結合高通膨和高失業的經濟情況，使得凱因斯學派的總體經濟理論備受質疑，武斷的價格控制和薄弱的公司獲利力，生產力成長緩慢，國有化產業績效差，干涉主義的經濟方法愈發行不通。於是，迎來了1980年當選的美國總統唐納德·雷根（Donald Regan），以及1979年當選的英國首相瑪格莉特·柴契爾（Margaret Thatcher）推行的「雷根—柴契爾反革命」（Regan-Thatcher counterrevolution）。在發展經濟學領域，他們有一套相似的思想被稱為「華盛頓共識」（Washington Consensus，這名詞很有誤導性）。[33] 反革命的核心思想是：透過控管貨幣總計數（monetary aggregates）和通膨目標來控制通膨率。再來是反管制，尤其是對產品、勞動與金融市場的管制，然後降低邊際稅率，把國營公司民營化。此舉代表著將局部轉向自由放任，不過政府的角色在所有層面上仍然發揮極大作用，福利國家的制度並沒有大幅削弱，一些重要領域的監管甚至還擴大了，特別是在環境方面。1950年代、1960年代、1970年代的混合型經濟逐步轉向1980年代、1990年代、2000年代初期的自由市場經濟，到了1989年至1991年間蘇聯及其帝國的解體，更在全球範圍內強化了這一轉變。

新興經濟體緊接著發生一連串的金融危機，尤其是1997年至1999年的亞洲金融危機，動搖了人們對鬆綁金融市場的信心，只不過這場危機可歸咎於行不通的固定匯率制度和裙帶資本主義。但是，2007年至2012年發生於全球金融體系核心的跨大西洋金融危機，就無法如此輕易帶過。應付這場金融危機的措施，包括：龐大的紓困金和再度擴大監管金融體系。企業界甚至開始背棄原本堅定奉行的「股東價值最大化」主張，代表世上最大的181家多國籍企業的商業圓桌會議（Business Roundtable），在2019年發表聲明：「儘管我們每家公司各有自己的企業目的，但我們對所有利害關係人的基本承諾皆相同。」[34] 最後，新冠肺炎引致另一回合的政府干預，主動積極的政府又回來了。

長期來看，我們可以得出資本主義及其在更廣大社會地位下的趨勢和循環週期。這一趨勢是朝向去個性化和制度化的資本主義、浮現跨國企業和受監管的金融市場，以及更強化干預的政府。這趨勢的背後一直存在著有關於社會該如何組織的辯論，尤其是市場與政府之間的關係，以及公司和公民社會之間的關係。循環週期是倚賴自由市場和政府積極干預二者的循環。現在，我們似乎再轉變回後者，儘管按照早期（尤其是1930年代）的標準來看，這種轉變緩慢且溫和。不過，新冠肺炎、烏克蘭戰爭、美中關係惡化，這些事件導致的破壞可能會加速轉變。

全球化的循環週期

國家本質上是政治實體，不是經濟實體，但這並不代表國家在經濟上的角色不重要，事實上恰恰相反。市場經濟並非純粹的國家性質，資本主義更增強這個現實，把開發新資源和新市場變成資本家之間的競爭，也經常是其各自政府之間的競爭。

馬克思和腓特烈·恩格斯（Friedrich Engels）了解這點。他們合撰的《共產黨宣言》（*Communist Manifesto*）是19世紀最重要的文件之一，在這份文件中，他們精采地描述新興的資本主義經濟：

> 資產階級透過剝削世界市場，使各國的生產和消費具有了世界性的特徵。令反對主義者惱怒的是，資本主義挖掉了國家立足的產業根基，所有古老、根深蒂固的國家產業被摧毀或正被摧毀，被新產業取代，所有文明國家的生死轉為倚賴這些新產業。新產業不再使用本地原物料，而是使用來自遙遠地區的原物料；新產業生產的產品不僅供本國消費，也供全球各地消費。以往的需求由國家生產來滿足，現在新的需求得靠來自遙遠地區的產品來滿足。以往，地方與國家可以獨立地自給自足，現在則是各國必須在方方面面相互依存。物質產物如此，智識產物也是如此，個別國家的智識產物變成共同財產。國家愈發不能偏袒及心胸狹窄，無數的國家與地方文學變成了世界文學。[35]

資本主義的本質是全球化：只要被允許，尋利的資本家將轉向海外追求他們的目的，因為海外有更多好機會。如同現代之前就存在民主政體和共和國，國際商業也一樣，甚至早在15世紀和16世紀的歐洲探險之旅前已經存在：「來自英國與西班牙的毛織品，來自法蘭德斯和義大利的毛衣，來自東歐的毛皮，來自西非的黃金，來自印度的棉紡織品和胡椒，來自東南亞的丁香和肉荳蔻之類的調味粉，以及來自中國的絲綢和瓷漆，至少一千年前彼此之間就存在複雜的聯繫方式。」[36] 在當時，全球經濟最進步的地區是中國和回教世界，從中國出發的絲路是第一條長途貿易系統，源於西元前兩個世紀的漢朝。[37]

基於動機的不同，中國人認為他們不需要從世界其他地方進口貨物，歐洲人則是渴望東方的貨物，可茲解釋為何在15世紀末建立第一個全球經濟網絡的，不是15世紀初期率領明朝艦隊下西洋的鄭和，而是從葡萄牙遠航至印度的瓦斯科·達伽馬（Vasco de Gama），以及前往東印度群島途中抵達美洲的克里斯多福·哥倫布（Cristoforo Colombo）。[38] 後續的1500年至1800年期間，有時被視為重商主義時代，那是歐洲邦國為了促進出口貿易、建立和保護貿易壟斷者而相互競爭的時代。17世紀與18世紀，荷蘭和英國的東印度公司不僅在全球貿易、政治層面，還在其國內和印度洋區扮演關鍵角色。亞當·斯密撰寫《國富論》（*The Wealth of Nations*），正是批評這種重商主義制度。[39]

然而，儘管歐洲出口商把截至當時為止，把各自獨立的北美洲和南美洲帶進全球經濟與政治體系裡，在重商主義時代，歐洲商業並未稱霸世界，中國、印度和土耳其王國繼續扮演主要角色。事實上，對歐洲人而言，美洲的大部分價值是供應購買亞洲貨物使用的銀，對於先進的經濟體來說，美洲能提供的價值甚少。

1500年至1800年期間，世界貿易成長速度快於世界產出的成長速度[40]，據估計，1820年時的世界貿易占世界產出2%至10%之間，遠低於19世紀末和20世紀初，更別提現今的比重（參見＜圖6＞）。[41]那期間的貿易主要屬於非競爭性商品，不過歐洲人仍然發展出瓷器和紡織品的替代產業。

使用美國南方由非洲奴隸種植與採收的棉花，發展出的英國紡織業為工業革命早期產物，那是「飛躍性成長」（Promethean growth）年代的開端，此後，化石燃料的開採及技術的進步，使經濟、社會和政治成功轉型。[42]這也是資本主義革命的年代，對此馬克思和恩格斯寫道：「資產階級是第一個展示人類的活動能成就大事，其創造的奇觀遠超越埃及金字塔、羅馬溝渠、哥德式教堂；其遠征使之前所有的民族大遷徙和十字軍東征相形失色。」[43]

19世紀全球資本主義引領出全球化時代，有時被稱為「第一次全球化」（終結於一戰），與1980年代、1990年代、2000年代初期的「第二次全球化」有所區分。除了技術進步，尤其是運輸和通訊領域（鐵路、汽船和橫貫大

<図6> 世界貿易占世界產出的比例（出口+進口，%）

（資料來源：Center for Systemic Peace, Polity IV database）

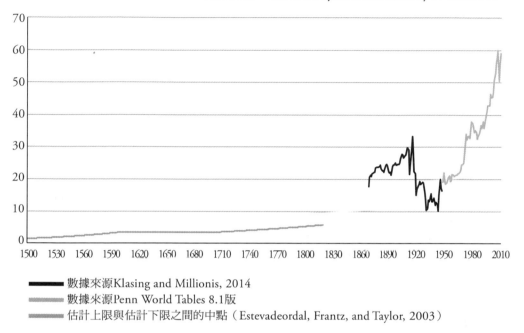

數據來源Klasing and Millionis, 2014
數據來源Penn World Tables 8.1版
估計上限與估計下限之間的中點（Estevadeordal, Frantz, and Taylor, 2003）

陸的電纜），重商主義年代的政策被取消，貿易壁壘也被撤下，特別是在19世紀後半葉。決定性的推力是英國在1846年採行單邊自由貿易，以及後續歐洲強權國家之間簽署協定，使貿易自由化。[44]在那個世紀，全球大宗物資市場首度整合，在全球競爭的作用下，大宗物資價格趨同。[45]不過，19世紀的最後二十年，稍稍反轉朝向保護主義。

　　世界貿易成長速度快於世界產出成長速度，然而，世界產出的成長速度也空前之快，在工業化地區，人均實質所得持續提高，同樣為人類史上首見。到了一戰爆發前，世界貿易占世界產出的比例（購買力平價後得出的計算值）已經達到30%，高於1870年時的20%，此後，比例再度下滑，直到1970年代末期才再現（參見＜圖6＞）。誠如兩位專家所述：「到了1913年，國際大宗物資市場的整合性遠比1750年時更高，世界貿易占世界產出的比例也大幅提升，涵蓋量小、價高的大宗物資在內，更廣泛的貨物種類在國與國之間運輸。」[46]此外，他們寫道：「到了19世紀末期，工業經濟體和原始生產經濟體之間已呈現非常明顯的差別。」[47]這是快速工業化的西歐與北美國家，以及相當停滯的世界其餘經濟體之間「大分流」（the great divergence）的一部分，後者近乎包括所有亞洲國家（19世紀後半葉的日本除外）。[48]

．．．

　　早在19世紀末，民族主義、保護主義、軍國主義、帝國主義、社會主義和共產主義就已經彼此競爭又彼此合作，同時也攻擊19世紀的自由主義。[49]19世紀末經濟制度的基本特色——金本位制、自由放任貿易（包括英國的自由貿易）——一直維持到一戰爆發前夕，並一戰惡浪沖刷下，一去不復還，儘管做出嘗試，19世紀制度的殘骸仍然無法復活。兩次大戰之間，在極其有害的保護主義政策和大蕭條下，又疊加上一戰後的政治脆弱性，世界貿易銳減，不論是絕對值或相對於全球GDP皆然。美國這個不情不願的新全球經濟霸主，在1930年通過並實施高度保護主義的《斯姆特—霍利關稅法案》（*Smoot-Hawley Tariff Act*），英國在1931年放棄長久以來的單邊自由貿易政策和金本位制，納粹德國實施全面性貿易量控管，創造出一位經濟學家稱為「惡性的雙邊主義」的制度。[50]

　　二戰後，世界貿易復甦達到空前水準，不過在意義上，後二戰年代不同於19世紀。二戰後創立了不少國際機制，約束和管理各國境內的政策制定，使所有人蒙受其利。這段歷程的重要事件包括：1994年的布列敦森林會議（Bretton Woods Conference）創立國際貨幣基金和世界銀行（World Bank）；1947年簽署關稅暨貿易總協定〔General Agreement on Tariffs and Trade，之後會員國歷經多回合全球貿易談判，在1994年的第八回合烏拉圭回合（Uruguay Round）完成所有談判〕；1948年創立歐洲經濟合作組織

〔Organization for European Economic Cooperation，後來的經濟合作暨發展組織（Organization for Economic Co-operation and Development，後文簡稱OECD）〕，旨在管理馬歇爾計畫（Marshall Plan）；1957年創立歐洲經濟共同體（European Economic Community）；1995年成立世界貿易組織，中國於2001年加入。

在開明的美國的鼓勵下，這些機構發展的創始目標是開放西歐經濟體。原本西歐經濟體之間彼此開放，然後再向更廣闊的世界開放。在1980年代和1990年代，貿易自由化行動不僅擴大延伸至許多開發中國家和新興經濟體，也被其熱烈擁抱，當中包括鄧小平於1978年掌權後於中國推行「改革開放」政策，以及1991年外匯危機餘波中的印度。這些是邁向「第二次全球化」的重要步伐，引領出世界貿易的爆炸性成長，在爆發跨大西洋金融危機的2008年時，世界貿易占世界產出的比例達到高峰的60％。[51]

在第一次全球化中，運輸的技術革命貢獻卓著，在第二次全球化中，運輸轉型扮演的角色就沒那麼顯著了。這一回，運輸變革主要是貨櫃輪和商用飛機的發明，二者都是在1950年代誕生，也皆為重要的發展，只不過重要程度不如19世紀發明的鐵路和汽船。世界貿易爆炸性成長的驅動主力，是去貿易壁壘的自由化，以及通訊和資料處理成本下降，促成了空前的全球生產整合。

在高所得經濟體，明顯的貿易壁壘已經降至極低的水準，直到川普總統任內再度升高。[52] 近乎所有新興和開發中國家仍有明顯高於高所得國家的貿易壁壘，部分原因出於它們遲至20世紀末才開始自由化。2010年時，高所得國家對進口製造品的平均未加權關稅只有2.6％，而全世界平均為6.1％，東亞和太平洋地區開發中國家為6.8％，中所得開發中國家為7.2％，拉丁美洲和加勒比海開發中國家為8.7％，南亞為9.7％，低所得國家平均為11.6％。[53]

2007年至2012年的跨大西洋金融危機，導致世界貿易的爆炸性成長腳步停了下來，此後，儘管不再出現如同1930年代那般貿易崩塌衰退，但成長停滯了。誠如國際貨幣基金於2016年所言：「1986年至2007年期間，實質世界貿易額平均成長速度是全球GDP成長速度的2倍，但過去四年間，世界貿易平均成長速度幾乎跟不上全球GDP成長速度。」[54] 世界貿易年均成長率從1965年至2011年間的6.5％，下滑至2012年至2019年間的3.3％，而後面這段期間的世界產出年均成長率為3.5％。[55] 因此，甚至在新冠肺炎衝擊全球經濟之前，不僅世界貿易成長速度早已銳減，世界貿易成長率和世界產出成長率之間的差距也顯著縮小。這不是去全球化的年代，至少就貿易而言不是，但全球化速度的確顯著減緩。[56]

其中一種說法是自由化的動能耗盡。1990年代中期烏拉圭回合是最後一次達成的全球貿易自由化談判，之後唯一的重大自由化貿易事件，當屬中國於2001年加入世界貿易組織，自此之後一系列重要嘗試：杜哈回合多邊貿易談判（Doha Round）、跨太平洋夥伴協定（Trans-Pacific Partnership，TPP，川普於2017年初宣布退出），以及跨大西洋貿易及投資夥伴協定（Transatlantic Trade and Investment Partnership，TTIP，主要針對美國與歐盟），皆告失敗、破局或失去動力。[57] 川普退出TPP並不令人意外，他是堅定的保護主義者，他在2017年1月20日的就職演說中說：「保護將帶來更繁榮和強大。」[58] 他的後續行動，尤其是針對中國的貿易戰，都是保護主義的作為，違反世界貿易組織規範，實屬經濟層面的不智之舉。[59]

就連拜登上台後，迄今也未反轉川普的保護主義貿易政策。[60] 固然，在此期間有兩個成功的多邊貿易自由化行動：2018年1月簽署的跨太平洋夥伴全面進步協定（Comprehensive and Progressive Agreement for Trans-Pacific Partnership，後文簡稱CPTPP），包含美國除外的十一個原計畫TPP成員[61]；2020年11月簽署的區域全面經濟夥伴協定（Regional Comprehensive Economic Partnership，後文簡稱RECP）[62]。CPTPP的主角是日本，RECP的主角是中國，然而日本和南韓也是此協定中的成員國。不過，這兩個協定看似難以積極地影響貿易行動。

世界貿易成長速度減緩的另一種說法是機會耗竭。自1990年代起，世界貿易掀起一股全球價值鏈拆分的潮流：劃分生產作業的各階段，交由不同國家製造。這做法可以用一個式子來衡量：〔甲國出口品中內含進口品內容＋貿易夥伴國在其本身出口品中使用甲國出口品中內含甲國國內品內容〕÷甲國總出口。這比例一直銳升至2008年之後開始停滯。

英國退出歐盟也是貿易去全球化的例證。[63] 脫歐促使英國與歐盟（以及歐盟經濟區）夥伴之間的貿易壁壘，比其續留歐盟還要高，基於2016年（英國脫歐公投於年中舉行）當時歐盟市場占英國總出口的43％，縱使對中程經濟目標而言，很難想像有其他形式的自由化可以彌補這市場的損失。[64]

隨著時間的推移，貿易的性質也發生了變化，以往由國營企業占貿易大宗的情形消失了，取而代之的是全球性公司。被稱為「系統整合者」（systems intcgrators）的全球性公司數量少，大多為西方企業，擁有重要的智慧財產，有能力組織全球生產及分銷，主導了大部分的全球貿易，並囊括其中的大部分獲利。[65]

在19世紀末的第一次全球化期間，貨物運輸成本的下降驅動了當時世界貿易空前高速地成長[66]，這促進製造品取代自然資源和農產品的全球交易，後者主要來自美洲和澳洲，但也有來自殖民帝國轄下較貧窮的國家。那個年代，製造業無法拆分，為了在特定行業競爭中脫穎而出，一國家必須嫻熟掌握所有必要的技能。製造業及其伴隨而來的規模經濟、做中學習等益處，便集中於高所得國家。這些國家當中，技能中等的工作者能夠取得國家經濟體發展出的知識果實，因此得以共享貿易與經濟發展的一大部分收穫，從而提高實質所得和政治影響力。[67]

想闖進這個迷人的圈子並不容易，直到數十年前，唯一途徑是發展自己國家的產業競爭力，日本做到了，隨後台灣和南韓也做到了，但都算少數特例。直到第二次全球化年代，全球通訊變得更可靠且便宜，以至於能夠把生產流程拆分至遙遠的地區。這使得組件的生產和最後組裝，在擁有相關知識的製造商（或採購者）控管下遍布世界各地。誠如經濟學家理查・鮑德溫（Richard

Baldwin）所言：「不同於1970年代，現在，美國的工作者不和墨西哥勞工、墨西哥資本和墨西哥技術競爭，他們現在的競爭對象是美國知識產權加上墨西哥工資的包套組合。」[68] 這一改變的衡量指標如＜圖7＞所示，是在全球化高峰年代，國家總出口中由外國創造附加價值的比重（foreign value added share of exports）。隨著投入要素變得如此複雜，國際貿易遠比以往更難辨識出口品的產地國，促使更全球化型態的市場資本主義取代了以往國家型態的資本主義。

這種發展不僅限於產品，也發生於服務活動容易分布於全球各地的服務業，例如：金融業。這也導致國內工作者的利益，與全球性公司的利益，二

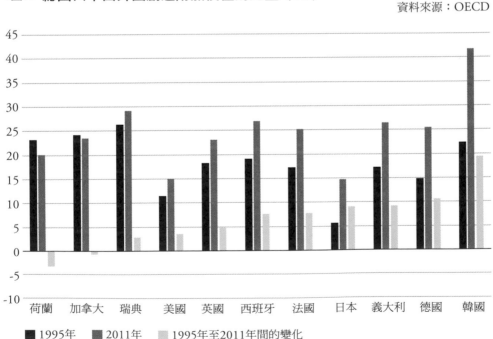

＜圖7＞總出口中由外國創造附加價值的比重（％）

資料來源：OECD

■ 1995年　　■ 2011年　　▨ 1995年至2011年間的變化

者的分歧日漸擴大。在第一次全球化、甚至二戰後，工作者及其公司共享與別國工作者及其公司競爭所獲得的利益，但在第二次全球化時代，事情不再如此單純了。這種利益分歧，再加上生產力快速成長、工會式微造成的就業機會短缺，導致許多年齡較長、待遇不錯、男性居多的勞工階級找不到好工作，進而形成嚴重的政治後果。[69]

只有相當少數的開發中國家充分利用這些新機會，最成功案例全都在亞洲，其中一個便是國家領導人決定開放經濟的中國。中國的崛起不僅為世界貿易創造一根新支柱，也創造了一個新興超級大國。不過，我們必須據實看待這改變，若檢視以市場價格計算的各國GDP占全球GDP的比重，中國的比重從1990年的2％，提高至2019年的16％，高所得國家在2019年時的比重仍然高達60％（低於1990年的78％），美國和歐盟（英國除外）分別占25％和18％。[70]同樣地，雖然中國快速成長，2019年在全球商品進口總值中，中國僅占13％，美國和歐盟（排除歐盟內部貿易和英國）占30％。[71]

儘管如此，中國進入世界經濟體系，還是對美國製造業的就業機會造成巨大的負面衝擊，據估計，1999年至2011年期間，來自中國的進口競爭導致美國失去200萬至240萬個工作機會[72]。這大約是1999年至2011年期間美國製造業實際職位流失的一半，比例相當大，但也不是壓倒性的比例。再者，此後製造業的就業機會就趨於穩定了。不過在美國，工作流失導致的持續期和負面衝擊比一些人預期的還要更久、更大。所以，一篇研究報告總結：「本地勞動市場調適得非常慢，在中國貿易衝擊開始後的至少十年間，美國的工資率和勞動參與率持續低迷，失業率持續上升。」[73]「中國衝擊」的說法顯然屬於政治議題，在美國，政府拒絕對失業者及其家庭或居住社區提供有效支援與調適協助，所以這種說法無可避免，也合情合理。因此，無怪乎世界貿易的新變化，能把川普推上（或至少助攻）總統寶座，也無怪乎他的保護主義行動如此受歡迎。美國人普遍認為，對抗進口的保護主義措施實屬正當的產業扶持，同時也把國內政策失敗的責任轉嫁給外國人，更糟糕的是，在這案例中，轉嫁對象被視為「黃禍」。

現在，我們轉向金融領域。過去兩世紀，金融與全球貿易脈動一致，興盛、衰退、再興起，直至遭逢跨大西洋金融危機，金融不僅僅是停滯，而是銳降。[74]

跨國資本流動的壁壘在19世紀急劇下降，資本流動變得龐大，這背後的重要助力是通訊的長足進步，尤其是海底電纜的發展，以及結合金本位制、英國資本市場和英國國力，為投資人帶來了安全感。1870年時，非本國人持有的金融資產只占世界產出的7%，到了1900年時已經提高到19%，1914年時大致維持這個比例，1930年時下滑至8%。1945年時更是剩下5%。許多國家在1930年代施實外匯控管，英國則是在二戰期間實施，經常帳（current transactions）之類的外匯管制一直持續到1961年，對資本帳（資本交易）的外匯控管則是持續到1979年。[75]二戰後，資本流動量再度增加，到了1980年，非本國人持有金融資產占世界產出的比例已經達到25%，回到了1900年時的水準。但是到了2000年，非本國人持有金融資產占世界產出的比例達到110%，跨大西洋金融危機爆發時的2007年，已經達到驚人的185%[76]，2016年時稍稍降低至183%。[77]

另一種檢視資本市場整合情況的方式是，察看代表國家經常帳順差（盈餘）和逆差（赤字），也就是淨資本的流出與流入。1870年至1889年期間，當時阿根廷屬於多變的新興經濟體，年均經常帳赤字（亦即有淨資本流入）為GDP的19%，這數字非常大，然後到了1890年至1913年期間，這比例為年均6.2%。澳洲與加拿大當時也是鉅額資本流入者，英國在1870年至1913年期間的年均經常帳盈餘（亦即有淨資本流出）為GDP的4.6%。[78]鼎盛時，英國的淨海外投資占其GDP的9%，遠超過當時的資本累積的一半，英國在世界各地的資本所有權價值是GDP的2倍[79]，如此高的海外淨資本所有權與本國GDP比率根本沒有其他大經濟體可以匹敵。

第二次全球化期間，經常帳盈餘及赤字再度變得明顯。舉例而言，1997

年至2007年期間，中國的年均經常帳盈餘為其快速成長GDP的4％，德國則為3％。其中，中國2006年時的經常帳盈餘為GDP的8％，2007年時為10％，2008年時為9％。2008年至2017年期間，中國的年均經常帳盈餘為GDP的3％，德國則為7％，比英國在第一次全球化時的鼎盛期還要高。德國的這項比例甚至在2015年、2016年和2017年時都超過8％。[80]

21世紀初期和20世紀初期最大的差別在於淨借入國的改變。19世紀末，淨融資流量流向當時有大好的投資機會的新興國家不動產（通常是基礎設施和礦場）所有權，主要是有過剩土地的國家，例如：阿根廷、澳洲、加拿大和美國。21世紀初期，淨融資流量主要流向高所得國家，以融資舉債消費、難以維持的房市熱或二者都有。現在，有最佳投資機會的國家是快速成長的亞洲國家，主要優勢在廉價、勤勞的勞動力。1997年至1998年的亞洲金融危機過後，這些國家（包括中國在內）選擇保持經常帳盈餘，因而成為淨資本輸出國，部分是為了累積外匯存底，以確保能應付以美元為基準貨幣的全球金融體系衝擊。[81]

這使得最大赤字轉移至一些高所得國家，以絕對值而言，美國是最大的淨借入國，這也是川普政府不滿且一再強調的議題。[82] 1997年至2007年期間，美國的年均經常帳赤字為GDP的4％，2008年至2017年期間，這項比例仍然維持於3％。金融危機前，西班牙也持續高水準的經常帳赤字，英國在1997年至2007年間也是。總體來說，1997年至2007年期間，高所得國家的年均經常帳赤字為GDP的0.5％，然後在2008年至2017年期間持平。另一方面，東亞和太平洋地區的新興及開發中國家一直維持經常帳盈餘，1997年至2007年期間的年均經常帳赤字為GDP的0.2％，2008年至2017年期間為0.3％。[83]

簡而言之，這回合的金融持續創造出富裕國家之間的淨資源流動，甚至從較貧窮的國家流向較富有的國家，因而形成全球經濟中極其脆弱部分。事實上，這種脆弱在一次巨大的金融危機中達到高點。

人的遷徙型態也大致與貿易與金融的型態雷同：19世紀末和20世紀初湧

現巨大的遷徙潮。1890年代的十年間是人口遷徙的一個高點，流入美國的人口是原人口的9％，相當於現今十年間流入2,900萬移民。阿根廷的數字更高達26％；澳洲是17％。那十年間，英國的流出人口是原人口的5％，西班牙為6％，瑞典為7％。

限制移民政策始於19世紀和20世紀，尤其在美國，以絕對值而言，美國是最大的移民流入國。[84] 1914年至1945年期間，移民受到嚴格限制，二戰後，人口流向高所得國家的限制被放寬，大多數高所得國家的外國出生人口比例大增，但對人的流動限制仍然遠比限制貨物、許多服務（需要服務提供者的流動除外）、資本流動更嚴格。此外，政治大體上傾向進一步限制移民。[85]

關於19世紀人口遷徙帶來的影響，一篇權威性分析得出的結論是：「一戰前的實質工資水準趨同可歸因於人口遷徙，大約有2/3的工作者人均GDP趨同，甚至可能達到1/2的人均GDP趨同。」[86] 不過自此以後，這類情況再也沒有發生，可能的例外是歐盟區內的人口遷徙，歐盟創立協定中保障的四種自由之一，是成員國的勞工可以自由地在成員國中流動，不幸的是，這原則也變成英國在2016年6月公投決定脫離歐盟的原因之一。因為在別處（以及從其他國家進入歐盟），移民進入高所得國家受到嚴格限制。

儘管如此，流向高所得國家的移民數量仍然再創新高，就算以19世紀的水準來看，也是如此。1911年時，外國出生者占美國總人口的14.7％，加拿大為22％[87]，歐洲國家是淨移民輸出國，不是淨移民流入國。2019年時，高所得民主國家中，外國出生者占總人口比例最高的國家是澳洲、瑞士、紐西蘭、加拿大、瑞典、奧地利和愛爾蘭（參見＜圖8＞）。這7個國家當中，引發強烈反彈的國家只有奧地利。綜觀2000年至2019年期間，外國出生者占總人口比例增加最多的10個國家是西班牙、愛爾蘭、紐西蘭、挪威、奧地利、瑞典、瑞士、比利時、澳洲和義大利，不過，只有奧地利和義大利強烈反彈。外國出生者占總人口比例的增加，當然會影響社會與政治層面。[88] 不過，在種種政治雜音下，令人感到意外的是，2000年至2016年期間，在所有高所得國家

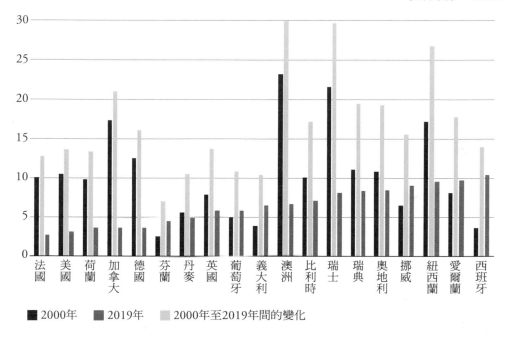

<圖8>外國出生者占總人口比例（％）

資料來源：OECD

■ 2000年　■ 2019年　■ 2000年至2019年間的變化

中，美國是外國出生者占總人口比例增加幅度次低的國家，增加幅度僅高於法國。在法國，移民也是很顯著的政治議題。

移民人數與民眾反感之間的關連性相當複雜：反映移民接收國的文化（尤其是深植的種族主義）、移民本身的文化與族群性、移民接收國的經濟狀況，以及政治人物的作為。移民的經濟影響相當複雜，也具有爭議性。[89] 不過，有一點可以確認，就是許多人憤恨大量移民的理由，混合了文化、社會、以及經濟因素。許多人也認為，大量移民侵蝕了高所得社會諸多的公民價值觀，而這也是他們擁有最珍貴的資產：公民精神。

不過，從全球角度來看，人口的流動一直處於適度且高度穩定狀態。

1960年時，全球人口中僅有2.6％的人居住於非出生國；1990年時，這個比例為2.9％；2010年時也僅有3.1％。雖然，有大批難民流入一些開發中國家，高所得國家仍然是近年間的移民接收大國。因此，就跟貿易和金融一樣，全球化在20世紀末和21世紀初期重重地衝擊高所得民主國家，進而導致巨大的反彈聲浪，尤其是在美國和英國。

總體來說，跟資本主義一樣，全球化——貨物、服務、資本和人口跨國流動——也在長期趨勢中呈現週期循環。這一趨勢的主要驅動力是技術革命和組織變革，尤其是全球性公司和資本市場的興起。不過，這些週期循環取決於政治、經濟和意識形態的變化，在國內的情形也一樣。從經濟衰退、國家敵對、戰爭，以及社會主義、民族主義和國家干預的態度與思想起落，有助於解釋國家開放經濟的程度。

民主制度與全球化的關聯

市場資本主義，尤其是全球化和民主化的起伏型態高度一致（參見＜圖9＞）。19世紀末以及一戰前的20世紀初期，全球化及民主化並駕齊驅，一戰的結束引領民主政體比例的躍升。兩次大戰之間，世界經濟高度去全球化，民主化也隨著去全球化而低落，民主國家的貿易量滑崩。二戰期間的貿易量和去民主化達到谷底，二戰後再轉向民主化，隨之而來的是世界經濟強勁地恢復與開放。民主化於1960年代趨於穩定，並伴隨1970年代的全球化。1980年代和1990年代初期，去民主化再度湧現，但全球化依舊緊密跟隨。2000年代初期的全球金融危機過後，民主化和全球化最終趨於穩定（或在某些層面上趨於衰退）。

這並不代表全球化和民主化之間有著簡單的因果關係，如上一章所述，二者之間的關係太複雜了。不過，市場自由化和擴大全球化時期也是樂觀的時期，應該降低了民主制度的爭議。對經濟施加更多限制的時期往往發生於經濟、政治或其他騷亂的時期，因為大比例人口的恐懼和憤怒而不利自由民

＜圖9＞全球化與民主化的起伏循環

（資料來源：Our World Data and Center for Systemic Peace）

購買力平價後的貿易占全球ＧＤＰ比例（％）

全球所有國家中的民主政體比例（％）

據來源Klasing and Millionis, 2014
數據來源Penn World Tables 8.1版
全球化（美國智庫全面和平中心的政體四）

主制度。最後，民主強權在一戰、二戰和冷戰中的勝利，皆有利於民主制度
和全球化。

　　探索資本主義與民主制度之間關連性的另一種方式，是檢視各國在一個時
間點上的「經濟自由度」與「政治自由度」排名之間的關係。[90] 美國智庫加圖
研究所（Cato Institute）的經濟自由度衡量指標中，涵蓋了政府規模、法律制
度、貨幣制度、貿易自由度，以及監管程度與性質。自由之家的政治自由度衡

量指標，則涵蓋政治權（選舉權等等）、公民自由（言論與結社自由等等）。

　　2014年，經濟自由度最高的30國（總計評比159國，墊底的是委內瑞拉），除了香港、新加坡、阿拉伯聯合大公國、卡達、亞美尼亞和巴林以外，都在政治自由度最高的前60國之列。這些除外的國家是特殊的小型專制政體或半專制政體。30個經濟自由度最高的國家中，包含許多重要的民主國家，義大利是唯一一個未能名列經濟自由度前60名的重要西方民主國家（其經濟自由度排第69名）。因此，總體來說，除了少數例外，經濟自由度高的國家也是民主程度高的國家。在被評比的204國當中，政治自由度最高的30國（包含所有西方民主國家，再加上日本，美國僅排第28名），只有一個國家未在經濟自由度前60國之列，不意外地，這國家是義大利，其政治自由度排第29名。上述統計結果很好理解，經濟自由的國家往往也是民主政體，反之亦然。自由資本主義與自由民主制度共存，不僅理論上如此，實際上也是如此。

小結：自由資本主義與自由民主制度難以切割

　　民主制度中現今代議制的歷史相當短，全球資本主義經濟的歷史也沒比它長多少，但本章的說明凸顯了一些關鍵點。

　　第一、過去兩世紀，民主制度和資本主義都有重大演進。選舉權廣為延伸，資本主義在制度上也變得更加複雜。最重要的是，民主政府與市場資本主義之間的作用相互影響。

　　第二、市場資本主義跨越國界，歷經時日伴隨運輸和通訊成本降低，跨國的經濟活動增加。

　　第三、全球資本主義興盛期和民主化興盛期一致，同樣地，全球資本主義滑崩期也與民主倒退期一致。

　　第四、經濟並不是驅動民主化的唯一因素，一戰、二戰和冷戰也是重要因素，在這三場戰爭中，西方勝利者推動戰敗國的民主化。一戰後重振全球資本主義和推動民主化均告失敗；二戰後戰敗國成功民主化[91]；冷戰結束後的演變則相當混雜。

第五、全球資本主義造成巨大的經濟與社會騷亂，當中最重要的衝擊來自全球金融危機。[92]

第六、自由市場經濟與民主制度共存。歷史顯示，你不能冀望在沒有競爭性的市場經濟下擁有生氣蓬勃的民主政體，同樣地，你也找不到有著富裕資本主義經濟體的非民主國家。

第七、西方自由民主制度的近況令人憂深思遠，部分導因於經濟失靈：成長緩慢、貧富不均惡化、好工作流失。這再度顯示，拯救自由民主制度，必須連同全球資本主義一起拯救。

第二部
哪裡出了錯

如第一部所述，我們現在處於「民主倒退」的境況，這裡的「我們」，指的是西方國家，尤其是美國。問題在於，為什麼？第一部提出的論點是，民主資本主義國家仰賴在市場資本主義和民主制度二者互補、對立之間保持微妙平衡。複雜社會的政治與經濟層面可以相互扶持，也可以相互破壞。本書第二部的論點是，政治和經濟之間、市場和國家之間、國內和全球之間、贏家和輸家之間、技術革新和因應能力之間，已經失衡了，其結果不僅僅是民粹主義，而是反民主的民粹主義。我們必須導正失衡狀態，本書第三部的焦點是怎麼達成。

制度的正當性取決其表現，最終，人們將不再信賴一個對他們來說言行不通的制度。不過，制度的正當性也取決於有錢人和沒錢人之間的關係，縱使一個制度在總體上表現不錯，若社會中的財富與力量分布不均，強者和弱者之間的差距太大，仍然可能導致民主脆弱。這種嚴重的不均可能導致民主體制無所顧忌地朝向金權政治，抑或朝向煽動性政治，甚至是朝向某種混合版本，我稱為「金權民粹主義」（pluto-populism）。

第四章探討高所得國家國內發生的情形，第五章分析導致這些變化的原因，第六章討論政治改變的情形，尤其是反多元論民粹主義（anti-pluralist populism）興起的危險性。

第4章
笨蛋，問題在經濟

> 「那些擁有超多好運、力量、財富、朋友等特質的人，既不想屈服於統
> 治，也不想了解如何統治，……。另外那些非常欠缺這些特質的人
> 則是太卑躬屈膝，……。其結果不是自由人的城邦，
> 而是奴隸與主人的城邦，奴隸充滿妒嫉，主人高傲輕蔑，
> 再也沒有比這種關係更能離散友誼或城邦夥伴了。……
> 所以，顯然在一座城邦裡，最好的夥伴關係是由介於富人與窮人之間的
> 中產階級來運作，而且這些中產階級有一大群人，
> 可能比另外兩群人加起來更強大，或者至少比任一群人更強大，
> 因此有機會建立一個運作良好的政體。」
>
> ——亞里斯多德[1]

> 子貢問政。子曰：「足食。足兵。民信之矣。」
> 子貢曰：「必不得已而去，於斯三者何先？」曰：「去兵。」
> 子貢曰：「必不得已而去，於斯二者何先？」
> 曰：「去食。自古皆有死，民無信不立。」
>
> ——《論語》

　　有關民主制度、全球市場經濟、政治與經濟精英階層的信任度在最近數十年間持續消減，尤其是在公認的高所得國家。這種信任的消減呈現的是保護主義、對移民不友好，最重要的是日益傾向威權民粹主義。

　　這些發展的根源是什麼？主要的答案是中產階級空洞化。早在2,500年前亞里斯多德就指出，中產階級是憲政民主政體的骨幹選民。類似地，獨立農民的空洞化，以及家財萬貫的將軍和資本家階級出現，導致羅馬共和國的崩潰。

過去四十年間，在高所得國家，尤其是美國，所得分配位居中間的群體，其社經地位的發展逐年式微，嚴重打擊了政治。2007年至2012年跨大西洋金融危機的衝擊，使這種侵蝕更加惡化，新冠肺炎疫情似乎也是惡化的導因之一，不過在本書撰寫的2022年中，這項趨勢還不確定。結果是，政治與憲政制度更加脆弱。[2]

當政治制度以此種形式弱化時，任何事都可能發生，包括高度意料之外的事。實際上也真的發生了，尤其是英國於2016年公投脫歐，以及川普於2016年當選美國總統，這是另一個「可怕的一年」。[3] 不過，就連歐盟也可能變得脆弱，畢竟「如果經濟艱難時期、貧富不均和移民是引發民粹主義反應的重要觸發器，那麼歐盟這三者皆具。」[4]

地位焦慮下的經濟與政治變化

「地位焦慮」（status anxiety）最有助於思考導致支持民粹主義理想的根本原因，尤其是支持民族主義的政治人物（例如：川普）和目標（例如：英國脫歐）。[5] 誰最有這種焦慮傾向？答案是：「中間偏下階層的人最有這種傾向，亦即社會地位夠低而能夠產生疑慮、卻仍然有一定地位要捍衛的人。研究顯示，這群人往往更會捍衛社會界線，他們特別容易患有厭惡墊底症（last place aversion），亦即他們擔心自己滑落至最低階層。」[6] 在西方國家，只受過普通教育水準的白人會覺得受到少數種族和移民的威脅，男性（包括白人和少數族群的男性）則會覺得受到女性地位提升的威脅。

英國經濟學家約翰・凱（John Kay）和莫文・金恩（Mervyn King）在他們探討《極端不確定性》（*Radical Uncertainty*）的合著作品中談到，所謂的「參考敘事」（Reference narrative）是：「我們對現實期望的一種表達。」[7] 在探討這種情況中，重要的參考敘事未能實現，導致失望、害怕和憤怒，所以川普的「讓美國再度偉大」（*Make America Great Again*）是一個目標精準的口號，英國脫歐口號「奪回掌控權」（*Take Back Control*）也是瞄準那些覺得失去生計、地位，甚至國家掌控權的人們。「政治領導階級的種種辜負令人失望，許多老百姓找機會發洩他們的憤怒。」[8] 所以，不出意料地，「出口民調顯示，64%的勞力工作者支持脫歐，對比43%的經理人或專業人士支持脫歐。2017年的法國總統大選第一輪，37%的勞力工作者投票給瑪琳·勒朋（Marine Le Pen），反觀只有14%的經理人或專業人士投給她。2016年的美國總統大選中，在無大學學歷的白人群體中，川普的得票率遠比希拉蕊·柯林頓（Hillary Clinton）高出近20%。」[9] 這些人期望回到過去──回到就算不是絕對，起碼相對而言是今不如昔的日子。

　　普林斯頓大學經濟學教授安妮·凱思（Anne Case）和安格斯·迪頓（Angus Deaton）警告，教育水準較低的白人中，「絕望死」（deaths of despair）的人數激增，顯示了美國生活境況每況愈下的悲哀。凱思和迪頓指出：「我們發現，根據種族與教育水準來區別的死亡率有明顯差異。非拉丁裔白人（男女）中無大學學歷的死亡率上升，有大學學歷的死亡率下降。黑人及拉丁裔則不論教育程度，死亡率持續降低。」[10] 另一方面，其他富裕國家的死亡率持續下滑，美國曾經也是如此。對此，一個「初步、但貌似可信」的解釋是，教育程度較低者的機會惡化，這是從勞動市場、婚姻、孩子的成就、世世代代健康等方面累積形成的劣勢。過度開立和濫用鴉片類藥物處方是教育程度較低的白人近期壽命縮短的原因之一，也是美國保健制度浪費且唯利是圖的可恥缺陷之一。[11] 不過，19世紀法國社會學家涂爾幹（Émile Durkheim）若見到出於絕望而依賴這類藥物的人們，應該會在其探討自殺者特質的著作中做出相關預期吧。[12]

　　我們尚不清楚窮困的經濟因素直接影響政治比重，以及透過地位焦慮間接影響政治的程度有多深，答案想必二者皆然，人們失去經濟安全感，以及一份好工作帶給他們的社會地位。不過有一點很明確，經濟境況影響政治觀點與行為。相對所得和財富總是決定和反映著社會地位，這種現象確實依舊存在於市場型現代社會。此外，高所得國家在過去享有的生活水準大幅提升，事實上在許多方面，正是現今社會存在的理由也變成了世世代代得以愈趨普遍繁榮，美國稱為「美國夢」[13]，而生活水準未能世世代代進步，就是美國整體社會的失敗。一個人的生活水準未能世世代代進步，也是個人的失敗。伴隨其他的歸屬感源頭減弱和社會愈趨分裂，這些失敗的痛苦必然加劇。[14]

此外，許多文化與社會變遷有其經濟根源並不意外，因為經濟活動是形塑社會與政治安排、並對這些安排予以合理化的中心角色。20世紀中期，西方高所得國家的經濟是特定經濟發展，以及戰後致力於充分就業下的產物，擁有一支由工會組成、勞工有合理保障、待遇不錯、男性工業工作者居大多數的大軍。不過，這種社會與文化型態伴隨著的經濟基礎消失了。同樣地，生育力降低（這有部分導因於嬰兒死亡率降低）、投入照顧家庭的心力與時間大減、勞動力做為生產力要素的重要程度降低、服務業經濟的興起，至少部分地（在我看來是大大地）解釋了女性在經濟、社會和政治領域中的角色轉變。富裕社會和貧窮社會之間的鉅額財富差距，以及運輸和資訊成本的降低，使得近年間大批移民從較貧窮國家流向較富裕國家。這些以及其他經濟因素無可避免地驅動社會與文化面的轉變，導致國內教育程度較低的白人男性感覺自己格格不入，地位相較於少數族群的移民和女性正在下滑。

這麼說應該不會過度簡化：當經濟地位受到威脅時，文化標誌——包括民族性、族群性、宗教及其他較狹義的價值觀——變得更加重要。在2008年的總統大選中，歐巴馬（Barack Obama）說過惡名昭彰的一段話，他說，經濟變遷重創了中西部小鎮的人：「難怪他們變得不滿，他們緊握槍枝或宗教，或是憎惡不像他們的人，或是有反移民情結，或是有反貿易情結，做為他們沮喪的一種解釋。」[15] 這段話非常有爭議性，但至少有部分是事實。白人勞工階級喜歡川普的什麼呢？當然是川普尊重他們（或起碼成功地假裝重視他們），在他們看來，其他人並不重視他們。[16]

教育程度低的人為何不再共享國家富裕

　　自1980年代初期以後，一個顯著的特徵是財富與所得分配愈來愈不均（稅前及稅後皆是）。[17] OECD指出：「OECD國的所得分配不均達到了過去半世紀的最高水準」，而且「許多社會裡的中產階級感受到不確定性，害怕社會衰落和被社會排斥。」[18] 以家計單位的可支配所得（稅後和補貼後）來看，英國和美國是高所得大國中最分配不均的國家，紐西蘭和韓國也是相當不均（參見＜圖10＞）。[19]

＜圖10＞2018年家計單位可支配所得的分配不均程度（稅後及現金轉移後）
　　　　　（吉尼係數，Gini Coefficient）

資料來源：OECD

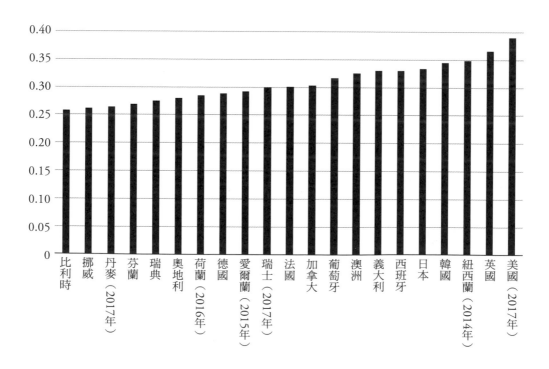

各國稅後和政府補貼支出後的不均差異，極高程度受到稅前不均情況及政府政策的影響（參見＜圖11＞）。2010年時，財富分配不均程度最低的是挪威，這不僅是因為家計單位稅前可支配所得分配不均程度低，也是因為透過財政制度的所得重新分配程度大。2010年時，英國家計單位稅前可支配所得分配不均程度高於美國，但英國的稅後不均程度低於美國，這可以解釋為英國的所得重新分配明顯大於美國。

檢視所得分配不均歷時變化情形的另一種方法，是看1980年代初期前10%稅前所得最高者占稅前國民所得的比例，以及2008年爆發跨大西洋金融危機的比例。從＜圖12＞可以明顯看出，前10%稅前所得最高者占稅前國民所得比例最高的國家（美國、日本、德國和英國），也是1981年至2008年期間這一比例

＜圖11＞2010年負稅與現金轉移前後的家計單位所得分配不均情形（依照稅與現金轉移的影響程度排序）（吉尼係數）

資料來源：Janet C. Gornick and Branko Milanovic, LIS Center Research Brief, January 2015

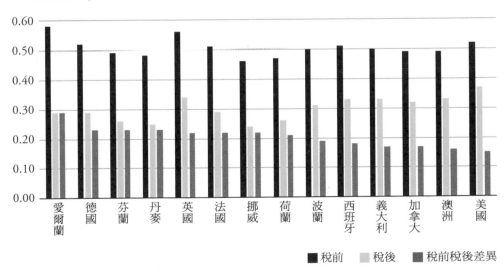

增加最多的國家。在美國，1981年至2008年期間增加了9個百分點，到了2008年前10％稅前所得最高者占稅前美國國民所得的比例已經達到44％。在其他國家，尤其是西班牙、荷蘭和法國，這項比例幾乎變動不大。

　　所得分配不均愈趨嚴重的問題中，最引人注目的情況之一是高階主管的薪酬激增，因此高所得群體中的所得分配不均程度也提高。英國智庫高薪研究中心（High Pay Center）的研究總監黛博拉・哈葛瑞夫斯（Deborah Hargreaves）指出：「1998年時的英國，執行長平均薪酬和員工薪酬比為48：1，2016年時已經高達129：1。」[20] 1980年時的美國則為42：1，到了2016年更是提高到347：1。[21] 哈葛瑞夫斯寫道：「這些數字顯示，高階主管薪酬從三十年前合理的中產階級薪酬水準提高到鉅富水準。」[22] 事實上，新的薪酬

＜圖12＞前10％稅前所得最高者占稅前國民所得的比例（％）

資料來源：World Inequality Database

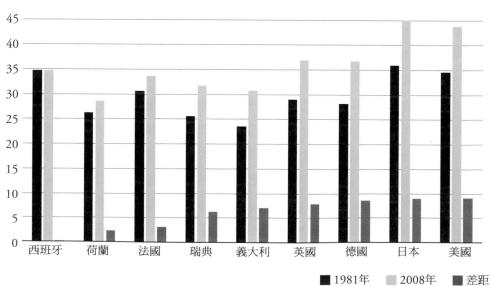

水準讓高階主管能夠在短短幾年間累積龐大財富，更糟糕的是，創造這些龐大所得的「分紅文化」激勵了預計短期任職的高階主管，使他們在掌管事業期間將目光聚焦於短期能夠推升公司股價的作為上，犧牲更長期才能獲得回報的投資。結果是降低了生產力的成長性，然而有太多人最終仰賴生產力的成長性了（後文會再進一步討論）。[23] 同樣地，股份回購，尤其是舉債回購股份，公司必然會減少其他投資，削弱公司的資產負債表。[24]

在美國，所得分配不均惡化的含義尤其驚人：1993年至2015年期間，所得前1％群體的所得累計實質成長為95％，所得前14％群體的所得累計實質成長為99％。結果就是，所得前1％的群體囊括實質稅前所得增加的52％。這些數字的其中一個含義是，GDP成長率本身無法造福美國全人口，所以如何分配成長所帶來的好處非常重要。贊同亞里斯多德觀點的人——繁榮的中產階級才是穩定憲政（或自由）民主政體的核心角色——必然會對這種極端發展感到焦慮不安。[25]

財富也是權力的源頭。股東若掌控公司，就有直接的經濟實力；財富透過慈善行動、媒體所有權等管道發揮影響力。然而，透過資金贊助政黨、支持特定候選人、購買政治廣告、倡議政治理想、付錢遊說等等，財富對政治也有直接且強大的影響力。因此，如同亞里斯多德提出的警告，高度的財富不均將腐蝕民主政體。在法國和英國，前10％的個人財富占全國總財富的比例明顯低於20世紀初期，不過仍舊很高，微幅超過50％。反觀美國，2014年時前10％的個人財富占全國總財富的比例就超過70％，倒退回二戰前期間的水準（參見＜圖13＞）。令人在意的是，美國在1980年代初期，財富不均程度已經遠高於法國和英國。在財富與所得不均愈趨嚴重的情況下，金錢在美國政治中扮演的角色也不足為奇了。[26] 民主可以賣錢。

OECD的跨國研究得出結論：「所得分配不均對經濟成長有大規模且統計上顯著的負面影響，促成可支配所得更平均分配的重新分配政策則對經濟成長沒有不利影響。此外，……，傷害經濟成長的是所得分配底層的不均。」[27]

在貧富不均擴大且低成長的國家，輸家的經濟變得更加落後，不僅相對值如此，絕對值亦然。不幸的是，貧富不均擴大一直是相當普遍的現象。[28] 事實上，在1980年代中期到2000年代頭十年期間，高所得經濟體中只有比利時和法國的所得分配不均程度變化甚少。[29]

　　證據顯示，貧富不均擴大加上實質所得的實質成長率有限，意味著大部分人口的實質所得成長停滯。尤其是美國，新冠肺炎疫情爆發前的2019年，家計單位實質可支配所得的中位數只比二十年前高了10％，而實質可支配所得的平均數（平均數高度受到高所得群體所得變化的影響）在這期間提高了21％。1984年至2019年期間，美國家計單位實質所得的中位數與平均數比率從72％降低至59％，這波降低趨勢有很大部分在2000年前就已經發生（參見

<圖13>前10%的個人財富占全國總財富的比例（％）

（資料來源：World Inequality Database）

法國　　　英國　　　美國

＜圖14＞）。[30]

　　也有證據顯示，所得分配不均和社會階級流動性（social mobility）成反比：所得分配愈不均，兒子在所得分配曲線上的位置愈與父親相關〔亦即愈高的經濟階級不可流動性（economic immobility）〕。[31]歐巴馬政府的經濟顧問委員會（Council of Economic Advisers）主席、已故經濟學家艾倫・克魯格（Alan Krueger）稱此為「了不起的蓋茨比曲線」（Great Gatsby Curve）[32]，參見＜圖15＞。所得分配不均愈嚴重，父親的相對所得對兒子未來的相對所得影響愈大。[33]因此，所得分配高度不均的國家（例如：美國和英國），代際

＜圖14＞美國家計單位實質可支配所得（2020年幣值）

（資料來源：FRED）

<圖15> 了不起的蓋茨比曲線

（資料來源：Corak 2012 and OECD）

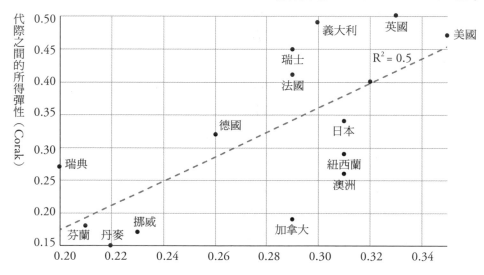

家計單位可支配所得吉尼係數
（OECD，1980年代中期至1990年代初期）

之間經濟階級流動性較低；所得分配不均程度中等的國家（例如：義大利、瑞士、法國、加拿大和德國），代際之間的經濟階級流動性較廣；所得分配不均程度低的國家（例如：北歐國家），經濟階級流動性高。不過，這裡必須指出一項重點，以代際之間相對所得變化來衡量的經濟階級流動性，不同於以職業類別來定義的社會階級流動性，後者流動性的最重要決定因子是經濟結構的變化，經濟結構的變化決定了要創造或摧毀的工作種類。[34]

另一個非常顯著的更長期趨勢是去工業化（deindustrialization），或者更精確地說，工業從業人數比重快速下滑，這現象發生於所有重要的高所得國家（參見<圖16>）。當然，像德國、日本、義大利之類有大量製造品出口（且服務業占經濟比重相對較低）的國家，工業從業人數比重較高，但是就連德國的比重也顯著降低。工業從業人數比重下降，主要原因在於生產力提升，而不是貿易減少。畢竟，德國的製造業產品一直都有巨大的貿易順差。[35] 不管川普的競選口號「讓美國再度偉大」在暗示什麼，懷舊不是可行的經濟政策，想使製造業就業比重恢復到半世紀前的承諾難以實現，從前的工業化之路如同是更久以前的農業化，亦即很高的生產力和低勞動力（參見＜圖16＞）。

　　製造業曾經為教育程度較低的男性提供大量、待遇相對高且穩定的工作機會，待遇相對高的其中一個原因是工會化，換句話說，由於在大型工廠裡相對容易組織勞工，工會化才成為可能。因此，勞工左右資本密集企業的獲利能力，讓他們有了跟僱主議價的力量。工業就業機會的流失也意味著一種生活方

＜圖16＞1970年至2019年民間工業從業人數的比重，按比重下滑程度排序（％）

（資料來源：OECD）

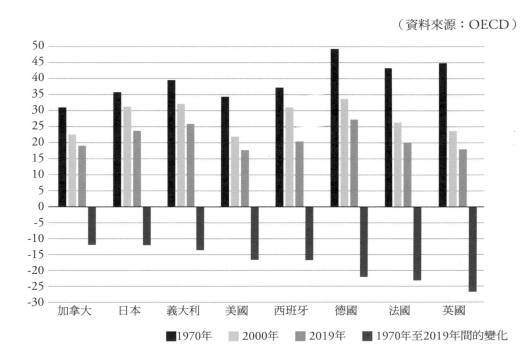

式的流失。此外，工業集中於特定地區，廠址通常是在優質工作職缺較少的地區。因此，去工業化變成地區性經濟不均的主要源頭，那些曾經是工業革命先鋒的地區（通常擁有特定資源，尤其是煤礦和鐵礦）陷入了長期衰退。在19世紀與20世紀初工業革命時期擁有重要的製造業國家，全都受到這個問題所衝擊。

更不利的長期結構性變化還有另一個重要指標：黃金年齡（年齡介於25歲至55歲）男性的勞動力參與率降低。自1980年代起，所有高所得大國的這項比率都下滑，但義大利和美國的下滑幅度特別大。這族群屬於已婚年齡層，工作使他們有了自我價值、屬於有生產力的社會成員，能夠供養心愛的家人，成功維繫婚姻。現在，這年齡層的許多男性甚至不找工作，由此可見他們有多灰心喪志。以美國為例：2019年時，25歲至55歲年齡層的男性中，平均每9人中有1人不找工作，儘管經濟在之前的十年間逐步復甦。2019年時，美國黃金年齡男性的勞動力參與率甚至比金融危機剛過去的2010年時略低，是所有＜圖17＞這些國家中倒數第2名的國家。

乍看之下，黃金年齡女性的勞動力參與率情況更令人振奮，在多數高所得大國皆呈現上升的趨勢。明顯的例外仍然是美國，2019年時黃金年齡女性的勞動力參與率低於2010年。此外，自1985年以來，這項比率的整體上升幅度也遠小於其他國家。1985年時，美國黃金年齡女性的勞動力參與率是＜圖18＞這些國家中最高者，但2019年時掉到倒數第2名，僅高於義大利。這又是美國未能擴大經濟機會的一個指標。

過去四十年來，勞動市場的轉型——去工業化、去工會化、勞動力參與率降低、自由化、「零工經濟」（gig economy）[36]，都跟「不穩定的」（precarious）就業密切相關。英國經濟學家蓋伊・史坦丁（Guy Standing）在其著作中總結一個新出現的社會階級：「飄零族」（precariat），他說：「雖然，我們無法提出確切的數據，但我們或許可以推測，目前許多國家的成年人口中至少有1/4是飄零族。這種狀態不僅僅是工期有限、勞工保障極少的不穩

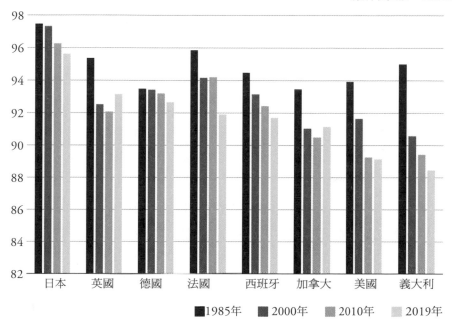

<圖17>25歲至55歲年齡層男性的勞動力參與率（%）

（資料來源：OECD）

■1985年　■2000年　■2010年　■2019年

定就業情況（雖然這一切看似普遍）而已，還無法提供安心的資歷、職業認同感，也無權享有以往自認為屬於工業勞工階級或受薪階級世代應得的國家與企業福利。」[37]

　　繁榮最重要的長期決定因子是生產力水準和生產力的成長幅度。在生產力快速攀升的國家，除非所得分配不均擴大得很快，否則人人都能蒙受其益。但在生產力停滯成長的國家（例如：過去二十年間的義大利、過去十五年間的英國），只有可能發生在其他人的生活水準降低、一些人的生活水準才能提高下，這變成了一種零和經濟：若A是贏家，B至Z必定都是輸家。

<图18> 25歲至55歲年齡層女性的勞動力參與率（％）

（資料來源：OECD）

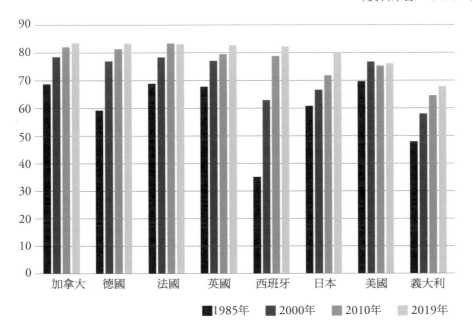

在1950年代和1960年代，現今的高所得國家（以每小時產出成長率來衡量）的生產力成長率快速上升，那是歐洲大陸、特別是日本快速趕上美國生產力水準的年代。1970年代和1980年代，所有高所得大國的生產力成長率明顯趨緩，但美國和英國的生產力成長率減緩幅度相對較小，因此，整體高所得大國的生產力成長率趨同。拜1990年代的資訊技術革命之賜，美國的生產力成長腳步加快，2000年代在前8大高所得經濟體中，美國的生產力成長速度最快。英國在1990年代的生產力成長也表現不俗。

2010年代（2010年至2019年），所有高所得國家的平均生產力都疲軟無力，這現象重要且令人沮喪。2010年以後，這些國家中生產力成長率墊底的是英國和義大利（參見＜圖19＞）。近年間生產力成長率減緩的其中一種可能解釋是，金融危機前的生產力成長率有一大部分是錯覺，特別是在金融業，因為金融業很難辨別所得是由無法持久支撐的信用和舉債、某種形式的抽租（rent extraction）所創造，抑或是由真實且較高的生產力所創造。[38]

金融危機導致的經濟不穩定

總而言之，強大的長期趨勢為高所得民主國家帶來顯著的經濟問題，傷害性更大的是全球金融體系在2007年與2008年爆發的危機，這次金融危機對世

＜圖19＞10年間平均生產力成長率（以每小時產出成長率來衡量）

（資料來源：OECD）

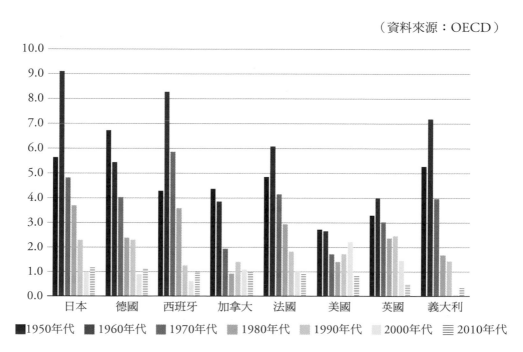

■1950年代　■1960年代　■1970年代　▨1980年代　▨1990年代　▨2000年代　≡2010年代

界的大部分經濟帶來後續的災難性衝擊。

　　這場金融危機的近因是債務劇增，其中大多和房地產實質價格暴漲有關。債務劇增的一大部分原因是家計單位倚賴舉債來維持消費，尤其是美國，因為太多人的實質所得停滯成長。[39] 這背後存在更深層的變化因素，包括：中國進入世界經濟體系、金融體系的自由化、過度依賴只瞄準通膨的貨幣政策。最終，金融危機是世界經濟的巨大轉變（且我們對此轉變了解不足）的後果，透過一個大致上資本不足與監管不足的金融體系蔓延開來。[40] 當重要經濟體（尤其是美國）內的房地產價格暴跌時，金融景氣週期轉向、巨大的金融危機爆發，隨之而來的是成熟市場經濟體中的家計單位與金融業負債占GDP比例緊縮，這說法有助於解釋危機後經濟的衰退。後面再迎來第二場危機——新冠肺炎疫情，負債再度激增，後果未知（參見＜圖20＞）。

　　金融危機最明顯的後遺症是對實質所得的衝擊。7大高所得國家加上西班牙這8國當中，只有德國的人均實質GDP相對於1990年至2007年期間的實質人均GDP沒有明顯下滑。不過，這有部分是因為在爆發金融危機前，該國的實質人均GDP成長率就一直相當低。日本的人均實質GDP到了2018年時下滑7％，該國在1990年至2007年期間的實質人均GDP年成長率原本就很疲弱，只有1.8％。法國的人均實質GDP到了2018年時下滑13％，該國在1990年至2007年期間的實質人均GDP年成長率相當疲弱，只有1.6％。加拿大和美國的人均實質GDP到了2018年時下滑17％，兩國在1990年至2007年期間的實質人均GDP年成長率分別為2.1％和2.6％。英國和義大利的人均實質GDP到了2018年時下滑22％，英國在1990年至2007年期間的實質人均GDP年成長率為2.5％，義大利則是疲弱的1.4％。西班牙的人均實質GDP到了2018年時下滑24％，該國在1990年至2007年期間的實質人均GDP年成長率為2.6％。[41]（參見＜圖21＞。）

　　以英國的情況來說，金融危機後的實質人均GDP下滑程度顯著大於兩次世界大戰或大蕭條，而且是更持久的減損。（事實上相較於兩次大戰之間，二

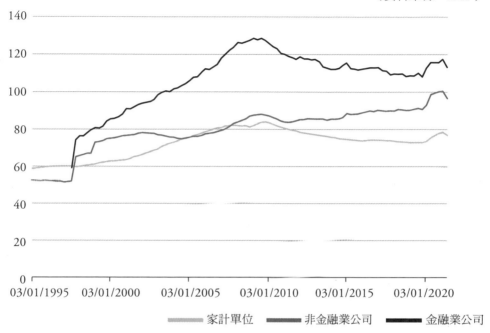

<圖20>成熟市場經濟體的私人部門負債占GDP比例（％）

（資料來源：IMF）

圖例：家計單位　非金融業公司　金融業公司

戰後實質所得成長大幅加快。）爾後又迎來第二次的巨大衝擊──新冠肺炎疫情，2020年時的實質人均GDP大降，縱使在2021年，預期西班牙的實質人均GDP仍然會比1990年至2007年期間的趨勢低33％，英國則是低32％，義大利低28％，美國則是低21％。歷經時日的累積，這些已經變成實質所得的巨大減損。

　　金融危機後的實質人均GDP停滯對家計單位的實質所得帶來巨大的負面影響，麥肯錫全球研究院（McKinsey Global Institute）的一項研究顯示，平均在2005年至2014年間，在政府重分配所得之前，高所得國家有65％至

<図21> 1990年至2007年人均實質GDP指數趨勢的偏差（％）

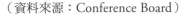

（資料來源：Conference Board）

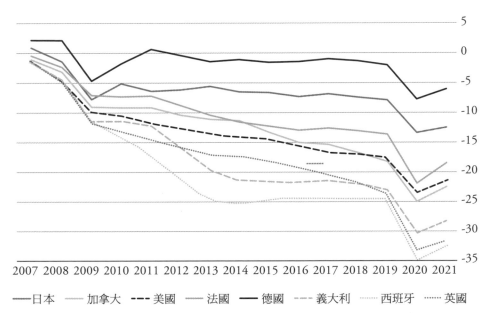

——日本　—— 加拿大　--- 美國　—— 法國　—— 德國　--- 義大利　⋯⋯ 西班牙　⋯⋯ 英國

70％的家計單位來自薪資與資本的實質所得停滯或下滑。[42] 義大利的比例高達97％，美國為81％，英國為70％（參見＜圖22＞）。

　　金融危機也對失業有明顯的影響，有一些是暫時性的，其他則是長期性質。例如：美國的失業率從2007年的4.6％提高到2010年的9.6％，歐元區則是因為危機期比美國長，失業率從2007年的7.6％提高至2013年的12.1％。在英國和美國，失業率很快就降回低水準，日本和德國則一直處於低失業率。但在一些高所得大國，失業率攀高，甚至上升至很高水準，而且一直持續下去，例如：義大利，金融危機前的2007年失業率為6.2％，2014年達到高峰的

（資料來源：McKinsey Global Institute）

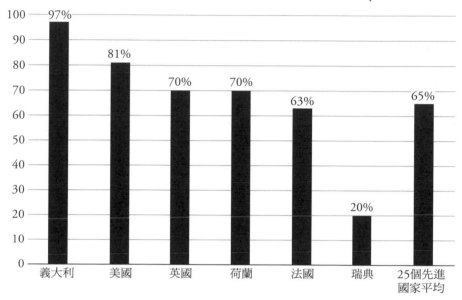

<圖22>2005年至2014年來自薪資與資本的實質所得停滯或下滑的家計單位比例（％）

12.8％，但2019年時仍然高達10％。西班牙在金融危機前的2007年失業率為8.2％，2013年時達到高峰的26.1％，2019年新冠肺炎危機前，失業率仍然高達14.1％（參見<圖23>）。

　　金融危機造成的另一個經濟衝擊是受影響國家的財政狀況。經濟衰退以及後續的微弱復甦導致政府支出高於、稅收持久性地少於危機前的預期，以往繁榮的金融業帶來的稅收在爆發危機後銳減，這部分的損失也相當重要，尤其是在英國。檢視7大高所得國家可以發現，這些國家全都實施顯著的結構性財政緊縮，從危機前的高峰水準縮減至危機後的谷底，但結構性緊縮最嚴重的是美

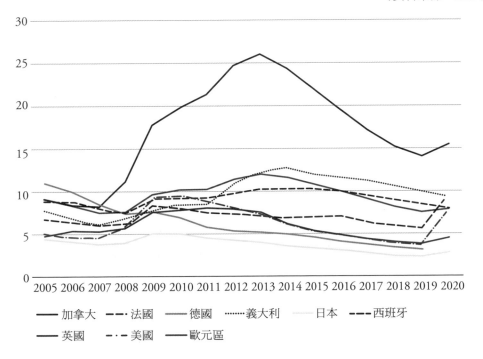

<図23>失業率（％）

（資料來源：IMF）

圖例：加拿大、法國、德國、義大利、日本、西班牙、英國、美國、歐元區

國和英國。相較之下，歐元區只有遭受危機重創的國家才會歷經較大的結構性緊縮，像是希臘（參見<圖24>）。

　　意外的金融危機致使人們質疑受影響國家主管財政、經濟與政治制度當局的智慧與廉潔度，選民不清楚大多數的經濟政策錯誤，但不可能不知道主管當局未認知到他們容許金融業冒大風險，國王沒穿衣！許多民眾認為，這些失敗並非只是愚蠢所致，還有決策者和各領域——金融業、監管機構、學術界、媒體、政治界——輿論影響人士的智識與道德墮落所致。他們看到國家動用資源來拯救銀行和銀行家——在他們看來，這些人正是罪魁禍首，而自己及

<図24>2007-2017年高峰vs.金融危機後低谷的結構性財政餘額（占潛在GDP的比例）

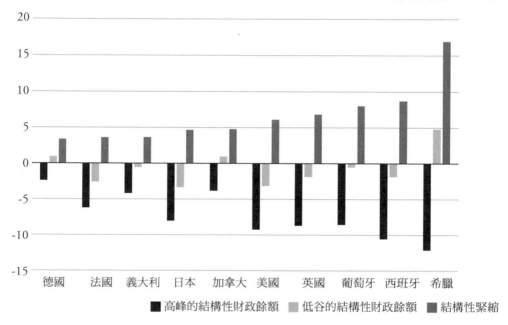

（資料來源：IMF）

■ 高峰的結構性財政餘額　■ 低谷的結構性財政餘額　■ 結構性緊縮

所愛之人卻被沒收抵押品、失業、實質薪資長期停滯或下滑、財政緊縮等而承受大損失。他們也看到，金融機構雖被迫繳交鉅額罰款，但基本上沒有人（或沒有任何重要人士）受到處罰。[43]

　　新冠肺炎疫情是不到十五年後來襲的第二波意外危機，截至本書撰寫的2022年，仍太早而無法確定其長期影響。不同於金融危機的是，多數人把疫情視為上帝所為，而且政府立即大舉回應（至少有財金資源的政府是如此）。雷根曾說：「英語中最糟糕的九個字是『I'm from the government and I'm here to help』（我來自政府，我來幫助大家）」[44]，2008年金融危機時，政府似乎牢記雷根的理念，但這次疫情，政府又捲土重來了。不過，另一個差別是，這回的疫情危機中，高所得國家的央行及政府砸錢挹注經濟，金融業幾乎馬上滿血復活，不過更令人擔憂的不是通貨緊縮，而是通貨膨脹。儘管有這些差別，新冠肺炎導致金融危機後期的許多挑戰更加嚴峻：快速採用新技術，使得工作型態改變，甚至可能是永久地改變；市中心變得空洞化；公共部門財務惡化；教育受創；國內貧富不均擴大；全球赤貧者人數大增；全球性合作太薄弱，尤其是疫苗接種方面。[45] 新冠肺炎帶來的經濟與社會後遺症如何，目前未知，但可能會是持久性的影響。[46]

烏克蘭戰爭的後果更加不確定，但必定會使新冠肺炎導致的供給面衝擊更加惡化，尤其是能源和食物方面。民眾再度期望政府伸出援手，但政府能做的有限。不過，跟疫情一樣，從這場戰爭最初就可以清楚地看出，政府絕對不能袖手旁觀、坐視不管。

經濟、文化及移民如何相互作用

「要如何破產？」比爾問。「兩種方法」，麥克回答：「漸漸地，或突然地。」[47] 出自海明威的著作《太陽依舊升起》（*The Sun Also Rises*）的這兩句話，貼切地描繪了發生在高所得國家的情形。先是長時期的所得分配不均擴大，許多實質所得分配在中間層和較低層者，所得成長微弱。至於不均問題相對較嚴重的國家，社會階級流動性低，加上去工業化，黃金年齡男性的勞動力參與率降低，生產力成長率下滑，使得家計單位負債攀升，然後外國出生者占總人口的比例也明顯上升。接下來，一場意外的金融危機襲擊，政府緊急救援金融體系，家計單位可得的受信遭到縮減，房價暴跌（至少短期是如此），失業率攀升，經濟復甦力道微弱，相較於歷史趨勢的人均實質GDP驟降，許多家計單位的實質所得則是長期停滯或下滑，財政緊縮使得這一切更雪上加霜。無可避免地，伴隨而來的是人們對政治、技術官僚和企業界精英的信賴崩塌。[48]最後，新冠肺炎大流行和烏克蘭戰爭爆發，進一步破壞這種現況，儘管目前還無法確知最終將導致什麼樣的結果。

高所得民主國家出現煽動性民族主義和威權主義是現今政治的核心危機，有一大部分可歸因於上述經濟的失敗。不過，問題並非僅是經濟失敗本身，這些失敗也傷害人們對於自己及其後代的前景展望，以及他們在所屬社會中的價值認同。特別在於人們所得現況的不均程度明顯大增[49]，一旦超過一定程度後，便會侵蝕民眾對於共同政治目的——民主制度——的認同感，現實發生的種種向他們展現了相反的情況：精英階層蔑視普通民眾，普通民眾備感屈辱。諷刺的是，對此，民眾的反應卻是轉向川普或強生這類不負責任、有害的領導人。有害的政治力量可以很輕易地把屈辱轉變成憤怒，這不是什麼新鮮事。

除了經濟轉變導致政治取向改變，政治學家羅納德·英格哈特（Ronald Inglehart）和琵珀·諾里斯（Pippa Norris）在2016年發表的論文從另一個角度來解釋民粹主義的興起：

> 僅把民粹主義的興起直接歸因於經濟不平等是錯的，心理因素似乎扮演更重要的角色。較年長和教育程度較低的人支持捍衛傳統文化價值觀、側重民族主義和排外訴求、排斥外來者、維護舊式性別角色的民粹主義政黨和領導人。民粹主義者支持有魅力的領導人，反映了他們深切地不信任現今由高教育水準、對道德問題抱持先進文化觀點的人所領導的「建制派」和主流政黨。[50]

英格哈特和諾里斯列出了引發政治反彈的種種文化因素，但其中一派遠以更狹窄的觀點只強調其中一個因素：對外來者做出民族主義和排外的反應。換言之，移民遠非只是眾多變化因素之一，光是移民單一因素就足夠了（不論從經濟或文化角度來看）。因此，政治學家艾瑞克·考夫曼（Eric Kaufmann）在其著作《白移》（*Whiteshift*）中寫道：

右派民粹主義與經濟沒什麼掛鉤，主要源於移民造成的種族結構變化，動搖了白人保守和重視秩序的生存安全感。穆斯林移民問題不是主因，而是力道的加乘，在川普和英國脫歐公投中扮演後援角色，在2004年前的歐洲卻只占一小部分。[51]

以文化為主因的解釋論，關鍵問題在於未能對一個明顯的問題提供解答：為何現在才構成問題？[52]至少從1960年代以來，在一些國家甚至更早開始，女性的經濟、社會和政治角色改變；社會對於同性戀者、變性人權利、大量移民（包括穆斯林和「有色人種」）的接受度漸高。那麼，為何到現才在對這一切反應如此強烈？（參見＜圖25＞。）

當然是有更大的事情發生了：金融危機及其餘波。這會導致巨大的政治差異，研究發現其一致地呈現於歷史上各次金融危機的政治影響性：「19世紀及20世紀，每次金融危機後，政治變得兩極化。此外，發生金融風暴後，極右派政黨是最大的政治受益者，平均而言，在系統性金融危機後的五年間，極右派政黨的得票率比危機前增加約30％。」這篇研究報告的作者曼紐爾・芬克（Manuel Funke）、莫里茲・舒拉利克（Moritz Schularick）和克里斯多福・特雷貝施（Christoph Trebesch）寫道：「不論什麼政黨當權，爆發金融危機後，執政都變得難以為繼」。此外，「金融危機期間的所有政治影響遠比其他經濟衰退期更為明顯。」[53]金融危機是經濟與政治上的轉折點，除了受到大眾關注外，也因為過錯太明顯落在特定精英機構和精英人士身上。

在一些國家，只有金融危機後，移民議題才會成為政治上的矚目焦點，儘管外國出生者人口增加的現象早已存續數十年了。舉例而言：英國在1950年代就開始移入新聯邦國家的人民，1964年大選當時，種族議題在斯梅西克市（Smethwick）鬧得沸沸揚揚，以諾・鮑威爾（Enoch Powell）於1968年4月20日發表反對新聯邦國家移民的〈血河〉（*Rover of Blood*）演講。[54]但後來，移民議題冷卻了下來。那麼，為何在英國脫歐公投時，移民議題又再度沸騰

<图25>西歐民粹主義政黨的得票率（人口加權，%）

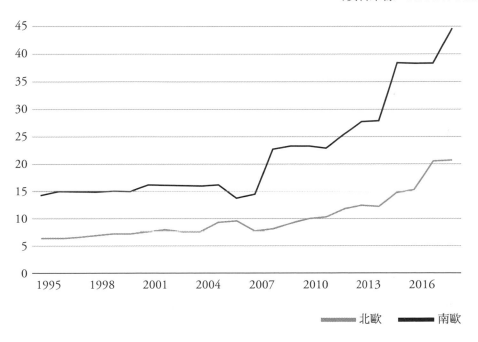

（資料來源：Roberto Foa）

呢？以美國為例：共和黨受到仇外的川普所控制，他在反移民的平台上成功取得執政權。但是，自2000年後，外國出生者占美國總人口的成長比例相當低，對比與澳洲、加拿大和紐西蘭等情況極其相似的國家，美國的比例並不高。

　　移民議題在政治上變得如此矚目，可能源於倫敦和紐約這兩個全球最重要的金融中心爆發金融危機。金融危機帶來的衝擊，以及不公平地紓困造成此危機的人，使大多數美國人相信華府是個「沼澤」，而川普一人就能填平沼澤（很顯然，事實正好相反）。經濟史學家亞當·圖澤（Adam Tooze）在其著作《崩盤》（*Crashed*）中回顧了這場金融危機及其餘波，綜觀此危機和後續政治發展之間的關連性，不僅美國和英國，還有歐元區和中歐與東歐。[55] 例如：圖澤指出，這場金融危機幫助奧班・維克多在2010年當選匈牙利總理。[56] 金融和經濟危機使過去數十年人們在經濟與文化變化下累積的憤怒、不信任更清晰且具體。

這過程中最佳、也是最惡名昭彰的右派煽動家取得政權的實例是阿道夫・希特勒。深遠的反猶太主義源泉存在德國已久，一戰的慘敗、戰後的政治不穩定，以及1923年的嚴重通膨動搖了德國社會的穩定。此外，政治、文化和社會上保守的德國中階、中低階、低階層人士，以及威瑪共和（Weimar Republic）較自由、大膽的文化與知識圈分子之間的文化鴻溝擴大，上述種種變成等待燃燒的火種。

大蕭條提供了火花。「到了1932年，德國的工業產值下滑至僅有1928年工業產值的58％。1929年年底約有150萬名德國人失業；不出一年，這數字增加超過1倍；到了1933年，已經有600萬名德國人失業（26％）。」[57] 納粹黨在1928年的聯邦選舉中僅贏得2.6％的票數；1930年9月，在金融危機開始、以及美國停止提供重要貸款後，納粹黨得票率躍升為18.3％；1932年7月，納粹黨得票率再提高到37.3％。[58] 1933年3月，國會縱火案（Reichstag fire）後，納粹黨的得票率已達43.9％。[59] 這些轉向支持納粹黨的人幾乎全是新教徒保守派，儘管看似大蕭條造成的絕望導致許多選民轉向納粹黨，但實際上，這些人原本早就認同保守和民族主義的理想[60]，而社會主義和共產主義人士則是轉移陣地去尋找他們的救星。究其意義，文化也會影響政治，只是一直蟄伏著，直到大蕭條的火花點燃。

一項研究1931年德國第二大銀行達納特（Danatbank）倒閉所造成的政治影響，其結果強烈支持上述觀點：經濟危難和文化傾向的交互作用下，產生了右派政治極端主義。這項研究的作者們做出結論：「受到達納特銀行倒閉影響較大的地區，納粹黨得票率增加較多。有反猶太主義歷史的城市，銀行倒閉的衝擊使激進化加劇。納粹掌權後，受到金融危機影響的地區，大屠殺和驅逐異己出境更為頻繁。我們的研究結果顯示，財務困境和文化傾向之間有重要的綜效，影響廣泛且深入。」[61]

　　這個情節似曾相識於共和黨人選擇川普為2016年美國總統候選人，而不選擇傑布‧布希（Jeb Bush）之類的建制派共和黨人。歷史本身不會重演，但會如同押韻般地相似。因此，「每一位民主國家的選民都潛伏著這樣的欲望：想要一位能夠辨識國內敵人、承諾對他們有所行動而不必太擔心合法性的強勢領導人。這種欲望猶如潛伏的細菌，等待足夠廣布的人民苦難做為合適的生存條件，得以爆炸性散播。」[62] 苦難是必要條件，可以導致從支持一位「正派的」領導者轉變為支持一位「不正派的」領導者——從2012年的米特‧羅姆尼（Mitt Romney）變成2016年的川普。果然，「笨蛋，問題在經濟」（It's the Economy, Stupid）這句話說得真沒錯！

　　經濟失敗影響文化與政治的另一個明顯的實例是當代的義大利。義大利的生產力停滯成長（參見＜圖19＞），2018年時的人均GDP大約是二十年前的水準，又在2010年代陷入巨大的經濟危機（參見＜圖21＞）。在這種環境條件下，可以理解何以民粹主義政治人物的力量節節攀升，其中北方聯盟（Lega Nord）的馬泰奧‧薩爾維尼（Matteo Salvini）利用移民議題做為號召。根據歐洲智庫歐洲外交關係協會（European Council on Foreign Relations）的調查結果顯示，2007年至2017年間，歐盟成員國中，希臘除外，會員國國內人民對歐盟的凝聚力感受降低最劇的是義大利。2017年時，在28個會員國當中，義大利人對歐盟的凝聚力感受已降至第23名。[63]

　　證據很清楚：檢視那些從支持正派的政治人物轉向支持激進的門外漢，尤其是右派民粹主義者，我們通常可以發現，皆是導因於經濟失敗，尤其是影響深遠的金融風暴。過程中特別要注意邊緣選民，忠誠選民可能選擇政黨的領導人，但邊緣選民將左右此人能否勝出。為何曾經強烈支持親歐政治人物東尼‧布萊爾（Tony Blair）的勞工黨選民，後來會投票支持英國脫歐和鮑里斯‧強生呢？為何曾經把票投給歐巴馬的人，後來會轉而支持川普呢？因為這些人的不滿積累到頂點。最終，左右選舉結果的是邊緣選民，那些隨時會改變心意的人。

　　很多美國白人數十年來期盼像川普這樣的種族民族主義領導人，民主黨提出的《1964年民權法案》（Civil Rights Act of 1964）通過後，許多南方白人從支持民主黨轉向支持共和黨，因為他們是種族主義者。那些曾經支持喬治·華萊士（George Wallace）的民主黨人，轉為共和黨人後，當然很樂意支持川普。同樣地，許多年紀較長的英國中階和中低階層保守分子向來反對英國成為歐盟成員、寬鬆的移民政策、當代的文化變革。不過，川普或英國脫歐公投若想勝出，需要有大量的人轉向支持川普或脫歐的理想。一項歷史研究顯示，在美國，經濟衰退確實導致種族偏見惡化[64]，因此，「固有族群失業率和種族偏見指數之間存在強烈關係。我們還發現，全國不同地區及不同時期的種族偏見程度明顯不同。」[65] 一些地區的種族偏見程度確實一直高於其他地區，研究結果與前文提到的文化因素觀點一致，但種族偏見也伴隨經濟不安全感的上升而加劇。種族主義不是一個定量，而是一個會隨著經濟狀況而改變的變數，勞動市場愈發不友善時，各族群之間的關係也愈不友善。

　　英國的一項研究也指出，財政緊縮導致英國脫歐。金融危機後的財政緊縮，實質上針對的是英國較落後、長期仰賴公共支出的地區。保守黨執政下，政府對福利和社會保護的人均總實質支出降低約16％，但在受衝擊最嚴重、同時也是最貧窮的地區，實質上降低約46％。諷刺的是，這些地區的民眾轉向支持英國脫歐和保守黨，儘管實施財政緊縮的也是保守黨。[66] 研究報告還指出：「財政緊縮造成顯著且立即的影響，使得推動英國脫歐的右派民粹主義政黨英國獨立黨在地方性、全國性、歐洲性選舉中的支持度上升。根據估計，若非財政緊縮，公投結果有可能是續留歐盟。」[67]

　　另一個令人吃驚的實例則在瑞典。為佐證文化因素促成右派民粹主義的論點，政治學家琊珀·諾里斯在2016年寫道：「在幾個富裕的後工業化知識型社會，那些終身福利、有著舉世優良教育水準且人口最安定的國家，例如：瑞典和丹麥，你以為那裡的社會寬容、自由、不排外，但仍然有民粹威權主義領導人崛起……，為什麼？因為民粹威權主義興起的最佳解釋理由是，此乃西方社會對長期社會變化的一種文化反彈。」[68]

其實，就連瑞典也歷經經濟衝擊和財政緊縮，一群政治與經濟學家撰文解釋：「兩起事件導致大批人口的經濟現況變差，而後右派瑞典民主黨快速崛起。第一、2006年中間偏右的政黨聯盟掌權，推行波及大規模減稅和社會保險縮減的改革議程，旨在鼓勵勞有其酬。但僅僅六年的時間，這些改革就導致顯著的貧富不均變化。在勞動所得稅額減免下，有穩定工作的勞動市場『局內人』所得持續成長，工作不穩定或沒有工作的『局外人』可支配所得停滯成長。第二起重要事件是2008年金融危機，導致一年的GDP下滑5％，嚴重的經濟衰退使得勞動市場中脆弱的局內人——有穩定工作、但飯碗被自動化和其他合理化形式取代的高風險族群——相對於飯碗穩固的人，失業風險大增。」[69]

在瑞典，激進右派政治人物往往來自相對所得較低、失業風險較高的群體。此外，右派瑞典民主黨在選舉中獲勝，跟經濟改革和金融危機對各鄉鎮及其選區造成的衝擊程度相關。[70]為何人們會轉而支持這些激進右派政治人物呢？因為傳統的左派是「局內人」和局內人的代表，是建制派的主要勢力，作者們解釋：「因此，在信任感降低的環境下，不滿的選民轉向與自身經濟特徵和命運相似的候選人。」[71]他們指出：「我們的分析並未顯示地方民眾與移民直接接觸，跟他們支持激進右派政治人物二者之間存在關聯」[72]，反而：「我們的研究發現，經濟衝擊導致的不安全感可能和一些選民先前已存在、延遲表現的特質相互作用，導致他們改變政治支持對象。」[73]

《金融時報》評論員馬丁·桑布（Martin Sandbu）根據證據正確地做出結論：「加劇的經濟不安全感導致瑞典及其他地區的政治領域形成反移民和狹隘觀點，縱使以往早已存在這種意向，只不過是或多或少地延遲表現，現在經濟變化將其轉化成一股政治力量。」[74]

不過，經濟作用力雖然明顯地導致選民轉向支持民粹主義政黨反其領袖，卻沒有解釋何以右派民粹主義者比左派民粹主義更成功地吸引不滿的舊勞工階級支持。對此，有三種可能解釋，第一、既有的中間偏左政黨大致上支持跟經濟表現不佳、金融危機有關的經濟議程，儘管他們並沒有提出任何根本上不同以往的經濟計畫。第二、雖然一些政黨的建制派被革命派取代，例如：傑洛米‧柯賓（Jeremy Corbyn）當選英國工黨黨魁，但革命派看起還是很像舊式的社會主義，現在的勞工階級大多不買單這種看起來只不過是以公共部門官僚取代企業老闆的改變。事實上，他們當中少有人相信激進形式的社會主義。第三、中間偏左政黨的支持者愈來愈多是擁有大學學位者、學術界人士、公共部門工作者、新聞工作者、創意工作者和年輕的少數族群，這樣的政黨對年紀較長、社會觀念較保守、愛國且日益弱勢的勞工階級者沒什麼吸引力。

公共衛生層面的衝擊也會激起政治極端主義，一項近期研究檢視1920年代初期西班牙流感對義大利政治的影響，當時有410萬名義大利人感染，約50萬人死亡。研究旨在檢驗「1918年流感疫情死亡率導致法西斯主義在義大利興盛」這個假設，研究報告中寫道：「我們的觀察結果與源自其他背景的證據一致：死亡率惡化可能助燃激進政治。疫情不均的衝擊可能促進政治極端化。」[75] 新冠肺炎疫情的確在許多層面上造成分歧，例如：在保持社交距離、封鎖、戴口罩、疫苗注射方面，出現了嚴重的政治分歧。在恐懼、焦慮、緊張的環境中，對政治極端主義的支持可能升高。

小結：生計愈缺乏安全感，人民愈不信任政治

大規模的長期經濟變化，傷害了高所得國家政治體制中重要組成分子的經濟與社會地位，尤其是教育水準較低的男性勞工。[76] 地位焦慮感確實是思考這問題的好切入點，這些長期性的趨勢侵蝕了政治忠誠度，但金融危機是決定性事件，引發一連串脫離以往的政治忠誠意向。其結果呈現兩種互補的作用力：第一、一如既往地，危機侵蝕近乎所有人對建制派的信任度；第二、危機直接與間接地（透過財政緊縮）重創脆弱群體的實際安全或安全感，人們感受

愈強烈，政治想法就變得愈焦慮。從雷根的「美國再次迎來黎明」（Morning Again in America）[77]，轉向川普的「美國殺戮」（American carnage）[78]，就是這種感受的結果。1970年代的混亂無序，可視為既有成功的一個短暫性中斷，但到了2016年，對太多人而言，情況糟糕太久了，沒有信心再繼續下去了。對漸進改革沒有半絲信心下，反動懷舊政治終於到來。[79]

當政治忠誠度劇變時，很難再把經濟或文化的長久不滿視為解釋。此外，看著國家與社會的長期轉變，同樣很難再漠視經濟的變遷。若所得分配不均沒有加劇、沒有去工業化、技能水準較低者的經濟地位沒有相對變差、沒有全球化，我們是否能合理地說，光是文化變遷會導致人們如此憤怒呢？同理可證，若工資不均和失業風險沒有加劇、沒有金融風暴，光是移民也會導致人們如此憤怒？都不會。然而，當害怕與不安時，人們的憤怒倍增，就是這麼簡單又危險。

民無信不立，人民對政府有信心，政府才可能成功，尤其是民選政府（government by consent）。[80] 據信，19世紀末、20世紀初的英國天主教徒作家柴斯特頓（G. K. Chesterton）說過：「當人們不再相信神時，不是不再相信任何東西，而是相信任何東西。」[81] 同樣地，當人們不接受當權者時，他們不是不再信任任何人，而是信任任何人。不幸的是，他們找到的往往是江湖術士、流氓、狂熱者，甚至以上三者的致命混合。結果是，制度遭摧毀、腐敗充斥、失去制定明智政策的能力，國家甚至可能無法再次革新，因為改革所需的社會性與制度性資本已經消失殆盡，最終成為失敗的國家，阿根廷和更近期、更嚴重的委內瑞拉都是實例。亞里斯多德在2,500年前就已經預見的這種政治過程，目前在高所得國家的發展情形如何，我們將在第六章探討。在此以前，第五章將探討經濟失敗的根本原因。罪魁禍首是全球化嗎？抑或其他？不知道原因，就無法解決問題。

第5章

食利資本主義興起

> 「很多國家之所以占我們的便宜，可能是認為我們善良可欺或是
> 不夠聰明，總之，占我們便宜這麼多年了，我們想終結這種情形。
> 這些國家當中有許多是友邦，有許多是盟友，但有時候，
> 盟友占我們的便宜比非盟友更甚。全球各地，
> 外國對我們的產品課徵高額關稅，我們對其產品課徵的關稅卻很低，
> 甚至未課關稅。所以，我們不禁質疑，為何不做我們應該做的生意。
> 或許，最應該提出的疑問是，為何我們去年（2018年）的
> 貿易赤字超過8,000億美元？
> 看到8,000億美元赤字這個數字，你會告訴自己：
> 『有人做了很多糟糕的交易』，而且，這種情況存在以久了。」
>
> ——唐納德・川普[1]

　　第三章談到喪失民主制度的信心，已經蔓延至被視為擁有堅實民主制度的高所得國家；第四章剖析此現象與民眾普遍的焦慮感有關，尤其是社會的中階和中低階層，而令人失望的經濟表現——經濟成長放緩、高度且不斷惡化的所得分配不均、去工業化、更近期的負面經濟衝擊——又加深了焦慮感。這些進展減損人們對精英階層的能力與廉潔度的信心，使得社會一大部分的人相信，精英階層透過不正當的操縱手段使其蒙受損失，導致他們擁抱喧囂的民粹主義者，尤其是高談闊論的民族民粹主義者。

　　在討論如何矯正錯誤前，我們得先了解為何會出錯，這是本章的焦點，大結論是出錯原因不像許多人以為的那麼簡單。全球發生一些無可避免的情況，例如：生產力成長放緩、中國的崛起；一些情況則是政策錯誤的結果，例

如：拒絕幫助受到負面經濟變化衝擊的人；還有一些事件大抵上被無辜歸咎，例如：全球貿易。最重要的是，很大一部分的錯誤是亞當・斯密警告我們的：有權勢者傾向操縱經濟與政治制度，對付社會其餘的人。唯有先了解這些複雜性，才能矯正導致我們失望的問題。

回不去的黃金年代：往昔如異邦一去不復返

二戰後西方國家歷經一段太平安樂時期，那個年代的生產力成長使所得急速飆升，尤其是西歐（英國除外）和日本，（參見＜圖19＞），伴隨的好處也被廣為分享。因此，許多社會民主主義左派（或美國人稱的社會自由主義者）認為，後來經濟上犯的大錯是放棄了那段期間採行干預主義的做法，轉而朝向自由市場經濟。[2]

唉，1950年代和1960年代〔法國人稱1945年至1975年為「輝煌三十年」（les trente glorieuses）〕的高所得國家享有快速、公平的成長機會，不過機會不會長存啊。在那個年代，這些國家仍然獨占工業專業，同時也有年輕且持續成長的人口，妥善運用兩次大戰之間和二戰時期的創新。他們善用這些機會，創造強勁的投資與消費，事實上，與許多人預期相反，那個年代的大挑戰並不是刺激需求，反而是抑制需求。在歐洲大陸和日本，因為戰損嚴重必須重建，戰後機會特別充沛，可能的話，仿效美國，發展一個大眾消費市場。在這種環境背景下，很長一段時間未出現二戰前凱因斯學派所謂的「長期停滯」（secular stagnation）——導因於長期需求不足，最早於1930年代後期出現——直到七十多年後的2010年代才再現。[3]

那段期間不僅是許多左派人士稱為的政府干預時期，也是經濟自由化的年代，尤其是貿易自由化受到諸多組織與機制的支持，包括：1948年生效的馬歇爾計畫、1948年創立的歐洲經濟合作組織、1961年創立的OECD、1947年簽署關稅暨貿易總協定，以及1957年創立歐洲經濟共同體。因此，對高所得國家而言，1980年代和1990年代的市場開放和貿易自由化其實是戰後時期的延續，也就是說，高所得國家大部分的貿易自由化早在1980年前就發生了，此後出現的則是其他地區的貿易及市場自由化，促使全球競爭大增。

1970年代的通貨膨脹推翻了1950年代和1960年代凱因斯學派的共識，儘管1973年和1979年的石油價格衝擊也是導致通膨的部分原因，凱因斯學派的理論仍然行不通。停滯性通膨（stagflation）摧毀了政策制定者可加以利用失業與通膨之間穩定消長關係的「菲利浦曲線」（Phillips Curve）[4]，迫使他們拋棄凱因斯學派的總體經濟學理論，轉向貨幣主義和通貨膨脹目標機制，反對1960年代積極總體經濟管理。不過，這種反對既是無可避免，也是必要。

中國自1978年起推行改革開放、蘇維埃帝國在1989年至1991年間解體、印度自1991年起開放，在在促使世界經濟轉變，完全無可避免。此後，世界經濟不再只有開放的西方經濟體與封閉的開發中經濟體，也不再只有西方經濟體獨占工業專業，後者不僅是自然的改變（知識會散播），也是正確的改變，因為西方人不可能、也無權永久獨自享有力量與財富。

往昔的「福特主義」經濟是由使用中等技能勞工、有強大工會的巨型工廠主導的經濟，現在近乎消失了。其中一個結果是，數量遠多於以往的大學畢業工作者，成為中間偏左政黨最具影響力的支持者，這也有助於解釋，為何中間偏左政黨愈來愈側重革新激進派的理想。老一輩勞工階級成員傾向仇視一些政黨鍾愛的理念，例如：認同氣候變遷議題、快速減碳政策與措施、敵視支持這些理想的人（有大學教育程度的年輕人），另一方面，工會組織式微、有組織的勞工階級分裂孤立，導致這些階級的許多過往成員現在支持民族主義的理想，例如：英國脫歐，以及支持右派煽動家，例如：川普。

不過，就算透過反制進口的保護政策，以更高的代價把一些工業生產移回國內，使用機器人的趨勢仍然持續著，而且還可能加速進程。[5] 同樣地，高工資經濟體失去先進工業專業的獨占地位也是不可逆轉的情勢。這些變化永久地削弱高工資、中低技能勞工（尤其是男性）的就業前景。此外，日益占據就業市場主力的服務業，其眾多工作性質也比較信賴女性工作者，尤其是照顧小孩和老人的工作。

　　一方面，曾經壟斷工業專業技術的國家，分享盈餘型的老產業已經走入歷史。當老產業所在地的工廠消失時，其過往所創造的所得、服務當地人的需求，以及為當地服務創造的就業機會也隨之消失。另一方面，網路外部性（尤其是地區網路外部性）也帶來重要的分享盈餘新模式，倫敦、紐約、上海、矽谷，以及許多類似的地方已經成為極富生產力的商業匯集中樞。[6] 一些新區域的網路外部性，以及其他老地方的去工業化，二者結合起來，使得各地區的所得分配不均程度明顯提高。因此，「OEDC 新的研究分析發現，過去二十年間，在高所得國家，高端地區和其他大多數地區之間的生產力差距擴大了60％。」[7]

　　就連20世紀中期的福利國家也只能創建一次。當時的高所得國家中，只有美國距離福利國家最遠，尤其是在保健方面。[8] 此外，只要福利國家建設完成，這些國家在人民福利支出的成長空間會比二戰後期間少很多。不過，這不妨礙政府持續承受以各種亂七八糟理想為名、且往往思慮相當不周的額外支出壓力。

　　總而言之，我們無法回到過去，往昔其實如同異邦，試圖回到過去不是好政策，儘管川普競選時喊出「讓美國再度偉大」的口號展現了十足聰明的政治手腕。生產力成長率減緩、人力資本成長衰減、轉向生產力成長率低的產業、勞動市場轉型、老一輩勞工階級式微，以及伴隨這些而來的種種社會變遷，從許多方面來說，其實皆是成功的結果，但確實也限制了我們現在能夠懷抱的期望。如同下一節更詳細的討論，高所得經濟體的成長潛力已經減緩，未來不再如同往昔了。

透過創新帶動生產力成長率的效果下降

　　過去兩個世紀的經濟仰賴創新，沒有創新的話，資本累積只是「在既有的木犁上堆疊更多的木犁」。[9]不過，技術無法在我們想要的任何時候，提供我們想要的任何東西；1800年當時沒有電力和和內燃機，1900年當時沒有現今世界的資訊和通訊技術。我們現今無法想像的神奇技術，在2010年時的人們可能覺得再稀鬆平常不過了。

　　上述見解有助於解釋生產力成長率的起伏。過去兩個世紀左右出現的許多技術變化是一次性事件，從1870年左右至20世紀中的二次工業革命之所以變化如此大，正是因為當時有太多可以改變的東西了：太多低垂的果實。[10]電力帶來了冰箱、電話、電梯、摩天大樓、空調設備和早期的電腦；汽油帶來了內燃機，內燃機帶來汽車和飛機；化學品、藥品，以及最平凡的奇蹟、取之不盡的乾淨自來水和下水道，種種創新促進革命性的健康改善，進而改變了人們的生活、工作、休閒的場所和方式，以及人們的壽命，或許最重要的改變是以下二者：你首先會放棄哪個——你的iPhone，還是新生兒死亡率從1886年至1890年間的每7人中有1人死亡，下降到2015年至2020年間的每250人中有1人死亡？[11]但是，其中的許多改變是一次性的，像是從騎馬的速度轉變為噴射客機的速度。然後大約五十年前，這種加速終止了。城市化也只能有一回，孩童死亡率下滑、壽命延長3倍、控制居家溫度的能力、讓人們（大多為女性）擺脫單調辛苦的工作也一樣。[12]

　　所以，不意外地，位處世界經濟技術前沿的美國，過去半世紀的創新速度比上半世紀的創新速度慢（參見＜圖26＞），這有部分原因出於美國的經濟仰賴一部大型的創新引擎：資訊與通訊技術。這部強大的引擎未來伴隨強大的人工智慧到來，重要性可能更甚，假以時日這部引擎甚至可能與生命科學、材料和再生能源系統等領域的變革結合，不過目前這一切尚未發生。1990年代的網際網路問世後，美國的總要素生產力（total factor productivity）成長率出現短暫且溫和的上升，但在此後上升趨勢就消失了。新冠肺炎疫情加速發展且普及了遠距工作和線上購物的相關技術，但這可能只是一次性的上升，原本可能要花十年的變化集中於短期間內實現。

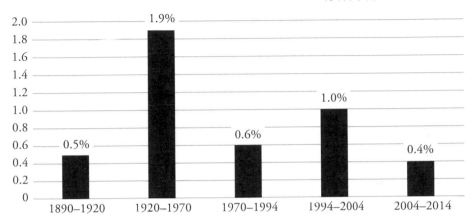

（資料來源：Robert Gordon）

相信科技潛力無限的信念近乎成為一種世俗的宗教[13]，有信徒認為，現在的創新不同於以往的創新，生產力成長速度減慢不過是海市蜃樓，因為我們衡量GDP的方式錯了。我們的確錯誤地衡量GDP，特別是質的進步很難量化，不過，我們也難以置信錯誤的衡量方式突然變得比幾十年前更嚴重。情況應該是恰恰相反才對。畢竟，我們用來計算1940年以前的GDP統計資料是事後才被創造出來的。跟現今的數位服務一樣，以往新技術的許多益處也未計入GDP裡，例如：家用洗衣機或洗碗機的產出未被計入GDP，因為居家服務被GDP排除在外。總而言之，錯誤地衡量GDP並不是生產力成長減緩的可靠解釋。[14]

另一個解釋是，由於經濟體系中缺乏競爭，頂尖公司和落後公司的生產力分歧愈來愈大。[15]因此，OEDC的一份研究報告指出：「我們發現這些模式……，在有利於競爭的產品市場改革最稀少的產業，總要素生產力的差異遠遠更極端。」[16] 這聽起來似乎有理，並且具有引人注目的政策含義：要加強推動競爭。

　　但是，人均人力資本的成長減緩，以及有錢之後從生產貨物轉變為提供服務的變化，為生產力成長放緩提供更有力的解釋。[17] 第一個變化可歸因於生育力降低和壽命增長，以及一旦有高比例的人口完成大學教育，教育水準的成長率就會減緩。第二個變化或許是更重要的解釋：生產貨物的生產力大為提高，使其價格相對於投入資源的比率降低，因此無可避免地，經濟中較難提高生產力的產業比重持續增大。我們能夠大大提高可數位化的服務業生產力，但我們無法顯著提高仰賴面對面互動的服務業生產力，例如：數千年來，照顧一群小孩需要的成人數目並未改變，事實上，為了教育他們達到現代所需的知識水準，需要的人數不減反增。

　　總而言之，如同經濟學家羅伯・高登（Robert J. Gordon）所說：「資訊與通訊科技雖帶來革命性的改變，但只有有限的人類活動領域受其影響與作用，相較之下，19世紀末和20世紀初的二次工業革命改變了一切，人類活動的方方面面都感受得到。反觀居家或外出時的飲食、衣服和鞋子、車輛和燃料、家具和居家用品、器具與和備等個人消費類別，其實很少感受到資訊與通訊科技革命所帶來的影響。參照2014年時的數據，有2/3的消費支出主要流入服務業，包括：租賃、保健、教育、個人護理。」[18] 這裡必須點出關鍵：人力資本的成長減緩，以及經濟結構轉向難以提高生產力的活動，全都歸功於經濟成功的結果，只不過，舊時代生氣蓬勃的資本主義經濟逐漸過時。

　　目前沒有跡象顯示，有哪些創新能夠為中低技術群體帶來大量高工資、分享盈餘型的就業機會，相反地，伴隨工業生產力提升，以及電腦和機器人普及化，新創的工作機會大多是低技能水準的服務業，性質使然，很難提升從事這類工作者的生產力。信件包裹派送人員的生產力也就如此，只有調整郵務業者的組織和包裹數量，才能夠改變派送人員的生產力。護理之家的照護人員、計程車司機、清潔人員、餐廳服務員的情況也一樣。此外，這種行業性質中的許多活動都可以輕易地把工作轉為臨時工制，所以從事這類工作的人大多是移民或邊緣群體，很難將其組織成工會。再加上，勞動市場自由化和舊產業勞動力的凋零，種種演變有助於解釋英國經濟學家蓋伊・史坦丁所謂「飄零族」的增長現象。[19]

簡言之，生產力成長率降低是深層、結構性質[20]，我們沒有理由認為這趨勢很快就會結束，除非出現能源革命，例如：有無限供給的便宜再生能源（或許包括核融合產生的能源），以及人工智慧進一步發展、材料與生命科學領域的革命等，才有可能扭轉局勢。不過，就算生產力成長率持續低迷，現今不均衡的創新也可能帶來破壞性影響，最近資訊與通訊科技的發展就是例證：為擁有大學文憑的技能工作者提高相對報酬，並透過生產整合、服務離岸外包、增大金融市場複雜性，以及全球資料流量的爆炸性成長，大力推進全球化。[21]

人口結構變化牽動著世界經濟

人口結構是形塑經濟、社會和政治的另一股力量，同樣也進入成長放緩的形況，有兩個特別重要且相互關聯的事實：世界人口結構與成長改變、老齡化。

1960年時，全球總人口30億，現今的高所得國家在當時占全球總人口的1/4，到了2018年，全球總人口76億人，但高所得國家的人口僅占16％。與此同時，開發中國家占全球人口的比例上升了9個百分點，其中有將近3/4的增加人口是在撒哈拉以南非洲開發中國家，這些國家的人口在1960年時僅為所有高所得國家合計人口的30％，到了2018年時，這一比例已經上升至89％（亦即從2.3億人增加到11億人）。2018年時，東亞和南亞開發中國家占世界總人口的51％，高於1950年時的48％，其中印度和中國的各別人口都大於所有高所得國家的人口合計，印度人口現在也趕上中國了（參見＜圖27＞）。

根據聯合國預測的生育力中位數，世界總人口將在2050年達到97億人，屆時撒哈拉以南非洲國家的人口將占全球總人口的22％，中國和印度合計占

<圖27>世界人口結構變化（占總人口比例，%）

（資料來源：世界銀行及聯合國生育力中位數預測）

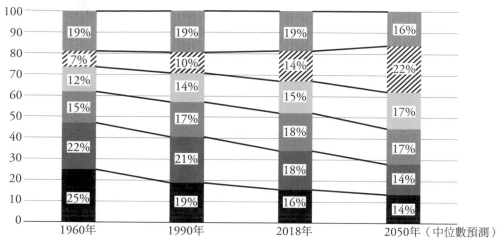

- ■ 高所得國家　■ 中國　■ 印度　■ 其餘東亞及南亞國家（高所得國家除外）
- ◪ 撒哈拉以南非洲開發中國家　■ 其餘開發中國家

31％，東亞和南亞開發中國家占48％，現今的高所得國家僅占14％。根據聯合國的預測，從2018年至2050年間增加的19億人口當中，撒哈拉以南非洲國家就占了53％，東亞和南亞開發中國家占29％，高所得國家僅占3％。人口結構的變化暗示著，在「各國人均產出將會趨同」這個貌似合理的假設下，高所得國家在全球GDP中占有的比重將進一步下降。另一個含義是，移民壓力可能會大增，尤其是從撒哈拉以南非洲前往歐洲的移民。

　　上述的結構性變化是世界人口結構的第一個大特徵。第二個大特徵則是老齡化，這意味著活到成年階段的存活率提高，成年人的壽命更長了。老齡化也創造迄今尚未被充分利用的機會：更長、更形形色色的工作職業生涯，以及把老一輩的智慧與經驗傳授給年輕人。此外，小孩死亡率降低也使生育

<図28> 老年人口扶養比（65歲以上相對於15-64歲人口的比例，％）

（資料來源：World Bank）

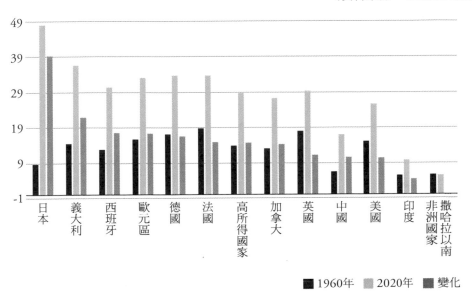

■ 1960年　■ 2020年　■ 變化

力降低，於是父母得以對每一個孩子投入更多心力和資源，同時也更可能**繼**續他們的職業生涯。顯然，這些都是好事。不過，老齡化同樣也會帶來負擔：老年人口扶養比（old-age dependency ratio）愈來愈高、公共支出負擔愈來愈重，還有人說，老齡化國家對移民的需求會大增。（關於老年人口扶養比，參見＜圖28＞，尤其是日本和西歐，不過，這現象如今在中國也很明顯。）

　　老齡化造成的財政衝擊，可藉由提高實際退休年齡來減輕，但老齡化仍然會導致保健和退休金支出比例上升、經濟彈性降低、經濟動力減弱。這是長壽的負面影響，引進移民則是另一個廣為建議的解方，但這方法只是暫時性的應變措施，因為移民也會變老。而且，在壽命持續增長、出生率卻很低的社會，為穩定老年人口扶養比而需要引進的移民量太大了。[22] 聯合國於2000年出版的一份研究報告指出，如果想靠移民來穩定老年人口扶養比，歐盟的人口必須從4億（當時的人口數）增加至2050年的12億，美國人口則必須增加超過10億。如此龐大的移民，政治上不可能做到，實務上大概也不行。[23]

全球走向市場經濟

如第三章所述，1980年至2010年的數十年間，自由化理想是主流，鄧小平擁抱這個理想的中國版本，於1978年推行「改革開放」。在高所得國家，這種轉變與柴契爾和雷根有關，雖然個別國家朝此方向前進的程度不一，目的地卻大致相同。例如：法國總統法蘭索·密特朗（François Mitterrand）於1980年代初期放棄他的「一國社會主義」（Socialism in one country）；美國時任總統比爾·柯林頓（BillClinton）和英國時任首相東尼·布萊爾分別於1990年代和2000年代初期放棄「新中間路線」（Third Way）政治[24]；歐盟於1980年代推動的「單一市場」（Single Market）也可視為理念相同。前蘇維埃帝國旗下的國家在1989年後開始擁抱自由化，就連蘇聯本身也在1991年後開始擁抱主流。印度則在1991年後開始轉向，許多其他的新興和開發中國家也紛紛嘗試。

但是，早在烏拉圭回合貿易談判完成前的1989年，高所得國家的貿易加權平均適用關稅就已經降低至5％（參見＜圖29＞）。[25] 1980年後，高所得國家最顯著的自由化放在金融（尤其是外匯控管的自由化）、勞動、產品和服務市場。另外，企業概念轉向獲利或股東價值最大化模型也是關鍵轉變。

不過，新興和開發中國家在1980年代、1990年代、2000年代初期開放貿易是重大的轉變，以往他們大多採行內向型進口替代政策，貿易開放大大增加進口與出口量，為貿易開放的高所得國家帶來巨大影響。這些國家的貿易加權平均適用關稅的降低幅度相當驚人：印度從1990年的56％降至2017年的6％；中國從1989年的32％降低至2017年的4％；巴西從1989年的32％降低至2017

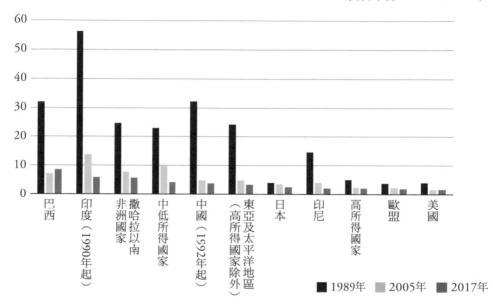

<圖29>貿易加權平均適用關稅（％）

（資料來源：World Bank）

圖表橫軸：巴西、印度（1990年起）、撒哈拉以南非洲國家、中低所得國家、中國（1992年起）、東亞及太平洋地區（高所得國家除外）、日本、印尼、高所得國家、歐盟、美國

圖例：■ 1989年　■ 2005年　■ 2017年

年的9％。

　　新興和開發中國家的貿易自由化，再加上外國人士直接投資進一步自由化，使得他們占全球商品出口值的比重邊增。若把歐盟區內部的貿易包括在內，高所得國家的商品出口值占全球商品出口值的比重從1980年的80％降低至2019年的66％，新興和開發中國家的比重則是增加了14％，不過，這比重中國占據大宗，占全球商品出口值的比重提高了12個百分點（參見<圖30>）。[26]

　　因此，總觀全球化，新興和開發中國家踏出全球市場經濟是關鍵的一大步。這次劃時代的變化有三點值得一提：第一、這是經年累月下來新興和開發中國家對西方國家與制度做出的反應；第二、這是出於見證了一些東亞經濟體

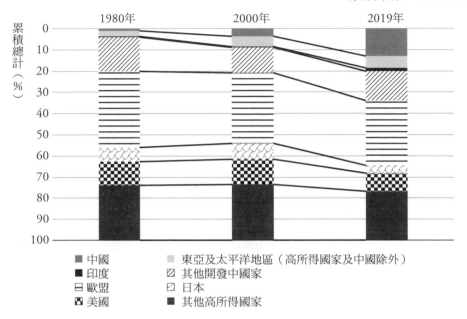

<图30> 占全球商品出口值的比重，歐盟區內部貿易包括在內

（資料來源：World Bank）

累積總計（%）

1980年　　2000年　　2019年

圖例：
- ■ 中國
- ■ 印度
- ▣ 歐盟
- ▨ 美國
- ▨ 東亞及太平洋地區（高所得國家及中國除外）
- ▨ 其他開發中國家
- ▨ 日本
- ■ 其他高所得國家

（時間順序大致是：日本、香港、台灣、新加坡、南韓）非凡成功後的跟進腳步；第三、在這波轉向市場經濟的浪潮中，中國決定跟進其他鄰近小國是最為關鍵的事件。不過，中國的情形是在壟斷型政治下轉向競爭型經濟，事實上，中國從蘇聯那裡學到的其中一項啟示是不要開放政治自由化，而是結合持續的經濟自由化及強化中國共產黨的政治掌控。長期下來形成一種弔詭的產物：共產資本主義。

　　不過，與此同時，蘇維埃帝國和後來的蘇聯於1992年的瓦解，促進全球朝向市場與民主制度邁進。從那時起，直到2007年至2012年間的金融危機，全球市場成為主流思想，儘管期間並非毫無質疑與爭議。

全球市場改變了世界經濟

1980年後發生最重要事情，當屬占了全球人口約半數的東亞和南亞新興國家的經濟起飛（參見＜圖27＞），新技術結合數十億勤勞人口，再加上經濟開放，大大地改變整個世界。

結果導致，現在新興經濟體的許多產業產出直接和高所得經濟體的產出競爭，即使總部設在新興國家的公司不直接與高所得國家的公司競爭，他們也會爭相利用其所擁有的資本和專業。新興經濟體擁有龐大且快速成長的各式各樣產品與服務市場，也供應大量高素質的人力資本，增添其做為生產地的吸引力，就連設立研發基地的潛力也愈來愈大。新興經濟體擁有的這些資產改變了高所得國家對企業的誘因，而且資源不僅不會消失，相反地，新興經濟體的吸引力必定會再大增。

經濟學家克里斯多福・蘭克（Christoph Lakner）和布蘭柯・米蘭諾維奇（Branko Milanovic）於2013年提出的「大象曲線」（elephant curve）很貼切地描繪這些轉變造成的所得分配情形，之所以取名為大象曲線，是因為最早繪出的曲線形狀很像大象的頭和上仰的象鼻。[27] ＜圖31＞是比較近期的版本 [28]，如今的現況沒那麼像大象了，主要是因為高百分位部分的所得分配顯著延伸。

新的大象曲線圖顯示四個重點。第一、1980年至2016年期間，全球所得分配的稅前實質所得都提高。第二、在全球所得分配中居第15個百分位至第45個百分位的下層中產階級，其實質所得成長75％以上，甚至更多。這些人大多位於亞洲，尤其是中國。第三、在全球所得分配中居第60個百分位至第95個百分位的上層中產階級，其實質所得成長50％，甚至更少。這些人當中有許多是高所得國家的較低及中產階級。第四、在全球所得分配中居高百分位者的實質所得成長驚人，最頂端的高百分位者比下層原本就屬於高百分位者的實質所得成長更多：全球所得分配中居於最頂端千分位者的實質所得成長了235％，他們下層千分位者的實質所得成長「只」有166％。全球所得分配

<图31> 1980年至2016年全球所得分配不均與成長的「大象曲線」

（資料來源：World Inequality Database）

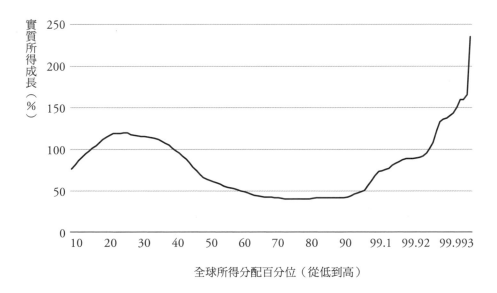

全球所得分配百分位（從低到高）

最高前1％的人囊括全球稅前實質所得成長率的27％，而最底層50％的人只有12％。[29]

　　儘管如此，公認的高所得國家囊括了高比例的全球產出。以2019年時的市場價格來計算，高所得國家仍然占全球產出的59％（參見＜圖32＞）；經過購買力平價後（這會大大提高開發中國家占全球產出的比例，因為這些國家的工資低），2019年時高所得國家占全球產出的比例為40％。由於這些高所得國家的人口僅占全球人口的16％左右（參見＜圖27＞），所以人均產出依舊遠高於開發中國家。不過，2000年至2019年期間的變化卻很明顯：以市場價格來計算，高所得國家占全球產出的比重降低了20個百分點；經過購買力平

<图32>以市場價格計算的全球GDP比重結構（％）

（資料來源：IMF）

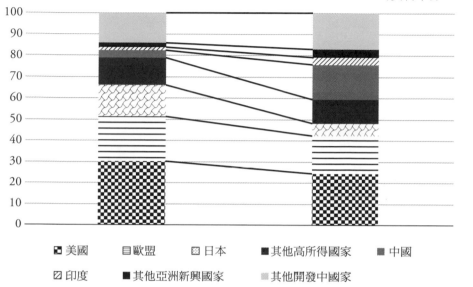

☒ 美國　　　目 歐盟　　　☒ 日本　　　■ 其他高所得國家　　　■ 中國

☒ 印度　　　■ 其他亞洲新興國家　　　其他開發中國家

價後，這個比重降低了17個百分點。同一期間，新興和開發中國家以市場價格計算的產出占全球總產出的比重提高近1倍，從21％提高至41％，更驚人的是，中國就占了增加產出額的66％。在這十九年間，這位亞洲巨人以市場價格計算的產出占全球總產出的比重從4％提高到16％，一個新興經濟強權誕生了。以市場價格計算，中國經濟仍然小於美國或歐盟，但經過購買力平價後，中國的經濟在2015年時已經大於美國或歐盟。[30]

　　這項數據顯示了一個相當明顯、但對一些人很不安的事實：現今的高所得國家和最大的新興國家（尤其是中國）之間的人均產出、生活水準，以及經濟、軍事和政治力量的長期分歧已經反轉，而且反轉速度相當快，公認為高所得國家的相對地位式微。這是相當自然的事，但也令人不安。

　　不過，這種趨同也很不全面。檢視經過購買力平價後的七大新興經濟體，就會發現巴西、墨西哥和俄羅斯這三個經濟體在2019年的生產力並沒有比1992年時提高多少，甚至相較於領先者（美國）還下滑了。但其他四個新興經濟體（中國、印度、印尼和土耳其）相較於美國，生產力顯著提高，其中中國的表現最好：購買力平價後的中國人均產出在1992年僅為美國的5％，到了2019年時已經提高至25％（參見＜圖33＞）。甚至，中國還有進一步趕上的潛力，只是能否發揮目前尚不得而知：中國面臨著許多的挑戰。不過，若購買力平價後的中國人均GDP在二十五年後達到美國人均GDP的50％，其經濟規模幾乎等同於美國和歐盟的合計規模，那情況就真的大不同了。

＜圖33＞**現行購買力平價後新興國家相對於美國的人均GDP，根據變化百分點排序**

（資料來源：IMF）

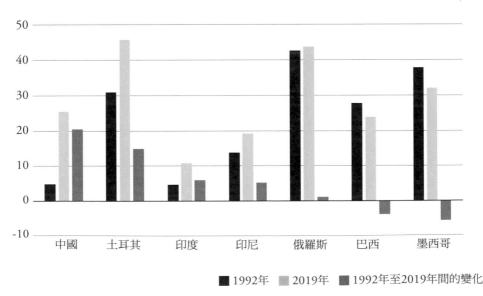

■ 1992年　　■ 2019年　　■ 1992年至2019年間的變化

全球化導致技術轉移和人口遷徙

　　上述的轉變過程，如何相應於第四章談到不利整體的經濟變化，尤其是高所得國家的中產階級空洞化呢？讓我們從全球化的幾個層面來看：忠誠度、企業資本、金融、貿易、技術、移民和思想。

　　全球化侵蝕了企業對其創始所在國的忠誠度，創造出已故政治學家薩謬爾・杭亭頓（Samuel Huntington）所謂的「達沃斯人」（Davos man，指經常出席達沃斯世界經濟論壇的世界超級富豪與政商要人）。[31] 在多國有股份註冊、在多國僱用員工為許多國家的消費者生產商品或服務的跨國企業（多國籍企業）稱得上半全球性公司，儘管他們仍然具有國家型企業的特徵，尤其是扎根於較高所得經濟體的跨國企業。但是，他們也在何處生產、何處繳稅等的決策中展現全球觀。結果就是，反全球資本主義成為高所得國家的政治主流風潮，因為很多人覺得企業背棄了他們。在這一點上，川普正確地解讀了政治脈搏，此前英國鮑里斯・強生也是如此，儘管他是在私下場合說出「去你的企業」（fuck business），但他絕對是認真的。[32]

　　跨國企業有能力和意願跨國轉移資本與專業，尤其是跨國整合供應鏈的能力，對全球化的貢獻卓著。顯然地，此舉對企業（和資本）絕對有利，但對高所得國家的勞工不利，如前所述，後者認為這些公司是自己進得了的，如今他們喪失了這些公司要求的專業與資本，也無可避免地影響到他們的談判力及工作機會。

　　企業資本流動涉及到金融自由化層面，影響更為深遠，過去四十年間，企業資本的流動量遽增，也導致許多危機，包括1997年至1998年的亞洲金融危機，以及2007年至2012年的跨大西洋金融危機。金融自由化迫使許多國家放棄固定匯率制，除了造成金融不穩定性，金融自由化也引發許多的疑慮，包括：租稅競爭、避稅、逃稅、貪腐。前國際貨幣基金首席經濟學家摩里斯・奧布斯菲爾（Maurice Obstfeld）指出，金融自由化是金融業遊說力量的一種表現，致使各國（尤其是美國）未能像對抗進口的保護政策那樣認真地重新思考，控管或限制跨國資本流動措施的可能性。[33]

　　透過思想和資本流動的推波助瀾之下，依循相對優勢原則的貿易擴張帶來益處（更大的競爭、更低的價格、具備適切技能者賺取更高所得），也帶來成本（因應變化而需要做出的調適、造成一部分人永久失去所得與工作）。當然，所有經濟變遷都會帶來調適成本，也會造成一些人的永久性損失，貿易也不例外。但是，我們的基本原則都是管理經濟變遷下的調適，並援助蒙受損失者，而非只順應貿易帶來的變遷。所以，我們必須援助經濟變遷重創下的本地人，創造新的經濟活動；我們也需要全球性標準，確保貿易不會犧牲工作者的好待遇或環境。

　　技術變化，尤其是運輸和通訊領域，有利可圖的貿易為主要的驅動力。汽船和冰箱問世前，不可能低成本、巨量地運送大宗商品；卡車和貨車問世前，不可能快速運送貨物至城鎮、甚至隔壁村莊；商用客機問世前，不可能隔夜運送人和高價值物品到世界各地；現代資訊和通訊技術問世前，不可能無縫遠距地整合生產作業。全球化是技術和創新的產物，未來也持續是。與此同時，技術對工業造成的影響，如同其對農業造成的影響：藉由大幅提高生產力，摧毀了許多工作機會。1800年時有59%的法國工作者從事農業工作，到了2012年只剩下3%[34]，世界其他地方也大致相似。近乎可以確定，伴隨機器人和其他機器取代工業工作者，高所得國家的工業就業市場將持續萎縮，許多新興和開發中國家也一樣。從現在算起的半世紀後，工業職缺占就業市場的比例可能下降到只剩下幾個百分比，甚至更低，貿易戰也阻止不了這種發展趨勢。

　　勞動力（人）是一項生產要素，跟其他生產要素的擁有者一樣，勞動力的擁有者也希望提高報酬，為達此目的，途徑之一是把勞動力（以及勞動力的擁有者）遷移至工資更高的國家，此舉也被視為將「資本」（在此指的是人力資本）移往待遇更好的管轄區，亦即有更多互補性經濟、社會和政治資本的地方。這麼做有其道理，就如同資本的擁有者透過遷移資本或資本生產的產品和服務，尋求最高的報酬一樣。另外，由於遷移的是人，涉及了其他跟經濟較無關係的動機：與家人團聚的欲望，以及安全性。

　　相較於創意、產品和服務、資本的全球流動，人的流動量沒那麼大。根據聯合國的統計，2017年時，全球有2.58億人（全球人口的3.4％）是國際移民（亦即遷移至國外的人），這些人當中，1.06億人出生於亞洲，6,100萬人出生於歐洲，3,800萬人出生於拉丁美洲和加勒比海地區，3,600萬人出生於非洲。2017年時，64％的國際移民生活於高所得國家，難民只占國際移民的10％（2016年時為2,590萬人），所以難民的恐慌被可恥地誇大了。[35]

　　以近期的水準來看，移民造成的經濟衝擊並不大。證據顯示，移民衝擊一國境內早已存在的所得水準和工作機會比較輕微，而且對高所得國家的公共財政略微有益。因此，一項調查得出此結論：「大多數的研究顯示，移民不會對本國勞動市場造成明顯的負面影響，縱使突然間湧入大量移民，也未發現明顯導致本國工資水準或就業機會減少的情況。」[36] 主要原因是，移民較可能補充、而非替代勞動市場中的既有居民和公民，不論就移民打算從事的工作，或是就他們具備的技能（例如：語言能力）都是如此。同樣地，移民造成的淨財政成本似乎也很小，至少美國是如此。至於在福利較佳的歐盟，年紀較大和低技能的移民造成的淨財政成本可能較大。[37] 不過，縱使移入地的社會淨成本很小，一如預料地，遷移的主要受益者都是移民。

　　不過，這些綜合性研究有兩個缺點。第一、移民的動機、技能、文化、年齡和遣返可能性的差異大，理想的研究是區分出上述所有因素，但這做法相當困難。舉兩個例子來說明：為了和家人團聚或身為難民的移民，其特徵可能不同於從中歐和東歐遷移至英國找工作的年輕移民，或是從印度前往美國、擁有高技能的移民。第二、這些研究幾乎都未檢視擁擠成本。人口增加伴隨基礎設施成本上升，公共部門可以加大投資來應付，但人口增加還伴隨著更多其他的成本，尤其是在人口稠密的國家。

　　最後是恆常流動的思想。在資訊和通訊技術強大、外國學生數量龐大、不計其數的協作，以及便宜運輸等條件的現代環境下，以往得花數十年，甚至幾世紀才能傳播全球的思想，現在幾秒鐘就能做到。蘇聯曾經很努力地控制聯外思想的渠道，但失敗了，現在只有北韓與世隔絕，為此也付出了極大的代價。「中國防火牆」確實存在，但思想仍然可以翻牆而入，尤其是中國的領導層想要「促進科技理解」的思想。創新思想的流動必然會侵蝕知識屏障，其中就包括了高所得經濟體想保護的智慧財產權，但長期而言，這類控管總是失敗。中國曾經試圖阻止絲綢製法的知識輸出，英國曾經試圖阻止紡織機製造法的知識輸出，全都以失敗告終：思想會流動。創造思想的能力遠比思想本身更有價值。再者，思想的流動將創造價值。固然，搭別人的創新便車很可能會降低創新的動力，但搭便車也會創造使用、加速發展思想的機會。[38]

我們雖然想深入了解各種全球化力量對高所得國家的影響力道，但做法上相當困難，因為這些影響過程複雜且交互作用。不過，有些結論卻相當清楚明確。

第一、應用經濟學的分析顯示，全球貿易對所得分配不均和就業影響不大，這也是許多研究人員實證研究得出的廣泛共識。例如：「對外貿易和離岸外包形式的全球化，並非加劇所得分配不均的重要因素，針對世界各地不同事件的多項研究都得出這一結論。」[39]

第二、21世紀的頭十年間，美國確實蒙受所謂的「中國衝擊」（China shock）。1999年至2011年期間，來自中國的進口競爭可能導致美國流失200萬至240萬個工作，大約是那段期間美國製造業實際失業人數的一半。[40] 再者，「儘管來自中國的進口競爭並未在美國造成總體且廣泛的影響，⋯⋯，但對各地通勤區的就業帶來不同的影響。」[41] 此外，「中國貿易衝擊開始後至少整整十年間，本地勞動市場的調整速度相當緩慢，工資率和勞動力參與率依舊低迷，失業率仍在攀升，受影響的工作者歷經更大的工作變動，以及終身所得降低。」[42] 中國衝擊也明顯左右著政治，由於美國拒絕對失業者及其家庭、生活社區提供有效的援助與調適協助，政治上的轉變無可避免。因此，毫不意外地，世界貿易的新動態幫助川普入主白宮，他的保護主義行動也不出意料地大受歡迎。

第三、技術性變化帶來的影響是技術人才的需求大增，尤其是擁有大學學歷者。事實證明，儘管大學畢業生的供給量大幅攀升，他們的相對薪資仍然提高了，代表勞動力的需求轉向他們。這情況跟技術人才較不充沛的國家，因貿易所造成勞動市場變化的情形恰恰相反。技術革新通常會使高所得國家的技術性人才相對所得提高，但也會降低他們在所有產業的就業比重，因為有些僱主會用較便宜的低技能者替代較昂貴的高技能者。有證據強烈地顯示出，技術革新對勞動市場的衝擊大過貿易對勞動市場的衝擊，差別在於政治性質：說貿易衝擊本國勞動市場，可以歸咎於國與國之間的不平等；說技術變化衝擊勞動市場，資方與勞方之間就會產生衝突，衝突中贏家總是資方，尤其是開放世界的經濟體系。

第四、以不同指標衡量稅前與稅後的所得分配不均程度，以及國家為減輕稅前不均所做出的努力，在不同的高所得國家有明顯的差異（參見＜圖10＞、＜圖11＞、＜圖12＞、＜圖13＞、及＜圖15＞）。由於高所得國家對於貿易和全球化各層面的政策相似（強烈排斥移民政策的只有南韓和日本），因此全球化不可能是所得分配不均程度和變化的罪魁禍首，尤其是所得分配頂端者囊括超大比例的總所得這一點，更不能歸咎於全球化所導致。高所得國家在稅前和稅後所得分配不均程度上的差異顯示，最大的影響因子並不是全球化制度與發展，而是國內經濟制度與發展，包括：政府因應競爭力變化的效能、以社會保險和其他形式來援助受經濟變化衝擊者的效能。在美國，沒有工作或技能、衰落地區的居民被離棄，自生自滅。這是一種政治選擇，對消費者徵稅，而非廠商，屬於支持保護主義政策最受歡迎的形式，拜登政府未能改變川普的關稅政策可茲為證。在其他高所得國家能使用的政策工具範圍較廣，也更有成效。在美國，真正令人吃驚的，並非國際導致的變化本身，而是缺乏有效應付這些變化的政策工具。

總體經濟的不穩定性

我在《面對轉變與衝擊的年代》這本書中指出，困擾高所得國家面臨總體經濟的脆弱性，主要導因於當全球經濟變化導致出現經濟學家勞倫斯・桑默斯（Lawrence Summers）所謂的「長期停滯」時，這些國家轉而仰賴金融體系來創造需求。[43] 這種現象的最簡單指標是十年期間的實質利率長期大幅下降，參見＜圖34＞ [44]，從圖中可以看出，亞洲金融危機後長期實質利率在1990年代後期銳降，2007年至2012年全球和歐元區金融危機後，長期實質利率再度銳降，新冠肺炎危機下的實質利率又一次下滑。自2011年夏季起，實質利率已變成負值，2020年及2021年的平均實質利率為 2.9%。

＜圖34＞英國的實質利率

（10年期指數連結型債券殖利率）

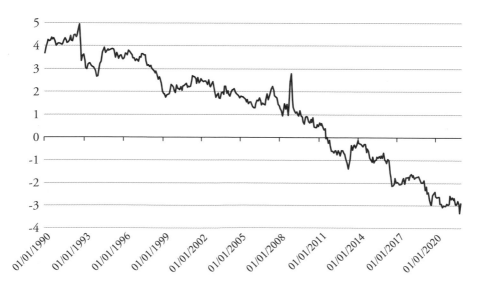

若我們關切的是總需求，可以把影響期望儲蓄的變化和影響投資的變化區分開來看，因為二者的交互作用決定什麼樣的實質利率水準才能確保充分使用現有的產能。

在儲蓄方面的重要影響因素，包括：企業獲利占GDP的比重提高、個人所得分配不均加劇、幾個高所得國家和新興經濟體（尤其是德國、日本和中國）的總儲蓄異常地高。美國的所得分配不均加劇導致所得分配前1%者的儲蓄大增（在這些統計中，富裕者囊括的企業獲利也包含在內）[45]，類似的所得分配不均程度大增也在其他經濟體導致儲蓄增加，尤其是中國和德國[46]。另一方面，導致投資下滑的結構性因素，包括：前文提到的高所得國家老齡化、基礎設施的需求減少、去工業化、投資財（尤其是資訊科技產品）成本的快速下滑。

其中一個關鍵因素是中國崛起成為盈餘儲蓄大國，儘管中國的投資率也是最大經濟體中有史以來最高的。若順其自然下的發展，資本應該會從高所得國家流向這個龐大的新興經濟體，因為中國有著極大的投資需求，但實際情況恰恰相反：淨資本從中國流向高所得國家，尤其是美國。[47]

中國和一些國家的發展，阻礙了美國輸出富人日益過剩的儲蓄來產生經常帳盈餘，如同19世紀末的英國國內情況；相反地，世界其他地區的富人及其政府追求儲蓄他們視為安全無虞的美國資產，因而導致長久的美國經常帳赤字，其結果注定著美國富人的總儲蓄額還抵不過美國其他人（包括美國政府在內）的負儲蓄總額。所以，自1982年起，美國富人的淨負債減少被下層90%的負債增加給抵消了。順帶一提，由此可見，低利率傷害較不富裕者的常見論點實屬無稽之談，因為較不富裕者並不是主要的淨債權人，富人才是較不富裕者的債權人：富人不僅透過他們的銀行存款和金融資產直接提供融資，也透過他們持有的企業股權來擁有債權。

在亞洲金融危機和全球金融危機之間出現巨大的信用膨脹（credit boom），大部分跟房地產貸款有關，尤其是美國、西歐、南歐和東歐家計單位的房地產貸款，這些信用膨脹的榮景暫時解決了結構性需求不足的問題。於是，金融體系創造了無法長久支撐的房地產投資榮景，以及家計單位借貸和支出擴張，一旦泡沫破裂了，這些需求由財政赤字與支出取代，中央銀行出面支撐資產價格上揚，貨幣政策超級擴張，大家都採行最早由日本銀行（Bank of Japan）於1990年代中期採行的貨幣政策版本（參見＜圖35＞）。此外，在金融危機後，中國決定消除鉅額經常帳盈餘，這本有益處（可惜，德國沒這麼做），但中國的做法卻是把舉債融資的投資提高到接近占GDP的一半，導致中國內部經濟出現新的失衡：投資過多、債務激增，真正的困境依舊是消費占

＜圖35＞中央銀行利率（％）

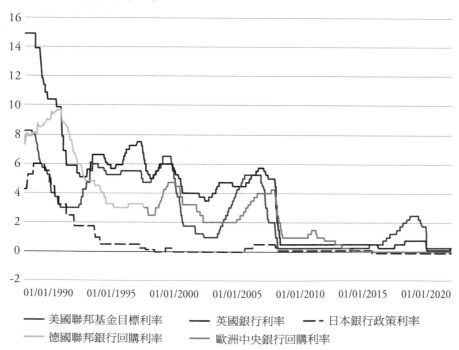

中國GDP的比重過低，這是中國國內所得分配高度不均的結果。歐洲也存在類似的問題，周邊歐洲國家的過量支出不再能夠消化德國和一些北歐國家的巨大儲蓄餘額，結果就是，歐元區有可觀的經常帳盈餘，必須由世界經濟的其他地方吸收。[48]

截至目前為止，為了「有效」應付結構性的全球需求不足而做出種種措施——這裡的有效指的是贏過持續的長期不景氣——而實施這些措施的事實又顯得基本需求有多麼疲弱。在新冠肺炎的突擊下，疲弱的需求是否會持續下去，仍然高度不確定。事實上，在結構性需求不足之下，為了刺激需求而做出的種種努力也使得各國債臺高築，導致根本問題更加嚴重。[49]沈重的負債將降低潛在借款人的借款能力和意願，進而壓抑需求，於是根本問題只可能隨著時間惡化下去，並非改善。這些問題根深蒂固，反映出總體經濟失衡，而失衡本身是全球經濟整合、中國崛起、全球化形式的食利資本主義（rentier capitalism）崛起，以及所得分配不均加劇所造成的結果（參見＜圖31＞）。我們必須對這些根本情況採取行動，第八章將回頭探討這個問題。

從上述分析可知，全球失衡告訴我們很多重要的事。不幸地，雙邊貿易失衡只是問題的其中一個徵狀。而問題就是上述討論的結構性因素，出現的第一個徵狀是全球失衡，第二個徵狀是雙邊盈餘和赤字，全都是川普關注的焦點，在他看來，這些特徵反映過去做了糟糕的交易，其隱含的假設是，一國對貿易夥伴的出口值大於貿易夥伴的進口值，就是好交易，反之就是壞交易。這想法太愚蠢了。

第一、只要負擔得起借款，國家有貿易赤字很合理。第二、負擔不起借款的唯一解決之道是調整赤字和盈餘國的產出和支出；這是一項總體經濟挑戰，不是貿易政策挑戰，若實施者是美國，那麼這會變成一項全球性總體經濟挑戰。第三、整體貿易政策是要設定市場訊號，讓數十億人和數千萬家企業決定在何處、如何賺和如何花用所得，而不是做出旨在決定一國人民在何處、什麼東西上花多少錢的交易，後者是計畫經濟，不是市場經濟，行不通的，這也是二戰後美國致力於消弭歐洲雙邊主義的原因。[50] 最後，目前的總體經濟現況，聚焦於雙邊貿易平衡無法改變整體的貿易平衡，例如：美國不再從中國進口、轉向從其他國家購買相同的產品，甚至美國在國內自己生產該產品，並停止生產先前出口的其他商品。當根本問題是全球總體經濟失衡時，聚焦於雙邊貿易失衡是用錯力，根本行不通。

朝向不當操縱的資本主義邁進

截至目前為止的討論都聚焦於大局：技術、全球化、人口結構、所得分配，以及總體經濟的不穩定性，但還有同等重要且更危險的事：市場的剝削和政治力量。我們應該把這想成一種「食利經濟」（rentier economy）的興起，其包含許多層面：金融化、企業的（不當）治理、贏家通吃的市場、聚集（agglomeration）效應產生的租值、競爭薄弱、避稅與逃稅、尋租（rent seeking），以及道德標準的侵蝕。[51] 上述的問題主要是自由化失靈的結果，首先是未能認真思考市場的制度特性。普遍抱持的假設是，自由追求私利，靠這信念就夠了，其實不然。

「金融化」是在金融的影響性不斷擴增下，一個可怕、但似乎無可避免的名詞，這是過去四十年來經濟世界（尤其是美國和英國）的一大特徵，其背後的思想是：經濟其實就是一大捆可交易的契約。在資訊和通訊技術發展的推波助瀾下，金融的快速自由化助長經濟的轉變，金融化意味著大規模擴張金融業的活動，金融產品的複雜性也相應擴增，隨著金融業活動的賺頭大增，融資支配企業活動的角色大大改變。[52] 這一切為經濟表現帶來可疑的益處，如下文所述，金融活動的劇烈成長似乎更像個抽租（rent extraction）工具，而非產出性的進步，也直接導致2007年至2012年的金融危機。

2007年至2012年金融危機爆發前的多年間，全球私人部門的負債大增，尤其是金融業的負債，這顯示金融業的資產負債表和槓桿規模大增。[53] 此後，雖然金融業的結構有所改變，私人部門高負債的情況並未反轉：在新冠肺炎疫情爆發前，金融業負債相對於全球GDP的比例稍微降低；非金融業公司的負債飆升，尤其是在新冠肺炎疫情期間。金融危機後，家計單位負債穩定，但在疫情期間再度躍升（參見＜圖36＞及＜圖20＞）。負債既是金融業的產物，也是燃料，相應於總負債大增的是跨境金融交易量大幅飆升。1995年時，全球股市的跨境外國直接投資、股票基金、債務證券和其他借貸總額為$15兆美元（全球GDP的51％）。到了2007年，金額已經成長至103兆美元（全球GDP的185％）。此後，受到金融危機的衝擊，股市陷入停滯，至少持續至2016年，當時借貸總額是全球GDP的183％。[54]

＜圖36＞全球私人部門負債相對於GDP的比例（％）

（資料來源：IMF）

家計單位　　非金融業公司　　金融業公司

金融業複雜性擴增的一個簡單指標是店頭市場衍生性金融商品（外匯、利率、股權連結型商品）的名目價值和總市場價值。[55] 名目價值從1998年6月的72兆美元增加到十年後的653兆美元，總市場價值從2.6兆美元增加到2008年年底時的35兆美元。此後，全球金融危機衝擊金融體系和世界經濟，衍生性金融商品交易的成長和負債的擴張一樣，戛然而止，但市場依然巨大：2021年第一季末的總市場價值為12.6兆美元（參見＜圖37＞）。

　　金融業獲利在所有企業總獲利中的占比也相當高，但或許更引人注意的是，這些獲利中有多少價值貢獻在經濟上，有多少代表財富轉移（亦即抽

＜圖37＞店頭市場衍生性金融商品名目價值與市場價值（單位：10億美元）

（資料來源：BIS）

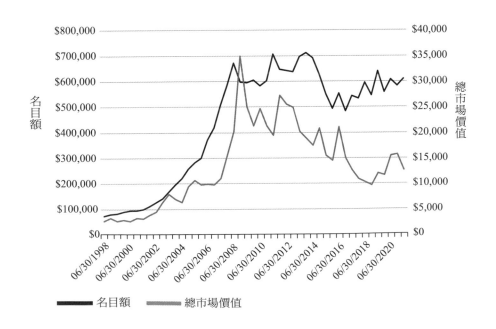

租）。銀行業的特性之一是，機構的債務可以被視為一種支付工具：它們是貨幣。這意味著，金融業創造自己的「燃料」，授予貸款的同時，也創造了貨幣，並收取費用、甚至利息。[56] 因此，在榮景時期，金融業的獲利可能至少有一部分是總放款中的不實產品，從＜圖38＞就能看出這點。榮景之前，金融業獲利占美國總企業獲利的比重為15％左右，這水準也許代表或也許不代表對經濟增添的價值，這很難說。但榮景時期，這一比重超過25％，既驚人、也不真實（如同後續事件所證明的）。2008年金融危機後，金融業的獲利仍然維持在高水準，必定有很大部分歸因於政府當局對其提供的龐大支持（尤其是持續了很久的近零利率），以及金融機構資產負債表的規模仍然很龐大。

這對於金融業從業人員當然是好事一件。一項分析金融從業者相對所得

＜圖表38＞金融業獲利占美國總企業獲利的比重（％）

（資料來源：BEA）

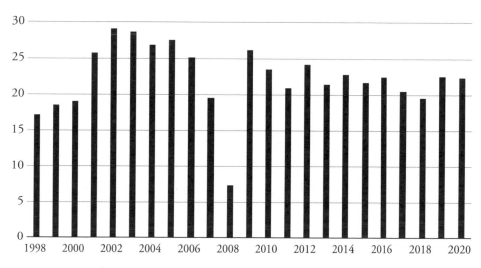

的研究結果發現[57]，相對所得在20世紀初期攀升，1930年代大幅下滑，1980年代金融管制鬆綁時，相對所得又再急速攀升。同樣顯著增加的是，複雜金融活動所需要的技能，例如：首次私募股權（initial private offerings）和信用風險管理。根據這項研究，金融從業人員所得和其餘私人部門工作者所得的差距中，經濟租（economic rent，扣除產業吸引人才所需的費用與成本後的盈餘）占了30％至50％。

金融活動大爆發對生產力的成長並沒有多大貢獻，自1970年代以後，尤其是金融危機後，生產力成長的表現很差（參見＜圖19＞及＜圖26＞）。這結果並不令人意外，金融業資產負債表的擴張中，新投資的融資成分很少，大部分是家計單位、非金融業公司，以及金融業本身的財務槓桿操作。此外，金融業的高報酬活動有很多可能是全部或部分的零和活動：針對金融業活動本身造成的波動性做出避險、發明複雜的金融衍生性商品以掩蓋內含的風險、純粹的博弈。[58]前英國金融服務局（UK Financial Services Authority）主席阿戴爾‧透納（Adair Turner）形容大部分的金融業活動是：「對社會無用」[59]，有識者很難不認同此觀點[60]。

值得注意的是，金融活動和經濟表現之間沒有正向關聯。國際清算銀行（Bank for International Settlements）2014年發表的一份報告結論說：「金融發展程度的好處有所極限，超過極限就會拖累經濟成長，快速成長的金融業對生產力的總成長有害。」[61]金融業過度發展之所以對經濟沒有良好影響，其原因在於：當金融業快速成長時，僱用人才管理放款的業務，通常是跟房地產相關的放款，能為放款者產生抵押品，但是放款給房地產無助於生產力，這過程創造的是「地位財」（positional goods），例如：大城市市中心的辦公室或豪宅。[62]倘若這些人才不從事金融業工作，他們可能創造和管理對經濟帶來更大報酬的投資，畢竟他們大多精於計算，而且當中的許多人有科學或工程背景。此外，也別忘了只比其他人早一微秒投入的交易資源，就算有贏家，這也是一種負和賽局。[63]金融業浪費人力和實物資源，很大程度上算是抽租機器。

金融興盛伴隨著企業目的徹底地改變，轉向獲利或股東價值最大化[64]，這種改變有幾個層面的影響。特別重要的影響是，形成「企業應該是金融市場的附屬物」的思想，金融的角色不再只是促進投資，財務考量左右企業行為的每一個層面：目標、內部獎勵、掌管者的身分。金融不再是企業的侍女，金融已經變成企業的女主人。

已故經濟學家傅利曼在1970年提出了一個著名的觀念：「企業的社會責任只有一個，那就是使用資源從事旨在提高獲利的活動，只要遵守遊戲規則，亦即從事開放且自由的競爭，不事欺詐就行了。」[65] 若股市是個有效率的市場，市值的最大化就等同於獲利現值的最大化。此外，在沒有「市場失靈」（market failures，不完美資訊、壟斷、環境和社會性外溢等等）之下，股東價值的最大化應該等同於企業對社會的價值的最大化。[66] 如此一來，股市成為衡量公司價值的一部機器。我們若接受這些思想，那就有道理讓企業高階主管的薪酬和企業的市值直接掛鉤，並且有一個活躍的公司控制權市場，以確保委託人（亦即股東）能迫使他們的代理人（亦即公司管理階層）為他們的利益而服務。

這些主張令人想到美國幽默諷刺作家暨文化評論家孟肯（H. L. Mencken）說過的一句話：「人類的每一個問題總有一個眾所周知的解決方案——簡潔、貌似合理，但是錯的。」[67] 這些思想雖提供一個相當簡單明瞭的方法，用以決定公司的目標、誘因和控管，但也製造了大問題。

其一，獲利對組織而言並不是好的激勵目標，應該是追求其他目標的副產品，例如：製造性能優異的車、提供可靠的諮詢服務。若我被告知，某家企業的目的是賺我的錢，我不會信賴這家企業。我希望這家企業是下決心照顧顧客，尤其是當顧客難以監督企業提供的產品或服務品質時，這是很常見的情況，尤其是金融服務業。

一個更深層的問題是，如同經濟學家羅納德·寇斯（Ronald Coase）在1937年所言，公司的存在正是因為市場不完美。[68] 因為市場不完美，我們不是仰賴市場，而是仰賴企業的「關係契約」（relational contracts），這種契約是基於信賴。一對夫妻無法寫下一只涵蓋婚姻中所有可能發生之事的契約，企業也一樣。但是，若治理企業的關係契約（或隱性契約）是以所有涉事方的信賴為基礎，那麼把控管權交給其中一方，就意味著將無法達成許多有潛在價值的契約[69]，因為控管方的機會主義行為風險太大，因此無法達成所需協議。

此外，成功的企業會產生經濟租——所得超出生產要素的機會成本部分，沒有明顯理由支持所有的經濟租應該歸於股東和高階經理人。再者，這些經濟租的存在，加上狹窄的控管權和種種委託人問題，為尋租行為提供了動機與機會，這正是我們看到的現實。

若把公司的控管權轉移至不從事公司經營工作的股東手上，也會形成巨大的集體行動問題。只擁有一小部分股權的股東沒有誘因去投資監管公司所需要的知識，尤其是當他們受益於僅負有限責任的權利時。股東也可以透過投資組合多樣化，降低他們投資的任何一家公司失敗時帶給他們的損失，事實上，他們的風險遠低於公司員工或公司所在社區承受的風險。對股東而言，比起發言（亦即當個積極參與的股東）所承受的成本，退出（亦即賣掉持股）幾乎是更佳的選擇，甚至，對絕大多數基金經理人而言也是如此：參與一家公司的成本遠高於這麼做帶給他們的好處。更糟的是，基金管理公司本身是和企業管理階層有利益衝突的代理人：雖然基金管理公司有動機去要求或期望持股的公司改善績效，但若那些公司把退休金的管理委託給基金管理公司，他們就是受益方，這就形成了利益衝突。私募股權（private equity）、積極主義的股東（activist shareholders）、敵意接管（hostile takeovers），這些可能看起來像是上述問題的部分解方，但全都不盡完美。舉例而言：私募股權基金的投資人是代理人，不是委託人，他們也往往以高槓桿來融資這些交易，這造成治理問題，尤其是當公司瀕臨破產時，他們有理由賭公司復活，損失則由債權人承擔。

實際上，追求股東價值最大化的公司必定會出現強而有力的內部機會主義行為者，經濟學家向來批評這項弊病，亞當・斯密就說過：「因此，這種公司〔股份有限公司〕的管理事務中必然或多或少存在疏忽及揮霍。」[70] 19世紀自由主義哲學家約翰・彌爾（John Stuart Mill）也說：「經驗顯示、表達普世經驗的箴言也證實，相較於本身對工作感興趣的人，僱工的品質有多差。」[71]

管理階層有強烈的動機去操縱公司的獎勵方案，以圖利自身，最明顯的機制是把獎酬與公司股價的表現掛鉤，儘管公司股價的表現和管理行動沒什麼關係。管理階層的預期任期愈短，以及外面的股東愈難判斷一家複雜大企業的內部作為，管理階層操縱公司獎勵方案的動機愈強。操縱獎酬的方法很多：借錢回購公司股票，把公司股價炒高；把錢從長期投資項目挪用於回購公司股份，以炒高公司股價；設立股票獎勵方案，以確保在公司股價上揚時，獲得巨大報酬。

證據強烈顯示，管理階層薪酬的鉅額增加（參見第四章）幾乎跟公司績效無關。更糟的是，如同英國經濟學家安德魯・史密瑟斯（Andrew Smithers）所言，創造出這些高額薪酬的獎勵方案比只是抽租的行為還糟糕，它們扭曲誘因，鼓勵管理階層增加槓桿操作，拉高公司及整體經濟表現所面臨的風險，降低公司對固定投資及研發的支出。[72] 另一個層面是，它們鼓勵短視近利，亦即追求提高現今的公司股價，而非公司的長期價值。[73]

公司管理高層薪酬以及金融業報酬的巨額增加，也有助於解釋一些國家的所得分配最高層者所得激增的現象。[74] 得出此結論的理由之一是：稅前所得位居前1％者囊括的所得占全國總所得的比重和這比重自1980年以後的增加情形，在各先進資本主義國家之間有明顯的差別。不意外地，在股東價值革命走得最遠的國家——加拿大、英國及美國，這一比重增加得最高。在美國，稅前所得位居前1％者囊括的所得占全國總所得的比重，從1981年的8.3％提高至2019年的18.8％；在荷蘭，2019年的這個比重為6.9％，僅比1981年時高出1個百分點（參見＜圖39＞）。2019年時，美國稅前所得位居前1％者囊括的所得占全國總所得的比重，比在所得分配中位居後50％的總人口所得占全國總所得的比重高出41％。

　　大的市場失靈不僅存在於企業治理架構中，企業與外面世界的關係也有重大失敗。跟所有行業一樣，公司有忽視外部性（例如：環境或社會性傷害）的誘因，若一廠商棄置污水或解僱員工，承擔後果的是家庭、社區、國家。但是，大企業本質上擁有壟斷力量，公司的發明就是因應企業需求。規模賦予了市場力量，這使得公司愈加能夠藉由剝削他人來提高股東價值。愈來愈被廣為接受的一個觀點是，就連相當小的公司，也能夠在勞動市場上有一定程度的壟斷力量[75]，它們也可能對供應商和消費者具有某種程度的壟斷力。

　　一些政策甚至旨在意圖提高市場力量，這類政策中最重要的是對智慧財產的保護（尤其是透過版權和專利權），雖說這種保護政策有其道理，但也因而

＜圖39＞稅前所得位居前1％人口總所得占全國總所得的比重（％）

（資料來源：World Inequality Database）

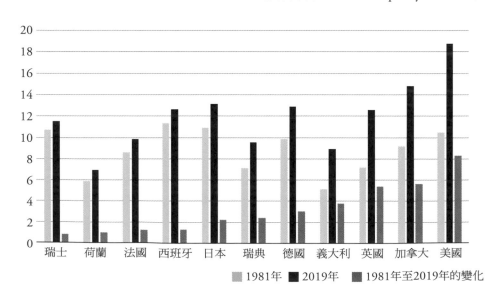

形成了壟斷力量。此外，公司是強大的機構，能影響管理智慧財產的法規，例如：無限期地延長版權，延長版權中最強大的影響力來自迪士尼公司（Disney Corporation）。[76] 這類影響法規的行動，其結果是創造出壟斷租（monopoly rent）。

另一個困難是，企業把收益內部化、把成本外部化可以使企業大大蒙益，但受害的是整體社會的成員。這種成本的外部化可能以各種重要方式發生，最顯著、威脅性最大的例子大概是地方性和全球性污染。但企業在勞動市場上的行為也有重要影響，例如：歧視對工作者構成的社會成本，把工作不穩定性的風險全部轉嫁到工作者身上，或是使成年工作者（尤其是女性）更難以履行他們身為家長或照顧老年人的角色，這些也構成社會成本。這種風險轉嫁的最顯著例子大概是金融業，金融業者在榮景時期提高財務槓桿，創造風險，陷入危機時，又由央行和政府出手拯救。

對這些論點的標準回擊是：民主政治流程能夠透過監管、稅負和補貼等手段來抵消這類成本外部化。但是，這是假設政治流程中立，有立意良善的立法者回應有智選民的選擇。遺憾的是，現實遠非如此，在所有的民主流程中，動機強烈、消息靈通、強大且集中的利益勝過人數更多、但力量較薄弱且利益分散的團體。[77] 私利最集中、影響力最強大的，莫過於那些資源充沛、在許多領域強力遊說的大企業。

市場經濟的更近期轉變是贏家通吃市場的出現，這有部分是由數位創新所驅動。[78] 零邊際成本、平台經濟、大數據構成的數位世界讓最成功的企業能夠宰制全球市場，現在的商機往往是把從顧客那裡取得的資訊賣給廣告商。超級巨星也蒙益：在全球最受歡迎的藍調歌手中排20名根本無足輕重，因為現今世上的每一個人能夠很輕易地看到和聽到排名第1的歌手演唱。

促成贏家通吃市場的背後驅動力還包括：規模經濟與範疇經濟、網路效應（直接與間接）、大數據與機器學習、品牌忠誠度、高轉換成本、特定僱主對人才的吸引力、公司創辦人的聲譽、聚集效應帶來的經濟效益。[79] 其結果是，這些公司坐擁比生產要素（土地、資本和人力技能）的機會成本高出數量級的壟斷租。[80] 2022年初，全球市值最高的12家公司中有8家是科技公司：蘋果、微軟、字母控股公司（Alphabet）、亞馬遜、社群元宇宙（Meta Platforms，原臉書）、輝達（Nvidia）、台積電、騰訊控股公司，其中六家是美國公司，一家是中國公司，一家是台灣公司，全都屬於壟斷或近壟斷型公司。剩下的4家公司中，有1家是由華倫·巴菲特（Warren Buffett）掌控的控股公司波克夏海瑟威（Berkshire Hathaway），巴菲特視市場力量（他稱為「護城河」）為市場價值的基礎。[81] 另一家沙烏地阿拉伯國家石油公司（Saudi Arabian Oil）是典型定義的純抽租者。其他兩家是特斯拉（Tesla）和摩根大通（JP Morgan），後者得益於巨大的規模經濟，以及所有大銀行實際享有的法規護城河，至於特斯拉是否有持久的壟斷力量，目前仍有待觀察。簡而言之，一小群握有強大壟斷地位的贏家似乎能夠形塑現在及未來，這些公司中的許多也是新冠肺炎危機中的巨大贏家，這進一步鞏固巨人科技公司的經濟宰制力（參見＜圖40＞）。

　　過去四十年間，贏家通吃市場的一個重要層面是，如前文所述，成功的大都會群和衰落的地方城鎮差距愈來愈大。[82] 全球許多大城市欣欣向榮，例如：倫敦、紐約、洛杉磯、東京、巴黎、米蘭、上海、北京、孟買 [83]，美國獨立智庫芝加哥全球事務委員會（Chicago Council on Global Affairs）指出，全球前100大經濟體中有42個是城市 [84]。另一方面，曾經繁榮的工業城鎮正在衰落凋敝，拿倫敦和雪菲爾（Sheffield）相比，後者在不久前還是特殊鋼的全球主要生產地，但在1970年代開始走向衰落。OECD提供以下扼要綜觀：「OECD國所得分配位居前10％（前端）的工作者人均GDP，跟位居所得分配後端76％的工作者人均GDP之間的落差擴大了近60％，從15,200美元增加到24,000美元。其結果是，OECD國平均有1/4的人生活在遠遠落後於高生產力區的地方。」[85]

　　城市向來對經濟繁榮很重要，究其原因正是群集效應。[86] 在前工業時

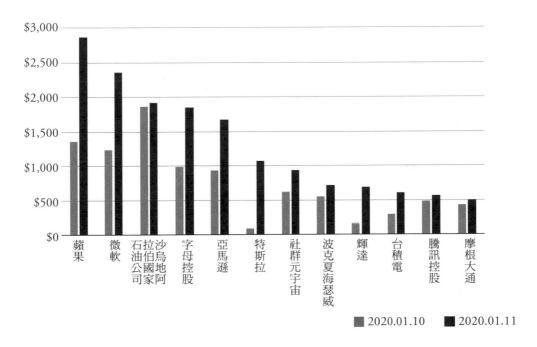

<圖40>2022年1月11日全球市值前12大公司，
以及這些公司在2020年1月10日的市值（單位：10億美元）

（資料來源：Refinitiv）

■ 2020.01.10　　■ 2020.01.11

代是如此，工業時代也是如此，現今的後工業經濟更是如此。不過，成功的城市景象有所改變，現在城市裡從事全球交易，面對全球競爭，這迫使、也獎勵專業化，同時也懲罰不成功的專業化。城市愈大，其技能愈多樣化，愈能從一種專業轉向另一種專業，或甚至同時結合許多專業，而「知識經濟」（knowledge economy）的爆炸性成長進一步回報了技能與經驗集中的大都會所在地。

另一方面，那些在全球競爭敗陣的太過專門產業的城鎮可能進一步衰落：

優秀的年輕人離開；新企業無法在這些城鎮獲得所需技能的人才而不進駐；靠社會福利過活的人來到這些城鎮是出於生活成本較低。光靠市場，無法解決這問題，因為有太多的外部性：在一個企業失敗的所在地城鎮，也許可以靠10家企業進入來謀求生存繁榮，但如何協調10家企業到來呢？這是需要政府干預的一個典型情況。

聚集效應形成巨大的經濟租，誠如19世紀土地改革運動家亨利・喬治（Henry George）所言，這種經濟租有一大部分被歸屬於地主[87]，所以課徵土地稅很公平（因為地主沒做任何事就賺得了他們的財富），也是有效率的行為（因為土地本身不同於勞力、智能及儲蓄，不會因為負荷過重而不再存在）。課徵土地稅的道理仍然強而有力，但現今聚集效應形成的經濟租中有太多部分歸屬於成功的城市工作者，他們在高生產力都會區賺得的所得遠高於請到他們工作所需提供的酬勞。聚集效應經濟租其實是整個社會創造的社會資本（其中最重要的是法治）產物，因此，有充分理由支持把這些經濟租分配出去。但是，鮮少有大城市成功做到，於是嫉妒倫敦優越表現的人們成了投票支持英國脫歐的主力群，儘管脫歐將使得英國近乎所有人的生計變差。[88]

近期研究最引人關注的發現之一是，競爭程度轉趨降低，尤其是在美國。[89] 這有部分是因為贏家通吃現象，但這也跟對反托拉斯政策的態度改變有關，驅動這些改變的主要觀點是，若市場力量的集中不會直接傷害消費者，就可不予理會。已故耶魯大學法學院教授羅伯特・博克（Robert Bork）是這派觀點中最具影響力者，他認為，規模大本身並非壞事。[90] 這種信條被廣為接受，造成了影響，例如：讓矽谷的巨人（參見＜圖38＞）得以收購許多潛在競爭者，支持者認為，這可以引領出對創新的更多投資，然而這更可能導致市場及其他形式的經濟力量過度集中於少數企業。

美國經濟發生的情形，更傾向支持少數企業市場力量增大的這一假說。我們可以看到，有七種趨勢顯示競爭壓力的減弱：新企業創設的成長速度明顯減緩，與此同時，頂尖企業的市場占有率增加；勞動市場的流動性降低，在所有相關面向的工作流動性也明顯降低；所得分配中流向資方的比重持續增加；資本報酬率相對於安全資產的報酬率提高；儘管有高報酬，事業投資減少；各家企業報酬率差距愈來愈大；擁有相似技能的工作者彼此之間的薪資差距愈來愈大。導致這些趨勢的可能原因，包括：對智慧財產的過度保護；企業在勞動市場的過高壟斷力；對職業證照的過度保護；對土地的使用管制過於嚴格。[91] 不過，更重要的原因可能是數位經濟中的競爭障礙，一項為英國政府所做的數位經濟競爭狀態研究分析得出：數位市場易於「翻傾」（tipping），贏家確實將通吃一市場，或是吃下市場的大部分。[92] 並非所有數位市場都是如此，尤其是當它們也需要實體的互動時，計程車服務業就是一個例子；不過，許多數位市場確實如此。

經濟學家湯瑪斯・菲利朋（Thomas Philippon）在其著作《大逆轉》（*The Great Reversal*）中提出類似觀點：

> 第一、美國市場的競爭力已經減弱：在許多產業集中度高，領先者地位牢固，獲利率高得驚人。第二、缺乏競爭力傷害了美國的消費者和勞工：這導致較高價格、降低投資、降低生產力成長。第三、與普遍看法相反，主要原因並不是技術性質，而是政治性質：我追查競爭力減弱的原因，發現主因是在重度遊說和競選捐獻的支撐下，造成市場進入障礙提高，以及反托拉斯法的執行力薄弱。[93]

金融、保健和「科技巨頭」這三個重要產業中發生的情形，支持菲利朋的這些觀點。[94] 在金融業，一個驚人的發現是，中介成本──銀行與經紀商吸收存款後將其轉移給終端使用者所收取的費用──維持在2個百分點已達一世紀之久。美國在保健方面的支出遠高於其他的高所得國家（已接近GDP的1/5），獲得的保健成果卻遠遠更差，因為美國保健制度助長抽租的壟斷者：醫生、醫院、保險公司和製藥公司，全都靠這過溢的飼料槽餵飽。科技巨頭，例如：亞馬遜、蘋果、谷歌、臉書和微軟的獲利，有很大程度來自壟斷租，只要想想蘋果的應用程式商店（App Store）的訂價就能明白了。[95]

　　若想評估有關於食利資本主義在美國興盛的論點，我們必須拿美國和歐盟來比較。許多人大概會對這種比較嗤之以鼻，畢竟歐盟的經濟一團糟，不是嗎？比較實質人均GDP的變化，你就會看出，答案為「否」。1999年至2017年，美國的實質人均GDP成長21％，歐盟成長25％，就連歐元區也成長19％，儘管歐盟在處理金融危機時的笨拙造成了損害。[96] 如前文所述，歐盟的所得分配不均程度與趨勢也不若美國那般糟，因此所得的提高也較均等地分享。

　　歐盟與美國的比較也顯示，歐盟的利潤或市場集中度都沒有升高到美國那樣的程度。2000年至2015年期間，薪資占企業附加價值的比例下滑近6個百分點，但歐元區完全未發生這種情形。[97] 這削弱了「技術是造成勞動所得比例下滑的主因」的假說，因為技術（以及國際貿易）對大西洋兩邊的影響大致相當。

　　歐盟經濟在所有層面都沒有比美國強，相反地，「美國有較好的大學，較強的革新生態系，從創投到技術專長等方面都較優。」[98] 儘管如此，過去二、三十年間，歐盟的產品市場更有成效，這結果反映單一市場內的去管制化（在英國脫歐的背景下說來諷刺，因為這種去管制化是源於柴契爾主政時期英國推動的政策創新），以及更進取且獨立的競爭政策。大西洋兩邊對於需要保留和促進競爭的態度互異。不過，拜登政府已經表示想對此做出改變。

　　一個精闢的觀點是，歐盟建立的監管當局比其個別會員國或美國的監管當局更為獨立。這其實反映的是互不信任，個別會員國偏好有強大的獨立機構，以免受到其他會員國態度反覆無常的影響。有獨立的監管當局，對監管當局機制薄弱的國家而言特別有益。1998年時，歐盟會員國的產品市場監管程度愈高，產品市場的後續衰退愈嚴重。[99]

　　美國和歐盟的差別也影響到遊說的回報。歐盟監管當局的獨立性使得遊說的回報相對較低。在美國，反對去管制化及為了有利的管制而進行的遊說活動較活躍，因為這種遊說活動很有效，不然怎麼會有人付錢遊說呢？[100]

總體來說，重要的現代經濟體似乎充滿壟斷租，這種情形在有全球貿易競爭的地方較少，但在受到保護的經濟領域，以及被自然壟斷宰制的產業，壟斷租就很高。誠如亞當·斯密所警告的，在位的企業將熱切地追求對競爭設限，現在的難題是，在位的企業太容易用錢買到想要的政治與管制保護，其結果就是食利資本主義。

利用租稅漏洞是抽租現象的一個重要部分，這涉及幾個層面，最重要的層面是利用重大的公司稅漏洞，以及富人的使用避稅港。

公司的避稅帶來艱鉅挑戰。公司（及其股東）受惠於世上最重要的自由民主國家提供的種種好處：安全保障、法律制度、基礎設施、有教育水準的勞動力、政治和社會穩定性等，但公司也有利用公司稅漏洞的完美管道，這對他們的股東提供很大的好處：若獲利在公司手中被課以輕稅（或甚至不課稅），且未以股利形式分配給股東，它們就變成資本利得，通常資本利得所課的稅很輕。這理所當然地被視為不公平，侵蝕了稅制、甚至市場經濟的合理性。當制度被認為受到不當手段玩弄時，公司本身仰賴的司法品質就受到侵蝕，這形同自毀名譽。

公司稅制面臨的最大挑戰是稅基侵蝕、獲利轉移和租稅競爭。稅基侵蝕和獲利轉移指的是公司能夠在稅負較低的管轄地申報獲利，這麼做的重要工具有：把智慧財產轉移至避稅港；當獲利發生於稅負較高的管轄區時，在這些地區申報可用以減免應稅所得的負債；在公司內部使用移轉訂價（transfer pricing），把獲利轉移至稅負較低的管轄區。[101] 數位公司尤其善於把獲利轉移至稅負較低的管轄區，因為太難判定獲利活動的發生地了。生命科學領域的企業也經常運用這種策略，其首要資產是智慧財產。除此之外，在各管轄區彼此間的租稅競爭驅動下，出現了公司稅稅率的逐底競賽，川普主政下，調降美國公司稅稅率就是這種跨國競爭下的結果。拜登政府在2021年年底達成了一項有關於最低公司稅稅率的全球協定，這協定的成效如何，仍然未知，恐怕不會很理想。[102]

這一切的影響相當大。國際貨幣基金於2015年發布的一項研究報告中提出，長期下來，稅基侵蝕和獲利轉移造成OECD會員國的平均年稅收減少約4,500億美元（約為GDP的1％），非OECD國的平均年稅收減少約2,000億美元出頭（約為GDP的1.3％）。2016年時，平均而言，OECD會員國的實際稅收也不過是GDP的2.9％（美國僅為2％），由此可見，稅基侵蝕和獲利轉移造成的稅收減少有多大。[103] 這份研究報告也結論，一如預期，OECD國降低公司稅稅率有帶動其他國家降低公司稅稅率的效果。[104] 事實上，過去四十年間，公司稅稅率大幅下滑。雖然相對於其他稅源，來自公司稅的稅收增加，但公司獲利占OECD國GDP的比重也是持續上升，因此平均的有效公司稅稅率必定持續下滑。[105]

稅基侵蝕和獲利轉移的最明顯指標之一是，美國公司在新加坡、英屬加勒比地區、瑞士、盧森堡、百慕達、愛爾蘭及荷蘭（按照由低至高來排序）申報的獲利相當於美國GDP的1.4％，高於1995年時的0.3％。與此同時，在大國經濟體（中國、法國、德國、印度、義大利及日本）創造的獲利一直穩定地維持在美國GDP的0.2％。[106] 近期的另一項研究得出結論：「自1990年代中期以來，石油業除外，美國跨國企業的海外獲利有效稅率崩滑，雖然這有部分是因為海外公司稅稅率降低，但我們估計，有近半數是因為增加的公司獲利被轉移至避稅港。2015年時，非石油業的美國跨國企業海外獲利約有一半在非避稅港國家申報，它們在原報稅國家面臨的有效稅率為27％。另一半海外獲利則是在避稅港申報，這些避稅港的有效稅率只有7％。」[107] 大公司能夠隨心所欲地把獲利轉移至避稅港，其影響比只是抽租還要嚴重，此舉扭曲了競爭，那些老實繳稅、規模較小的國內企業與這些避稅的大公司競爭，自然是大大地處於劣勢。

一項重要的近期研究指出，2007年時，全球家計單位的金融財富中有8％

（相當於全球產出的10％）是在境外持有。一如預期，該研究發現，最傾向在境外持有財富的是貪腐專制國家（俄羅斯和沙烏地阿拉伯），或是近代史中有專制統治的國家（阿根廷及希臘）。不過，也不僅限於這類國家，相對於全球平均，境外持有財富占GDP比例高的國家還有葡萄牙、比利時、英國、德國及法國（依照由高至低來排序）。這些境外財富大多由財富分配中的前0.01％（前10,000個百分位）者持有。這項研究資料還包括財富分配頂端者的財富占總財富比例的變化，例如：在英國，2007年時這一小群頂端者的財富中有約1/3的財富是在境外持有，總體來說，他們的財富占英國家計單位金融財富的5％出頭。無疑地，這些境外持有的財富也繳稅，但繳多少呢？合理的猜測是「極少」。[108]

除了這些，稅則的一些特性造成嚴重的扭曲與不公。這其中最重要的例子之一是負債利息的可抵扣稅款，這強烈鼓勵家計單位和企業透過舉債來融資，而非發行權益證券來融資，也使得整個經濟更易於發生金融危機。另一個例子（雖然影響程度較輕）是「附帶權益」（carried interest）免於課徵所得稅，附帶權益就包括私募基金和避險基金經理人（普通合夥人）的績效費用。在目前的稅規下，這些收入被當成資本利得來課稅，而非所得，形同讓世上某些報酬最高的商界人士享有他們自己的、遠遠較低的稅率。但很明顯，附帶權益根本不是資本利得，而是一種風險性所得，就跟作家的所得一樣。若附帶權益是資本利得的話，那就應該有發生資本損失的可能性才對，但附帶權益的損失至多為零，所以它不是資本利得，它就是所得。當然啦，我們或許可以改變對變動所得與不確定所得的課稅方式，但所有這類所得都應該一視同仁。[109]

我們的經濟遠非競爭行為的集合，它創造了種種抽租機會，這種現象一直存在，最強大的遠遠是那些食利者，但有時候，他們提供一些有價值的東西作為回報，例如：某種程度的社會安全或穩定性。在市場資本主義中，成功者對經濟動力做出貢獻，然而抽租機會卻遠大於許多人在四十年前所預期的，這造成了經濟成長果實的極度分配不均，讓一大部分的人困惑、沮喪、憤怒。

此外，我們的經濟並非只存在抽租機會，還有透過遊說行動來積極創租（rent creation）和尋租，最重要的例子包括：積極遊說於改變稅制以圖利最富有者；遊說反對把金融業導致經濟與社會不穩定性的抽租與尋租行為納入控管；遊說反對修改薄弱的競爭政策。最重要的是，富人在影響公共政策上扮演支配性角色，近期一項針對美國的學術研究得出結論：「在美國，並不是少數服從多數，至少在決定政策上並非如此。當多數人民不同意經濟精英或組織團體的利益時，他們通常是輸的一方。」[110] 這觀點並非沒有爭議[111]，但可信度很高。

關於金錢在美國政治中扮演的角色，資料相當引人側目。美國國會議員每週花大約30小時在募款，這是美國邁向金權政治的一大步，前美國眾議員麥克．穆瓦尼（Mick Mulvaney）在2018年4月時說：「若你是從未給我們錢的遊說者，我不會跟你說話。若你是給我們錢的遊說者，我可能與你談談。」[112] 美國的企業遊說規模是歐盟的2、3倍，競選獻金是歐盟會員國的50倍。[113]

大機會創造大誘惑，我們全都知道，建立於貪婪上的社會無法持久[114]，一個成功的社會必須充滿義務、公平、責任和正派等道德價值觀，但是這些價值觀不能只存在於市場經濟外，市場經濟本身也必須懷抱這些價值觀。外部施加監管有其必要，但若握有市場力量的人只有貪婪，別無其他節操，外部施加的監管永遠不夠。一本生動的著作描繪充斥銀行業的種種極惡劣的壞行為——不實的信用評等、晦澀難懂的工具、利益衝突、荒誕的不負責任等等，該書這麼總結：「最有幹勁的銀行從業者視他們的工作為一種地位遊戲，這遊戲包括：放款、包裝與出售債權，還有私有化，他們做成的生意愈多，他們在身分地位名次表上的排名就晉升得愈高。」[115]

再次強調，這不僅僅是抽租，也創租，金融業的燃料是借款，或者更準確地說，是槓桿，槓桿愈高，潛在的權益報酬率愈高，但失敗的風險也愈高。從社會觀點而言，持有遠遠較低的負債權益比（debt to equity ratio）應該沒有壞處，但是在榮景時期，這會降低權益報酬率，因而降低金融業從業人員和金融業管理高層的酬勞。[116] 較低的負債權益比也會大大降低發生金融危機的可能性，但金融危機是相當罕見的事件，當發生金融危機時，金融業會爭辯說這是無法預料的事，但其實不然。金融業也知道，金融崩潰造成的社會與經濟成本太大，政府一定會對其紓困。所以對金融業而言，高槓桿就是：「正面我贏，反面你輸」的我穩贏主張。金融危機後，許多經濟學家主張應該大大降低金融業的槓桿，但最終只是微降而已。現在，全球銀行的權益資產比（equity to assets ratio）大多介於5％至6％，這安全嗎？不安全。這些銀行的資產負債表價值只要損失5％左右就可能無力償債。不負責任的金融業創租：靠著冒險來賺大錢，負面成本最終由他人承擔。[117] 毫無疑問，必須終結或嚴管那些「大到不能倒或不能進監牢」的銀行。

新挑戰

我們已經看到人類面臨至少三個巨大的經濟挑戰：人工智慧、氣候、疫情。這些挑戰可能形塑一個更加艱難的未來。

現在是必須對全球環境採取行動的十年，氣候當屬優先課題，儘管還有其他相關課題，尤其是陸地和海洋生物的多樣性。這項氣候行動可能產生經濟成本，至少在短程至中程，尤其是在需要龐大的投資下。[118] 為應付這項行動，我們至少得遭遇三個層面的挑戰：第一、每一個重要的政治行為者——國家、整個歐盟、州或市——必須研擬有效的計畫與政策，在未來十年間改變能源的生成和使用；第二、所有政治行為者必須為這些計畫與策略取得政治上的支持；第三、這些計畫與策略必須和世界其他國家的計畫與策略密切配合，儘管各國面臨的限制與機會大不相同，但沒有一個國家能夠獨力解決問題。最重要的是，無法僅靠高所得國家解決問題，因為2020年時這些國家的二氧化碳排放量只占全球的30％左右，這項行動的要角是新興和開發中國家，他們的二氧化碳排放量已高居全球排放量的70％，畢竟在所有合理可信的情境下，未來全球增加的二氧化碳排放量幾乎全都來自新興和開發中國家（參見＜圖41＞）。

想做到這一切必將耗用大量的政策與政治力量，事實上，從現今的情況來看，難以想像這些行動會發生。但是，只要這十年間不採取行動，遏止氣候變遷惡化的任務恐怕無望達成。應付這一切也需要中國與美國之間的密切合作，2020年時，這兩國合計占全球二氧化碳排放量的44％，遺憾地，這種合作如同路易斯·卡羅（Lewis Carroll）在《獵鯊記》（*The Hunting of the Snark*）中虛構的「Snark（蛇鯊）」般難以捉摸。[119] 我們可能會看到種種「氣候變遷戲碼」：強制人們騎腳踏車、垃圾資源回收、禁止核電等，這些無助於應付我們面對的艱鉅挑戰。總體來說，如同2021年聯合國氣候變化大會（United Nations Climate Change Conference）的成果所示，我們離得出一個可行的全球解決方案還遠得很。[120]

<**圖41**> 全球二氧化碳排放量比重（％）

（資料來源：Global Carbon Project）

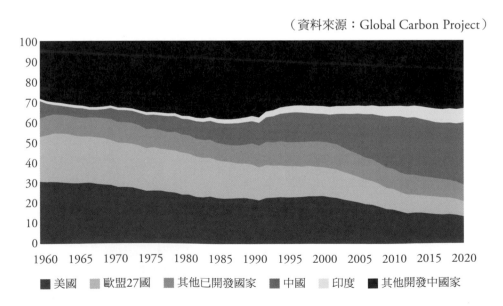

■ 美國　■ 歐盟27國　■ 其他已開發國家　■ 中國　□ 印度　■ 其他開發中國家

人工智慧帶來的影響，跟氣候變遷一樣具有爭議性，唯爭議情形很不同。可以想見，這些新科技將攪亂我們對於何謂人類的最深層認知，很可能大幅改變經濟與社會的運作方式，透過結合電腦運算、通訊和機器人學，改變勞動和勞心工作者的角色。[121] 甚至也可以想見，假以時日，這場革命將導致一大部分工作者（包括高教育程度者）在勞動市場上的報酬崩跌，同時切要資本的擁有者將獲得鉅額報酬。經濟世界將變成更加分配不均的食利經濟：少數富裕到難以想像的人擁有專業和機器帶來的鉅額報酬，他們受到機器人苦力大軍的細心照料與保護，絕大多數的人類可能在經濟上變成冗員。

最糟的情況是，絕大多數人類可能在經濟上變得像馬匹一樣無足輕重。曾經，馬匹是無所不在的運輸工具，但在鐵路和內燃機問世後，牠們變得可有可無。不過。一些研究人員對人工智慧科技進化的牽連範圍抱持比較樂觀的想法，在他們看來，我們頂多歷經過去兩世紀發生的情形：無止盡的調適。其他人的預測遠較革命性且黯淡：「沒有工作的世界」。[122] 目前，我們只能說，一切未知。但是，我們要能夠應付這場革命，就如同我們必須研擬應付氣候變遷挑戰的計畫。

最後，新冠肺炎所到之處（尤其是在高所得國家）導致鉅額的財政赤字、留下更高的公共負債、導致高失業率，其中一些是暫時性失業，但一些是持久性失業，因為被裁員者年紀太大或彈性不足而無法找到新工作，導致年輕人、女性（尤其是有年幼孩子的母親）、教育程度較低者、弱勢群體成員的經濟蒙受損害。更重要的是，妨礙到小孩和年輕人的受教時間。新冠肺炎在多個面向上危害企業，可能造成產出水準和成長性的持久損害；導致私人部門的負債，導致發生大量破產和金融業危機的可能性提高；傷害新興和開發中國家的經濟，延誤消除赤貧的工作，可能延誤多年的部分原因在於，疫苗在全世界推出的速度緩慢；加速經濟結構的變化，從面對面接觸和仰賴密切接觸的營運模式，轉向產品生產與消費的虛擬關係。新冠肺炎可能導致工作、購買和生活型態的持久改變；似乎加快了產品的去全球化，同時也加快了能夠數位化服務的全球化。最後，新冠肺炎大大加快了美國與中國關係的惡化，不過對經濟與政治合作方面的成效仍然未知。[123]

　　總結而言，新冠肺炎將留下種種挑戰，也可以說帶來機會。可以確定的是，後疫情時代的經濟（若我們能完全擺脫疫情的話）將顯著不同，也比2019年疫情尚未爆發前所預期的更為艱難。

小結：全球化背了食利資本主義的黑鍋

　　本章分析第四章談到的經濟萎靡的背後原因，以及一些仍然橫阻於前方的挑戰。本章指出，經濟萎靡有部分是深層且無可避免的作用力下所產生的結果，尤其是生產力成長的放緩、新技術帶來的所得分配不均、人口結構的變化，以及新興國家（尤其是中國）的崛起。國際貿易不是什麼天大的問題，相當大程度上只是代罪羔羊。食利資本主義的興起才是一大問題，相當小比例的人口成功地從經濟中抽租，使用他們取得的資源來掌控政治、甚至法律制度，尤其是在美國這個舉足輕重的民主制度表率。

　　在重要的高所得社會中，高程度的所得分配不均、經濟不安定、緩慢的經濟成長、巨大的金融危機已經侵蝕了人們對精英階層的信賴，進而使民粹主義者當選。民粹主義理想獲勝，只是這些理想通常導致壞政策。其構成了一種威脅：可能形成「糟糕的經濟導致糟糕的政策，再導致糟糕的經濟」的惡性循環。唉，很遺憾，拉丁美洲的高度所得分配不均、較差的經濟表現等狀況，導致了拉丁美洲現今的結果。

　　同等重要的是，這些作用力也傷害自由社會，例如：當川普「下令」美國企業離開中國時，他的這種行為是獨裁[124]，但是很多人喜歡聽，因為總統形同在說：這些美國企業應該對美國的政治優先議題（亦即他的政治優先議題）負起責任。這是民粹主義與民族主義再一次結合，因此，我們現在看到，在民主制度的心臟地帶，自由民主的威脅逐漸加劇，第六章將討論這些民粹主義發展的性質及重要性。

第 6 章

民粹主義的危險性

當黨派交替統治時,黨派不和下自然產生的報復心便會加劇,此種報復心曾在不同時代和國家犯下最可怕的罪行,本身就是一種可怕的專制,並且終將導致更正式、持久的專制。由此造成的混亂與苦難將漸漸地使人們傾向尋求由一人掌握絕對權力下帶來的安定與平靜,遲早,某位占優勢的黨派首領——比他的競爭者更能幹或更幸運的人——將利用人們的這種思想,站在公眾自由的廢墟上,達成自我晉升的目的。

—— 喬治・華盛頓(George Washington),美國首任總統[1]

伴隨民主制度臻至完美,總統辦公室愈來愈能代表人們的內在靈魂,我們邁向一個崇高的理想。在偉大而光榮的某一天,老百姓終將達成他們內心的願望,屆時白宮將由一位十足的白痴入主。

—— 孟肯(H. L. Mencken),諷刺作家[2]

在川普贏得共和黨提名前,沒有任何一位強大的政治人物立意摧毀美國自身的政治制度,他大概是第一位非競選成為總統,而是競選成為專制君主的主要政黨提名人。

—— 瑪莎・葛森(Masha Gessen),俄裔美國作家[3]

　　民主資本主義現在遭遇威權主義版本的挑戰,產生兩種非常不同的形式,一種是「煽動型威權資本主義」(demagogic authoritarian capitalism),另一種是「官僚型威權資本主義」(bureaucratic authoritarian capitalism)。前者對於高所得自由民主國家來說屬於內部威脅:體制上可能演變成煽動型威權資本主義。後者對於高所得民主國家屬於來說外部威脅:官僚型威權資本主義可能擊敗民主制度，畢竟這就是勁敵中國採行的制度。

第一種煽動型威權資本主義的版本，像是杜特蒂（Rodrigo Duterte）統治下的菲律賓、艾爾多安主政下的土耳其、卡臣斯基當權下的波蘭、奧班統治下的匈牙利、普丁掌權下的俄羅斯、波索納洛統治下的巴西和莫迪執政下的印度，都有可能邁向這種版本。第二種官僚型威權資本主義的版本，見諸中國和越南的政權，把精英領導制這種古老的儒家傳統和官僚制度結合成共產黨國與市場導向經濟，其迥異於煽動型威權資本主義，也對高所得自由民主國家構成非常不同的挑戰。

煽動型威權主義源自於選舉的多數決主義被激化到過於極端[4]，政府的領導人使用權力來壓制獨立機構、反對者、在野黨，並成為一位專制統治者，像是艾爾多安、奧班、及普丁都這麼做了。透過這樣的方式，自由民主變成不自由的民主，再變成徹徹底底的獨裁，這是威權主義政權崛起的最常見方式，未來的獨裁專制者不搞政變或發動革命，而是從內部吞噬民主制度，猶如黃蜂的幼蟲吞噬宿主蜘蛛。[5]按照歷史上的法西斯主義或共產主義的標準來看，結果往往是溫和的獨裁統治，讓選民不那麼反感，但仍然屬於獨裁統治。

這種政權把政治去制度化（deinstitutionalize），把政治個人化[6]，由專橫的統治者及其法庭來治理。政權的特徵包括：很窄的親信圈子、拔擢家族成員、利用公投將擴權合理化、建立效忠「偉大領導人」的保安部門。於是，已故英國政治學家范乃三所謂的「論壇政府」（forum government）轉變成皇宮政府，還不是隨便的皇宮政府，而是像莎士比亞筆下的蘇格蘭暴君馬克白（Macbeth）的皇宮政府。[7]至於新專制政權中的朝臣往往是追求飛黃騰達、卻四處碰壁的野心家，挫敗源於他們是庸才。[8]

這種制度結合民粹主義的缺點和專制政治的邪惡。民粹主義的缺點是短視近利、不關心專業、當前的政治目的優先於更長期的考量；專制政治的邪惡是腐敗與專橫，二者結合起來造成經濟缺乏效率和長期失敗。這些政權往往是大規模的竊盜統治，竊盜統治滋生於所有專制者喜愛的黑暗：謊言政治、鎮壓、盜竊，並全都隱藏於「愛人民」這個外表下。[9]最終，這種形式的威權主義產生墮落、邪惡的流氓國家，普丁統治下的俄羅斯是當代最重要的例證。

政治學者伊凡・克雷斯載（Ivan Krastev）和史蒂芬・霍姆斯（Stephen Holmes）合著的作品中指出，這種威權主義如今盛行於包括俄羅斯在內的中歐和東歐，應該被視為後冷戰時期仿效當時勝利西方的一股反作用力，他們認為，保守派和民族主義的煽動家是在反對早年的仿效行為。[10]這種令人沮喪的觀點很可能是對的，但是西方國家陷進這種泥淖裡還是很荒謬，因為此舉形同否定了自己。

這種破壞性結果背後的驅動力是所有人類動機中最重要的一個：權力意志。民主政治並非只是辯論社會未來的舞台而已，也是取得威望與權力的舞台，對於權力有著無比強烈意志的人而言，危機就是機會。本章著墨的焦點在於，在理應團結的北美和西歐高所得民主國家，這種演變過程如何又為何發生，若民主資本主義在此地枯萎，又將在何處存活呢？川普是一位煽動型意圖專制者，如同俄裔美國作家瑪莎・葛森所言，他的當選大大加深了這個疑問，新的情況發生了，川普試圖推翻2020年美國大選的結果，共和黨以「被偷走的選舉」這個大謊言支持他，讓危險性變得更加明顯。2024年的美國總統大選可能畫下美國自由民主制度的終結。

高所得民主國家的民粹主義

對歷史悠久的民主國家來說，選擇煽動型威權資本主義，應該視為令人匪夷所思的挫敗，然而政策上的失敗，尤其是巨大的金融危機及其後的拙劣修補方案，以及新冠肺炎的劇變，導致連高所得西方國家也出現了這種危機。這些國家削弱了選民中一大部分人對其自身及孩子的未來、甚至對精英階層的廉潔與智慧的信心，也助燃了過去幾十年間已經存在的憤怒與不安全感。經濟失敗不是侵蝕信心的唯一原因，但卻是導致歷史悠久的高所得國家，其自由民主制度正當性降低的主因。[11]此外，很多人認為（這觀點完全確實），精英競賽中的成功者會蔑視其餘的人，這種觀點與感受也是另一股助長力。[12] 比預期更貧窮已經夠糟了，比預期更貧窮又被瞧不起，簡直糟透了。

乾火絨等待引燃成災，但需要政治企業家的火種助燃。太平時期，政治受到傳統與典範的束縛，但危機時期，這些束縛可能就起不了作用了。當動盪導致政治制度變得更脆弱時，過去難以想像的事情就可能發生。處在團結的民主制度、能幹的政策制定者、明辨是非（尤其是精英階層）、相互包容的堅定承諾這種環境，人們可能將意圖專制者拒於門外，英國在1930年代拒絕主張英國走法西斯主義路線的奧斯瓦爾德‧莫斯利（Oswald Mosley）就是一個例子。但是，當民主制度的正當性薄弱、人民的憤怒高漲時，意圖專制者就可能被選為當權者，當時的德國就是如此。這類人物藉由收買受壓制的公正官僚體制、法律和媒體等機構，或是直接關閉它們，扼殺了自由民主和自由市場經濟[13]，畢竟後者仰賴保護競爭與財產權的中立法治。自由民主與自由市場經濟都是意圖專制者及其追隨者厭惡的東西。[14]

民粹主義是具有爭議性的標籤，有些人主張應該丟棄，不過很難，我們必須做的，反而是更精確地定義它。民粹主義有兩個面向：仇視精英階層；拒絕多元主義。在反精英階層這個面向，民粹主義把正直善良、被碾壓的「純正」民族拿來對比於腐敗壓迫的精英階層。在反多元主義這個面向，「簡言之，民粹主義者不宣稱：『我們代表99％』，他們言辭隱含表達：『我們代表100％』。……由此來了解民粹主義是一種排他形式的認同政治（identity poilitcs），自然就能意識到，民粹主義對民主制度構成的威脅。因為民主制度需要多元主義，並且認知到我們需要建立公平環境，讓大家以自由、平等且多元性不減的方式一起生活。單一、同種、純正的民族思想屬於危險的空想。」[15]

反精英階層的民粹主義者未必反多元主義，但反多元論民粹主義者認為只能有一個民族，所謂的「純正」民族，只有他們能夠代表（或者更野心勃勃地說）自己人。例如：「倡導英國脫歐的奈傑爾‧法拉吉，在脫歐公投獲勝後，聲稱這是：『純正民族的勝利』。（此言隱含的是，反對脫歐的48％英國選民不夠純正,或者,更直白地說,此言是在質疑他們做為政治群體成員的正當地位。)」[16] 同理,在2016年5月的競選造勢中,川普宣稱:「唯一重要的事是民族統一,因為其他民族無足輕重。」[17] 這是法西斯主義。

把這兩種信念——反精英主義和反多元主義——結合起來,就得出一個否定政治對立者、自身以外的其他政黨、獨立法院(尤其是獨立的憲法法院)、獨立的官僚體制,以及獨立媒體正當性的政權。在這類民粹主義者看來,「民族本身」是現有民主程序之外的一個虛構實體,是同種、道德上統一的群體,他們聲稱的意志可被拿來操弄以對抗民主制度中的選舉結果。[18] 抱持這種態度的領導人想要凌駕於法律之上,永久當權:他們想成為獨裁者。

民粹主義運動是民主制度下無可避免的一種特性,尤其是在困難時期。這並非指民粹主義分子必定受到歡迎,民粹主義分子通常不受歡迎,但無礙於當中的一些人聲稱他們代表「純正」的民族,而且仇視精英階層也是合理的舉動,畢竟民主制度是一種意圖讓老百姓有權決定國家命運的制度。再者,精英階層往往因其在道德或實務上失敗、或二者皆失敗而被替換或改革。但是,若靠著訴諸人們抗精英階層來贏得權力,也有危險性。勝利者可能自認為有權去否定有才能者,甚至否定事實,從而摧毀政府的效能。更糟的是,他們可能不理會國會、法院和官僚體制施加的所有約束,而這些全是由精英階層統治下的必要約束。反精英階層的政治可能變成多數人專制(tyranny of the majority),或者更確切地說,聲稱為多數人發言的政治企業家專制。

不過,反多元主義比僅僅仇視精英階層更危險。美國的川普、匈牙利的奧班、印度的莫迪、土耳其的艾爾多安、已故的委內瑞拉強人查維茲,這些人不就認為「朕即人民」(Le peuple, c'est moi)嗎?[19] 若一位政治人物堅信他一人即可代表人民意志,那麼所有約束作用的制度與機構危矣,於是人民身為人而擁有的政治(以及其他領域)組織與行動權利也將危殆。

如何判斷當權者意圖專制呢?有四個跡象:拒絕、或幾乎不信服民主制度的遊戲規則;否定政治對手的正當性;容忍或鼓勵暴力;願意削減政治對立者

（包括媒體）的公民自由。[20]

　　當選的專制者如何追求毫無約束的絕對權力？第一、他推翻裁判，尤其是檢察官、司法部、選務人員及稅務官員，他堅持這些官員應該忠誠於他個人，而非忠誠於他們的機構、政府、憲法和國家。第二、他阻礙政治對立者和任何潛在的無黨派者，其中一個重要手段是控制媒體，但意圖專制的獨裁者也可能乾脆捏造不實指控，把政治對立者關進大牢。他也採用稅制或誹謗法之類的制度，攻擊個體商人、文化或學術界人士。第三、意圖專制者會尋求修改憲法或選舉法，使他人不能發動選舉挑戰。這種行動甚至可能不需要領導人，美國南方就曾經以一系列的《吉姆・克勞法》（Jim Crow laws）❶來剝奪許多黑人及貧窮白人的選舉權，現在又想故技重施。最後，意圖專制的領導人利用、甚至創造危機以賦予自己緊急權力。基於安全性的危機處理特別有效，能夠減輕人們質疑其違反正當程序。這種利用（或創造）緊急事件最著名的例子是1933年發生於德國柏林的「國會縱火案」，讓希特勒得以完全掌權。1999年9月發生的莫斯科爆炸事件❷是另一例證，為意圖專制者提供了可加以利用的安全性危機。[21]

　　民粹主義者也往往採用煽動法的政治手法，攪動反精英階層的情緒。他們經常發出粗魯及辱罵的言談，以展示領導人不僅為老百姓發聲、反對精英階層，他們也是人民的領導人。[22] 不過，使用煽動性言論批判腐敗權貴階層的政治人物未必是意圖專制者，若他們保護有序的政府、法治、言論自由、政治和民權，那麼他們的活動不僅符合民主制度，很可能也保護與提倡民主制度。20世紀，這種建設性領導人的最重要範例應該是富蘭克林・羅斯福，在1936年

---

❶ 吉姆・克勞（Jim Crow）是19世紀一部音樂劇中的黑人角色，後來成為黑人的代名詞。後來成為1876年至1965年間美國南方各州及邊境對有色人種實行種族隔離制度的法案名。

❷ 1999年9月4日至16日兩週內在俄羅斯接連發生的四起嚴重的爆炸事件，起因是車臣意圖脫離俄羅斯獨立，導致該國境內恐懼瀰漫。當時不被看好成為俄羅斯總統接班人的普丁藉此發動第二次車臣戰爭，隨後也順利登上大位。

宣布推行第二次新政時，他發表內含以下著名言論的演說：

> 我們必須與和平的宿敵奮戰，這些宿敵是：商業與金融壟斷、投機、不顧後果的銀行業、階級對立、本位主義、發戰爭財。
>
> 他們只不過把美國政府視為他們自己的附屬物，我們現在知道，有組織的金錢政府和有組織的暴民政府一樣危險。
>
> 這些力量現在如此團結地對抗一位候選人，這在我們的歷史中前所未見，全體一致地痛恨我，而我歡迎他們的痛恨。[23]

這些話有著煽動主義的風格，民粹主義的內容。但羅斯福是領導20世紀所有民主國家中最重要的改革政府，其成員是巨大危機後續期間的稱職精英，他非但沒有對民主制度構成威脅，還拯救了民主制度。有人或許會稱他為民粹主義者，但他關心且擅長治理重要的工作。

我們可以進一步釐清民粹主義，除了區別左派、右派的民粹主義形式外，講求賢能政府的民粹主義分子，以及不講求賢能政府的民粹主義也有類似的區別。

左派民粹主義分子總聲稱為老百姓發聲，對抗行剝削之事的企業與金融精英，他們也傾向議論傳統政治人物、官僚和法律制度甘願成為經濟精英階層的奴隸，他們的言論是：「底層與中層對抗高層的垂直政治。」[24] 近期，我們在美國民主黨左派、傑洛米・柯賓領導下的英國工黨、西班牙的我們能黨（Podemos），以及希臘的激進左派聯盟（Syriza）身上都能看到這種形式的民粹主義。這種左派民粹主義接近制度化民主社會主義和革命社會主義的混合體，這種政黨或運動將產出怎樣的政府尚不得而知，以希臘的激進左派聯盟為例：該黨在2015年1月希臘大選中成為議會第一大黨，並且取得政府組織主導權後，沒人知道接下來將何去何從，就連該政黨本身也不知道。但最終，擔任總理的該黨黨魁艾利克西斯・齊普拉斯（Alexis Tsipras）選擇傳統歐洲的左派偏中政治（但有侍從主義行為），近乎放棄他的所有激進思想，令其財政部長雅尼斯‧瓦魯法基斯（Yanis Varoufakis）憤而求去。

中間派的民粹主義者更難捉摸。義大利的五星運動黨（Movimento Cinque Stelle）是一個明顯的當代例子，其反對所有形式的傳統政治，因此反對傳統右派和左派政黨的建制派。五星運動黨提倡的方案，縱使以民粹主義的標準來看，定義都極不明確。由義大利喜劇演員創建的五星運動黨，展現出種種天真的無政府主義觀點，但在主政後卻變得極其保守，最終背棄跟馬泰奧‧薩爾維尼（Matteo Salvini）領導的右派民粹主義政黨北方聯盟（Lega Nord，2018年大選主要使用Lega做為聯盟黨簡稱）的結盟，改而選擇與中間偏左的民主黨（Partito Democratico）結盟，而義大利民主黨是建制派的一個支柱。[25] 總之，執政後五星運動黨無法兌現競選時的民粹主義主張，希臘的激進左派聯盟也一樣。

跟左派民粹主義分子一樣，右派民粹主義分子也對抗精英階層，不過右派民粹主義通常敵對的是學術、官僚和文化界的精英階層，不是經濟與金融領域的精英階層。再者，右派民粹主義者也不只對抗精英階層，他們通常也很仇外，甚至對少數民族有敵意。「右派民粹主義分子鼓吹人們對抗一群他們指責為溺愛且姑息第三團體的精英分子，所謂的第三團體，可能包括：移民、伊斯蘭教徒、激進好鬥的非裔美國人。左派民粹主義分子屬於二元性，右派民粹主義分子則屬於三元性，他們自負、看不起異類群體。」[26] 如此描繪右派民粹主義分子可能還太友善了，他們往往是大剌剌的法西斯主義者，積極反對美國南方種族融合起家的前阿拉巴馬州州長喬治‧華萊士（George Wallace）、川普都是同路人[27]，法國極右派政黨民族陣線（National Front）的創建人尚‧馬里‧勒朋、荷蘭的海爾特‧威爾德斯、以及義大利的馬泰奧‧薩爾維尼也是。

右派民粹主義分子均抱持上述觀點，只是政策大不相同，其中一個極端是支持極小的政府與自由放任，另一個極端是支持大而慷慨的政府。前者支持自由市場（至少在自己國家），川普屬於這一類，主政時期他大舉降低富人稅、鬆綁管制，尤其是環保方面的管制。但是這種自由市場導向的放寬並未用於移民和貿易這兩個層面，而且二者都包含攻擊被他們鄙視的外國人。在這兩個重要層面上，川普訴諸民族主義和民族認同優先於自由成長，其他層面則堅守傳統的共和黨政策。[28] 但是，右派民粹主義分子對制度性機構（尤其是獨立的法院、中央銀行、監管機構）的敵意，往往侷限了他們提供繁榮自由市場所需的環境。另一個反對的極端是民族主義民粹派，他們主張更高的福利支出方案，以及更大的經濟干預，當代的代表例子是雅洛斯瓦夫‧卡臣斯基領導的波蘭法律與公正黨（Prawo i Sprawiedliwo）。[29] 不過，川普競選時承諾保護社會安全、提供比歐巴馬的《平價醫療法案》（Affordable Care Act）更好的醫保計畫、重建美國的基礎設施，許多支持者以為他當選後會履行，但他主政時期很多承諾並未兌現。

儘管民粹主義的左派、中間派、右派之間存在上述明顯差異，我們不應誇大其辭，說到底，民粹主義只不過是取得權力的一種手段，宣稱自己在對抗精英階層，到頭來也只是不同的民粹主義派別攻擊不同的精英階層，然後號稱支持「人民」。在艱難時期，這種手段特別容易成功。再者，縱使是相對傷害較低的反精英階層民粹主義，也可能形成惡性循環：投票（或支持）給一位堅稱反對精英專家能使一切變得更好的民粹主義政治人物，這些承諾通常以失敗收場，但支持者仍把失敗歸咎於「叛徒」，相信制度的效能降低，最終民粹主義的經濟衰退導致士氣低落，又導致另一波耗弱國家的民粹主義崛起。一些國家似乎無法逃脫這種不信任→失敗→更多不信任的惡性循環，阿根廷就是一個典型例子。

受害者可能感覺不出右派或左派民粹主義獨裁政權有多大差別，其實反多元論民粹主義更傾向獨裁（不論其意識形態為何），委內瑞拉的馬杜洛就是一位長期左派屠夫的現代化身，然後不論右派或左派民粹主義獨裁政權，其政策制定可能都是專斷、高壓、目無法紀。不過並非所有民粹主義者都意圖成為獨裁者，也並非所有獨裁政權都是民粹主義者，但所有獨裁政權——不論是否為民粹主義者——對於個人權利和法治的觀點都很相似：他們鄙視個人權利。

　　民粹主義意識形態細微的差異在於，當權者是否真的想要治國。從對新冠肺炎緊急事件的反應來看，就知道巴西的波索納洛和美國的川普不是真心想要治國，而匈牙利的奧班和印度的莫迪則是有心治國，不過他們的回應通常氣度狹小、敵視批評，所以治國成效不彰。[30] 很顯然，仇視精英階層可能不利於政府的執行成效，但民粹主義者可能仍然尋求建立夠有紀律與成效的政府，或者他們可能陶醉於他們造成的混亂，無人知道他（她）明天會做什麼，以及誰（大老闆除外）對什麼事負責。所幸，在應付新冠肺炎上的失敗似乎降低了不稱職的民粹主義者對人民的吸引力。[31]

　　反多元論民粹主義是自由民主制度的危險敵人，因其視反對聲浪為背叛、視公正選舉為不法、視法治為可惡的約束、視自由媒體為威脅、視國會為無禮，凡是約束領導人去做他認為對的事情，他都不能容忍。至於反精英階層的民粹主義，則不是一種危險，而是一種警告，顯示有一大部分的民眾已經失望到不再抱持任何幻想。民主制度是經被治者同意（rule by consent），若有一大部分的民眾不認同目前的統治者，我指的不只是執政黨，還有政治、經濟、官僚、司法、學術和社會的精英階層，那麼大眾可能會轉向支持某個承諾要掃除這些精英的人。

民粹主義導致的政治風向

　　過去數十年，最重要的政治變化之一，是打破主要政黨之間存在已久的二元政治分歧。這種政治分歧分為兩大陣營：一個是中間偏右陣營，根基是企業（大大小小的企業）、專業的中產階級和自僱者；另一個是中間偏左陣營，根基是工業勞工階級，以及19世紀和20世紀初期的勞工運動，但也有來自過去屬於較小群體、提倡改革進步的知識分子。在如此分歧的世界裡，重要的爭論是經濟，中間偏右陣營主張較小的政府、更自由的企業，而中間偏左陣營主張較大的政府、更多監管的經濟。此外，歷經19世紀和20世紀初期的邊變後，這些分歧逐漸縮小，1950年代和1960年代，雙邊陣營對於政府與經濟的角色有了大致的共識，冷戰時期的意識形態衝突進一步強化這種共識。面對來自共產主義的挑戰，主流政黨認知到民主制度的生存有賴於維持龐大、有組織、具有政治影響力的工業勞工階級的忠誠度，在西歐世界尤其明顯，美國亦然。

這些二元區分如今減弱，形成更複雜、更緊張的政治。在領先者當選制（first past the post，或稱相對多數制）下，政黨之間形成更複雜的聯盟。在比例代表制下，通常意味著更多政黨，以及彼此之間更複雜的聯盟。例如：近期一項研究使用集群分析（cluster analysis，辨識大資料集中眾多元素的相似性），辨識出現代英國政壇的「七個類群」（參見＜表4＞）。加上必要修改後，其他先進民主國家的分析也出現頗為相似的類群。[32]

重點是，以往只有經濟層面左右選民意向，現在增加了另外兩個層面：國家認同和社會價值觀，＜表3＞列出這三個層面得出的選民意向。左派仍然較偏好高公共支出和更多監管的經濟，但也抱持全球主義（尤其是人的自由遷移和國際合作），以及社會自由。[33]右派偏好小政府和自由企業、國家主權、嚴格控管人類遷移，以及社會保守。

不過，這些分群只是一種可能的結果。事實上，沒有明顯理由認為＜表3＞中左派和右派的意向會如此壁壘分明，例如：支持自由市場的人也可能是全球主義者，並且支持社會自由；同理，偏好國家施加經濟監管和所得重新分配的人，也可能是民族主義者和社會保守者。所以，雖然在最近兩次的英國大選（2017年和2019年）中，工黨的主張大致落在左派這一行，保守黨的主張落在右派這一行（至少相對於工黨的主張而言），許多選民的意向與價值觀仍有非常不同的組合。

＜表4＞凸顯了這點，在這三個層面上，只有15％的選民是強烈右派，只有4％的選民是強烈左派，有10％的選民（所謂的傳統主義派）在這三個層面上偏左，剩下71％的選民各有不拘一格的偏好。

這對試圖在領先者當選制下建立致勝聯盟的政黨，創造了明顯的兩

＜表3＞英國政治忠誠度的三個層面（選舉計算法）

	左派	右派
經濟	**左傾**：更高的稅負與公共支出、對企業施加更多的政府監管、國營化	**右傾**：降低稅負與公共支出、輕度監管、民營化、競爭和自由市場
民族	**全球主義**：支持歐盟、國際主義與其他國家合作和分享主權、全球利益優先於國家利益	**民族主義**：懷疑歐盟、英國優先、有英國主權、控制移民、英國自訂法律，而非國際制定
社會	**社會自由**：寬容、讓人做自己的事、接受少數群體的權利、多元文化主義	**社會保守**：傳統、價值觀權威、支持主流文化、「道德多數派」

難困境，舉例而言：保守黨想取得安土重遷派，〔Somewheres，相對於（Anywhere）的四海為家派，詳細參見註釋〕的支持，後者抱持著民族主義、社會保守的勞工階級和底層中產階級[34]，但是他們的經濟觀點有點偏左，偏好慷慨的福利國，以及政府對經濟做出有利於他們的干預。保守黨在國家與社會層面愈接近安土重遷派，就愈可能疏遠教育水準較高、偏好自由市場、全球主義和社會自由的仁慈年輕資本家（Kind Young Capitalists）。保守黨經濟問題上愈接近安土重遷派，愈可能疏遠極右派，也就是保守黨最忠誠的支持者。保守黨在這三個層面上愈訴求適中的主張（有時稱為「中間選民」）來吸引中間派（Centrists），愈可能遭到來自更民族主義和社會保守政治人物的攻擊，例如：前英國獨立黨及英國脫歐黨（Brexit Party）黨魁奈傑爾・法拉吉，然後這類政治人物可能會從保守黨那兒偷走極右派和安土重遷派的選票。這些恐懼是真的，所以大衛・卡麥隆（David Cameron）才會在2015年的英國大選中選擇舉辦公投來決定英國是否續留歐盟。2019年英國大選時，英國脫歐這個大議題似乎把許多類似類群體結合起來，不過這種結合不可能持久，從強生

<表4>現代英國政壇的七個類群（選舉計算法）

類群	經濟	民族	社會	敘述	選民比例
強烈左派	非常左傾	非常全球主義	非常自由	左派知識分子	4%
傳統主義派	相當左傾	適中	適中	傳統勞工階級	10%
進步派	溫和左傾	相當全球主義	自由	布萊爾派	11%
中間派	適中	適中	適中	適中先生與小姐	24%
安土重遷派	有點左傾	強烈民族主義	強烈保守	保守勞工階級	12%
仁慈年輕資本家	相當右傾	略微全球主義	略微自由	現代雅痞	24%
強烈右派	非常右傾	民族主義	保守	保守派中堅分子	15%

政府難以研擬出既滿足新興安土重遷派支持者、又滿足更傳統、更富裕、贊成自由市場支持者的政策可以得知。

　　工黨的兩難困境更糟。意識型態上堅定的左派只占全部選民的4％，而堅定支持者只占全部選民的14％，工黨也需要布萊爾派，以及一個顯著傾向中間派和安土重遷派的支持，但是後者的愛國和社會保守觀點令極左派、甚至布萊爾派厭惡。從下面這個軼事，特別能看出工黨的兩難：2010年大選時，時任英國首相暨工黨黨魁高登·布朗（Gordon Brown）參加一場造勢活動時，一位支持工黨的婦人向他抱怨移民太多，布朗在車上跟助理批評那婦人「頑固狹隘」，但他忘了衣領上還戴著媒體的麥克風，因此這段抱怨經媒體曝光，逼得他出面和登門道歉。[35] 此外，約有一半的選民支持市場經濟，因此工黨需要近乎所有對經濟抱持更批判性觀點的人支持。但是，儘管勞工階級在經濟議題上仍然傾向工黨，但工黨左派激進分子對國家與社會議題的觀點跟大部分勞工階級不一致。以往，這問題無關緊要，因為經濟議題左右選民意向，但現在情勢不同了。

2019年大選時，工黨的經濟激進主義嚇跑支持市場經濟者，以及對脫歐意向、移民政策的全球主義感到困惑的一大票愛國、保守的勞工階級。因此，相較於2017年大選，2019年大選時，工黨的傳統勞工階級（＜表4＞中的傳統主義派）基本盤流失特別多[36]，工黨在這群體的得票率下滑近20個百分點。工黨也流失了不少極左派、進步派和中間派的選票，但流失程度小於傳統主義派，得票率分別下滑10個百分點。結果，工黨在此次大選中的得票率僅33％，大輸保守黨的44％。若這些變化逐漸成形，那將代表許多傳統勞工階級的工黨人已經深層地改變了他們的政治認同。

法蘭西斯・福山在著作中詳細分析了政治分歧的更多重要層面：「20世紀的政治是沿著由經濟議題定義的左派與右派光譜來組織，左派想要更均等，右派想要更大的自由，……。21世紀的第二個十年間，許多地區以前的光譜已經被另一個由身分認同定義的光譜取代。現在，左派不過度關注經濟均等，轉而聚焦被邊緣化的各種群體利益：黑人、移民、女性、拉丁美裔、LGBT族群、難民等。右派重新定義自己為愛國者，尋求保護傳統的國家認同，這種認同往往明顯地跟種族、族群或信仰有關。」[37]

法國經濟學家湯瑪斯・皮凱提（Thomas Piketty）採用選後結果，出色地分析出法國、英國和美國自1948年以來政治忠誠度的演變。[38] 最重要的是，「1950年代和1960年代，支持左派（社會黨一工黨一民主黨）的是教育程度和所得較低的選民，後來漸漸變成教育程度較高的選民。」[39] 此外，針對美國，皮凱提指出：「在這個大學體系高度分級且不平等、劣勢者幾乎沒有機會進入最頂尖大學院校的國家，民主黨變成高學歷者的政黨。」[40] 不過，法國和英國的中間偏左政黨的支持者也有相似的變化。

結果是，2000年至2010年間，呈現出「多精英」政黨制，或者更精確地說，「雙精英」政黨制：「高所得選民繼續支持右派，高教育水準選民轉向支持左派。」[41] 現代政治呈現「商人右派」（Merchant Right）和「名門左派」（Brahmin Left）的分化，名門階級繼續藉由指責商業精英階層及其營運的剝削行為，尋求選民的支持。不過福山認為，名門左派現在的關注焦點似乎是矯正種族、族群、性別、性傾向等的種種不平等，並壓制與其不容置疑的智慧之見相悖的任何觀點。從許多中間偏左政黨的往昔支持者看來，他們的主要觀點似乎不受歷史、傳統、價值觀，甚至自己國內的很多人的喜愛。另一方面，商人精英藉由強調知識分子和文化人的自負傲慢、缺乏愛國精神、敵視傳統價值觀、對固有族群缺乏忠誠度，以及名門精英對待經濟的無知，成功地贏得教育程度較低、貧窮的選民支持。

商人階級善於分化高教育水準的左派知識分子與勞工組織之間的舊結盟，在教育普及和公共部門就業增加下，前者勢力日益茁壯，反觀在去工業化的趨勢下，後者的勢力逐漸衰敗，這些發展趨勢無疑地為這種分化增添助力。以往為勞工階級強力發言的工會漸漸式微，使得勞工階級不僅在政治上的影響力減弱，在社會上也變得孤立無援，造成不幸的社會與政治後果。現在，經濟情況較差的不同族群，在選舉時支持的對象也有所分歧。在一些國家，不同信仰者支持的對象也是如此。逆勢的經濟變化下，許多受害人也支持側重國家與文化認同議題勝過經濟議題的政治人物，鮑里斯·強生在2019年英國大選時成功吸引工黨以往的堅定支持者，展示了這些變化開啟的搶票機會。

這些分化的結果是，以往標榜致力於經濟所得重新分配和資本主義改革的聯盟不復存在，以前在經濟議題上中間偏左聯盟的觀點也出現了分歧。在英國脫歐公投中，支持續留歐盟的傾向與財富、教育和所得水準有正相關[42]。因此，支持脫歐的選民在一定程度上也被視為反對自由經濟，因為自由經濟是歐盟的主張，被教育程度更高、經濟更富裕者（包括名門精英）所擁抱。許多支持英國脫歐的選民是被困在落後城鎮的人，尤其是傳統工業瓦解的受害人，他們憤恨經濟上欣欣向榮的大都會城市，以及不同的文化規範。是以，英國脫歐公投至少某部分出於對抗倫敦，就如同支持川普的選票某部分是對抗美國繁榮的沿海城市。從更長期的時間框架來看，共產主義——消滅市場經濟的最激進嘗試——崩潰也損及極左派經濟思想的可信度。

教育程度較低、經濟境況較差的舊勞工階級被傳統中間偏左政黨背棄，成為反精英的民粹主義和魅力型民粹主義領袖的吸引對象，他們認為，精英階層，尤其是知識精英階層，不僅漠視他們的利益，也鄙視他們的價值觀、族群和國家認同。優待少數族群的孩子（包括較近期來到此地的少數族群），而不是自己的孩子，種種差別待遇更令那些自覺經濟與社會地位上節節落敗的人憤恨難平，這未必會促使他們擁抱傳統商人精英階層，但他們可能受到標榜自己反所有精英階層的領袖所吸引，不管是否為欺騙性標榜。

此外，受到這類型領袖吸引的，不僅僅是多數族群中經濟較差的人，經濟相對好、但教育程度不高的人也是川普的最堅定支持者。[43] 事實上，不論身在何處，這些人都是堅定支持保守派的選民：中小企業業主、成功的自僱者和技能純熟的技匠。在認同感議題對左右兩派愈來愈重要之下，教育水準成為左派與右派的分際線。然而，即使是現在，受過大學教育的成年人在世界各地也占少數。2014年，在高所得國家中，25歲至64歲擁有大學文憑的成年人比例超過50％的只有加拿大，就算此，加拿大所有成年人口中，擁有大學文憑者的比例仍然遠低於50％。25歲至34歲擁有大學文憑者的成年人比例超過50％的國家只有七個：南韓、日本、加拿大、俄羅斯、盧森堡、立陶宛、愛爾蘭。

2016年2月，在內華達州舉行黨內初選獲勝的慶祝會上，川普說：「我愛教育程度低的人。」[44] 對與他類似的政治人物而言，值得慶幸的是，現在仍然有很多教育程度較低者（若這是他的意思的話），而且未來很長一段期間仍繼續存在。[45] 教育程度較低者愈疏離傳統政治與政黨，愈有可能被煽動家成功地吸引，這將進一步削弱歷史悠久的政黨結構，削弱到極致時，政黨可能不過是魅力型領導人的工具，但其政黨制度早就空洞化了。這種情況在現今的共和黨似乎正在發生，其核心教條似乎變成德國人所謂的「領袖原則」

（Führerprinzip）——服從領袖的意志。[46]川普會不會繼續掌控共和黨的基本盤值得觀察，也許會有別的人即時抓住他們的忠誠度。儘管如此，川普竟然能夠完全說服共和黨相信他的瞞天大謊——那場選舉被偷——這事件仍然令人吃驚，顯示了共和黨的精英階層的道德淪喪。不過，這種傳統政黨制度與層級制空洞化的情形並非只發生於美國，艾曼紐‧馬克宏（Emmanuel Macron）的崛起與掌權顯示法國也一樣，在此以前，西爾維奧‧貝魯斯柯尼（Silvio Berlusconi）的崛起代表義大利也出現這種情形。

皮凱提的論點——知識精英階層和商業精英階層之間的衝突，其實熊彼得早在1942年出版的經典著作《資本主義、社會主義與民主主義》（*Capitalism, Socialism, and Democracy*）中就已經提出了。[47]熊彼得認為，資本主義在觀點和價值觀上影響反資本主義的知識精英階層愈成功，歷經時日，這群新知識階層在輿論上的宰制力將導致自由市場資本主義的終結，被社團主義（corporatism）或純粹社會主義取代。然而，1980年代末期瓦解的是社會主義，不是資本主義。再者，左派政黨現在雖確實由知識階級所支配，但也失去了傳統勞工階級的支持。熊彼得提出新精英階層的概念是對的，只不過實際的演變並不如他所想像的那樣。

民粹主義的興起顯示政治走向極端的趨勢，其中部分導因於正統政策未能長期間為大部分人提供穩定的繁榮，再加上金融危機帶來的衝擊。不過，政治極端化趨勢也是一種新層面的政治紛爭表現，比起經濟政策，「認同」這種意識與感受無法在一般的民主政治中順從地互相讓步，認同與主權是存在主義的議題，這也是英國脫歐議題、美國移民和民權議題，以及歐洲移民議題如此緊張的原因。

在英國脫歐議題上，原本相當程度上是國家認同（英國是否該續留歐盟）的問題演變成政治忠誠度的關鍵決定因子。在美國，極端主義更激進，套用兩位中間派學者在2012年時所說的：「在美國政壇上，大老黨（Grand Old Party，指共和黨）已經變成造反的異端，在意識形態上走向極端，鄙視互讓妥協原則，對憑藉事實了解、證據和科學的慣例不屑一顧，不理會政治反對者的正當性。」[48] 其後，極端觀點演變成更危險的行為：忠誠於魅力型領導人，川普被視為做什麼都沒錯的國王。[49] 不理性、不尊重不同意見，這些作為和自由民主制度並不相容。而進步左派熱中的「取消文化」（cancel culture），雖然不像擁川普右派試圖建立法治外的總統那麼危險，卻仍然是結合傲慢與不寬容的表現：不接受不同於群體價值觀的言行。這些是極度反民主的心態。

民粹主義下的移民議題

移民議題讓右派民粹主義反彈，並在左派認同政治中扮演著關鍵角色。移民也明顯地不同於全球化的其他層面，特別之處在於流動的是人。移民有文化、家庭、情感依附、忠誠度意向、技能、希望、恐懼，以及人類具有的一切特徵，移民帶來特別的可能性和挑戰，但奇怪的是，很多人並沒有認知到這個明顯的事實。

一些經濟學家認為，勞工自由移動的經濟效益等同於自由貿易的經濟效益。[50] 其實不然，貿易的經濟效益始於一個假設：一國可定義為擁有既定的生產因素，（勞力）土地、勞力，有時包括資本，若該國的經濟活動具有競爭優勢，這些生產要素擁有者的總實質所得將會提高。（當然，這是忽略了貿易所得的分配情形。）但是，沒有先驗理由可以假設，在不控管移民（勞力）流入的情況下，此前生活在這個國家的人民（及其子孫）的福祉會伴隨移民流入而提高。（同理也適用不受控管的資本流動，只是資本流動引發的政治爭議性沒那麼大。）不過，移民增加也許使從前生活在國內的人民福祉增加，但結果也可能相反，導致福祉降低。國家人口變多了，總GDP隨之提高，但無法看出平均而言，人民的福祉到底是提高或下滑，因為一國的人口數並不能決定該國的平均繁榮程度，畢竟不少人口數少但人均所得高的國家，也有不少人口多但人均所得低的國家。而且，人口數的大幅變化也會造成壅塞成本，以及伴隨而來的擴大投資需求。

此外，民主國家的人民很明顯更關心自己的公民，再來才是合法居留者，然後遠沒那麼關心整體人類福祉。英國提供的外援占其GDP的0.75％，這比例算高了，英國對其公民利益相關的各公共領域支出比對貧窮外國人的援助高出50倍，但許多選民還是認為國家過度重視外國人，儘管赤貧外國人（以英國標準來衡量）數量與英國公民數量的比率至少為50：1。因此，他們的政治選擇顯示，英國公民視一位同胞的價值為一位外國窮人的2,500倍！對選民而言，透過公民身分建立起的彼此連結具有重大的意義。由於公民身分很重要，因此賦予居留權的決定事關重大，尤其是當擁有居留權可能進而取得公民身分時，因此國家若不能採取政治、社會上可接受的方式來控管移民，很可能引發公民嚴重反彈。

上述的想法並不是「種族主義」，有充分理由可以相信，政治群體的多樣性愈大，民主國家愈難維繫繁榮穩定所需的先決條件：深度信賴。黎巴嫩和比利時的故事以迥異的方式展示了族群、宗教或其他形式的多樣性所帶來的困境，有時候這類挑戰能夠成功應付，但假裝挑戰不存就是愚蠢了。民主政治的群體若要繁榮，必須有一個團結所有人的認同感。[51]

自由主義卻沒有民主，將構成哪些威脅？

在移民這個重要議題上，精英階層招致反彈，其中包括名門精英階層和商人精英階層，只是二者招致反彈的原因不同。不過，這裡有一個更大的問題：「沒有民主的自由主義」（undemocratic liberalism），或可視其為不自由民主的鏡像。霍普金斯大學高等國際研究院學者雅沙・芒克對沒有民主的自由主義描述如下：

> 愈來愈多國家在民主辯論時把大量的政策排除在外，由獨立的中央銀行做出總體經濟決策，貿易政策隱藏於遠端機構秘密協商出來的國際協定裡，許多有關於社會議題的爭論由憲法法院裁決。在稅負之

類重要的決策領域，原應由民選議員獨立行使正規的參政治權，但全球化壓力已經削弱了中間偏左和中間偏右政黨的思想歧見。

所以，毫不意外地，大西洋兩邊的人民覺得他們不再是政治命運的主宰者。基於種種意圖和目的，他們現在生活於自由、但不民主的政權之下：他們的權利大多受到尊重，但他們的政治偏好經常被忽視。[52]

牛津大學政治學家杰凌卡（Jan Zielonka）提出類似的批評，但他針對的是歐盟。他說，反革命威脅歐洲的自由主義：「不只有歐盟受到侵害，還有其他現今秩序的象徵：自由民主制度與自由經濟、遷徙和多元文化社會、歷史『真相』和政治正確、溫和政黨和主流媒體、文化寬容和宗教中立。」他指責去管制化、市場化和民營化等「自由計畫」遭遇到的反革命，但他也譴責民主制度變成技術官僚主義（technocracy）：「把愈來愈大的權力委交給非多數決的機構，例如：中央銀行、憲法法庭、監管機構。」他尤其批評歐盟是個非多數決的機構，由一群本應該開明的專家領導。[53] 不過，最大的問題或許是歐元區已經變成債權國支配債務國的機制，尤其是在金融危機時期，歐元區看起來更像帝國，而非主權民主國家之間的合作關係。

芒克和杰凌卡這兩位學者都點出了重要的問題。所有自由民主國家都有憲法法規、制度性規範或二者兼備，旨在限制多數群體的力量，即使是暫時性的限制。有些限制旨在保護個人自由；有些限制旨在保護民主流程規則；有些限制意圖保護經濟穩定或市場競爭，免於遭到不負責的政治人物破壞，甚至是保護政治人物自己；有些限制意在建立國際合作和禮儀原則，為的是保護經濟交易或確保全球公共財的供應。這些就是對民主的限制，若不希望走向極端的民主導致無法實現民主，這些限制有其必要，因為民主並不代表暫時的多數群體變成絕對暴政，民主是受到規範與約束的制度。

但是，無可避免地，這類限制可能被視為過於累贅，最糟的是，有人無法忍受主權被束縛。在英國，國家主權受束縛而無法限制人口自由流動，這是勢均力敵的脫歐公投最終以「脫離」勝出的一個重要原因。在歐元區，民粹主義在南歐，尤其是義大利興盛，有很大原因是義大利政府唯一的自由，只剩下做歐元區規範和強大歐盟會員國容許他們做的事。在美國，法院對墮胎和婚姻權的裁定激發了強大的反彈，成為金權民粹主義的顯著特徵。川普主政下，世界貿易組織規範的正統性也受到攻擊，儘管在建立全球貿易制度時，美國扮演的角色比其他會員國家關鍵得多。在川普及其支持者看來，巴黎氣候協定同樣令人討厭到無法接受。

金權民粹主義與南方策略

儘管承受許多壓力，絕大多數的高所得西方國家仍然屬於資本主義經濟的自由民主國家，脫離歐盟後的英國也一樣，依舊維持著核心體制，至少目前為止是如此。但美國的情形就有點不同了：人民選出了一位懷抱專制野心的民族民粹主義者當總統。美國的故事很獨特，基於這個國家的規模及其歷史定位，故事具有更重大的含義。

導致川普當選所側重的種族認同、民族主義和文化戰爭（墮胎、槍枝、性別權等等議題的爭論），不僅是不民主的自由主義、精英經濟失敗、去工業化等令人不安的經濟狀況和文化變遷的結果，也是精英政治策略下的結果。

一個致力於所得分配頂端0.1％的政黨，如何在普選制民主制度中勝選掌權呢？[54] 答案是：金權民粹主義。[55] 這讓一個在2016年大選中贏得總統寶座和參眾兩院多數席次的政黨，通過一個把資源從美國所得分配底層、中層、甚至上中層轉移至高層的減稅法案，並且大大提高絕大多數人的經濟不安定性。[56]

這項策略有三種元素，第一、找到主張這些政策能夠使財富「涓滴」（trickle down）給予全部人民的知識分子出面背書，這是「供給面經濟學」的主張。[57] 第二、在大眾中挑起族群與文化分化，舉個最重要的例子：鼓勵人們思考自己是「白人」、「反同性戀者」、「基督徒」優先，較弱勢的人次要、位居第三或完全無足輕重。第三、扭曲選舉制度，手段包括：阻擾選民、不公正地畫分選區，以及廢除政治上使用金錢的相關限制。後面兩種元素應該被稱為「南方策略」（Southern Strategy），理由有二：第一、精英階層向來以這種手段在美國南方取得執政權；第二、民主黨人在1960年代通過《民權法案》後，共和黨立即開始採行這種策略。這種策略雖不是完美奏效，但成效也夠好了。[58]

供給面經濟學是一個優異的政治口號，但事實上，邊際稅率和經濟成長率之間並不存在這種關聯，不意外地，畢竟1950年代和1960年代的邊際稅率高得嚇人，但那二十多年間也是高所得民主國家成長最快的時期。雷根主政時期的減稅並未使美國經濟強勁成長。過份簡化「涓滴」概念的效果是很好的政治宣傳，不過這是有疑問的經濟學。[59]川普降低公司稅也是如此，減稅並未使私人部門的非家戶實質投資顯著增加。降低公司稅基本上是讓股東獲取暴利，如同降低遺產稅是讓大筆遺產的繼承人獲得意外之財。

事實顯示，南方策略的政治效果遠大於供給面經濟學所說的效果。民權法案通過後，美國南方從民主黨轉傾共和黨，過程中共和黨也從1933年至1995年期間的眾議院長期少數黨轉變為此後的眾議院多數黨。[60]例如：2019年時，舊南方邦聯的13州當中有9州的州長是共和黨籍，在參議院的26席次中共和黨人囊括23席，在眾議院的146席次中共和黨籍包辦了101席。相較於由民主黨稱霸南方的往昔，這絕對稱得上是大轉變。

不過，大成功遠非只是攫取區域支持而已。還未脫離美國聯邦前，南方各州的政治一貫主張維持種族壓制與剝削，因為南方的經濟仰賴奴隸制。在拒絕容忍南方各州相繼脫離美國聯邦下，北方廢止所謂的「特殊制度」（peculiar institution，亦即黑奴制度），南方對此做出的回應是，通過一系列壓制種族的《吉姆·克勞法》。[61]距離美國內戰結束的一世紀後，北方採行民權，《民權法案》在出身南方的民主黨人林登·詹森（Lyndon Baines Johnson）擔任總統任內通過，最高法院的判決也摧毀了《吉姆·克勞法》。[62] 從此，南方開始藉由擁抱（及轉向）共和黨，把其制度的某些層面移植至整個國家範圍。（諷刺地，主張廢除奴隸制的林肯是共和黨籍；打贏美國內戰的北方各州也是共和黨的起源州。）現在，共和黨人在最高法院長期占據多數、在國會擁有強勢地位下，大老黨正逐步邁向他們的目標。[63]

這是策略高度成功的版本，而且見諸許多其他的民主國家，用種族、族群或文化認同來分化經濟情況較差的人。不過，這種策略最純正的形式出現於內戰前的美國南方，基本特徵一直持續至今。內戰前的美國南方在經濟上極度不均，不僅包括奴隸在內的整體人口，甚至在自由的白人之間也高度不均，1774年至1860年期間，財富不均的衡量標準在南方白人之間拉大到了70％：「期待看到舊南方底層貧窮白人經濟情況好轉的歷史學家都會發現這項證據。」[64] 1860年的普查顯示，前1％最富裕的南方人的財富中位數比前1％最富裕的北方人高3倍之多。由擁奴的商業大莊主假貴族之名統治南方，其經濟變化程度遠低於北方，精英階層是抽租者：他們必須靠著奴隸的勞力和地租過活。

所以，成功的是這種「地主政治」（plantocracy）對貧窮白人灌輸種族優越的信條，而貧窮白人為南方邦聯奮戰，死傷無數。[65] 在美國內戰中，南方邦聯言明的目標是捍衛奴隸制（但有不少人否認這個明顯的事實），至少有26萬名南方邦聯士兵死亡（其中95,000人是陣亡，165,000人死於疾病、意外和其他原因）[66]，這大約是南方邦聯軍隊總人數的20％至35％。[67] 但是，這些男性中有一大部分本身不擁有奴隸，他們基於對南方邦聯的認同感而願意犧牲，這認同來自於種族優越感，以及害怕淪為種族次等。[68] 最終，戰爭帶給他們死亡和戰敗，再也沒有比這事件更能顯露種族認同的政治力量了。當然，後來種族主義的意識形態也孕育出不快樂的納粹主義世界，以及無可比擬的二戰大屠殺。種族主義真的很有效，能夠利用人性的黑暗面：尋求認同感，藉由「他者化」（othering）來取得優越地位。有什麼比膚色之類的明顯差異（從遺傳學角度看來，這說法有多麼不足為道）更容易做到呢？

南方制度的一種稀釋形式——用種族和族群區別來分化經濟狀況較差的人——已經蔓延到全美各地。其實，這在內戰前就已經萌芽了，只不過因為20世紀時大量南方貧窮、遭受苛待的非裔美國人遷移至北方城市，以及更近期大量的拉丁美裔移民，使這種分化策略加速擴大和蔓延。

這仍然是重複南方金權政治制度的一種回響。拉丁美裔人口成長的原因之一是非法移民數量遽增，近年估計，美國約有1,200萬名非法移民，約占總人口的10.5％。[69]（非法移民在美國生下的小孩合法擁有美國籍。）因此明顯的疑問是，為何沒有加大力度去控制非法移民的流入，亦即確保企業不僱用非法勞工呢？答案是，企業（共和黨的自然支持者）反對這種侵擾性的稽查，因為廉價的非法勞工對企業有利可圖。因此共和黨的企業羽翼（大多數是中小企業）不但促使非法移民增加，在政治上還得益於非法移民所導致遍及全美的種族焦慮感。根據美國的普查，到了2045年，美國白人將變成少數族群（把拉丁美裔計入非白人的話），[70]「白人」知道這一趨勢，民粹主義煽動家川普利用這種焦慮感，承諾在美墨邊境築牆（主要是象徵意義），也藉此掌控了共和黨。

內戰後，阻擾選民和極度不公正地畫分選區是南方制度的重要組成部分，這些策略反映的是一種決心：確保數量持續增加的非裔美國人不能在任何正規的民主制度中取得政治力量。在共和黨任命的最高法院展現友善之下，不意外地，這些伎倆重返政治舞台。[71]兩位傑出政治學家指出：「現今，對我們民主制度構成最大威脅的是共和黨使用骯髒手段來求勝。」[72]右派則認為，獲勝比遵守遊戲規則更為重要，這觀點對民主制度來說非常致命。

金權民粹主義制需要輿論形成者和宣傳者為其合理化、辯護和宣傳。在內戰前的南方，基督教教會扮演關鍵角色，他們會說，奴隸身分是神定的。[73]在支持共和黨和更近期支持川普的人中，白人基督徒再次扮演相似角色。基督教右派長期支持共和黨，反映了對墮胎、同性戀權等議題發動「文化戰」的政治特性與有效性，以及利用狗哨來隱晦地傳遞種族主義訊息。基督教右派把對共和黨的忠誠度，轉移至川普這麼一位以性放縱和說謊成性聞名的男人身上，實在令人嘆為觀止，但又不意外。[74] 基督教福音派白人教徒是川普的狂熱支持者，他們奉行的原則是：我的敵人的敵人就是我的朋友。[75]

媒體也扮演重要角色，大部分的焦點擺在「新媒體」的影響力（後文對此有更多討論），但舊媒體，尤其是電視和電台也很重要，魯柏・梅鐸（Rupert Murdoch）媒體帝國一貫地宣傳金權民粹主義的題材，在美國，他倚重的福斯新聞（Fox News）電視台對川普勝選起了很大的作用。[76] 梅鐸善於利用許多人的偏見來宣傳少數人的繁榮，也善於找到懂得此道的人為他做事，最明顯的例子：他在1996年找已故的羅傑・艾爾斯（Roger Ailes）來執掌福斯新聞。[77] 在電台方面，已故的電台主持人拉許・林博（Rush Limbaugh）是著名的美國右派人物，他非但不會含蓄地掩飾他的種族主義[78]，還是具有高度影響力的金權民粹主義理想支持者[79]。這些人傷害了自由民主制度的理想，再怎麼強調都不算誇大，這種傷害迄今仍然未停歇。

更能體現金權政治影響力的是金錢在政治中的作用。最高法院在2010年對「聯合公民訴聯邦選舉委員會案」（Citizen United v. Federal Election Commission）做出背離正道的判決，形同主張企業是人，金錢就是言論。在美國，最大的政治捐獻者是企業遊說，但富裕的個人也是重要角色：所有政治獻金中，40％來自最頂端0.01％的個人捐款。政治昂貴，既然政治獻金中有高比例來自超級大企業和超級富裕的個人，試問，需要政治獻金的政治人物會聽誰的話？[80]

基本上，金權民粹主義和舊南方政治的結合，成功地把中產階級、較貧窮的白人，以及很大一部分商業精英階層的利益密切結合起來，這方法甚至不需要共和黨做出多大改變。1950年代，偏執又誇大的保守主義早已存在共和黨，約瑟夫・麥卡錫（Joseph McCarthy）指控異議人士為共產黨員的行動左右了參議院的局勢，這時期還創立了約翰柏奇協會（John Birch Society）這個支持反共主義的超保守、極右派組織。[81] 但是，更野心勃勃的保守計畫需要取得多數者的支持，這就需要動用南方策略：一方面，使南方轉向支持共和黨；另一方面，更廣泛地在全國推動族群分化政治。川普及其支持者使用麥卡錫的中心主題：美國政府〔所謂的「深層政府」（deep state）〕中充斥賣國賊。這種做法絕非偶然，就是現今右派陰謀論的主題，一如麥卡錫當年製造的紅色恐怖，差別只在於，跟川普不同，當年的艾森豪總統—— 一位受人尊崇的愛國者——沒有大肆鼓吹。

名門精英階層—— 左派輿論形成者—— 也是把中產階級白人推向共和黨懷抱的推手，他們談論「白人特權」冒犯了許多白人，尤其是覺得自己根本沒有享有什麼特權、根本不受重視的白人（他們的確如此）。同理，談論「男性特權」也冒犯了經濟能力差（工作穩定性和待遇差）、難養家活口維繫婚姻的白人。現在，日益明顯的趨勢是，上層中產階級才能維持堅實穩定的婚姻：2015年的調查資料顯示，美國貧窮婦女的小孩有64%是非婚生子女，勞工階級婦女的小孩有36%是非婚生子女，中產階級和上層階級婦女的小孩只有13%是非婚生子女。[82] 同樣地，很多有關於性別包容的新言論，令大批傳統心態、在現今更艱困的經濟環境中苦於維持自尊的人很感冒。被貼上「可悲者」（deplorables）標籤的人，被激勵去投票支持「可悲者」。[83] 被名門精英階級排斥、被金權政治者引誘下，許多勞工或中產階級白人轉向憤怒的民粹主義右派，很多西方國家都發生這種情況，在美國則是造成破壞性的影響，讓一位脾氣、性格和智識上都不適任的人當選總統。

但是，金權政治做的是浮士德交易，本身很成功：美國的立法極大地照顧極端富裕、有經濟能力者的偏好。不過，這其中潛藏了陷阱：若一位政治人物向選民推銷民族主義、種族主義、文化保守主義，但同時也支持更高的公共支出、財政揮霍、敵視全球化，最重要的是，敵視自由民主制度的範式、法治和由美國領導的二戰後秩序呢？這不再是個假設的疑問，我們都知道這個疑問的答案。誠如共和黨顧問史都華・史蒂文斯（Stuart Stevens）曾說過：「共和黨人會說，共和黨主張一些基本理念：財政健全、自由貿易、對俄羅斯強硬、性格與個人擔當很重要。但現在，不是共和黨忘記了這些議題與價值觀，而是積極地反對這一切。」[84] 共和黨在意識形態和制度上形同空殼，等待一位能夠訴諸選民恐懼和憤怒的領導人入主其中。然後，富人獲得了他們想要的減稅，但卻不控制這個人或實現這些減稅的力量。

共和黨基本盤轉變的同時，伴隨工會角色的式微，以及在金融業與科技業扮演重要角色的名門精英崛起，民主黨的基本盤也有所轉變。式微的工會變成民主黨愈來愈不重要的政治獻金融來源，反觀共和黨人能夠吸引來自企業和保守派金權政治者的財力支持。在此情況下，民主黨也必須爭取來自這些新企業和更自由派金權政治者的金援。為了成功，民主黨訴諸文化與族群認同來爭取選票，而非訴諸經濟利益，畢竟就連頭腦清醒的億萬富豪也不喜歡高稅負。因此，實務上金錢的政治角色使得民主黨人難以有效代表窮人（不論什麼族群的窮人），也難怪他們未訴諸經濟上更激進的議題（例如：全民健保）。

美國這個世界上最重要的民主國家，其金權民粹主義走得比其他高所得國家還要遠，不過金權民粹主義的影子也是隨處可見，例如：在英國，聯合政府於2010年錯誤地聲稱，其承繼的鉅額赤字是勞工黨主政時期不負責任地擴大公共支出的結果，而非金融危機造成的結果，因此打算降低赤字。此外，後續的大幅財政調整（接近GDP的10％）皆來自刪減赤字，而非來自增加稅收。[85] 這些刪減赤字無可避免地衝擊了弱勢群體和特定地區，地方政府的財務影響尤其嚴重。

英國脫歐使人們的注意力從高度所得分配不均、金融危機，以及危機後不均衡的財政調整等問題轉移開來，讓支持脫歐者把造成大批老百姓蒙受其害的罪魁禍首，從國內精英階層和政府轉嫁到外國人身上，並打著國家主權這面旗幟，使實施財政緊縮政策的政黨、受此政策傷害最大的民眾團結起來。這就是金權民粹主義的作為，不論是否刻意為之：首先，激起老百姓的憤怒；接著，把造成他們痛苦的責任推到外國人或少數群體身上。川普歸咎於貿易和移民；強生歸咎於歐盟及移民。這種策略非常有效，以強生的情況來說，他的策略凸顯了工黨的無能，不再了解以前支持他們的選民。不過，英國脫歐支持者雖然是明顯的反精英階層民粹主義者，但卻不是反多元主義者，強生政府並未試圖摧毀自由民主制度的根基，但他在履行對外國人、司法審查和人權方面的態度非常令人憂心。

有害的個人主義和威權民粹主義

民粹威權主義，尤其是在美國，崛起的其中一個重要因素是其明顯的對立面——超級個人主義（hyper-individualism）。疫情期間，這種意識形態表露無疑，尤其是許多右派人士抗議戴上口罩的規定，或是進入易於散播病毒的特定擁擠場所必須出示「疫苗護照」的規定。這種認為個人可以為所欲為的超級個人主義並不是新思想，例如：這些觀點是美國建國初期包含在開創精神中的一個特質。但是，超級個人主義也可能有害，破壞社會鏈結和秩序，導致政治哲學家霍布斯所說的「所有人與所有人為敵」（bellum omnium contra omnes）。

在古羅馬人看來，這種反社會版本的自由是混淆了放縱（licentia/license）和自由（libertas/liberty），「真正的自由……絕對不是無條件地為所欲為的權利，這種權利——不論是給予或假定——是放縱，不是自由。自由的必要前提是放棄任性行為，因此只有在法律之下才能享有真正的自由。」[86] 放縱不是自由，而是通往暴政的途徑，遲早，柏拉圖所謂的「護衛者」可能出現，承諾人民建立秩序與提供安全。所以，疫情期間許多堅持自己有權做喜歡之事的人，是意圖成為專制統治者（例如：川普）的堅定支持者，這不是偶然。這也不是對立面，而是一枚硬幣的兩面，放縱引來暴政，羅馬共和國末期的混亂無序，導致軍人專制的羅馬帝國就是一個例子，這種共生關係是歷史最強而有力的教訓之一。民主共和仰賴有秩序的自由，根基於尊重法律和尊重社會價值觀。

政黨與媒體角色的改變

自古雅典以來，煽動型民粹主義一直是民主政治制度的一個特徵，所幸，高所得國家中反多元論民粹主義者掌權的例子並不多見，最重要的先例是1920年代和1930年代的歐洲：墨索里尼和希特勒。那個年代和現今有兩個重大的差異：政治組織和媒體技術。政黨和傳統媒體組織能力較弱，社群網路較強。

1920年代和1930年代是機器政治（machine politics）的年代，民粹主義煽動家的崛起和掌權是透過有組織的政黨來策畫。在墨索里尼和希特勒這兩個例子中，政黨是一個準軍事組織，墨索里尼有他的黑衫軍，希特勒有他的褐衫軍。[87] 當然，19世紀時就已經出現政黨組織，只是在現今的先進民主國家的政壇，不存在像黑衫軍、褐衫軍這樣的組織，領袖要不是取得既有政黨的控制權，就是擁有屬於他們較正規的政黨或自建政黨，像法國的馬克宏那樣。其結果是，相較於以往的民粹主義，現代的民粹主義較缺乏紀律，更傾向是由下而上的無政府主義，甚至是虛無主義，不過，政黨內也會有一些小組織團體，例如：英國工黨內的「動力」（Momentum）組織。

第二個變化是媒體的性質，尤其是在社群媒體興盛後。法西斯主義和納粹的崛起發生於報紙和電台為主流媒體的世界，這些是單向媒體，一旦掌權後，威權政府可以高度控管資訊流，希特勒的宣傳部部長約瑟夫·戈培爾（Joseph Goebbels）就是擅長控管敘事的高手。反觀現在的社群媒體呈現分權化，讓謊言、陰謀論、輿論和真相在同儕網路中非常容易且快速地散播。在這種體系中，言論控管更加困難，不過中國的例子顯示，有決心的威權政府可以做到，中國防火牆和言論控管就很有成效。

新媒體的一個重要層面衍生自新時代的資訊經濟學：資訊的收集仍然得花費一定的成本，但資訊的傳播幾乎不花成本。在以往，可以藉由捆綁新聞和廣告，或是藉由某種政府補助（例如：英國廣播公司及其類似的媒體）來為資訊收集提供經費。但是，新科技使新聞採集和廣告之間脫鉤了，廣告轉移至科技平台，這些平台對於驗證自家發布的資訊幾乎完全不用負責。在美國，「

數位廣告收入爆炸性成長，但大多數都是流向臉書和谷歌，而不是出版業者。」[88]因此，2018年時，所有展示型廣告收入中有一半被臉書（40％）和谷歌（12％）囊括，與此同時，報紙的廣告收入持續下滑，結果導致新聞採集的商業模式崩潰，主要的例外是，當產品夠好和讀者群的經濟地位高促使付費牆發揮作用時，但是付費牆無可避免地限制了取得高品質且驗證過的資訊管道，這正是川普所謂的「假」新聞，他的意思是真實但會導致麻煩的新聞。在英國，《衛報》（*The Guardian*）嘗試靠自願性捐款來維持營運，但總體來說，礙於生成與發行正確資訊需要可觀成本，以及現在難以向讀者索取費用下，資訊革命的淨效應無所不在，無資訊、不實資訊、宣傳、瘋狂的陰謀論等不費成本地散播。

新的社群媒體使散播「謠言」遠比以往更容易了，因此無節制和無原則的人更容易影響輿論。結果是，人們一聽到了什麼，尤其是權威者或影響力人士說的話，普遍會先冷嘲熱諷，反而是出現在網路角落裡的特定觀點，往往會引來狂熱的擁護者。但是，有些事情不會改變：政治領袖仍然可以有效地散播他們的主張，川普就很擅長透過推特這麼做。現在比以往更難壟斷資訊，除非你有中國共產黨的資源與決心。

有見地的政治觀察家雅沙・芒克說：「近年，最有成效地使用新科技來傷害自由民主制度的基本元素，是民粹主義者，在沒有舊媒體制度加諸束縛下，他們願意、也能夠為了當選而說任何話——說謊、混淆、激發彼此同胞的憎恨。」[89]

同樣地，新的社群媒體也把憤慨變成武器來博眼球。[90]對現今科技賦能的虛無主義現象有透徹洞察的前中情局分析師馬丁・古里（Martin Gurri）指出：「大眾……努力地想把高高在上的精英階層擊落。對統治和為國家制度發言的階級來說，剝除威信——失去說服的力量——非常可怕。」[91]那麼多人喜歡川普的原因之一是，他不是國家統治集團的成員，這些人展現的是他們對統治者的蔑視。

新媒體至今究竟造成了多少影響，目前還很難說。社群媒體的確把憤慨變成了武器，散播種種幻想與欺詐，開放的全球民主網路的確很容易被私有或公開、被國內或國外的敵對勢力蓄意操縱，我們也的確沒什麼辦法防禦危言聳聽的言論快速散播，反注射疫苗運動的興起可茲為例。[92] 但是，我們也不清楚這種形式的智性污染是不是導致現今政經情況的主因，在對（或錯）的環境下，舊媒體技術——報紙、書籍和電視台——同樣也能非常有效地散播毒素，兩次世界大戰之間發生的事可茲為證，例如：想想休伊·朗（Huey Long）的職涯❸。在相同的經濟與文化環境下，若沒有現今的社群媒體，川普是否仍然可以贏得共和黨總統候選人提名呢？我認為應該可以。

不過，若在以往的層級制政黨，他應該很難成功，政黨層級制的空洞化確實是一大改變。新媒體的確有助於傳播民粹主義訊息，但舊媒體（報紙、電視台及電視）也這麼做，媒體傳播理論學家馬歇爾·麥克魯漢（Marshall McLuhan）曾說：「媒體即訊息」[93]，這裡得把這句話調整一下：媒體並不是訊息，媒體只是形塑訊息，訊息本身是痛苦、害怕和憤怒，就算沒有新媒體，訊息本身也可能導致政治爆發。1848年時革命如野火般蔓延歐洲，就像2010年年底開始的阿拉伯之春，結果別無二致。很顯然，1848年時並不存在我們現今擁有的新媒體。

小結：民粹主義靠情緒勒索贏得民心

本書撰寫之際是新冠疫情爆發的兩年後，此時還過早斷言疫情將如何改變世界局勢。歷經一個較嚴重的威脅後，似乎削弱了民粹主義的可信度，提升了

---

❸ 休伊·朗（1893-1935）為民主黨政治家，曾任路易斯安那州州長、聯邦參議員，在準備取代小羅斯福參選總統期間遭刺殺。他經常透過報紙和電視台宣傳他的民粹主義理念。

人們對政府的信賴度，但還是未能提升人們對民主制度的信心。總體來看，人們似乎轉向渴望一個能幹、威權的政府。能幹的威權主義領導者或許不多，但他們對自由民主制度的威脅比不能幹的威權領導者更甚。[94]

一些觀察家表示絕望，例如：加州大學爾灣分校的政治心理學教授肖恩・羅森柏格（Shawn Rosenberg）認為，想要使人們以有良知、有見識的公民角度來思考與行為已經無望。他寫道：「美國（以及其他國家）的民主政府未能成功地培養民主所需的公民，公民缺乏必要的認知與情緒能力來吸收文化定義與典範、在機構組織中發揮作用並參與公共領域。」[95] 他指出，以往藉由讓精英階層控管文化、社會和政治制度可以彌補這些缺點，但現在，技術、經濟和文化發展摧毀了他們保護政治流程的守門人角色，媒體的轉變是其中一個因素，但其權威和影響力很大程度地失敗也是一大問題。

於是，人們只能靠自己，但他們不喜歡這樣。他們推崇強人領導，從舊精英中選擇自信十足的右派民粹主義者。羅森柏格說：「資本主義市場、民主政治，以及全球化的力量不斷地擴大滲透到人們的日常生活，增添社會生活的複雜性，在應付這些日益明顯的複雜性時，人們必須仰賴自己。但是他們的認知與情緒能力不足，無法採取必要的方式去應付，因此生活在更自由、更平等、更文化多元化世界裡的人們益發困惑、無方向、孤立、沒有安全感。他們覺得愈來愈需要一個對世界和自己的權威定義，以及一個權威方向指引他們如何行動，保障他們身為人及一支民族在世上的地位。」[96]

這個答案是一種形式的「法西斯主義右派」。羅森柏格認為，右派民粹主義致力於訴諸建造一個理想化的國家和一位「偉大領袖」，這觀點滿足了民主制度無法滿足大批民眾的需求所在：卸下自己思考的擔子，把思考交給領袖，並且絕對忠誠於這位領袖。這種觀點明顯地與自由民主制度不相容。但羅森柏格認為，這觀點終將勝出，遠比左派民粹主義更成功，因其助長了恐懼與憤怒，反觀左派民粹主義則是承諾希望，不論理想有多麼不切實際，最終可能變得多有害。希望需要信賴，恐懼不需要，恐懼只需要一個敵人。

羅森柏格的反烏托邦觀點令人害怕，但不難理解。新冠肺炎疫情有可能加速這種脫離民主制度的轉變，儘管疫情使愚蠢至極的威權民粹主義領導者可信度降低。核心的民主制度不會自我保護，了解並珍惜其所捍衛的價值觀，人們才會懂得守護，特別是需要商業、政治界和知識分子這些精英階層成員採取行動。政治必須回應人們的恐懼和憤怒，是恐懼與憤怒使民粹主義領導者得以取得權力，但政治不能屈服於這些情緒。[97] 想拯救自由民主制度，需要經濟和政治改革，改革議程是下一部的主題。

第三部

革新民主資本主義

先前任職世界銀行、現在任職紐約市立大學的經濟學家布蘭科·米蘭諾維奇認為，資本主義「無可匹敵」：它早已勝出。[1]在複雜的現代經濟中，沒有其他可靠的組織生產與交易制度。這看法正確，幾乎無人主張完全不倚賴市場力量和私有生產資產的中央計畫經濟是更好的制度。但是，勝出的是什麼樣的資本主義呢？這疑問產生於兩個面向：第一、勝出的是米蘭諾維奇所說的「自由資本主義」，或是我說的「民主資本主義」呢？抑或是他所說的「政治資本主義」，或是我說的「威權資本主義」？[2]第二、是競爭、活力的資本主義，抑或抽租、以不當手段操縱的資本主義？這些疑問是第三部將探討的內容。

民主制度遭受威權制度挑戰，市場資本主義遭到政府主導的制度挑戰，金融危機、危機餘波中糟糕的政治領導素質，以及許多西方民主國家對新冠肺炎的因應不足，使這場競爭趨於激烈。我們不能理所當然地認為，做為現代西方社會基礎的民主資本主義將繼續繁榮。民主資本主義甚至無法繼續生存。

「民主衰退」是本書第二部探討的社會、文化和經濟發展下的產物，最重要的是，經濟失敗導致一大部分人口的不安全感、焦慮、憤恨和不信賴感惡化加劇，促使民粹主義煽動家崛起，他們又導致民主衰退進一步惡化。煽動型民粹主義的興起或許能喚起更好的政策，但也可能破壞健全的政策，甚至破壞自由民主制度本身，事實上，現在看來，後者造成的結果距今並不遙遠，尤其是美國。

不過，我們也別忘了，過去一世紀，普選民主制度也歷經過許多挑戰，市場經濟也一樣。1940年時，歐洲的情況看起來比今天更絕望，當時英國執政黨的主要成員傾向與希特勒和平共處，但支持該主張的人未能在爭辯中勝出，最終自由的理想並未喪失，部分原因在於英國人的反抗和蘇維埃的抵抗，但最重要的是美國的存在與努力。

所以，想再度成功革新並非不可能，以前就發生過。為此，必須有富想像力且像樣的領導，也需要執行的辦法，這是本書第三部要探討的內容。

基本主題是，普選制民主必須重視整體民眾的影響力，市場經濟必須照顧整體民眾的利益，否則普選制民主和市場經濟就不可能結合。最成功達成這些目標的民主社會，是我稱為「福利資本主義」（welfare capitalism）的社會，在歐洲這種制度被貼上「社會民主主義」和「社會市場經濟」的標籤，不過，基督教民主主義者也擁抱福利資本主義。在美國這可以稱為「自由主義」，或是一種更適中、溫和形式的保守主義（可惜，現在大致消失了）。這種安排是普選制民主長期生存的必要條件，自由放任資本主義對絕大多數財富不多的人帶來不安全感，他們無法確保自己免於種種明顯的不幸，例如：意外失業、罹患疾病失去工作能力，最終這樣的資本主義變得與民主制度不相容。西方國家在20世紀中葉初期學到了這個教訓，他們在這過去四十年間再次學到，在一個創造不安全感的經濟和冷漠的政治態度中，只有專制、金權政治，或是二者的某種結合才有可能繁榮。

哈佛大學政治經濟學教授托本‧艾佛森（Torben Iversen）和倫敦政經學院政治經濟學教授大衛‧索斯凱（David Soskice）在他們的合著中，提供一個用以討論經濟與政治改革的架構3，他們指出，能夠繁盛的外向型民主資本主義有三個核心要素。

第一、在高所得民主國家，政府扮演核心角色：必須確保公平競爭市場、人民接受良好教育與訓練、經濟倚賴一流的基礎設施、驅動科技進步的研發活動獲得充足經費。這並不是許多人以為的市場對抗政府，而是有政府的市場機制。任何成功的經濟體都是如此，只不過程度不一罷了。

第二、在穩定的高所得民主國家，受過良好教育、有抱負的人紛紛在政體中參與政治，這類人傾向把票投給他們認為稱職的政黨和人。這些人為民主政治提供穩固基礎。

第三、高端企業仰賴的技能為居住特定地區的一群人所擁有，因此這些公司的核心能力可移動性遠不如許多人以為的那麼高，只有營運中技能含量較低的工作才能真正不受束縛自由移動。4 事實上，公司的可移動性中有相當大部分跟利用租稅漏洞、廉價的非技能勞力有關，而不是把公司的全部營運活動轉移至主要提供廉價勞力、低稅負、低管制的國家。

不過，這種政治、企業跟大眾之間經濟相互依賴、相互承諾的觀點，也照亮了現代民主資本主義的脆弱性。縱使企業的核心能力具有黏著度，那些不受束縛可以自由移動的工作，還是可能多到傷害大部分人民的前景，尤其是技能水準較低、年紀較長的勞工。若經濟不安全感開始影響到原以為自己能有安穩好工作的人們，他們可能逐漸感到失望。若政府不知道如何因應全球經濟危機、放緩的經濟成長，以及新冠肺炎疫情之類的意外衝擊，人們對政府的信賴可能崩解。最後，若企業利益和金權政治變得非常強大，民主資本主義可能崩潰，被金權政治或專制取而代之。

民主制度的優點是代表性和正當性，弱點是忽視和不負責任。資本主義的優點是活力與彈性，弱點是分配不穩定與不均。跟所有搭擋一樣，自由民主制度和市場資本主義之間的關係可能以失敗告終，若政體或經濟未能滿足需要——政體需要有政治代表性和稱職勝任的政府，經濟需要誘人的機會和廣為分享繁榮成果——自由民主制度和市場資本主義的結合就會分手收場。

好的合作關係中，一方的優點彌補另一個方的缺點；糟糕的關係中，一方的缺點壓倒另一方的優點。因此，改善這兩種制度以及二者之間的平衡是第三部的主題。第七章探討革新資本主義需要的行動，第八章詳細探討採取行動下的新政，第九章聚焦於民主制度的革新。

第7章
革新資本主義

擁抱市場經濟，拒絕市場社會。

—— 昂內爾・喬斯班（Lionel Jospin），前法國總理里[I]

我重返（英國）財政部，像個循環小數般，但有一個大差別。
1918年時，多數人唯一的念頭是重返1914年（一戰）前的光景，
而現在，沒有人想重返1939年（二戰）前的光景。
當我們認真採取行動，將創造不同的光景。

—— 家凱因斯，經濟學[2]

　　如同凱因斯在1942年時指出的（上述引言出取自1942年時他寫的一封信），1918年時一戰勝利國試圖重建一戰前的經濟，最終失敗了。但就如同凱因斯的預言，二戰後他們採行了非常不同的路徑，創造的新世界一直持續到1980年代，當時19世紀的自由市場在某些方面死灰復燃，或許不令人意外。同樣地，2007年至2009年全球金融危機爆發後，各國也試圖恢復危機前的世界經濟，只不過加了一些溫和的改革。跟二戰後一樣，新冠肺炎疫情爆發後，改變的需求愈發強烈，還包括認知到氣候變遷危機在即，使改變的需要更加迫切。最大的問題是，人們會不會像20世紀中期那樣果決地做出改變，抑或大致失敗的舊秩序仍將持續下去，而且這回還加上右派民粹主義這個複雜形勢？這回合導向後者的可能性大增，因為這次的改革遠比以往困難，有部分原因在於現今社會遠比二戰後的社會更分化，經濟機會也遠比以前更有限（參見第四章及第五章的討論）。

本章聚焦於改革的哲學，指引明燈是哲學家卡爾・波普（Karl Popper）提出的「漸進式社會工程」（piecemeal social engineering）概念，瞄準矯正特定問題的變革，他反對維持現狀，也反對革命性劇變。[3]第八章將討論細節。

改革，不是革命

有些人追求劇烈的改變，而非漸進的改革：他們追求的是反資本主義革命。短短十二年間，就歷經跨大西洋金融危機、新冠肺炎這兩場重大經濟危機，接著又遭遇俄羅斯入侵烏克蘭的衝擊，再加上高度財富不均、經濟成長放緩、威權主義浪潮的興起，以及日益關注環境限制，渴望革命並不令人意外。一些革命者說，資本主義是個毒瘤，必須停止經濟成長，人類應該擁抱工業化前、甚至農業化前的生活方式。[4]經濟人類學家傑森・希克爾（Jason Hickel）在其著作《少即是多》（*Less Is More*）中寫道：「我們需要高所得國家減少過度使用能源與材料，我們必須快速轉型使用再生能源；我們必須轉變為後資本主義經濟，聚焦於人類福祉和生態穩定性，而不是聚焦於無盡的成長。而且需要的還不只這些，我們需要一種新思維來思考人與生命世界之間的關係。」[5]希克爾和跟他有相同思想的人希望推翻現存的經濟制度，但是所有抱持這種目標的政黨，取得執政權的可能性渺茫到近乎零。他期望的轉變只可能由一個獨裁政權來實行，而且還是全球獨裁政權，所幸沒有這種政權存在的可能性。往最好處想，這是不切實際的烏托邦思想；往最壞處想，這又是另一個招來暴政的思想。

就算真的終止了經濟成長，問題也解決不了。若全球經濟成長真的停止，每單位產出的碳排量繼續以1990年至2018年期間相同的速度減少，亦即一年減少約1.8％，到了2050年，每年全球碳排量仍然只減少40％，這做法無法根除氣候變遷，只不過是減緩惡化速度。達到零排碳的唯一途徑是完全不排碳，或是消滅所有仰賴商業能源投入要素的產出，若能做到前者，那根本不需要終止經濟成長，也不需要採取更激烈的方法去消滅自工業革命以來增加的所有全球產出了。後者在政治上鐵定不可能做到，道德上也無法接受，此舉幾乎需要倒轉過去兩世紀獲得的所有經濟福祉，並對個人福祉、政治和社會穩定造成毀滅性後果。

我們有必要先了解工業化前的世界是什麼模樣。二百年前，全球有超過80%的人口（當時的人口較少）活在生存邊緣，絕大多數人口是自給的農民，營養不良是普遍現象，饑餓是長久存在的威脅。新冠肺炎疫情爆發前，世界人口處於這種危急貧窮狀態的比例已經降至不到10%，儘管比例仍然很高，但已經比工業化前的人類生活進步太多了。此外，貧困人口比例下降的趨勢，有近半是發生於1980年後的全球化黃金年代（參見＜圖42＞）。

＜圖42＞**全球人口中的赤貧者比例（％）**

（資料來源：Bourguignon & Morrison, 2002；World Bank, 2015）

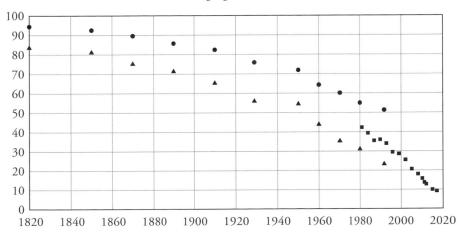

● 貧窮（資料來源：B&M）　▲ 赤貧（資料來源：B&M）　■ 每天以不到1.90美元維生

這兩世紀間，儘管全球人口增加超過6倍，全球赤貧人口比例仍就從80％降低至10％。全球人口的爆炸性成長也有相當部分歸因於壽命增長：全球平均壽命從1800年時的30歲增加到1950年時的46歲，再增加到2015年時的71歲，壽命增長有一大部分歸因於小孩死亡率下降。[6] 可以說，壽命增長堪稱過去兩世紀的劃時代進展，對女性機會、家庭規模、教育投資、社會老齡化帶來革命性影響，也顯著提升我們對人類生命和社會許多重要層面的重視，無疑地是有益的轉變。有多少人會因為孩子生存至成年的機率愈來愈高而悲傷呢？用歷史的標準來衡量，新冠肺炎甚至只能算是輕症的疫情，但造成我們如此苦惱的事實，也在在顯示了現今我們對控管疾病和延後死亡的能力有多麼地視為理所當然。[7] 我們祖先視這類災難（事實上是比新冠肺炎更糟糕的災難）為理所當然。

總而言之，「去成長」（degrowth），更別提更激進、反轉工業化的其他建議，都是一種烏托邦（或者說反烏托邦）的幻想，提出這些建議的人更感興趣於倒轉數千年、至少數百年的人類史，而非解決我們真正面臨的問題。[8] 務實且可被接受的解方可能只有消除經濟中的溫室效應氣體排放的技術性轉變[9]，我們需要的不是去成長，而是「去排碳」的成長。

有活力的市場經濟，其價值不僅是創造繁榮和延長人類壽命，還得讓人們過上他們想要的生活。市場讓人們可以運用想像力、技能和努力來改善自己的生活，不需要更高權力者批准，只需找到願意為他們創造物買單的人就行了。從這個角度來看，市場是平等主義，沒有平等的結果，但參與市場的能力不取決於社會地位，儘管繼承得來的能力和資源確實會有影響。市場讓人人都有嘗試的機會，伊隆・馬斯克（Elon Musk）或比爾・蓋茲（Bill Gates）在社會中的地位不是由人指派的。在沒有貪腐或有限貪腐的法治國家，為人們開啟了巨大的機會，這也是一個值得珍惜與捍衛的價值。

此外，市場給予資訊，市場誘因將影響市場中的每一個人。市場經濟是某種由上而下的指揮與控管形式，不像高壓統治是有一位中央規畫者，但中央規畫者永遠不知道所有的可能性，反觀在市場經濟中獨立營運的人能知道種種可能性。最重要的是，中央規畫者永遠無法得知人們的腦子裡在想什麼，在大數據時代，市場利用知識和調整誘因的方式是其他社會機制無法做到的。當然，這並非代表著市場很完美，恰恰相反，支持市場經濟的最強烈理由是，市場鼓勵在充滿不確定性的環境中進行獨立的嘗試與摸索。市場是多元主義，若我們擁有了未來的完美資訊，市場的價值就遠遠降低了，因為擁有完美資訊之下，我們就知道自己必須做什麼。若想在經濟和社會面良好地運作，必須審慎設計與監管市場，而且不能讓一小群寡頭政治執政者支配市場。但是，市場終究只是一種基本的社會機制。

再者，如同18世紀政治家艾德蒙・伯克（Edmund Burke）在著作《法國大革命反思》（*Reflections on the Revolution in France*）中所言，我們不僅不可能從第一性原理（first principles）建造新社會，而且嘗試這麼做也不人道[10]，我們永遠必須以我們擁有和已知的一切做為基礎。俄國革命其實是74年的歷程，從高度分配不均、掠奪性的沙皇專制國家（但起碼還有一些改革的希望），到極度分配不均、掠奪性的國家，而且民主改革的希望更為渺茫。這過程中，蘇聯有數千萬人被殺，在全球範圍內有數千萬人在相同的意識形態下被殺。[11] 此外，當機會再次於1990年代來臨時，烏托邦空想家們又徹底地粉碎了自由改革的可能性，白白錯失了良機。烏托邦主義絕對是禍害。

那段痛苦歷史中，特別顯著的是意圖創造「新共產黨人」，俄國10月革命領導人托洛斯基（Leon Trotsky）寫道：「人以主宰自己的感情為目的，把他的本能提到意識的高度，使他變得透明，把意志延伸至深處，從而把自己昇華至一個新平面，形成一種更高級的生物種類，或者，你高興的話，可以稱為超人。」[12] 實際上，這新共產黨人就是無道德的掠奪者。把有缺點與優點的人類轉變成「生態人」同樣做不到，貪婪與自私是人類的本性，我們必須盡可能克制這些本性，但完美的生態人概念是一種幻想，就跟托洛斯基的共產主義超人一樣。只要想想史前時代，人類最早抵達歐亞大陸和美洲大陸後發生的大規模滅絕，就能明白這道理。[13]

讚揚「漸進式社會工程」

一言以蔽之，我們要勇於全面的資本主義經濟改革，與此同時，就像1930年代和1940年代時所需的那樣去蕪存菁。我們現在需要的改革不同於那個年代的改革版本，因為環境背景與挑戰不同，尤其是氣候變遷這項挑戰。當年做的很多事續存至今，而且基本原理相同：現在我們必須強化公民的經濟關係，同時也深化國際合作。我們必須積極、但漸進地採取行動，並且從過程的經驗中學習，唯有如此變革才有可能發生。卡爾·波普稱這種方法為「漸進式社會工程」，不同於由上而下的革命性社會轉變，「漸進式社會工程的工程師或政治人物，採行的方法是尋找與對抗社會中最大、最急迫的禍害，而非尋找最大的終極目標，並為其奮鬥。」[14]

這樣的社會工程仰賴專門知識和技術，但光有專門知識和技術還不夠，我們也需要大眾參與制定期望的目標，並且一致同意得出的結果。為實現我們需要的能源轉型，有賴於廣泛的專門知識和技術、創新、規畫、全球合作，這些需要有超強的誘因來驅動。我們必須倚賴一位被授權、負責任的技術官僚來管理氣候變遷的風險，達成下文和第八章討論的其他重點政策。但是，顯然技術官僚不能、也不被允許自行提出要徹底改變的方向，他們只能提供細節。改變社會的方向需要政治領導，在民主國家你必須說服人民擁抱偉大的理想，在危機衝擊的1930年代和1940年代，美國總統小羅斯福和英國首相邱吉爾（Winston Churchill）正是說服藝術的高手，現在，我們迫切需要這樣的領導。

波普建議聚焦於移除禍害的觀點很重要。這種方法的最佳例子之一，是英國自由黨經濟學家威廉·貝佛里奇（William Beveridge）撰寫於1942年的《貝佛里奇報告》（Beveridge Report），文中列出的「五大惡」（five giants）：匱乏、疾病、無知、骯髒、懶惰。[15]這份報告成為英國在二戰後建立福利國家的基石。

　　一些意圖良善者相信我們能夠達成更宏偉的目標：讓所有人快樂或幸福。在我看來，這屬於太過自負的野心，沒有一個政府有能力使社會上的所有人快樂，這也不是能夠嚮往的境界，誠如阿道斯・赫胥黎（Aldous Huxley）在著作《美麗新世界》（*Brave New World*）中所言，不快樂是人生中無可避免的一部分。除非我們喪失了充分感受與體驗生活的能力，否則我們不可能達到永久快樂的境界。就如同醫生理應治病，政府理應消除悲苦，這是政策的基本目標。事實上，我們可以說，政府的首要責任是別製造傷害，次要責任是消除傷害，根據此理，處理心理不健康是政府的責任，因為心理疾病無疑是悲苦的一大源頭。[16]

　　對於想看到正向經濟政策者，我提議四點：安定、機會、繁榮和尊嚴。[17]人們需要安定，缺乏安定令人害怕。他們需要機會，缺乏機會令人陷入癱瘓。他們需要繁榮，缺乏繁榮令人焦躁。他們需要尊嚴，沒有尊嚴蝕人心靈。缺乏上述四點，人就會變得消沉、害怕或憤怒。若人們想把這些目標當成通往快樂幸福的踏腳石，那也沒關係。

　　我們該如何衡量成功呢？長久以來，主要的衡量指標是GDP，這項指標有其用處，尤其是當我們檢視貧窮社會時。同理，若貧窮者的物質所得翻倍，那可是不得了的事。但是GDP也是有缺點的衡量指標，沒有衡量安定性、機會和尊嚴，從GDP無法看出繁榮成果是否廣為分享、繁榮能否持久，GDP僅僅衡量一定期間內，以市場價格計算的國內（或全國）產出的總值。這種衡量方式當然有用，只是忽略了太多要素，不能當做為評估成功的唯一方法。

　　所以，我們需要聚焦於現實其他層面的衡量指標，許多人早就提出各種見解，其中一些建議有趣且實用。不過，我們不可能建立單一指標，我們必須使用一群指標，了解各自的用處、含義和限制。2008年，法國成立「經濟表現與社會進步衡量委員會」（Commission on the Measurement of Economic Performance and Social Progress），延聘兩位諾貝爾經濟學獎得主：任教哥倫比亞大學的約瑟夫‧史迪格里茲（Joseph Stiglitz）和任教哈佛大學的阿馬蒂亞‧沈恩（Amartya Sen），以及已故法國經濟學家尚-保羅‧費圖希（Jean-Paul Fitoussi），旨在研究與發展更好的衡量指標。這些學者在2009年提出的報告中，建議合適的衡量方式應該涵蓋八個層面：物質生活水準、健康、教育、包括工作在內的個人活動、政治表達與治理、社會連結與關係、環境、安全感。[18] 我們的確有必要衡量現實中的這些層面，卻沒有簡單的方法彙總成單一衡量福祉的總指標，所以複雜是免不了的。

　　儘管如此，證據強烈支持一個簡單思想：廣為分享的繁榮和民主制度的結合對社會福祉很重要。根據《2021年世界幸福報告》（World Happiness Report 2021），全球最幸福的前10國為：芬蘭、冰島、丹麥、瑞士、荷蘭、瑞典、德國、挪威、紐西蘭、奧地利；接下來的9個國家則是：以色列、澳洲、美國、加拿大、捷克共和國、比利時、英國、台灣和法國。[19] 這些國家全都是繁榮且民主的國家，大多是小國，這也凸顯了貿易的重要性，因為沒有貿易，小國無法達到高水準的繁榮。最重要的是，最成功的國家為人民提供機會與安定，以及有開放民主的政府，本章及後續兩章會闡釋這點的含義。

邁向新政的參考典範

　　安定、機會、繁榮和尊嚴，這些目標必須轉化成更具體的東西，小羅斯福在1941年1月闡明這些目標時說的話，似乎非常切合現今的境況。[20] 當時儘管大戰已經逼近美國，他說：

> 當然，現在不是我們任何一個人可以停止思考社會與經濟問題的時候，這些問題是社會革命的根本原因，而社會革命是現今世界局勢的關鍵要素。因為健全堅實的民主制度基礎顯然沒有什麼神祕可言。
>
> 我們的人民對政治與經濟制度的基本期望很簡單，分別是：
>
> 青年和其他人享有平等機會。

凡能工作者皆有工作。

需要安定者能獲得安定。

終結少數人的特權。

維護所有人的公民自由。

在更廣泛且持續提升的生活水準中享受科學進步的果實。

羅斯福繼續闡明這份清單隱含的意思：

我們應該讓更多公民享有老年退休金和失業保險。

我們應該擴大獲得適足醫療保健的機會。

我們應該規畫更好的制度，讓應得或需要有酬工作的人可以就
業。

迄今，這場演說仍然令人信服地闡述了明智的民主國家在國內和國外的
政策目標。雖然現今的自由民主制度不像1941年時那麼動盪，但如同本書第
二部所言，相似的社會與經濟問題再度成為許多政治劇變的根本原因，歷史
重演了。

羅斯福的這張清單上有沒有尚待改進之處？有的。現在，在消除種族、
族群和性別歧視的目標下，我們會比他更彰顯和強調**地位平等**。我們應該堅持
「提升**永續的**生活水準」，如此一來，我們就有資格如他所言：「在更廣泛且
持續提升的生活水準中享受科學進步的果實」。我們應該獲得「工作」，但應
該是份「**好工作**」：讓工作者有尊嚴，而且工作能夠充分參與社會生活。照這
方式修改後，這份清單依然是一份特優清單。

縱使在共產主義倒台後，一些人仍然把成果平均分配當成一項獨立的目
標。但是複雜的社會始終不平等。在有活力的市場經濟中，一些人賺了很多
錢，我完全能夠接受，只要這些錢是在創造財富的活動中賺得，而且不妨礙社

會達成現代民主制度的更廣大目標，這樣就沒問題了。不過，必須足夠平等到讓人人可以參與社會，同時確保機會平等在合理範圍。

我的修改清單也變動了順序（並且把公民自由擺在一邊，直到第九章）：

1.提升廣為分享且可永續的生活水準。
2.凡能工作且準備工作的人皆能獲得好工作。
3.機會平等。
4.需要安定的人能獲得安定。
5.終結少數人的特權。

這份清單也具有「可容許不平等」的含義。我們不能讓經濟上最成功的人控制政治制度，以不當手段操縱市場，造成傷害（例如：破壞環境），建立一個世襲的寡頭政治，或為了逃避納稅而阻礙社會達成其他目標（參見第二章）。為了達成這些目標，國家將需要可觀的稅收。我看不出有何理由讓溫和右派、中間派和溫和左派無法一致贊同這些目標，就算他們在如何定義和達成這些目標上有歧見，那也沒關係，成功向來取決於在各種元素之間做到適當的平衡。

這張清單涵蓋安定、機會、繁榮和尊嚴等目標的經濟層面，這並非代表只有經濟面重要，但大部分的社會福祉仰賴廣泛分享的繁榮。政治哲學家邁可・桑德爾（Michael Sandel）在批判精英制的著作中，呼籲更均等地分配經濟成果，因為這做法不僅重要，也是社會肯定（social recognition）的象徵。[21]另外，許多人關心的犯罪和家庭健全，二者其實跟經濟機會和地位有直接關連性，若人們覺得賺到像樣的錢無望，他們更有可能成為犯罪分子，也較難建立穩定的家庭關係，他們孩子們的未來發展也將黯淡無光，然後又進一步導致糟糕的經濟與社會後果。美國的大規模監禁模式，也使情況變得糟透了。此外，人們也想在和平的世界中生活，但確保世界和平的最佳途徑是國內和全球的普遍經濟繁榮。

總而言之，經濟不是一切，但經濟是一切的基礎。關於這點，羅斯福總統提出的「我們的人民對政治與經濟制度的基本期望」清單是適切的議程。

經濟重新啟動的障礙

在邁入第八章詳細探討政策選擇以前，我們先來思考高所得國家的經濟成功復甦的普遍條件，其為堅實民主制度的基礎。這些條件涉及下一章要討論的許多特定政策領域。

如同英國經濟學家約翰·凱和前英國央行總裁莫文·金恩在他們的新書中所言，不確定性是生存中的一個普遍特徵。[22] 這並非是指世界完全不可預測，相反地，一些事件發生的可能性明顯高於其他事件，但是機率本身通常未知且不可得知：我們無法多次重演歷史，因此也無法評估罕見事件的發生機率。但是，真正的「黑天鵝」——無人經歷過或想像到的事件——很少，已知、但稀有品種天鵝——想像得到、目睹時仍然令人驚奇的事件——倒是很多。[23] 既然無疑地存在這麼多種罕見天鵝，在任何一個十年間，一個必然就可能發生。來看看一些稀有品種天鵝（個別出現，不是集體出現）：新冠肺炎疫情的加劇；一種新型、致命的疫情；一場嚴重的恐怖攻擊事件可能使用卑劣的原子彈，甚至一連串的攻擊；股市崩盤；另一場金融危機；惡性通膨；政變；政權、意識形態或二者一起垮台；革命；反革命；內戰；重大的區域戰爭（例如：俄羅斯入侵烏克蘭）；核戰；全球熱核戰；破壞力強大的網路攻擊；氣候災難；小行星或彗星撞擊事件。上述所有事件起碼能想像任何一個十年間就可能發生至少一件。我們可以粗略推測一些事件發生的可能性，但也就只能做到這個地步了，衰事會發生，無法預料，破壞是常態。

跟不確定性的挑戰密切相關、但有所不同的是系統性思考。OECD推動的「經濟挑戰新思路」（New Approaches to Economic Challenges）計畫，致力於把系統性思考導入位於巴黎的組織、會員國和其他組織，但未獲得足夠的肯定。[24] 政府應該聚焦於內部運作系統的脆弱性，以及其他的捐款人也應該支持致力於整合複雜現實的各種國際組織工作。根本的重點在於，這世界以複雜方式相互關聯，我們若想發展因應事件的能力，就必須嘗試系統性思考。

當然幾乎可以確定的是，人類無法充分做到這一點：畢竟，複雜的系統就是如此複雜。光就過去十五年間，光是歷經金融危機、新冠肺炎疫情、俄羅斯入侵烏克蘭這三起重大事件，就顯示複雜系統的脆弱性。這些事件顯示，疾病、經濟、社會、政府、政治和戰爭不僅在國內相互關聯，也在全球相互關聯。系統性思考不容易，尤其是在狹窄專業化的年代，但我們必須強迫專業人員走出他們的封閉穀倉，他們必須認知到，系統性思考不同於有非常明確、經過實證的世界模型，後者是天真的理性主義，或是經濟學家腓特烈·海耶克（Friedrich Hayak）所謂的「科學主義」（scientism）。[25]

在一個充滿不確定性的世界，優良體系的基本特質是**穩健性**（robustness）：歷經意外的緊急狀況時能夠持續運作。[26] 我們已經發現，一些重要的運作體系並不穩健。在全球金融危機中，這是最大的衝擊：金融體系不僅支離破碎，也無法在沒有政府和央行的支持下自行整合復原。不過，新冠肺炎疫情倒是顯示，我們的許多體系非常穩健，尤其是在危機中製造和配送重要產品，例如：食物和醫療品的體系。雖然，在危機中後者體系有點崩潰，但也只是短暫性的，特別是我們以最初崩潰的規模來評估的話。研發、生產和配送新疫苗的能力非常卓越。不過，後來2021年出乎意料的強勁復甦中暴露了物流供應的限制，顯示穩健性並非總是存在。

我們不能把穩健性視為理所當然，穩健的體系經常需要備用產能，但備用產能成本高昂。例如：在金融業，金融中介的一部分穩健性來自使用較多的權益資本融資和較少的負債融資，經理人和股東當然不喜歡這做法。較高的權益資本要求，實際上並不會提高總成本，但對經理人就有成本了，因為他們的薪酬跟權益資本的報酬率有關。這些經理人暗自下注：他們掌管期間不會發生重大變化，若賭對了，他們就能從提高槓桿操作中獲得龐大利益，儘管這麼做也降低了事業的穩健性。

不過，我們主要關心的，並不是提高個別產品或服務的穩健性，若攸關生存的話，多數人和企業了解必須建設穩固的橋梁、持有設備存貨、實際產能得高於大部分時間的需要。所以，問題是發生在，當企業和國家仰賴備用系統，但所有人同時都有需要，此時就存在一種「外部性」：對個體而言有理之事，未必對所有人有理。新冠肺炎疫情提供了一個教訓，至少在疫情初期，當所有人突然都需要口罩等醫療衛生用品時。系統性思考的方式是，思考我們願意付多少錢，換取一個體系在這類情況下的穩健性。此外，系統性思考應該有一部分著重在政府的功能與職責，因為個別企業欠缺穩健性或許影響不大，但政府可能在危機中造成重大的社會成本。

若重要的體系不穩健，起碼得有**韌性／復原力**（resilience），亦即能夠在崩潰後迅速重組或重建。韌性是市場制度的一大優點，尤其是全球市場，通常形成多管道的潛在生產與配送。第一波新冠肺炎疫情爆發後，迫切需要的醫療用品供給體系可茲為證，我們絕對不該低估賺錢導向的企業設法把產品／服務送入市場的能力。但是，跟穩健性一樣，稱職的政府應該思考，在意外壓力下，重要體系的韌性有多高，以及這些重要體系的韌性不足時該如何是好。[27]

民主資本主義的一個重要層面是**問責制**（accountability），基本原則很明確：沒有任何人高於法律；沒有任何一家企業高於市場；沒有任何一位政治人物高於選民；沒有任何人或個體高於公眾批評。相對於專制體制，這些應該是民主資本主義遵守和維護的價值觀和優點。我們珍惜並保護這些制度，但並不意味著當責是一件容易的事，縱使在先進的民主國家，問責也不容易。沒有人想承擔重任，這是很痛苦的事，政府、政治人物、企業人士和專業人士會竭盡所能地逃避責任，有很多方法可以造成權責混淆不清：不必要的複雜性、刻意製造混亂、推諉責任、缺乏監督、釐清和透明度。可問責的代價就是要永遠保持警戒。

上面敘述的是廣義的問責，但還有細部的問責，以下舉三個例子：

第一、未經計算就不會引起重視。因此，不論公共部門或私人部門，會計做帳不能只包含可衡量的項目，跟決策有關的項目也應該納入其中。例如：公共部門的現金流量帳應該輔以資產負債表和應收應帳款為佐證，紐西蘭就是如此。[28] 大多數的政府帳目制度只聚焦於短期現金流量、跟GDP有關的債務餘額，單憑這些資料根本站不住腳。國民經濟會計應該包含市場產出與支出外的其他估算（如前文所述）；同理，企業會計應該包含跟環境、社會和治理有關、更廣泛層面的估算，最起碼也應該估算企業在這些層面的曝險程度。

第二、不論公共部門或私人部門，會計做帳與稽核必須獨立。以英國的公共部門為例：設立預算責任辦公室（Office for Budget Responsibility）就是優異的創新問責方法，而且應該提供辦公室製做資產負債表的必要資源。此外，提倡公共部出具資產負債表，鼓勵公共部門更專業地管理資產與負債。[29] 在私人部門方面，長久以來稽核功能不被信任，原因在於二者利益衝突：其一、因為承接稽核工作的會計師事務所跟客戶有其他的商業關係；其二、因為企業內的稽核員是稽核公司付錢委託派的。一個解方是，讓稽核成本從股票掛牌費中支出，換句話說，就是由股市代投資人支付稽核費用，這很合理，因為投資者是最關心稽核品質的人。

第三、必須建立失敗的問責制。所有重大災難理所當然得調查，主要不是為了懲罰相關人員，而是要從中汲取教訓。新冠肺炎疫情是一個例子，明顯不能妥善應付的西方國家必須從錯誤做法、及其他國家的正確做法中學習。

小結：審慎且明智地執行漸進式社會工程

想要經濟與社會運作得更好，我們必須把一些重要的事情做對，本章列出了這些事項，但最根本的需要是審慎且明智的改革，旨在顯著改善絕大多數人的生活，這是下一章的焦點。

第8章
邁向新的新政

> 沒錯，這是階級戰爭，但這是我所屬的階級——
> 富人階級——發動的戰爭，獲勝的是我們。
>
> ——華倫·巴菲特，股神[1]

> 稅是我們為文明社所付出的代價。
>
> ——奧立佛·溫德爾·霍姆斯（Oliver Wendell Holmes），前美國最高法院大法官[2]

> 有時候，簡單又大膽的想法幫助我們更清楚地看出需要細膩處理的複雜
> 現實。對於全球經濟，我有一個「不可能定理」
> （impossibility theorem）：整合民主制度、國家主權和全球經濟，
> 三者互不相容，我們可以結合三者中的二者，
> 但無法同時且充分地結合三者。
>
> ——丹尼·羅德里克（Dani Rodrik），經濟學家[3]

　　上一章概述了改革現代資本主義的方法，本章將深入探討新的新政。無可避免地，某些人會比其他人更能接受其中的部分思想，但本章（和本書）針對的所有人，都將同樣致力於法治的自由民主制度和社會市場經濟的理念。

　　本章的分析依循上一章列出小羅斯福總統的新政抱負更新版本：

1.提升廣為分享且可永續的生活水準。
2.凡能工作且準備工作者的人能獲得好工作。
3.機會平等。

4.需要安定的人能獲得安定。

5.終結少數人的特權。

不斷提升、廣泛共享且可永續的生活水準

　　如第二章所述，經濟進步孕育出普選制民主這個理想。分享繁榮提升帶來的利益，遠比分攤繁榮衰退造成的損失容易得多。事實上，看起來有著堅實自由民主制度的國家，其政治之所以日益緊張，原因之一就是他們正在分攤金融危機所造成的損失，後危機期間的財政緊縮是這種損失尤其重要的源頭。同樣地，長期較低的生產成長率（參見第四章〈圖19〉），以及長期未能應對貿易和技術進步造成的不利衝擊，特別是美國，也使得人們持續分攤這些損失。因此，特別期盼2020年代別再重蹈覆轍，尤其是新冠肺炎造成的傷害，以及復甦後出現的通膨劇增。那麼，經濟體如何才能享有一個提升廣為分享且可永續的生活水準呢？

　　有很多迫切的行動建議，其中很多建議似乎認為我們能夠找到魔棒，揮舞一下就能使可永續的繁榮大增。這不太可能，第五章討論的種種逆風顯示出真實情況有多困難。此外，較簡單的改革，例如：開放貿易、普及化中等教育、推廣大學教育等措施大多已經實施了。更不幸的是，我們對於經濟成長的了解仍然有限，認為處於或接近技術前沿的經濟體能輕易加快經濟成長是不正確的。話雖如此，思考2020年代及其後可永續的繁榮，有四個較明確的必要條件：總體經濟穩定性、投資與創新、永續性、明智地開放世界經濟。

總體經濟穩定性

　　新冠肺炎疫情爆發於前哈佛大學校長勞倫斯·桑默斯所謂的「長期停滯」（參見第五章更詳細的討論，或者更乏味的描述是：結構性的需求疲軟）結束時，導致私人部門負債增加（這部分出於對需求疲軟的反應），問題惡化的部分原因是私人部門負債增加引爆的金融危機，部分是新債的壓抑效

應，部分是負債沈重的經濟脆弱性，縱使是利率最小幅地調升也有很大影響。

　　全球金融危機後採行的財政緊縮政策是錯誤的選擇，或說不是必要的選擇。[4] 在一些國家，尤其是英國，政府企圖把金融危機歸咎於輕率融資導致的財政揮霍[5]，這樣就可以在政治上合理地執行嚴苛的財政緊縮[6]。財政緊縮政策削弱了復甦力道、傷害人民的福利，甚至損害民主制度的正當性。除了其他種種影響，過早的財政緊縮導致英國脫歐和川普當選。

　　過早、過度或指導無方的財政緊縮可能是災難性政策，但長期、過度或指導無方的寬鬆擴張政策同樣也一樣。政府應該針對事發情況來選擇適當的策略方向與工具。

　　我們過度倚重貨幣政策（例如：量化寬鬆），雖然為了應付2008年至2009年的金融危機、其後的歐元區危機、更近期的新冠肺炎帶來的衝擊，實施這項政策有其必要性[7]，但極端的貨幣政策可能產生危險的副作用[8]。這種政策倚賴無節制地創造信用與舉債，以及資產價格上揚，種種現象結合起來使金融體系變得更加脆弱，經濟更不穩定了。有時候病人必須服用這類危險性的藥，但是吃了數十年怎麼可能沒有副作用。此外，貨幣工具，尤其是低利率，不只是危險，也可能沒有效。在「長期停滯」和信心薄弱的年代，低利率可能無法充分地提振私人部門的支出，尤其是投資方面[9]，這種情形相似於1930年代的「舊凱因斯經濟學」，「長期停滯」一詞最早就是出現於當時。

　　時至今日，仍然有很多人主張不應採取行動企圖停止萎靡不振的經濟，他們的理由是，就跟森林火災一樣，大火能燒毀舊成長，也為新成長開闢出空間。[10] 有時候，甚至有人對積極貨幣政策惡化了財富分配不均而掉下鱷魚的眼淚。但是，這類異議忽視了在缺乏擴張性政策下，他們假裝關心民眾的飯碗將何去何從。我們也別忘了，大部分人口擁有的財富非常少，根據美國普查局（US Census Bureau）調查，2019年時在財富分配中最底層20％的美國家計單位淨財富中位數只有6,030美元，次底層20％的淨財富中位數只有43,760美元，中間20％的淨財富中位數仍然只有104,700美元。[11] 反觀億萬富豪的財富翻倍，因此對財富底層者來說，這些政策無關痛癢[12]，真正要緊的是他們自身的富裕程度，而這一切主要仰賴有份薪酬合理的工作[13]。

那麼，為應付長期疲軟的需求還有哪些方法呢？其一是結構性政策，尤其是所得重新分配，把更多的所得分配給將會支出、而非儲蓄的人，以及對私人部門的投資提供更強的誘因。再來是採取比迄今所見更加反傳統的貨幣政策，選擇之一是負存款和負放款利率，不過這措施可能不受青睞，也成效不彰。另一個選擇是所謂的「直升機撒錢」（helicopter money），亦即直接發錢給民眾。另一個選擇是中央銀行以負價差（negative spread）放款：放款利率低於存款利率（可能為零或正利率），形同在虧損之下把所得轉移給私人部門。[14]

還有一種更積極的財政政策選項，亦即結合減稅和更高的支出，尤其是公共投資（特別著重在能源轉型方面），以此形成財政赤字。這種財政政策可以透過傳統方式來融資，例如：向大眾出售債券、直接創造貨幣（直接印鈔）。直接印鈔可能是暫時性的，例如：新冠肺炎疫情期間的做法，但也可能是更長久性的。此外，對財政支出提供貨幣性融資可能是相對較透明的做法：透過中央銀行或私營金融機構的放款提供保證。後者的做法，名目上的私人部門放款中有一部分將變成實質上的財政政策。

那麼，這些選項中哪一個或哪種組合才可行呢？答案是：任何一種選項都有可能。這些選項都有風險，從2021年和2022的激烈通膨就能看出風險有多大。問題在於，這些選項當中哪一項能提供最佳的成效風險比？這些風險不僅僅是經濟風險，也是制度和政治風險。所以問題的答案，有部分取決於經濟機會，以及經濟和政治的限制。

中央化的國會制度（例如：英國和日本）可以自由地使用財政和貨幣政策，但面臨的是金融或經濟風險加諸的限制。在彈性的光譜上，身為主權國家聯盟的歐元區位處反向的另一端。美國則有著複雜的權力制衡的聯邦制，介於上述二者之間，可以使用財政政策，但要在行政當局和參眾兩院之間達成協議很不容易，而且通常會導致無心的利益輸送。新冠肺炎疫情期間，美國國會在財政政策上的作為非常有效，直至2021年拜登政府上任後還在繼續，但那明明是全國緊急狀態的措施。

使用財政政策要有充分的理由。財政政策除了在利率水準很低時很有效外，還可以做到貨幣政策不可能做到的針對性。例如：財政政策可以瞄準特定的弱勢群體或是增加投資。此外，當利率水準為負時，若政府如同喬治・索羅斯（George Soros）建議的那樣，利用機會發行到期日超長、甚至永久性的債券來籌措擴張性財政政策所需要的資金，這種財政赤字的風險極低。[15] 事實上，在經濟低迷不振時，採行擴張性財政政策，把GDP擴張到遠大於公共債務，反而有促進了長期的財政永續性。[16] 當然，財政赤字有可能導致經濟過熱，例如：對於拜登政府提出的1.9兆美元刺激經濟計畫，勞倫斯・桑默斯在2021年年初時撰文發出類似警告。[17] 不過，這不是在反對積極的財政政策，而是反對欠缺考慮、不明智的財政政策。

這就要談到「現代貨幣理論」（modern monetry theory，MMT）了，該理論是用另一種方式來闡釋財政政策與貨幣政策之間的關係，而且倡議聲浪愈來愈大。現代貨幣理論的思想簡單明瞭[18]：政府可以任意創造主權貨幣——不以某種資產（例如：黃金）為後盾的貨幣，用法律來要求人民接受以此貨幣做為支付工具。如此一來，政府就不需要借錢來支付帳單，也永遠不會有債務違約發生，唯一的限制是通膨。所以，政府可以、也應該用印鈔來融資財政赤字，只要避開通膨的風險就行了。[19]

抨擊者說，現代貨幣理論既不現代，也不與貨幣相關，更不是理論。他們說，現代貨幣理論是老舊、偏向財政措施，充其量只是會計之類的東西。[20] 事實上，現代貨幣理論的危險性更甚於其不正確性，我們可以辨察其中的三個主要危險。

第一、政策制定者的無知和一廂情願。政策制定者，尤其是民選的政治人物，他們不知道經濟何時接近充分就業、即將進入高通膨。事實上，就連認為「整個經濟存在定義周延且穩定的產出缺口」的概念也是錯的，這是1970

年代提供的教訓之一。拉丁美洲過去數十年的民粹主義政策顯示，由那些對總體經濟抱持天真期望的人，一廂情願地驅動經濟將其逼入高通膨。經濟要達到那個地步可能得歷經一段時間，最終很可能達到，但不是因為通膨上升，而是強勁需求下無可避免的結果，因為現代貨幣理論的基本建議是，只要認為經濟還有過剩的產能，就無限地印鈔來活絡市場、創造需求。2020年、2021年和2022年的經驗顯示，這種天真絕非遙不可及的風險，中央銀行和財政部裡都可能存在。

第二、對貨幣體系失去控制。當中央銀行創造貨幣為政府提供資金時，同時也對銀行體系創造了儲備金，除非提高法定準備金比例，否則無限財政赤字所驅動的開放貨幣融資榮景中，銀行放款將有爆炸性成長的風險。假設中央銀行提高了法定準備金比例來抑制導致通膨的銀行放款擴張，同時也假設中央銀行雖提高了法定準備金比例來抑制通膨壓力，卻又不支付準備金的利息，那就形同銀行被迫無酬提供給央銀的貸款（法定準備金）被課稅了。最後，銀行可能也不支付存款的利息，這也像是一種課稅，只是課稅對象為存款人。這些是「金融抑制」（financial repression）的例子，也是拉丁美洲國家貨幣史的一個特徵。[21]

第三、資金逃往產品、服務和資產（包括外國資產），形成資產價格泡沫、通膨或二者皆有。舉例而言：在通膨環境下，若銀行存款沒有利息，幾乎確定會發生資金外逃現象。如同出生在智利的加州大學洛杉磯分校教授塞巴斯提安・愛德華茲（Sebastian Edwards）所言，許多拉丁美洲國家嘗試這種貨幣政策：「導致失控的通膨、鉅額貨幣貶值，以及實質工資急劇下滑。」[22] 人們之所以願意持有政府發行的貨幣，是基於信任而不是法規，若他們喪失了信任，轉向拒絕持有貨幣，國家就會變得像曾一度繁榮的阿根廷一樣，最後經濟殘破不堪，徹底毀掉人民與政府之間的關係。

在管理現代貨幣經濟時，必須避免兩個錯誤。其一、過度倚賴信用來驅動私人部門的需求，因為這可能造成金融的劇烈波動。其二、過度倚賴中央銀行融資政府部門的需求，因為這可能導致通膨的強烈起伏。解決方法是把必要的裁量權委交給獨立的中央銀行和金融監管當局，當中央銀行為政府提供融資為合理之舉時，應該交給中央銀行決定，唯一的例外或許是當政府可信地宣布國家緊急狀派時，例如：戰爭、疫情或金融危機。平承時期，應當避免財政政策支配貨幣政策的情形。

不過，長期風險並非只有需求不足，需求也會過剩，這可能是擴張性貨幣政策或財政政策做過了頭，就像2021年的情形。[23] 中央銀行和政府出手干預長期的需求疲軟，這種做法相當正確，只是不能過度，否則可能導致長期的通膨攀升、迫使當局採取貨幣與財政緊縮，甚至深度破壞性的經濟衰退。若對通膨預期變得不穩定或半永久性上升，情況將變得特別糟。

話雖如此，只要世界經濟的結構性條件仍然呈現總需求疲軟，而且各國中央銀行牢記各自的核心角色，那麼2021年和2022年的通膨上升可能只是暫時性的，重返持久性高通膨的風險可能不大。[24] 不過，我們也不能就此安心，基於本書第五章討論的人口結構變化原由，長期需求疲軟的情況可能很快就有所改變[25]，尤其是老齡化將使勞動供給減少、儲蓄降低。老齡化對勞動供給的影響性相當顯著，至於對儲蓄與投資均衡性的影響就不太清楚了，因為老齡化人口可能導致儲蓄降低，也可能導致投資降低。長期通膨可能是未來的一種狀態，但可能性還沒那麼肯定。

最後一點很重要，總體經濟應該把緊急需求納入考量，降低金融體系的脆弱性，尤其是私人部門沉重負債所造成的脆弱性。其中一項危險的導因是，現行幾乎所有企業和個人稅制，都導致偏好舉債融資而非權益融資，提高了企業和家計單位的資產負債表脆弱性，也提高了經濟衰退時發生大規模的破產風險，進而迫使政策制定者（尤其是中央銀行）在危機時出手拯救債務市場。在這方面，要特別著重私募股權基金的成長，其營運模式是把自家擁有的公司負債最大化。有關當局必須設法降低這種舉債的誘因。[26]

長期而言，或許可以藉由發展中央銀行數位貨幣來減輕一些問題。[27] 數位貨幣甚至不只用來取代現金這種愈來愈過時的技術，理論上，中央銀行數位貨幣還可以取代銀行存款，做為安全無虞的購買力儲備。這可以大大降低目前金融體系的脆弱性，尤其是在面臨嚴重金融恐慌時的脆弱性。這種脆弱性迫使政府必須提供基本上無限量的保險，其中大部分的保險是隱性的。有了中央銀行數位貨幣，銀行就只是扮演金融中介角色，不再受益於一邊靠著放款來印鈔，一邊享受政府的補貼。此外，有了中央銀行數位貨幣，等量地把錢發放給每位人民這件事就變得更簡單了。不過，轉變成中央銀行數位貨幣也會帶來不少挑戰，尤其是維持融資與支付業務的競爭力，以及應付過渡到新制度時可能造成的不穩定。貨幣與支付技術的革命正在來臨，長期而言將帶來大益處，但也必須審慎周延地考慮。[28]

創新與投資

投資現有技術並不是一部能夠創造持久成長的引擎，除非是在一個後進的經濟體中，採用在別處早已發展成熟的技術。對於走在經濟前沿的國家，成長的主要引擎是創新，而創新的輔助力是奧地利政治經濟學家熊彼得所說的「創造性破壞」。創新者摧毀舊的壟斷者，暫時性的新壟斷者崛起，然後又遭到新進者的攻擊。競爭驅動這台機器，輔助馬達是創業活力、科學研究和企業研發。[29]

這些創新點子大多需要靠實物資本和無形資本來實現。[30]成功的經濟也需要高品質的基礎設施，例如：道路、寬頻等，以及其他資本財，例如：住屋、醫院、學校等。尤其是，繁榮仰賴高品質人力資本的供給，這又取決於教育、訓練和移民規模與類別。總而言之，繁榮的社會需要很大比例的高品質投資。

上述這些投資雖然大多是由私人部門來做，但公共政策的角色也很重要：公共政策直接支持科學與創新；為基礎設施的供應和土地使用提供資金和監管；保護和提倡智慧財產的創造；融資和治理教育。此外，諸如：保護智慧財產、稅負、監管、規畫等種種政府政策，也可能鼓勵或阻礙私人部門投資創新和其他很多形式的重要資產。

「成長的動態能力理論」可茲解釋過去兩世紀中，從19世紀的德國與美國、20世紀的日本與韓國，以及更近期的中國成功地迎頭趕上的成長故事。[31]這些國家的成功不是因為做了很多相同的事，而是來自發展新能力。[32]在冒險資本市場的支持下，私人部門的創業精神是有活力、創新的市場經濟驅動力，但長久以來政府也扮演著重要角色，這個認知至少遠溯至17世紀和17世紀的重商主義者。亞歷山大‧漢彌爾頓（Alexander Hamilton）和德國經濟學家腓特烈‧李斯特（Friedrich List）分別在18世紀末和19世紀時主張保護國內的幼稚產業[33]，李斯特對19世紀的德國思維影響甚大，而漢彌爾頓則是美國知識界的巨擘，美國是19世紀成長迎頭趕上的最重要的經濟體。

美國政府於1958年設立的國防高等研究計畫署（Defense Advanced Research Projects Agency，DARPA），做為創新者有著特別重大輝煌的創新成就。[34]蘋果公司等相關創新企業使用的許多基礎技術，都是在政府支持下發展出來的。[35]新醫療的重要研究也經常是政府機構資助或直接執行，例如：美國國家衛生院（National Institute of Health）、英國醫學研究委員會（Medical Research Council）。[36]當最初由創新驅動的金融狂熱在金融危機中停止時，政府也扮演提供總體經濟穩定性的角色。[37]

然而，儘管政府在成功的經濟體中扮演正向的角色，不過通常在不成功的經濟體中也是如此（而且戲份往往更吃重）。那麼，成功與失敗的作為有何區別呢？在不成功的經濟體中，政府未能提供有效能的政府、法律的可預測性，以及必要的實體與社會基礎設施[38]，即隨意干預。成功經濟體的政府提供必要的條件，也謹慎地干預。干預有四種選擇：一切留給市場；對切要的市場要素提供支援（尤其是科學與技能）；支持特定產業與技術；挑選特定廠商／技術／產品。政府應該審慎地實行前三者，最後一項則別輕易嘗試，而是留給銀行、創投家、其他投資人和放款人。嘗試挑選贏家的政府通常會發現，找上門的都是輸家。

這裡重要的疑問是，如何制定智慧財產權法規，智慧財產權已經變成食利者的重要獲利來源（參見第五章）。版權和延長版權的意圖相當有問題，存在著什麼東西可以申請專利、「專利流氓」（patent trolls）如何利用專利做為剝削工具等問題。[39] 更根本的問題是，沒有人能確定智慧財產權制度的淨影響究竟是促進真實世界裡的創新（藉由酬謝智慧財產而鼓勵創新）呢，抑或是阻礙創新（減緩智慧財產的應用）。我們或許可以考慮以不同的方式來資助創新，例如：獎賞發明者或其他直接獎勵，使用這類機制或許更能促進發明和創新的應用。此外，藉由獎賞創新，政府或許可以推動創新朝其認為最重要的方向前進，而無需資助研究經費。[40] 獎賞應該被視為專利的補充，而非取代專利。

總而言之，政府需要旨在促進科學研究與創新的政策，也需要發展新領域技能的政策，政府在這些方面的支出能提供基本重要的公共財，屬於市場供應不足或完全不供應的東西。[41] 政府應該思考的是實施這類的干預能否產生有價值、超越個別企業的新能力。

更廣義地說，創新並非只是關乎新產品和流程，也關乎新關係，尤其是競爭性供應的私有財，以及合作性提供的公共財之間的關係。因此才會有現代銀行業務的出現，因應銀行之間、中央銀行的公共財和金融監管之間新關係的需要。同樣地，網際網路的基礎並非只有封包交換的技術創新和服務供應商之間的競爭，還有各種標準，這些標準是共同合作治理的公共財。雖然經濟學家認為公共財是由共同機構（尤其是政府）提供的，但網際網路引領出愈來愈多由私人部門提供的公共財，其資金供給模式，包括：營利型（例如：谷歌、臉書、推特）、慈善事業型（例如：維基百科），以及向公眾捐贈程式碼（例如：開源軟體）。澳洲經濟學家尼可拉斯・格魯恩（Nicholas Gruen）指出，種種尚待建立的數位公共財，由私人部門發展需要可觀的成本，或是存在協調上的障礙，阻礙了私人部門建立和供應公共財，若以公私數位夥伴模式建立它們，將產生很大的經濟與社會益處。[42]

接下來轉向投資這一層面。投資與創新的關係相當複雜，但二者高度互補：投資愈高，資本存量（capital stock）內含最新技術的速度就愈快；對研發和各種點子的投資愈高，創新速度應該也會愈快。因此，公共部門和私人部門增加投資是提高成長率、改變資本存量以滿足環境需求的必要做為。當然，投資於節省勞力的技術也是成長的必要部分，但重要的是，不讓勞工沒工作，而這就需要積極的勞動市場政策，後文會重返這個議題。

政府做為資金提供者的角色，尤其是基礎設施方面，對更長期的成長很重要。所幸，在2020年代初期的實質利率水準（其實應該說2008年金融危機後的利率水準）下，市場有利於政府舉債取得資金。但是，許多國家，尤其是英國，選擇刪減公共投資來降低赤字，這做法實在是因小失大。所幸，在2020年代初期的低實質利率水準下，創造出更大的機會。此外，支出用於投資計畫的一大好處是，這些並不需要持續性的投入，只需要維持使用創造出來的資本就行了。換句話說，政府可以靠舉債來獲得適當的資本，投資完後就不需要再舉更多債了。

政府也應該設法促進私人部門的投資，在一國的總投資中，私人部門投資是最重要的構成部分（參見＜圖43＞）。除了支援重要需求外，政府有兩個選擇，其一、改善投資誘因，簡單的做法是讓固定投資可以100％列為費用，或者更好的做法是，可以100％抵公司所得稅。投資應該列為整體稅務改革的一部分。第二、改革公司治理的重點，特別聚焦在管理階層獎酬直接與公司股價關聯的「獎金文化」上，尤其是在美國和英國。這種獎金激勵往往誘使管理階層使用自由現金流量、甚至借錢買回公司股份，也就是所謂的股份回購，以此炒高公司股價[43]，把生產性企業變成金融投機。

在一些高所得的大國中，公共部門投資固定資本占GDP的比例始終很低（參見＜圖43＞），2010年至2018年期間，德國、義大利、西班牙和英國的年均公共部門投資占GDP的比例特別低。德國是為他們過度執著平衡預算付代價，義大利和西班牙是為可避免的嚴重歐元區危機付代價，英國則是為了因

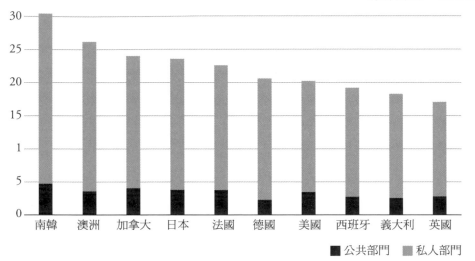

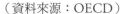

<图43>2010年至2018年的年均固定資本形成毛額占GDP比例（％）

（資料來源：OECD）

■ 公共部門　■ 私人部門

應金融危機而愚蠢地刪減公共部門投資。不過，其中的私人部門投資更為重要，南韓的私人部門投資占GDP的比例非常高，英國則是墊底。英國和美國的低年均私人部門投資比例顯示，這些國家的企業非常不願意投資，這是明顯的不利條件。

永續性

　　提高投資和創新速度是繁榮的必要且重要條件，但繁榮也必須具備永續性，世界面臨重大的環境挑戰，尤其是氣候變遷。

　　本書前面幾章討論的經濟萎靡並不是氣候變遷、也不是任何氣候相關作行動所致，但後者是出於氣候變遷而漸增的威脅。1990年代、2000年代和2010年代有不少研究和研討會，聚焦討論氣候變遷漸增的危險性，但卻沒有對這些危險性採取有效行動。溫室效應氣體的集中和平均氣溫上升的情況，大致吻合科學家們提出的警告，儘管歷經各方辯論，最終幾乎毫無作為。川普讓美國退出2015年的巴黎氣候協定，固然沒幫上忙，但大概也沒造成多差異，尤其是中國快速擴增燃煤火力發電的情況下。

專家們壓倒性的共識是，必須果決地在2020年代改變這些不利的趨勢，如果希望將平均氣溫高於工業化前平均增幅控制在2°C以下，更遑論危險性較小的升幅1.5°C（除非我們最終訴諸冒險且具爭議性的地球工程）。此外，高所得國家必須成為表率，儘管光靠這些國家無法得出解方（參見第五章，＜圖41＞），這論點基於四個理由：第一、高所得國家的人均二氧化碳排放量仍然相對較高（參見＜圖44＞）；第二、由於他們的經濟成長趨勢放緩，較容易且快速結合低碳排量的要求；第三、他們有實現能源轉型所需的技術資源，可以讓其他國家效法；第四、也是較不重要的一點，他們產生歷史上大部分的溫室氣體排放量。[44] 拜登當選美國總統後，美國開啟了加快進展的可能性，若美國持續置身事外，將成為永續進步的巨大障礙，這不僅在於美國本身是大排放量國家，也因為如此一來，其他國家會認為自家大舉降低碳排量的努力沒有任何意義。

過去十多年間，再生能源的技術和成本似乎有可能在2050年達到全球淨零碳排的境界，而且成本相當低。國際貨幣基金估計，若把避免掉的傷害加入計算，達到這目標可能只會使全球總產出比「基準線」（在政策不變下）低1％。[45] 但若不大幅且快速地改變政策，目標將無法達到。若高所得民主國家想一如期望地在2030年以前把淨碳排量減半，就必須快速做出大量的政策行動。

國際貨幣基金在2020年10月發布的《世界經濟展望》（World Economic Outlook）中指出，計畫要成功將需要前置綠色投資、積極資助研發、可靠地長期致力於提高排碳價格。這些建議與其他研究提出的建議一致。[46] 另外，用補充性的管制來加快必要的行為改變也很重要。不過雖然做法上可行，這種轉

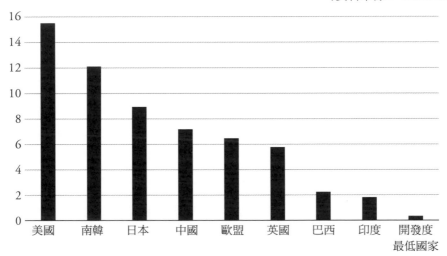

＜圖44＞2018年人均二氧化碳排放量（單位：公噸）

（資料來源：World Bank）

變也會在政治上、社會上和技術上帶來艱鉅挑戰。

　　總部設於倫敦的國際智庫能源轉型委員會（Energy Transitions Commission）跟其他各方的觀點一致，認為新能源制度的骨幹將是再生能源（太陽能和風能）和核能發電，並需要各種儲存系統（電池、水力發電、氫、天然氣、碳捕集和封存）的支援，這顯然又是一場革命。零碳經濟（許多國家的2050年目標）需要的電力是我們目前電力需求的4到5倍，在新經濟中，氫也扮演著重要角色，因此到了2050年時，氫的消費量可能增加到現今的11倍。[47]

　　風力發電場和巨大的太陽能板電池列陣被視為既擾民、又醜陋的裝置，更重要的是，電氣化需要大幅擴大電池產能，在現今技術下，代表相應地要使用更大量的礦石，尤其是鋰、鈷和鎳。[48] 採礦也有破壞性，尤其是在貧窮國家採礦時，例如：剛果共和國供應全球約60%的鈷消費量。[49] 讓這些國家的人民（而非只是貪婪的權貴和礦業公司）享有這些利益，照顧並尊重礦工和他們的家人，這些是重要課題。

生產和儲存電力將帶來許多困難的環境與社會課題，但用再生能源取代化石燃料可以降低碳排量，也幫助改善環境品質，使更多人的生活變得更好。不過，能源轉型基本上是一種防禦性投資，旨在防止環境傷害而非提高所得，所以轉型將使許多人的經濟狀況變差，特別是受到負面衝擊的人原本經濟狀況也不好。用熱泵取代化石燃料鍋爐、改善建築物的隔熱、電動車取代汽油車、為航空運輸支付更高的價格等，種種做法都將墊高使用成本並引發爭議，因此我們也不能假裝這些問題不存在。

課徵碳稅的一大好處是，稅收可用來彌補蒙受損失者，例如：對每個規模或納稅人發放一次性等額退稅。[50] 若希望這些改變被普遍接受，必須在政治上做出這種補償，否則如同法國的黃背心抗議運動所示，能源轉型可能引發追求改革進步者跟年紀較長、教育程度較低者之間的深度衝突。[51] 此外，補償不能只針對國內，必須擴及全球性，因為能源轉型需要全球一同合作。

能源轉型過程中的一個重要部分是，把誘因內化到企業決策，主要做法是碳定價（carbon pricing），此外，透明化公司的氣候風險曝險性和實務對氣候的影響，這些也很重要。國際性組織金融穩定委員會（Financial Stability Board）旗下的「氣候相關財務揭露工作小組」（Task Force on Climate-Related Financial Disclosures）在這方面已經取得一些進展，其目標是藉由量化與釐清每家企業的狀況，以改進風險評估、資本分配和策略規畫，使企業本身、投資人、監管當局和廣泛大眾都能因此蒙受其益。[52]

芝加哥大學教授拉古拉姆・拉詹（Raghuram Rajan）建議設置「全球減碳獎勵基金」[53]，碳排量超過現今全球每年人均碳排量約5公噸的國家，將必須繳錢給這機構，金額計算方式是：人均碳排量超額部分×該國總人口數×議定的平均每人獎勵／處罰金。碳排量超過基準的國家繳罰款，低於基準的國家獲得獎金。但是，若每個國家的人均碳排量都增加，所有國家都是輸家，因此全球合一起面對相同的減碳排誘因。伴隨全球碳排量降低，落後者大概會做出改變，淨繳款者和收款者也會做出改變。

此外，應該容許對國內課徵碳稅的國家，可以對未徵稅國家的碳排密集型進口貨物課徵關說，若不這麼做，廠商可能乾脆把碳排密集型產品的生產線轉移至不課徵碳稅的國家，如此一來，全球降低碳排量的進展會有限，也會導致各國政治上難以課徵碳稅。當然，所有這類關稅調整都是一種簡單、粗糙的機制，也會導致全球衝突。不過，若高所得大國率先推出應對機制，最終將引領其他國家對更好的政策達成協議，例如：碳定價。[54]

最後，我們應該注意到加快能源轉型的即時好處：這為公共部門和私人部門的投資提供強而有力的理由。如前所述，當實質利率水準低時，正是投資的好時機，政府可以用非常有利的條件舉債，融資來投資這類轉型項目。挑戰與機會有大部分落在新興與開發中國家，所以這裡有一個重點是，想讓這類能源轉型投資去風險化，最明顯的做法是取得高所得國家的保證。為了有效推進全球減碳的目標，我們必須把握這些機會。

全球化

1980年代、1990年代和2000年代的全球化並非偶然，相反地，那是貿易自由化與國際投資等成功經驗下的結果，這些貿易自由化與國際投資最早始於1940年代、1950年代和1960年代的美國盟友之間，其後擴及世界大部分地區。這些經驗提供的啟示是，開放貿易和引進外資的國家經濟表現遠優於未開放的國家。二戰後西德與東德、南韓與北韓、台灣與中國大陸之間的政策對比，明確驗證經濟開放是繁榮的助力。在1990年代初期開始改革以前，印度的糟糕經濟表現，對比於較開放的東亞經濟體的繁榮，又是另一個例證。開放貿易為經濟體開啟了通往新供給、資源、技術、創意和人才的管道。[55]

這些效益對於小國尤其重要。澳洲、愛爾蘭、以色列和北歐四國（丹麥、芬蘭、挪威和瑞典），結合高素質的國內制度，以及善加利用世界提供的機會，締造非凡的成功[56]，台灣的故事也很傑出。不過，就連中國和印度等最大的開發中國家，若不是利用世界經濟提供的機會，經濟也不可能在過去幾十年間快速成長。這些國家開始中國所謂的「改革開放」（中國於1978年開始，印度於1991年開始）後，其經濟的加速成長非常醒目。

若開放的全球經濟在經濟民族主義和強權敵對的浪潮中熄火，那將是個悲劇。[57]但現在已經出現了反依賴貿易的聲浪，加上新冠肺炎疫情的助長，引發各國頒布出口管制，尤其是管制疫苗輸出。[58]不過，所謂全球供應鏈帶來麻煩的論點，其實與事實恰恰相反。對特定產品的龐大、意料之外的需求增加才是更大的問題，而全球供應鏈才是解方，因為全球供應鏈讓國家受惠於全球的產出。[59]話雖如此，這一衝擊，加上貿易影響國內就業市場引發的長期焦慮，以及對未來國際關係和技術競爭的新焦慮，大大降低了人們開放世界經濟的信心，也降低管理世界經濟的國際組織與協定的正當性，尤其是世界貿易組織。[60]更不用說，新冠肺炎疫情提醒了我們有關疾病及其他的威脅（戰爭、恐怖主義和其他自然災害），會破壞國際商務和增加旅行的危險性，如同第七章討論到韌性與穩健性時的內容所言，企業和政府必須在其規畫和營運中納入這些考慮。

本章開頭的經濟學家丹尼·羅德里克的引言提供一個較廣泛的哲理框架。他認為，深度國際整合（這種整合將產生各國法規的聚合）、完全民主制度、國家主權這三者不可能同時成立，至多只能結合三者中的二者。因此，若人民選擇放棄國家主權的話（例如：歐盟的做法），深度國際整合可以和民主制度並存；若人民選擇放棄深度國際整合的話，民主制度可以和國家主權並存；若人民失去可做出選擇的民主制度的話，深度國際整合可以和國家主權並存。

然而，這三難困境過於單純化。不受他國束縛的自主裁量權確實跟深度國際整合不相容，但是不受他國束縛的自主裁量權跟國家主權二者並不相同，國家主權考慮的是合法的強制權，一個明智的主權國家不僅可以、也確實為了國家和人民的利益而限制行使自主裁量權，這也是我們有憲法、也有完善法治的原因。當一個主權國家和其他主權國家達成協定時，就是限制自主裁量權的一種表現，這並不是違反主權，只是限制他們如何行使主權。[61] 主權國家透過同意自主裁量權受限，為國家和人民創造新機會（這是多數支持英國脫歐者未能了解的一點）。最後，沒有理由堅持只有極端選項，或是經濟學家所謂的「角解」（corner solutions），例如：羅德里克所說的三難選擇。在真實生活中，一國可以和其他國達成讓國家仍然具有一定行動自由度的協定，而不需要在完全服從國際規則、握有無限自主裁量權之間做出選擇，實務上，二者都不明智，甚至不可行。

　　所以實務的問題是，如何最佳地結合可靠且有益的國際開放政策（尤其是在商業上），以及為了在前面討論的領域（例如：創新）和下文討論的領域（例如：工作品質）中獲致經濟成功，同時也保有的自主裁量權。最佳途徑是透過能夠因應壓力、因需調整的國際協定，實際上，世界貿易組織就是這樣的貿易協定，只不過其可以、也應該在一些層面上更新和調整。著眼於銀行監管的《巴塞爾協議》（Basel Accords）也是，為了避免逐底競賽的管制，國與國之間需要這類國際協定，但也必須因應時局的變化和需要不時地調整。[62] 在最低租稅標準、勞動標準、環境、國際經濟關係的許多層面都需要國際協定，在相互連結的世界，守著絕對主權的自主裁量很愚蠢，事實上，應該說極其有害，明智的政策制定者很早就了解這一點。當然，有些協定，尤其是歐盟裡的一些協定，過度凌駕國家主權之上（我也不贊同）。因此，所謂國際協定適當的監管與限制程度可以辯論，但這類協定的必要性無庸置疑。

　　最後，哪些方面最應該熱切支持開放，哪些方面應該有所限制呢？

　　最應該支持的是開放貿易和外人直接投資方面，因為二者會創造重要的機會，但是國家也有一些重要利益而必須、也應該對二者加以管制。舉明顯的例子來說明：為了環境政策（尤其是氣候變遷相關政策）而管制貿易或投資有其道理。基於策略理由而必須發展國內特定產業領域，或是有促進國內創新的合理機會，因此對某些產業的貿易加諸限制，做法上合情合理。保護智慧財產是一種形式的抽租，可能有礙經濟發展，雖然這種保護可能是貿易協定的一部分，但不應成為凌駕一切之上的考量，尤其是當其妨礙了保護大眾的健康或提供其他重要的公共財時。最後，外人直接投資往往是利用自然資源之必要，重點應該聚焦在契約條款上。最重要的一點是，開放貿易和外人直接投資是好事，但顯然不能為了二者而犧牲其他的一切。

投資組合形式的權益與借款、銀行融資、短期資本流動是較不值得嚮往的經濟開放形式（尤其是最後一項），雖然這些形式全都可以在一些情況下為國內發展提供有用的資源，但卻不像開放貿易和引進外資那樣，可以傳播知識和創造重要的新機會。此外，借款，尤其是短期借款，最重要的是外幣借款，可能導致巨大且持久的危機，這種危機的近因往往是「利差交易」（carry trade）：投機者利用高所得國家（尤其是美國）的國內利率跟新興、開發中國家以美元計價借款利率之間的差距。[63] 不過，當美元匯率上升且美元升值時，一旦公共和私人部門借款人的償付能力受到質疑，資金就會大量外流，從而發生金融危機。過去這種情況發生很多次了，未來還將繼續。這種形式的金融開放應該非常審慎看待。[64]

透過網際網路的跨國資訊與資料流動創造巨大機會，但也為社會、政治和經濟的穩定性帶來新的挑戰。思想總能橫跨世界流傳，宗教的傳播堪稱最重要的例子，但商業導向的思想完全自由流動卻很危險，如同現在很明顯的現象：太多行為者能夠、也願意利用人類的弱點來破壞國家安全。我們必須控管新形式跨國交流、對抗不法行為、約束企業能做的事情、設法封鎖流氓網站，但別引進中國防火牆之類的做法。不過，要達成一定的控管，技術上相當困難。

最後是人的跨國移動，這堪稱是最具爭議性的開放形式（參見第六章）。控管人居住和生活所在地的能力，關乎國家生存的一個重要層面：國家是地理空間，地域內居住著有權在此生活、工作和投票的人。在普選制民主國家，國內成年人為公民，擁有居留權者為外國居民。公民權是伴隨政治權而來的特權，因此國家應該推行移民政策，尤其是針對永久居留權或公民權，這是人道，也被絕大多數國民所接受，他們需要看到公正且有管控的移民，否則可能引發國民反彈，造成嚴重的社會與政治後果。立定政策並非反對移民，而是認知到移民絕非只是、甚至不完全關乎經濟，移民會導致人口的性質長期改變，移民也並不代表他們只是工作者，他們也是人、鄰居和未來公民。移民改變一國樣貌，應該盡可能審慎地處理。控管移民應該考量潛在的經濟益處，也必須在政治上被接受。

以現今全球人口移動的輕微程度來看（全球人口中居住於外國的比例為3％出頭），對接收國家的淨經濟影響不大，而且大多是正影響。移民本身當然是正向獲益者，當移民從低生產力國家遷移到高生產力國家時，他們的實質所得通常會顯著提高，因此若遷徙完全自由，世界經濟福祉也會顯著提高，這論點跟自由市場的論點一樣。但是，這不代表接收國的人民實質所得也提高，在全球福祉上升的同時，許多國家人民的平均福祉降低，二者完全可能同時存在。此外，常聽到「移民將抵消老齡化」的論點根本是錯的，因為移民也會老，為平衡扶老比所需要的移民量，大到難以想像（參見第五章）。

其實，移民涉及更廣泛層面的課題。由於實際移民量占全球人口總數比例不高，根本無法確切地說無限制移民政策可能造成的經濟影響，更別提社會和政治上的影響了。思考這個問題的明確起始點是：移民往往會顯著降低目前各國之間的實質薪資落差，伴隨更多人從貧窮國家遷徙至富裕國家，富裕國家的實質薪資將下滑，貧窮國家的實質薪資將上升。[65]

哈佛大學教授喬治・博哈斯（George Borjas）創建一個模型：富裕國家低技能工作者的基本實質薪資為貧窮國家低技能工作者的4倍，所得出的結論是，這將使全球實質產出大增$40兆美元，相當於提高近60％。[66] 他指出，薪資差異大概會使龐大數量的工作者從貧窮國家流向富裕國家，遷徙人數可能到達26億人，若再加上遷徙者撫養的親屬，人數將多達56億人。試著想像・在一個人們自由遷徙完全不受限制的世界，我們將在倫敦、東京或紐約的貧民窟看到什麼景象。在博哈斯的模型中，富裕國家的工作者實質薪資將降低近40％，而貧窮國家的工作者實質薪資將上升超過140％，移民使貧窮國家蒙受巨大利益，富裕國家蒙受巨大損失。與此同時，資本家的所得將上升近60％。

　　這只是一個粗略的分析模型，但人可以自由遷徙的概念就跟自由貿易下的產品與服務一樣，實屬無稽之談，我們現在擁有的不是完全自由貿易，而是很接近自由貿易的經濟體，其影響經濟與社會的程度遠遠小於自由遷徙可能造成的衝擊。人的自由遷徙能抵消貧富國家的不均，利用生產要素（尤其是勞動力）的報酬差距來套利的能力顯然會大增幾個數量級，而且人的遷徙將帶來質的轉變，我們可以合理地確定，移民接收國一大比例的原居民及其後代的生活水準將變差，只有一小群居住於蒙地卡羅之類門禁社區的資本家例外。簡言之，儘管世界的福祉將提高，但移民接收國將不再呈現原來的樣貌，在民主制度下（或者說，不論什麼政治制度下），國民不可能接受這種改變。經濟變化將牽動政治變化，因此必須以絕大多數既有住民（尤其是公民）在政治可以接受、在經濟上能夠受益的方式來控管移民，怎樣才是最佳做法，辯論複雜且困難，但這種辯論實屬必要。

凡能工作且準備工作者皆能獲得好工作

　　新的新政中第二個要項是好工作，如何定義好工作呢？回答這問題時，我們必須區別一份工作的內在價值與外在價值。一份工作的內在價值取決於做此工作的愉悅度、提供的目的和滿足感；外在價值取決於這份工作提供的所得、地位、獨立性、可婚性等等。內在價值和外在價值同等重要，政策能影響、但無法完全左右二者，政策可以形塑和影響經濟，但無法創造經濟，縱使長期下來結果也一樣。如第五章所述，經濟太複雜，不是任何人能掌控，經濟有其「心智」。

　　需求和供給型態，包含外國的需求和供給，決定著經濟及其產生的就業機會。前文討論的政策，尤其是創新與投資、貿易、移民、資本流動等方面的政策,也會改變經濟的結構及產生的工作機會。

經濟結構反過來也決定了技能的需求,進而決定工作的性質與品質,例如:20世紀末期,高所得經濟體中從事製造業的勞動力比例普遍下滑,擁有大學文憑和相關技能的工作者需求增加也成了普遍的現象。其伴隨而來的相對薪資大幅變化,傾向有利於具備商業相關技能者、不利於舊工業的勞動力。技術轉型是導致薪資結構變化的最重要原因,貿易這項因素的影響力遠遠不及。19世紀和20世紀初期,農業從業者的勞動力比例潰降,工業勞動力比例劇增,在一些後進的高所得國家(例如:義大利、日本、南韓,以及更近期且目前仍處於早期階段的中國),這種從農業轉向工業的轉型在20世紀後半期、甚至進入21世紀後仍然持續著。

政策難以影響這種廣泛程度的轉型,除非是藉由全面地加速或停止經濟發展。無疑地,透過教育和訓練、投資提高資本存量、扶持和補貼有可能影響勞動力的技能類別與品質,只是技能未獲市場需求終將萎縮,資本未獲有效使用便會報廢。現代科技提供一個讓經濟在其中發展的「鋼架」,若沒有科技,不可能出現19世紀初期以化學為基礎的革命,也不會出現20世紀初期以電腦運算為基礎的革命,更不可能出現現今以核融合為基礎的革命。因此,我們必須質疑,政府政策對於技術的重要特質能產生多大的影響?

有些人不贊同上述有點宿命論的觀點,他們認為,政府能夠、也必須透過扶持來聚焦我們想要的更多東西:好工作、更好的健康、較少的污染等來引導創新方向。[67] 在目標的急迫性下當然值得嘗試。在創造好工作方面,政府的政策選項,包括:加重資本課稅、減輕勞工課徵,這做法跟現今情形相反。政府也可以將大力支持的研發導向創造好工作,例如:再生能源技術的顯著研發進展就是一個證明,只要基礎的科學做得到,政府政策的引導將可以帶來果實,太陽能和風力能源的發展也一樣。這些例子顯示,類似的做法也許能夠改變平衡,朝向對人類更友善的技術發展。[68]

經濟體的歷史也大大左右經濟活動與技能的地區性分布,這是「路徑依循」（path dependency）的一個例子，或者直白地說，就是歷史如何決定現在的例子。這些過程可能很長：英國在服務界的相對競爭優勢，導致英國製造業和曾經擅長的製造業領域式微，演變過程可回溯至一個世紀以前。[69] 至少迄今，這些趨勢不可能逆轉。但地區性發展、式微或完全未能起飛的趨勢，卻大大形塑了我們所見到的民粹主義起義，這些地區是所謂的「無足輕重之地」，亦即被經濟結構變化淘汰而衰落的地區，例如：舊產業集中地區、完全未能現代化的地區，也是義大利南方起義的重要原因。[70] 不幸的是，對於地區發展的趨異性，難以找到有效的應對方法，研究指出：「錯誤引導的投資，往往為了追求個別利益而犧牲集體利益，所得轉移、增加公共部門就業等措施，通常導致受保護、扶持的經濟體愈無法發揮其真正的經濟潛力。」[71]

那麼，有辦法能使經濟上無足輕重的地區變得舉足輕重嗎？倫敦政經學院教授安德列斯‧羅德里奎-波斯（Andrés Rodríguez-Pose）建議，一種可能的方法是：「採行不是旨在轉移所得或福利的政策，而是旨在促進絕大多數地區的機會，不論發展程度或經濟軌跡，並考量地區脈絡。」[72] 不是只有羅德里奎-波斯主張基於地方提出因地制宜的政策，牛津大學的經濟學家保羅‧柯利爾（Paul Collier）和芝加哥大學教授拉古拉姆‧拉詹也建議，政策必須考量地方特性、忠誠度和能力。[73]

有國家的地方政府的確成功地實踐這種做法，瑞士大概是舉世知名的最佳範例，原因可能出於其地方主義根源於強烈的地方特性與忠誠度。但在其他國家，腐敗和能力不足往往形成阻力，縱使沒有，採行經濟學家建議的方法，資源往往也需要從較富裕地區轉移至較貧窮地區，如此一來，很可能伴隨而來的是一直受中央管制。理想上，資金應該由地方政治人物和民間領袖分配，但他們可能缺乏明智的執行能力，而且不論如何，中央政府很可能不會信賴他們。一種補充性的政策是，建立由公共部門出資的地方性投資銀行網絡，由他們負責扶持地方經濟發展，不過就算實行了，大型地方基礎建設仍然得由國家或地區政府投入必要資源與技能來援助。總而言之，重振落後地區是一件困難的事，需要多方參與，尤其是需要建立（或重建）根基於強烈忠誠度的制度，後者及其地區經濟重振的優異範例是西班牙的巴斯克地區（Basque），該地區的忠誠度已經深植於古老文化和語言裡。[74]

另一種創造更多好工作的補充性方法是，把表面上的「壞工作」，亦即低技能、枯燥乏味、重複性質的工作變成好工作。這有一大部分仰賴資方而非政府政策，資方可以藉由同時利用工作者的知識，以及承諾培養他們來賦予工人權力，豐田汽車公司是一個著名例子，其做法是改變組裝線的作業方式。[75]若僱主以尊嚴和尊重對待其員工，也能使他們的工作變得更有意義、更具生產力。

此外，高所得國家的政策可以確保工作者獲得適足的所得，有尊嚴、被尊重。工作者應該獲得能讓他們充分參與社會的生活所得，最顯然的措施是：最低工資訂在夠高、但不致明顯傷害就業市場的水準；提供慷慨的工作相關稅額減免；提供尚可的失業補助。失業補助應該與積極的勞動市場政策結合，為失業者提供再訓練援助。一定程度的工作保障、裁員補償、給薪假期和組織與罷工權也很重要，但所得安全（security）和工作彈性（flexible）的結合似乎是最佳方法，丹麥人稱此為「彈性安全」（flexicurity）。[76]

批評者將抱怨這類政策與措施是干預市場，沒錯，的確是干預了市場，但也是正確的干預，一旦涉及工作者的尊嚴和保障，我們必須認知到，在現代市場上自由企業和地方性工作者之間存在巨大的力量不平衡。英國為了提高底層實質薪資而訂定最低工資，但此舉並未對就業產生任何明顯的影響，這足以證明勞動市場上的確存在買方獨占（monopsony）和買方寡占（oligopsony），亦即存在只有一個或少數幾個僱主的情形。[77] 提高最低工資的政策必須審慎為之，但可以在不造成損害下實施。若再佐以減輕工作者的稅額，使工作者賺得不僅餬口生存、也能參與社會的所得水準。

還有兩個創造好工作的提議值得考慮，這兩個提議的雄心遠遠更大。

其一、全民就業保障（universal job guarantee），把失業救濟金訂在最低工資水準，支付給沒有工作者，以換取他們的工作，因此選擇去工作的人起碼能領取最低工資，最低工資也自動成為經濟體中的薪資下限。如此一來，國家應該不再需要失業補助方案，只需提供給那些基於某種原因（例如：身體殘障）而無法工作者，或是提供更低額度的失業補助。

任教紐約巴德學院（Bard College）的經濟學家帕芙琳娜・契爾內瓦（Pavlina Tcherneva）解釋這提議：「就業保障兼具公共選擇的特性和價格支持制的優點，做為一種公共選擇，保障了想工作者可以自願地取得一份基本公共服務的就業機會。」[78] 這構想或許值得參考，尤其是若總體經濟和其他政策未能創造充分就業時。不過這方案也有不少的困難。其一，想為相當隨機、無規則性的一群失業者創造具有生產力的工作，將需要可觀且寶貴的資源，特別是必須能夠辨識有益的計畫並組織失業者，否則「工作」就不像工作了。若讓失業者參與這項計畫，他們可能很難接受新工作所需的技能訓練，或是尋找新工作。最後，新受僱的工作者將和既有的受僱工作者競爭，使後者蒙受損失；或者，若不容許前者與後者競爭，前者能做的事（和所學的東西）將受限，甚至可能只能做極其枯燥乏味的工作。[79] 總體來說，投資積極的勞動市場政策，佐以提供暫時性補貼給僱用新員的僱主，可能是更好的做法。

其二、提高底層的薪酬勞，同時也縮小各層級的薪酬差距。支持這項提議者認為，這做法可以持久地提高生產力和實質所得，從而創造相似於北歐國家的經濟體。[80] 這境界並非全然無法想像，但通常的假說是，底層實質薪資大幅提高將導致資方盡其所能地以資本取代勞力，因為勞力變得太過昂貴。此外，這也會導致投資降低，因為較高的薪資壓縮了企業利潤與成本撙節。最終，受影響的產業也會萎縮，因此極可能導致失業增加而非減少。

固然，若底層薪資提高的同時，公司中層和高層的薪資降低，使得總薪資支出不變、甚至降低，就可能不會發生上述情形。但這需要高度的薪資協調和工作者的團結，在工會涵蓋整個勞動市場、有強烈的公民道德與工作者合作的小型、同質性較高的先進國家，薪資調降或許有可能做到，但我懷疑其他國家可能行不通，尤其是較大的國家。有趣的是，就連西方大經濟體中最具北歐風格的德國，也在2003年至2005年間實行所謂的「哈茨」（Hartz）改革方案，鼓勵建立低工資、低生產力的產業來創造更高的就業。[81] 不過，這項改革並非反對最低工資，而是反對「高工資下限是創造更多且更好就業的一種失控保護機制」的假說。不過，幾乎行不通。

最後一個疑問是有關於工會的角色。有論點認為，工會現今在經濟與政治提供的對抗力量似乎比四十年前更為可靠。但是，工會獲致最佳經濟效益是以包容的組織、能夠把勞工之間的衝突內化，並在談判中把整個經濟與產業的利益與影響也納入協議考量為前提，只是遺憾地，這通常很難做到，不過對於建立一個高薪資、工作穩定的所得分配中層階級卻很重要。再者，工會能夠保護會員免遭僱主專橫、不公正的對待，這也是身為工作者和公民尊嚴的重要部分。因此，總體來說，公共政策應該支持在法律範圍內，設立負責任的工作者組織，若無法做到，也必須讓一般工作者能夠透過他們負擔得起、有成效的司法和準司法程序來保護他們的權益，免於受到不公正待遇。

這一切的前提假設是，儘管經歷了新冠肺炎疫情、人工智慧蓬勃發展，我們仍將持續擁有一個蠻「正常」的勞動市場。疫情加快了企業採用能夠讓資訊型工作者在任何地方工作的新技術，開啟了彈性工作和遠處競爭的新機會，以及疫情也可能持久地影響城市的經濟和零售業等重要商業活動。人工智慧的進步可能更急劇，可以想像，在不是很遙遠的未來，一大比例的人類將變成經濟上的冗員，就跟當年的馬匹一樣，工作不再是多數人賺取滿意所得的可靠源頭。後文討論到「全民基本收入」（universal basic income）時，將觸及這個重要議題，接下來我們先探討機會平等。

人人機會平等

任何一個既為民主制度、又為資本主義的社會，必須以機會平等為志，如同第三章所言，這樣的社會拒絕先賦地位，並且若想取得正當性或有效運作，必須開放所有人才進入精英階層的機會，否則不僅有不當操縱之嫌，還會導致制度僵化。容許人才發揮所長是社會基於民主原則的一個基本價值觀。

但是，這個理念衍生一些大疑問。第一、能做到機會平等嗎？比人人找到一份好工作更容易做到嗎？第二、社會應該付出多大的努力去爭取機會平等呢？第三、機會平等是否和其他目標抵觸，若是，該如何處理這些抵觸呢？第四、應該評量機會平等的哪些層面？

第一個疑問的答案是，無法做到絕對的機會平等，除非做一些違法的事，例如：把孩子從父母身邊帶走，或是阻止父母做最有利於孩子的事，否則無法做到絕對的機會平等。實際上，因為人的成功有很大程度取決於出身和生長環境，自由社會不會容忍完全消除這些優勢與劣勢的政策。

第二個疑問的答案是，可以、也應該採取一些做法來實現機會平等。例如：證據清楚顯示，家庭經濟不均程度愈高，孩子的經濟階級流動性愈低（參見第四章，＜圖15＞），有部分原因在於，貧窮的父母更難為孩子提供必要的安定和有利環境。想解決這一點，就得把所得分配底層者的所得提高、提供高品質的托兒服務（如果要讓父母享受工作提供的獨立性與尊嚴，提供孩童教育也很重要）、盡可能為所有人提供最好的教育、為出色的孩子提供特殊的發展機會、提供所有孩子所需的資源（電腦、寬頻、書籍等），這些相關措施在繁榮國家有其必要，也有能力可以做。此外，既然人的特長可能得等到年紀稍長才會浮現，那麼在年幼時區分孩子的智利高下不僅是一種錯誤、也是有害的做法。固然，我們不可能做到絕對的機會平等，但應該盡其所能地接近目標，並且在過程中確保為所有人提供高品質的教育。此外，沒有理由繼續慷慨地補助主要（甚至完全）招收富人和特權階級孩子的學校、大學。

第三個疑問是，機會平等是否和其他目標明顯抵觸，若是，該如何處理這些抵觸呢？關於機會平等，有三個批評。

第一個批評是，「精英完全根據個人特長來挑選」這個論點的宣傳愈是可信，所有非精英階層的人愈是憤怒和沮喪。[82] 但是，若因此就主張別刻意地挑選最優秀人才，從許多層面來說，似乎很荒謬，事實上也是錯的。答案是，努力確保繁榮社會中的所有人享受有尊嚴生活，受到尊嚴與尊重的對待。此外，也必須認知到有價值才能的多樣性。總而言之，機會平等是令人嚮往的社會目標，但絕對不是簡單的目標，也不是唯一的目標。

第二個批評是，機會平等是一個無法兌現的承諾，政策制定者絕對不能說自己要達成不可能的任務。對於這批評的回應是，政策制定者可以（也應該）承諾他們能夠合理做到的事，同時也承認他們能達成的事有所侷限。

第三個批評是，機會平等下產生的社會與經濟階級流動性將一定程度地破壞社會，若出身底層者的經濟與社會階級相對提升，出身高層者的經濟與社會階級必然相對下滑，將導致有著不成功孩子的成功父母苦惱與抗拒。這論點正確無疑，在既提高所有人的實質所得（亦即所有人都是贏家）、有愈來愈高比例的人享有滿意的工作和生活型態的經濟體，社會階級流動性運作得最好。[83]這也是經濟活力和合理程度的所得平等都很重要的原因，若賺取接近所得分配中位數的工作消失，將更難達到真正的機會平等。

最後一個疑問是，應該評量機會平等的哪些層面嗎？上述提供的答案基本上是針對貧窮和階級差距，但有人會問，性別、種族或宗教呢？我們在評量是否成功做到機會平等時，不能只看貧窮者的改善情況，而應該評量不同性別、種族或宗教背景者的改善情形？後者的需求動機很容易理解，但聚焦這些背景脈絡具有危險性。第一、往往會產生就業配額，顯然又是一種零和賽局，必定會導致高度的社會分化。第二、往往會任意給予優待，為何家境明顯較好的女孩或少數族群成員享有的待遇就該優於家境很差的多數族群男孩呢？以匱乏性做為扶助的理由很好理解，只不過這種偏袒可能非常不公平。第三、歷經時日，優惠政策的結構會變得更複雜，一些少數族群過於「成功」，因此必須削減優惠，而其他未受優惠待遇者的情況將變得更差。最後，社會變得愈去區分跟經濟差異性無關的「成功群」和「不成功群」，就愈不可能產生和維繫包容的愛國精神。如同第九章將談論的內容，有效運作的民主制度最終必須仰賴愛國精神。

需要安定者能獲得安定

國家是人民對抗敵人（外敵與內敵）的保護者，新冠肺炎疫情是這個歷史悠久的角色發揮作用的現代例子，不過縱貫歷史，即使國家想在這個角色上有所作為，實際上能做的事相當有限。然而，伴隨社會日益富裕、技術飛躍與複雜，人民需要的保護也變多，而且隨著民主制度的崛起，對以往不具有者賦予公民權和選舉權，更加強化了這些需求。現今的高所得民主國家，人民要求國家提供免受英國在1942年《貝佛里奇報告》發表中列出的「五大惡」：匱乏、疾病、無知、骯髒、懶惰。如第七章所述，只要社會足夠富裕，消除這些傷害是像樣的政府應有的核心功能。

民主國家提供這些援助有其必要、也很正確。畢竟，即使是最富裕的國家，一次災難就能使一大部分人口陷入破產：2020年時，所得分配位居底層第20個百分位的家計單位淨財富只有6,400美元，第40個百分位者也只有68,000美元。[84] 沒有政府的援助，許多家計單位難以為繼，更遑論成功地養育孩子。私人部門的慈善行動不充足到令人羞恥。

國家不僅僅是最後訴諸的保障者，也是資金提供與融資者，功能類似「撲滿」。[85] 舉例而言：政府可以提供所得基準償付方案（income-contingent repayment）的學生貸款，因為這種方案可以透過稅制來取回還款。政府主辦的保險也可以避開典型的「逆向選擇」（adverse selection）陷阱，因為政府可以強迫所有人投保。在健康與人壽保險方面，避開「逆選擇」亦即避免最終只有風險最高者投保，這點尤為重要。在私人部門市場上，保險公司總是規避風險最高者的保險池，因此最終會排除需求最大者，並且為了排除這些人，創造出巨大且有敵意的科層體制。基因科學的進步，使「因為害怕逆選擇而未能創造出廣大保險池」的問題日益嚴重。極端的情形下，我們所謂的「保險」可能演變成國家運行的所得重分配，用來照顧遺傳學上的不幸者。在健康保險方面，這種情形近乎遍布所有高所得國家。

不過，福利國家仍然具有爭議性，許多人譴責這將加重努力工作者的負擔，讓懶惰、不負責任者蒙益。其實福利國家的作為有一大部分跟「撲滿」的角色一樣，把人一生的支出重新分配，促使所有人變得更安定。英國一項重要的相關研究得出四個重要結論：第一、人一生的所得分配不均程度遠低於任何一年，原因在於一大部分的不均屬於暫時性的，導因於隨著年齡增長的需求改變、過渡性衝擊。第二、也因如此，透過課稅或福利達成的重新分配，有超過一半是對個人一生所得與支出的重新分配，而非人際的所得重新分配。第三、雖然任何一年會有36%的人獲得福利大於他們繳納的稅額，但整個成年期只會有7%的人獲得福利大於他們繳的稅額。第四、在幫助終生貧窮者方面，勞工福利的助益程度不亞於失業者福利的助益程度，但給予工作者福利較不會減損人的工作意願。另一方面，瞄準「終身富裕者」課徵較高所得稅的政策運作良好，因為這項研究發現，所得分配高層者在所得分配中的變動性相當輕微：大體上，所得分配位居高層者，往往終生都維持在高層。[86]

簡言之，福利國家廣泛地為不可保風險（uninsurable risks）提供保護：出身貧窮、父母能力不足、能力有限的風險；變成單親家庭的風險；生病和長期殘疾的風險；因為在教育上做出不幸選擇而產生的風險；就業選擇無法多樣化的風險（一次只有一至兩個工作可供選擇）；老年時期的風險。從某些層面來看，福利國家可被視為替代私人部門不夠全面的保險；從其他層面來看，福利國家也可被視為替代不周全的資本市場。普及式福利制度既是社會凝聚的表現，也是社會凝聚的源頭。

自由主義右派想要完全廢除社會保險，但小布希總統未能廢除社會安全福利，顯示了民主國家對這類行動有政治限制。川普未能廢除《平價醫療法案》〔又稱「歐巴馬健保」（Obamacare）〕，同樣也顯示了這種政治限制，雖然有部分原因出於保健業受惠這項法案。儘管如此，過去四十年間，市場走向是把風險從僱主和政府轉移至人民身上，從僱主轉移至人民的重要例子，包括：

僱主提供退休金的確定給付制（defined benefit plan）在美國和英國瓦解；臨時僱傭或「不穩定的」工作興起。另外，從政府身上轉移至百姓身上的重要例子是：英國的地方性住屋管理當局的作用消失了，改以提供住屋補貼來緩和，但補貼金額往往不足。

那麼，需要做些什麼呢？下文檢視五個層面：完善福利國家、導正全民基本收入的錯覺、學生貸款、老年保障、進口競爭的調適。

完善福利國家

高所得國家發展福利國家制的情形差異甚大，這些差異反映不同的價值觀和歷史。有些福利國家主要依據貢獻來提撥（領取的福利取決於當事者過往的提撥情況），其他國家則否。有些福利國家主要聚焦所得分配來補貼所得，其他國家則聚焦為窮人提供安全網。有些福利國家提供全民普及式的福利，其他國家則是提供福利的對象較窄。有些福利國家強化父權家庭，其他國家則是扶持任何有小孩的貧窮家計單位。有些福利國家提供的福利很廣泛，其他國家則是落差很大。同樣重要的是，福利國家的成功與否，主要不是衡量費率支出額，實行成果大致相似的國家，其社會福利支出占GDP的比例差距頗大。荷蘭、澳洲和瑞士的比例較低，丹麥和法國的比例較高，差距相當大（參見＜圖45＞）[87]，但這5個國家都達到高水準的社會福利[88]。

高所得福利國家中最嚴重的空白，在於美國的保健體系尚未提供全民健康保險，美國的醫療不僅昂貴，而且未能對全民提供像樣的保健成果（參見＜圖46＞）。其他所有高所得國家都已經提供全民健保，證據顯示，這種制度遠以更低的總成本提供更佳的保健成果，美國應該跟進才對。

導正全民基本收入的錯覺

最廣受支持且能對既有高所得福利國家錦上添花（甚至是部分取代）的提議是提供全民基本收入。[89] 其概念是：藉由提高累進稅率做為資金，每個人都

<圖45>2017年社會福利支出占GDP比例（%）

（資料來源：OECD）

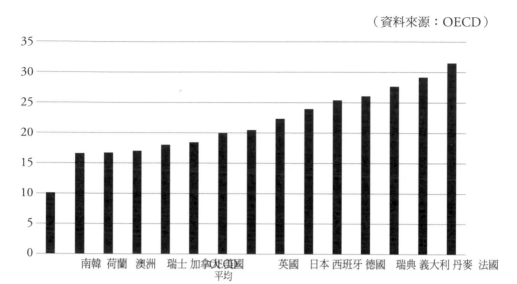

南韓　荷蘭　澳洲　瑞士　加拿大　美國　英國　日本　西班牙　德國　瑞典　義大利　丹麥　法國
OECD平均

<圖46>2019年保健支出與壽命

（資料來源：OECD）

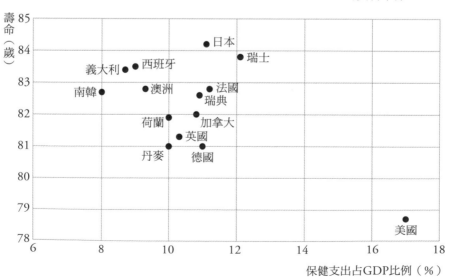

壽命（歲）

保健支出占GDP比例（%）

獲得一筆同額的福利。全民基本收入是對全民的所得重分配，只不過福利由全民同額共享，因此跟所得、年齡、健康、家庭責任或工作努力程度等其他特徵無關。

理念上來說，全民基本收入的概念吸引左派和右派人士。有些人冀望，藉由讓每一位成年人（或許還加上小孩）獲得一筆無條件的基本收入，或許可以減少、甚至廢除福利國家的家長式治理作為，若全民基本收入夠充足，可能就不需要大多數打擊貧窮和補助勞動市場的方案了。有些人甚至冀望，如此一來，就不再需要政府提供健保和教育。一些自由主義人士認為，這做法會使我們更接近自由市場經濟。全民基本收入若夠多到能讓所有人安適富足，其所能提供的獨立性和保障對一些左派人士來說，非常具有吸引力。

但是，這做法也引發一個哲理問題：無條件地對所有人提供一筆收入能否被大眾接受？西方民主制度的社會契約是基於公平貢獻和公正賞罰這兩大原則，其基本假設是，能夠自食其力的成年人都應該這麼做，援助只應該提供給明顯需要援助者（例如：罹病者、殘障者、失業者、窮人、無家可歸者、老年人），或是提供普及式的公共服務（例如：教育或保健）。

有人可能會提出反駁：社會既然容許贈與和繼承遺產，早就使個人的生活水準和付出努力之間的關連性不一致了，贈與和遺產使少數幸運者在不需要努力或有明顯援助下，過上富裕的生活。對此反駁，可能有人會回應：這代表人擁有正當所得與財富的自由處理權，也是自由個人社會的價值觀。另一個反對過度強調個人自食其力的更根本論點是，市場報酬只是決定個人賞罰的一部分而已，其他東西也很重要，例如：需要一定程度的社會包容。總而言之，對於無條件的全民基本收入是否合理，理性者的看法可能不同。

另一個哲理問題是：誰有資格？按道理來說，不能隨便讓一位出現在國內的人領取全民基本收入吧。那麼，答案大概是：公民或長久居民才有資格。如此一來，這項政策的名稱應該改為「所有公民基本收入」，於是全民基本收入進一步強化公民權的排他性，也進一步強化、要求控管移民，以確保對全民基本收入的財源做出貢獻、有資格獲得此基本收入者才能進入且永久居住於一國。

　　但是，全民基本收入不僅引發哲理問題，也引發根本的實務問題，其一、國家負擔得起合理的全民基本收入制嗎？其二、全民基本收入制是使用寶貴公共資源的合理方式嗎？

　　關於第一個問題，許多分析師的結論是，國家根本負擔不起一個足夠好的全民基本收入制。前歐巴馬政府的經濟顧問金恩‧史柏林（Gene Sperling）說明美國的情況：「多數全民基本收入計畫提供每位成人一年約12,000美元，有時還得提供每位小孩一年4,000美元。」[90] 以2019年時美國成人2.54億和小孩7,300萬來計算，基本水準的全民基本收入制將需要支出3.4兆美元[91]，等於GDP的16%，縱使不提供小孩的基本收入，也需要花費GDP的14%。以GDP的16%來計算，等同於聯邦社會安全局、聯邦醫療保險（Medicare）和聯邦醫療補助（Medicaid）總和的150%左右，約為聯邦稅收的100%，或相當於2019會計年度聯邦總支出的75%左右。[92] 顯然，美國負擔不起。

　　英國經濟學家約翰‧凱運用諾貝爾經濟學獎得主詹姆斯‧托賓（James Tobin）的理論，提出一個更通用型的架構。[93] 他指出，現代高所得民主國家的政府大多支出約GDP的25%用於保健、教育、國防、公共行政、治安、司法和債務等無可避免的核心公共服務和償債。我假設，英國的全民基本收入計畫在2019至2020年間需要每年提供1/3的平均所得，亦即約為每人每年11,200英鎊，國內18歲以上人口為5,200萬人左右，總計全民基本收入支出總額為5,800億英鎊，超過GDP的1/3。這筆全民基本收入的支出金額若再加上目前的公共支出，合計將占GDP的65%。若把全民基本收入的支出金額只加上前述凱列出的核心公共服務及償債（GDP的25%），合計仍將占GDP的50%。不過，在這項負擔的選項下，全民基本收入將取代現行所有對窮人、殘疾、老年、小孩和其他種種特殊需求者的補助方案。

　　上述的轉變不僅使全民基本收入制的負擔稍減，全民皆享有的制度還能使非貧窮者、非殘疾者、非弱勢族群、非老年人,以及所有其他非特殊需求者都蒙益。為了籌措全民基本收入制的經費,所有現行的補助方案都將廢除。因此,實行全民基本收入制的最大受益者將是目前未獲得補助者,尤其是富裕者的未就業配偶。此外,全民基本收入制很可能會使許多人不再需要工作,尤其是家計單位中收入較少的次要所得貢獻者,這又會導致GDP和財政收入減少,於是政府將必須再次提高稅率。[94]

《金融時報》評論員馬丁・桑布對這些決定性目標提出三點建議[95]:第一、全民基本收入金額可以訂定得很低,他建議每位成年人每年7,150英鎊,這是英國人均可支配所得的1/3,若全民基本收入不課稅的話,這項提議很合理。如此一來,全民基本收入的總支出額就會從GDP的25%出頭降低至GDP的17%,然而這筆金額還是很龐大。第二、直接發放給每位成年人的全民基本收入應該取代現行的稅前減免額這類形式的稅式支出。在英國,所得稅和國民保險費的稅前減免額合計約為GDP的7.5%左右,一旦實行全民基本收入制後便不再給予這類減免額,此舉能使全民基本收入計畫的成本減少到稍低於GDP的10%,現在金額還是很龐大,大約等於英國國民健康服務(National Health Service)每年的成本。第三、全民基本收入應該取代國家退休金(大約每人每年7,000英鎊出頭,與前述建議的全民基本收入金額相同),這樣就能節省5%的GDP,使全民基本收入計畫的成本再降低至GDP的5%。不過,值得一提的是,縱使只占GDP的5%,也不是小金額,大約等同於英國政府的教育支出。[96]

上述的架構與籌資的全民基本收入制,等同給予每位成年人一整筆負的應納稅額,給付形式是現金或應稅稅額減免。這筆款項顯然仍很昂貴,若從以下角度來看更昂貴:一種無形的稅式支出(稅前減免額)轉化成一種有形的全民現金福利抵消掉的有形稅。根據桑布建議的設計,以一筆直接現金(亦即全民基本收入)取代零稅率稅階,實際上將使收入很少的人蒙益,因為現行免稅制的最大受益者是邊際稅率最高的人,最小的受益者是那些收入未達應稅門檻的人。但是，許多收入少或不工作賺錢的人是家中的次要所得貢獻者，並非貧窮家計單位的成員。此外，他建議的全民基本收入制也不會為靠著基本國家退休金（英國的基本國家退休金很微薄）過活的人帶來任何福利，因為全民基本收入將取代這些退休金。

不過，最重要的疑問不在於國家是否負擔得起桑布建議的全民基本收入制度（答案是負擔得起，但立法與實行將在政治上窒礙難行），而是這種制度是否有效地利用了珍貴的公共資金，我回覆這個質疑：絕對不是。雖然桑布提議的全民基本收入制成本較低，但仍然需要大幅提高稅負。就算只能增加5％GDP的稅收（大約每年增加1兆英鎊），基本收入無條件地發放給每人，包括許多不需要這筆錢的人，這真的算是更善加利用增加的財政資源嗎，有優於把錢用來援助脆弱與貧窮者、保健、社會服務、教育、住屋、國際援助或能源轉型嗎？在桑布建議的全民基本收入制度下，現行對貧窮和應扶持者的補助方案仍將繼續，事實上也必須繼續，因為他建議的全民基本收入金額很低。如此一來，全民基本收入制理論的優點就無法實現：不再需要為有條件的補助方案進行資格調查，以及不再需要為了課徵超高邊際稅率而不斷調查經濟狀況。此外，按照桑布的建議，為了使國家負擔得起全民基本收入制，領取基本國家退休金者不得再領取全民基本收入，或者領取全民基本收入者將不得再領取基本國家退休金，這規定也不合理，因為英國目前的基本國家退休金很微薄。

根本問題在於，全民基本收入計畫有刻意的不當針對性，因此無可避免地浪費了珍貴的財政資源，並且牽涉太多的金錢來來回回，挖東牆補西牆。針對脆弱、貧窮和應扶持者提供足夠多的全民基本收入方案，國家負擔不起；金額不高、但讓許多不需要這筆錢的人也受惠的全民基本收入方案，國家固然負擔得起，但將無法造福重要服務和所需金額大於目前所得者。全民基本收入計畫需要提高稅收來支應，但因為計畫的不當針對性，將無法有效利用這些增加的稅收。最終，只留下空談。

學生貸款與負債

最具爭議性的課題之一是如何提供高等教育經費，這有三大類選擇：以稅收支應、一般抵押貸款（但無擔保品）、所得基準學貸償付方案。

第一種選擇的大問題是，多數政府現在已無力資助高等教育，主因是進入高等教育的年輕人比例大量增加，例如：英國在1960年代的中學畢業生只有4％，2019年時提高到50％[97]，相似的情形也發生於其他高所得國家。如此一來，所有教育體系無可避免地愈難獲得充足經費，導致高度依賴稅收支應的教育體系往往經費最不足，教育品質也變得平庸。高所得國家中落入後者的國家，包括：法國、德國和義大利，這些國家的總稅收占GDP比例雖高於加拿大、英國和美國，但高等教育支出占GDP的比例卻較低，而加拿大、英國和美國的高等教育費用由私人部門支應的比例較高。[98]除了這個重要的現實考量，還有一個哲理考量：中小學義務教育為全民權利，但高等教育不是，完全用納稅人的錢去支應非全民權利的教育，正確嗎？完全由國家支應護理、小學和中學教育的道理很清楚，但支應高等教育的合理性就遠沒那麼明確了。

第二種選擇也有問題，因為這類貸款缺乏彈性，不論取得的高等教育最終是否有回報，這類貸款都算是未償債務。此外，由於年輕人沒有資產做擔保品，金融機構只會在自家不受制於債務人的破產解除令下❶，才會提供傳統貸款，美國的做法就是如此。更糟的是，若這些債務不能在破產解除令中被列為免除債務，債務負擔最重者，將會是從高等教育中回報率很低的人，回報低的原因可能在於他們未完成高等教育，這種情況在美國很普遍。事實上，就算當初申請貸款的學生離世了，他的家人仍然必須代償。美國的學生背負學

---

❶ 金融機構會要求，若債務人將來申請破產，法院授予破產解除令而免除特定債務時，不得把學貸的債務列入免除項之列。

貸的總額非常驚人：2019年時，超過4,000萬美國人合計背負超過$1.5兆美元的學貸（約合GDP的7％），這是僅次於房貸的最大家計單位負債來源。此外，債務負擔最重者當中有許多人的債務額相當小：未償債務少於10,000美元的貸款者人數，占所拖欠人數的60％以上。這些學生當中有許多是有色人種，根據亞斯本研究所金融安全計畫（Aspen Institute Financial Security Program）的調查：「從註冊入學算起的二十年後，平均而言，黑人學生仍背負95％的學貸，白人學生的學貸則僅剩6％。」[99] 這結果令人羞恥，展示了美國未能在教育（更別提保健了）這項重要的社會規畫上確保基本平等的眾多層面之一。

英國和澳洲目前使用的所得基準償付方案是尚可接受的折衷辦法，大學學費由這種方案支付，貸款等到學生在未來賺取足夠所得時償還。因此，這方案是半獨立於正規的大學財政預算外，既能支撐大學的財務，也能支撐貸款的獨立性。由於稅務機關知道納稅人的收入情況，可以根據經證實的納稅人所得來索取還款，至少對有稅籍的住民可以這麼做。此外，由於貸款是根據所得來索取還款額，這些債務不會對所得較少者構成負擔。在英國，三十年後殘餘負債將被勾銷。[100] 這種制度運作得還算有成效，唯細節部分可開放議論：最高貸款額度、利率、還款額下限。貸款額度應該降低（英國目前每年最高貸款額度為9,000英鎊），此舉或許有助於降低許多大學行政人員高得離譜的薪資。另外，也許還可以在貸款合約中增加股權成分：畢業生日後所得高於一定門檻後，所得的一部分貢獻給大學和政府，讓大學和政府受惠於學有所成者的成就。這也會使這制度變得有點像畢業生稅：對畢業生課徵的特殊稅，用於支付學費。

老年保障

全民基本收入正是一種在現實中行不通的烏托邦點子，而所得基準學貸償付方案則是在現實中行得通的務實點子，國家需要務實點子的另一個領域是退休金。最具吸引力的退休金方案是共同確定提撥制退休金計畫（collective defined-contribution pension plan），理想上是像荷蘭那樣全國實施。在基本國家退休金很低的國家（例如：英國），這種退休金制度尤其適合。結合高基本提撥率、自動視為參加（即若未選擇退出，視同參加）、政府為低薪者提撥，這種制度既可為老年人提供更大的保障，又能發展更深厚的資本市場，成為活力蓬勃的市場經濟基礎。

退休金制度的發展途徑各有不同，其中一種途徑是結合由國家主辦、較不慷慨的「隨收隨付制」（pay as you go），以及僱主主辦的「確定給付制退休金計畫」（defined-benefit pension plan，僱主也包括各級政府）。這種制度的優點是減少財政成本，缺點是私人部門的僱主為不可靠的退休金提供者，因為退休金是長期且昂貴的承諾，對一位25歲年輕人做出的退休金承諾，可能在七十五年以後仍然要繼續兌現，還有許多僱主可能無法活得夠長久來兌現承諾。更糟的是，許多國家的僱主很可能為了自身利益而做出無法兌現的承諾，這些都是此類退休金計畫普遍存在的利益衝突。

在英國，這導致許多確定交付制退休金計畫的支付金、政府保險，以及極度規避風險的監管資金不足，後者導致履行確定給付制承諾的成本變得過高，許多私人部門僱主自然不再提供確定給付制退休金計畫。根據英國退休金保護基金（Pension Protection Fund）的統計，2020年時仍然續存的確定給付制退休金計畫有5,327件（2006年時為7,751件），其中只有11%繼續開放新成員加入，只有46%仍然開放既有成員取得新福利。[101] 確定給付制正在衰亡，只有公共部門仍然穩固地續存，這相當不公平，因為政府能夠使用權力課稅來兌現這種制度下的退休金承諾。從另外一些層面來看，確定給付制退休金計畫在私人部門的瓦解相當可惜，特別是這結果導致了很大的世代分配不均。一旦政府要求企業在任何情況下都要兌現承諾，尤其是隨著計畫變得更加成熟之後，企業會乾脆選擇不提供確定給付制退休金計畫，無可避免地致使制度倒塌。在未來充滿不確定性下，做出如此長期且慷慨的承諾實在太沉重了，以開放心態去調查這些承諾的人應該很清楚，倚賴私人部門的確定給付制退休金計畫根本很愚蠢。

　　確定提撥制退休金計畫應運而生，取代確定給付制。在確定提撥制退休金計畫下，風險不是落在僱主或任何其他機構上，而是落在個人身上，這又是把風險轉嫁至個人身上的眾多例子之一。在確定提撥制退休金計畫中，退休所得取決於提撥的存款（人類的短視近利往往導致提撥存款不足）、退休基金的投資報酬率（未知）、壽命（未知），而投資報酬率取決於運氣和投資經理人的能力。愈接近退休年齡，明智的投資人也會想降低風險，因為他們知道自己較難在屆齡退休前彌補任何投資損失。但過度去風險的投資組合可能換來投資報酬率低，致使未來退休者的經濟陷入困境，以目前的利率水準來看，結果將會很糟糕。最後，任何規避風險的長壽策略可能都意味著退休後必須實行低度消費（平均而言），長壽導致離世後退休金所剩無幾。這些全都不是理想的情景。

　　還有另一種選擇是共同確定提撥制退休金計畫：有一大群提撥者，但沒有外部擔保人。不同於確定給付制，在共同確定提撥制退休金計畫下，退休基金受託管理人可以根據投資績效來調節退休金。由於這些受託管理人不像企業僱主提供的確定給付制退休金計畫涉及利益衝突，因此可以期望他們的決策是考量到所有已退休者和未來退休者的利益。這種共同確定提撥制的一大優點是，由於受託管理人可以根據投資績效來調節退休金，就不需要為了降低風險而著重投資安全的債券，可以轉向投資持有更多房地產部位，這對退休基金和經濟的長期績效大有助益。英國退休金保護基金旗下的確定給付制退休金計畫保守得不得了，現在只有20%的確定給付制退休金計畫投資於股權，遠低於2006年時的61%，實屬糟糕的投資操作，尤其是在實質利率為負的年代。[102]

　　不同於個別的確定提撥制退休金計畫，共同確定提撥制退休金計畫的行政管理成本很低，投資風險可以橫跨多世代分攤，因此個人不需要做出各種投資決策。退休時若投資報酬太差，他們也不會蒙受損失。在共同確定提撥制退休金計畫下，所有參與退休金計畫的成員共同分攤投資與壽命風險，而非個人獨自承擔。英國已經考慮在僱主層級設立這種退休金計畫[103]。而且，這種退休金計畫的成員愈多，計畫運行得愈好，愈能享有巨大的規模經濟效益，行政管理成本也愈低。若政府想幫助弱勢年輕人，可以在現今的負實質利率水準下長期借貸，用這些錢來為弱勢年輕人投資共同確定提撥制退休金計畫。政府也可以用相當便宜的成本提供保險，對抗市場大幅度下滑，為人民承擔部分風險。當然，這也是政府存在的功能之一。[104]

另一個同等重要的課題是老年人的照護保險。許多老年人不需要入住養老院，但需要入住養老院的老年人可能無力支付相關費用。為了應付未來可能的成本，強制保險顯然是解決方案，只不過英國於2021年推出的強制保險方案卻是糟糕的例子，沒有把保險負擔加諸在資產最多者身上，而是加諸在廣大的受薪階級，而且未能保護經濟狀況不佳者。[105]

進口競爭的調適

美國自1962年起推出貿易調整協助方案（Trade Adjustment Assistance），幫助受到進口競爭影響的工作者、企業，以及更近期的農民，減輕貿易自由化政策遭遇的政治阻力，提供這方案確實有必要。其存在反映的是保護主義觀點，因為實際上國內經濟變化造成的破壞力，難以應付的程度可能不亞於進口競爭所帶來的衝擊。不過，因為美國的福利安全網不完全，推出這方案似乎是應付保護主義政治現實的合理方法。但是，這方案現在大體上失去支持，因為被認為缺乏成效、成本又高。與其重振方案，美國應該建立一種更好的制度，以支持遭到種種經濟變化的受害工作者、企業和地方。[106]

真正需要的特殊方案是一套夠完整、能在政治上獲得支持的社會保護制度，以及能創造高就業率、讓人們維持像樣生活所得的經濟。前面幾節有關經濟成長與機會政策的內容已經探討了這些主題。

打造符合這時代的新政

現代民主國家必須為人民提供抵禦敵人、也對抗種種危險的保護，在這方面，國家的作為可能明智，也可能愚蠢。好的福利國家之所以贏得人民的肯定與認同，是因其能讓人民做他們原本做不到的事，並且確保他們能夠對抗自己原本無法承受的風險。與此同時，好的福利國家不應鼓勵懶惰或不負責任，如何在二者之間取得平衡是現代民主政治的精髓。

終結少數人的特權

自由民主制度的基本假定是：法律之前，人人平等。與其相反就是特權，狹義地說，特權是：「賦予一項權利或豁免權，成為一種特有的利益、優勢或偏袒。」[107] 英語中特權「privilege」的字源在拉丁文「privilegium」意指「影響一個人的法律」，拉丁文衍生自「privus」（private，個人之意）和「lex」（law，法律之意）。特權是現代化以前社會的明顯特徵：在革命以前的法國，貴族不必繳稅就是一種特權。現代社會中也存在特權，不僅是隱喻地用「特權」來描述近乎任何的不平等，也有「私法（private law）」這個原始含義的特權，公司股東的有限責任就是這種特權。私募基金或避險基金普通合夥人賺得「附帶權益／附帶收益」（carried interest）被視為資本利得（不課徵所得稅），而非不確定所得，這也是一種法律特權：顯然，若一筆所得被歸類為資本利得，這筆所得就必須來自一項可能造成虧損或盈利的資產，不過這說法顯然不適用於附帶權益，因為附帶權益極不可能為負（虧損），所以把附帶權益視為資本利得並不公平、也不正確。[108] 當代稅制中存在許多類似的特權，反映財富與權力的結合如何形塑當代的法律與司法。

財富與權力在生活中帶來許多優勢，也在政治與法律制度中形塑出更明顯的特權，這些特權威脅著基於公民地位平等的民主制度──雅典人所謂的「isonomia」（ἰσονομία）就是權利平等之意。[109] 對民主政治制度最明顯的威脅是「特權分子」（overmighty subjects）：透過收買政治與司法，得以制定法律和凌駕法律之上的人或機構。他們可能藉由賄賂法官使自己凌駕法律之上；他們可能藉由逃至外國管轄地來避開本國法律。到了一個時點，這種政體會演變成公開的金權政治，實權落在少數人之手，而非多數人，美國大體上已經走到了這一步，其他民主國家也有一些金權政治的現象。如第三章所述，金權政治往往引致專制政體，可能因為一位煽動家乘著狂熱、某位權貴憑藉自身優勢取得高位，川普在2020年美國總統大選中企圖發動的政變，應該被視為近乎成功的未遂事件。

下文內容將聚焦於五個層面的特權（廣義的特權）：公司治理不當、壟斷、新數位經濟、貪腐、課稅及未能課稅。

公司治理不當

如第三章及第五章所述，公司是一種很棒的機構創新，在近兩世紀的經濟發展與進步中扮演重要角色。但公司的存在也構成一些大問題。公司的目的是什麼？如何治理？有關於公司的性質、目的和治理的爭議聲浪愈來愈大[110]，例如：現在有人主張，除了營利外，公司要有明確的目的，營利應該被視為達成此目的的手段，而不是公司營運活動的目標。這論點也主張，應該改變公司的治理模式，把公司目的予以內化。例如：英國國家學術院（British Academy）的一項研究計畫得出結論：「企業的目的是以營利方式為人和地球解決問題，而不是從導致問題中獲利。」[111]

我們的確應該深入研究公司的目的、結構和治理，因為公司的目的跟股東利益、權力至上的治理模式確實存在問題。事實上，就連由著名企業高階主管組成的美國商業圓桌會議，現在也反對以股東價值最大化為目的的公司治理模式，支持應該考量所有利害關係人的利益。[112]本章建議的方法遵循第七章提出的目的，亦即聚焦在減少傷害。若要防止因公司無責任感所造成的傷害，必須做到三點：

第一、提高公司營運的透明化。為此，必須制定優異的會計準則，由完全獨立的稽核員稽核公司會計帳目。會計準則方面，在建立環境保護、社會責任和治理標準（Environmental、Social、Governance，後文簡稱ESG，）上雖然早有一些進展[113]，但對於環境保護和社會責任的指標達成共識與同意、量化定義這些指標、正確地評量指標等工作困難重重。如何評估某些衝擊比其他衝擊輕或重呢？人們贊同這些評估結果嗎？評估上下游鏈上的衝擊要溯及多遠？在ESG三要素中，公司治理恐怕是最難評估的一環，誰有資格置喙公司決策，又該如何置喙？經理人？股東？員工？工會？地方和國家層級的政府？民間社會？又該如何運作？

　　稽核工作是更大的問題。公司自行選擇和付費聘請稽核員的模式很糟糕，因為實務涉及明顯的利益衝突，很容易搞砸稽核工作。上市公司的會計稽核工作應該由股市上市公司繳納的掛牌費中支出，除此之外，若我們認真看待ESG會計準則，未上市公司的問題也必須解決，畢竟社會也關切未上市公司在環境、社會和治理方面的實際作為。或許，更好的做法是把稽核工作變成公共出資的一項功能，由所有公司型組織繳納的稅款來支付稽核費。或者，不讓公司自行選擇稽核員，改由公設組織代為選擇。

　　監管當局在確保公司透明度上也應該負起責任。最重要的監管當局應該是中央銀行，他們在確保金融機構的健全性上已經肩負起責任，尤其是在2007年至2009年的金融危機以後。不過，現在中央銀行逐漸正確地將目光聚焦在和其他風險有關的課題，尤其是和氣候相關的課題，例如：貸款人的「擱淺資產」（stranded assets）風險，揭露貸款人本身的氣候相關風險❷。

　　第二、必須重新考量**高階主管的薪酬**，不僅考量其規模，還要考量薪酬創造的誘因。在追求股東價值最大化下，高階主管薪酬與股東報酬掛鉤的情形愈來愈普遍，但股東對於企業的長期前景所知甚少，而且股東也只肩負有限責任。要提高股東權益報酬和公司股價，公司管理階層最簡單做法是提高槓桿，回購自家公司股份，用於回購股份的錢可能來自借款或淨利加折舊。此舉往往導致管理階層為了回購股分而放棄投資（包括研發方面的投資），畢竟回購股分對提高股東權益報酬和股價的效果可能更明顯，至少短期是如此。這種誘因會促使高階主管減少投資、提高槓桿，進而削弱公司的資產負債表，必須加以遏制。[114]

第三、必須強化公司的責任感。人們習以為常地認為公司沒有道德感，亦即沒有能力明辨對錯，或毫無悔意、缺乏同理心，這不僅出於公司是沒有感受的組織體，也出在薪酬誘因鼓勵了掌管公司的人展現不道德的行為。公司受益的有限責任保護了股東，他們頂多損失投資的錢而已，至於高階主管頂多丟失工作罷了，也許有一些層級較低的人會吃上牢飯，例如：巴克萊銀行（Barclay）操縱同業拆款利率弊案，交易員被判刑。儘管如此，實際上是高層的薪酬誘因驅使人們違法。[115] 高階主管大多不太可能在出事後擔負法律責任。

在全球金融危機前，把他們的銀行（以及世界經濟）推入深淵的高階主管們，大多帶著大把財富全身而退，但數千萬無辜百姓的生活被毀，政府被迫提供龐大的紓困方案。[116] 政府就算處罰銀行繳納罰金，這筆鉅款也是由廣大的股東承擔。而且美國只有1位銀行家入獄，英國則是無人入獄，儘管這些銀行高管才是金融危機的震央。此外，美國入獄的銀行家卡林姆·塞拉傑丁（Kareem Serageldin）並非銀行要角。反觀冰島有25名銀行家被判刑，西班牙有11名，愛爾蘭有7名。[117] 美國和英國的免罰程度傷害了其市場體制的正當性。

有解決方法，例如：或許可以指定一群「局內人」，當公司營運失敗或出事時，他們必須承擔大部分的處罰。[118] 或者，要求高階主管對從任職起累積的薪酬負起連帶責任，也可以在公司不履行償債義務時，要求大股東就持股購買值負起連帶責任。在公司發生重大不法行為，例如：公司詐欺、殺人或類似犯

---

❷ 擱淺資產是指，若貸款人經營的事業中有高碳事業或涉及高碳排，或是擁有與化石燃料相關的資產，在碳排量管制下，這類資產很可能變成擱淺資產。

罪時，要求握有控制權的股東、公司執行長和公司指揮鏈上的其他要角負起刑事責任，除非他們能夠證明自己已經盡其所能地防止犯罪事件的發生。

　　我們必須讓控管公司者跟營運利害與共。舉例而言：根據2020年發布的一份報告，美國光在2015年就有130萬人因為持有非法藥物或毒品遭到逮捕，有近50萬人因為持有毒品／藥物輕罪而入獄。[119] 薩克勒家族（Sackler family）是美國造成鴉片藥物濫用的重責者，這可能是自19世紀中英鴉片戰爭以來，最嚴重的藥物弊案，但薩克勒家族無一成員入獄，只是繳交了數十億美元賠償了事。[120] 這種無需當責的權勢就是一種醜陋的特權，令人聯想到封建制度，而非當代自由民主制度。

　　第四、必須抑制公司的政治影響力。如第六章所述，只有人才能成為公民，公司應該只能遵守經濟學家傅利曼所謂的遊戲規則，公司不能成為規則制定者，只有公民才有資格做出這類決定。公司做為遊說者的角色也必須透明化，同樣地，做為政治獻金捐款者的角色也必須透明化（理想的境界是，公司不能捐獻政治獻金）。關於金錢在政治中扮演的角色，疑問甚多、甚廣，最起碼應該加以限制並予以透明化。

壟斷

　　壟斷也是特權。在第五章討論中提到，證據顯示，競爭力下降需要更積極的競爭政策，尤其是數位平台的壟斷現狀令人憂心，具有壟斷能力的數位平台產生極大的經濟、社會和政治影響力，地位如同「特權分子」了。哈佛大學教授傑森・佛曼（Jason Furman）領導的獨立專題研究小組，嚴謹地調查與分析數位產業面臨的競爭挑戰，在2019年向英國政府提出的總結報告中，詳述這個產業推出的寶貴創新，以及造成的特殊挑戰。[121] 琳娜・汗（Lina M. Khan）因為研究數位產業競爭情況（尤其是亞馬遜網路公司的壟斷）而聲名大噪，拜登總統在2021年提名及任命她擔任美國聯邦貿易委員會（Federal Trade Commission）主席。[122]

這群作者的主要建議是必須重振競爭政策，尤其重要的是，雖然競爭政策必須考量到消費者，但現階段應該著重為競爭注入活力。為此，競爭政策應該轉向三個重要層面：第一、應該預設性地反對同一市場上營運的公司合併或收購，有此行動的公司必須提出具有說服力的論述，說明購併案將如何強化市場競爭力。第二、應該注意被少數幾家、甚至只有一家公司宰制的市場，思考如何在這個市場中創造更多競爭。第三、各國應該嘗試聯手促成更競爭、更創新的經濟，自由貿易是達成此目的的最佳途徑之一。

特別針對數位型企業，佛曼小組在報告中建議設立「數位市場監管部門」，負責制定一套競爭行為規範，適用於任何被視為擁有「策略性市場地位」的公司。這個數位市場監管部門也負責「促進資料流動性和開放標準制度，這些工具將促進競爭，增加消費者選擇。」最後，數位市場監管部門將處理「資料開放性」，著眼於促進新競爭者進入市場。此外，上述這些工作必須強力推行至數位企業，尤其是在網路外部性（網路效應）很重要的領域。

新數位經濟

數位和人工智慧賦能的新經濟引發比競爭更深層的疑問，而且遠非只是涉及經濟層面。由於這些企業不僅中介、也創造社會的資訊生態，因此成為了我們的經濟、社會和政體的重要形塑者。語言是人類這種社會性物種的重要特徵，人類最具革命性的發明技術是用於溝通的技術：書寫、印刷、電報、電話、電台、電視，以及現在的網際網路。再加上，現在有超級機器能夠用極短時間在龐大的資料中找出模式，如虎添翼地為新的資訊經濟帶來革命性發展。不過，如同第六章所述，並非一切都是新東西，資訊經濟或許產生了一套新技術與組織，但人類仍然傾向狂熱、猜疑、部落意識、焦慮，以及追隨承諾會解決我們的所有問題的魅力型騙子。

那麼，為了駕馭新興的數位經濟必須考慮什麼？畢竟，沒有人推舉臉書的馬克·祖克柏（Mark Zuckerberg）或字母控股公司（Alphabet）的桑德爾·

皮采（Sundar Pichai）來掌控社會的資訊生態系。若競爭經濟和運作中的民主制度想續存，政策制定者必須處理一些重大課題[123]，下文探討其中三個課題：

第一、**透明化**。一如我們在思考公司責任時談及的內容。在新數位經濟中，演算法左右我們的生活（包括經濟生活），決定了企業在搜尋引擎中的排名，支配我們看到的種種資訊。無可避免地，演算法使用的資料本身有瑕疵和偏見；同樣無可避免地，演算法的設計旨在為其商業創造者謀利，而非照顧使用者或現存的社會利益。當然，我們不應該師法中國把演算法國有化，但我們應該對演算法施加一些必要的監管。舉例而言：既然食品和藥品都受到嚴格監管，為何旨在快速傳播錯誤資訊和破壞行為的演算法不該受到嚴格監管呢？不過，監管所有的演算法太過侵擾與干預，會形成國家控管無所不在的危險性。一種可能的做法是，把特定的科技企業列為「策略性」或「系統性」企業，就像現行的大銀行一樣，這些企業（數量並不多）應該被監管，推出任何的新服務或新演算法都必須接受審查。我們已經歷經「快速行動，打破陳規」（move fast and break things）❸的世界，太多規則被破壞了，必須停止。

第二、**資料**。有人說，對臉書和其他的社群媒體事業而言，用戶也是產品。[124] 這說法很有問題，顧客提供的資料對往來公司自然有很大的價值，但這算是公正的交易嗎？有鑑於這些公司處於壟斷地位，而顧客的地位如同一盤散沙，所以這一說法令人質疑。我們可以想像，這些公司每次使用用戶的資料時，應該向用戶支付一筆費用。與這問題密切相關的還有隱私問題，用戶有權知道這些公司收集了哪些資訊，同時有權控管如何使用這些資料。歐盟的《一般資料保護規則》（General Data Protection Regulation）或許不完善，事實上，鐵定不夠完善[125]，但卻是朝正確方向邁進一大步。這種限制應該普及全

---

❸ 出自祖克柏揭櫫的臉書核心精神，原意為「快速行動，打破陳規」。

球，未必需要簽定全球協定，只要在舉世最大的司法管轄區之一（尤其是美國和歐盟）實行一套制度，其觸角必然會延伸至全球。

第三、**媒體**。實體媒體提供表達意見的管道，鼓勵業餘的「公民記者」以他們的方式搜集力所能及的資訊，但實體媒體需要資源致力於挖掘真相（遺憾地，現今挖掘真相既不盛行，重要性也被輕忽）。而這些資源來自何處呢？一種可能的來源是，對大肆破壞實體媒體事業模式的社群媒體課稅，把稅收匯入一個資助實體媒體的信託基金，用於新聞、時事和拍攝紀錄片的資源供給公共服務媒體使用。或者，更重要的是，提供給地方媒體資源，因為這些區域的事業模式受創特別嚴重。

第四、**人工智慧**。人工智慧可能帶來人類史上最激烈的轉變之一，深入且廣泛地影響經濟、社會、政治，以及身而為人的意義，因此不能任由少數幾個只聚焦於賺錢的企業為所欲為。我們的政治必須思考一些深層疑問：人工智慧可能運作的模式與用途？該如何確保人工智慧增進而非摧毀人類福祉？如何確保不被少數組織（企業或政府）掌控人類的現在與未來？人工智慧的使用將是一種遠遠超出可容忍極限的「特權」，各國應該倡導相關課題的研究與討論。

貪腐

貪腐——濫用權力，牟取私利——是社會組織恆存的特徵。可供竊取的財富愈多，竊取的誘因愈大。事實上，貪腐與合法之間的分界往往難以畫分。人類史的大部分時間，財富與權力是硬幣的兩面，權力賦予通往財富的道路，財富強化權力，只有高尚、甚至帶點天真的社會觀才能想像權力和財富應該、或許能夠區分開來。專制君主不會容許屬臣竊取自認為屬於他的財富，而且他會理所當然地認為自己能合法索取統治領土內的大部分、甚至全部財富，誰敢對他說不呢？只有想死的人才膽敢反抗他。這種傳統形式的政府是所謂的「世襲制」，普丁也是這麼看待俄羅斯，他認為俄羅斯是他的，他可以為所欲為，只不過俄羅斯還未變成像羅曼諾夫家族統治下的俄羅斯、或金氏家族統治下的北韓那種世襲財產罷了。

法治自由民主國家（這是唯一有資格被稱為民主的政體）理應有所不同，從大多數情況來看，的確如此。在國際透明組織（Transparency International）於2020年發布的國家排名中，最清廉的國家全都是這類民主國家，例外的只有新加坡（並列第3名）、香港（並列第11名）、阿拉伯聯合大公國（並列第21名），三者的評分高於法國（排第23名）、美國（排第25名）、西班牙（排第32名）、南韓（排第33名）、義大利（排第52名，與沙烏地阿拉伯並列），排名最高的是紐西蘭和丹麥。不意外地，真正民主的小型國家，人人都知道彼此的事業，清廉度最高，幸福度也最高（參見第七章）。[126]

然而，情況並非那麼理想，高所得民主國家本身在很多方面促進了貪腐[127]，這其中包括英國和美國。再者，若國家和精英分子在海外助長貪腐，容忍收受賄絡，那麼國內的商業和政治將無可避免地敗壞。另外，在重要的高所得民主國家存在大量的貪腐，以及大量通常不被視為貪腐、但確實為貪腐的行為。[128] 舉例而言：美國的政治獻金就是一種貪腐行為，屬於典型的利益交換。掃除這一切非常重要，理由也很多，尤其是貪腐行為會傷害人民對政治的信賴。若選民強烈存疑，他們會得出結論：既然所有政治人物都是騙子，我們幹麼不把票投給一位起碼坦誠自己是不誠實的騙子呢？

反貪腐對經濟很重要，因為貪腐會扭曲競爭；反貪腐對於保護民主制度也同樣重要，因為濫用權力無疑朝專制邁進一大步。一旦偷竊成為政治目的，就會打壓自由媒體、獨立司法、抗議權，以及政治組織的自由，否則專制的掌權者及其倚恃者的地位就危險了。民主國家應該盡一切的努力在國內及海外反貪腐，權力與財富必須區分開來，這是民主資本主義的最高理想之一，儘管也是最困難的理想之一，切莫忘記理想初衷。

課稅

誠如前美國最高法院大法官奧立佛‧溫德爾‧霍姆斯（Oliver Wendell

Holmes）所言，稅是我們為文明付出的代價，民選的立法機關有能力決定對什麼課稅、如何課稅、課多少稅，這是民主制度的最基本特徵。不幸的是，實際情況日益清楚地顯示（尤其是美國），制定稅負政策的並不是人民，而是一個少數群體，稅負政策實際上為創造極其富裕、強大的世襲金權政治撐腰，而金權政治的成員也利用族群民族主義（ethnonationalism）的認同政治，轉移有關於經濟不均議題的政治辯論。金權政治和白人勞動階級的結盟，幫助川普當選美國總統，爾後川普又在2020年和以後試圖推翻美國大選過程。因此，問題不僅僅關乎稅負或經濟政策而已，也關乎民主制度本身的健全性，這也是小羅斯福總統說：「終結少數者的特權」時所關切的核心。[129]

這裡要提出幾個重點：許多高所得國家需要提高稅負，因為還債日到了；不過，也可以在不產生重大經濟成本下提高稅負；現行稅制中有很多不公平的部分，尤其是（但不僅限於）未能對資本課稅、未能適當地處理逃漏稅和避稅行為；有必要徹底改革現行稅制。

‧‧‧

根據本章和本書第二部探討的內容來展望更長遠的未來，顯而易見地，許多國家將需要更多的資源，這有部分是出於政府必須有一些作為，以確保人人獲得像樣的所得、支持人們的工作能力、提供一流的教育和保健服務；另有部分是因為人口老齡化，這是一種持續的趨勢，使得保健和社會服務需要更高的支出。政府支出占GDP比例較低的國家，例如：英國或美國，支出增加的壓力可能最大。舉例而言：英國的預算責任辦公室（Office for Budget Responsibility）一再聲明，根據現行政策跟經濟成長、利率水準有關的合理假設，公共負債正走上一條不可持續的道路。例如：2020年7月時（當然，當時是新冠肺炎疫情危機最糟之際），預算責任辦公室預測公共部門淨負債將於2069至2070年間超過GDP的400％。[130] 美國國會預算辦公室（US Congressional Budget Office）於2021年3月發布的長期預算展望中如此結論：「到了2021會計年度終了時，預估公共部門持有的聯邦負債將相當於GDP的

102％。若現行稅法和支出大致不變，聯邦負債與GDP比率將在2028年持續接近預測水準，然後一路攀升，到了2031年將相當於GDP的107％。……此後，聯邦負債將繼續增加，到了2051年將超過GDP的200％，來到美國史上最高的負債水準，然後再繼續增加。」[131] 除非你相信一國能創造的負債或貨幣沒有上限（若你真這麼認為的話，請看看阿根廷的歷史）。負債累積絕對不能持續下去，不過在實質利率水準很低、經濟持續成長下，倒是可以無限期地維持赤字財政。

　　話雖如此，為履行政見，再加上為了打造更好的未來，提高稅負勢在必行，問題在於如何增稅，這是下文要討論的。當然，提高稅負收並不是課稅的唯一理由，課稅可以達到其他目的，例如：把負面的外部性（尤其是對環境的傷害）內化；縮小不平等的情況。此外，課稅也必須符合一定的標準，最明顯的標準是可行性和公平性。不過，起始點必須著眼於稅收：許多高所得國家將需要更多的稅收。

▪ ▪ ▪

　　一提到必須提高稅負，常見的反應是：此舉會扼殺經濟成長，導致全國人口變得更窮。這種觀點表面上聽起來合理：若對辛勤工作者、企業和創新增加課稅，人們必然預期納稅將衝擊他們的生活。[132] 但實際上，在其他條件（例如：組織和人力資本的素質）不變下，稅收占GDP的比例對經濟繁榮並沒有顯著影響，這個比例反而大大反映社會的選擇，也就是政府應該對家計單位提供多少保險，以及政府應該在教育和保健之類的服務上發揮多大的作用。此外，政府支出也提供人民重要的福祉，儘管這些福祉未能呈現在GDP中，例如：「不必擔心生病會導致破產」就是一種福祉；所得保障也是，特別是對有小孩的家庭，若國家有許多小孩因為貧窮而前景黯淡，儘管該國的人均GDP可能沒有落後他國太多，但小孩的人生發展卻會受阻。＜圖47＞顯示包括7大工業國家（G7）在內的重要高所得國家的稅收占GDP的比例和人均GDP（相對於美國），圖中的趨勢線顯示，二者之間並無明顯關係，有繁榮的高稅國家，也有繁榮的低稅國家。

　　在這些國家當中，美國是生產力最高的國家，原因有很多，除了稅負較輕，其他原因包括：市場規模、創業文化、高等教育機構素質、對全球人才的開放程度（直到不久前）。這些因素抵消了一些劣勢，例如：國內勞動力教育程度較差。聯合國開發計畫署（United Nations Development Program）長期編製和發布「人類發展指數」（Human Development Index），綜合評量人均國民所得（gross national income，GNI）、平均壽命、平均受教育年數。2019年，美國的人類發展指數排名第17，落後於＜圖47＞中的多數國家，僅超前日本、南韓、西班牙、法國、義大利（依排名順序，台灣不被聯合國視為主權獨立國家，所以未被列入排名）。在人均國民所得排名中，美國排名第

＜圖47＞2019年政府稅收及人均GDP（％）

（資料來源：IMF）

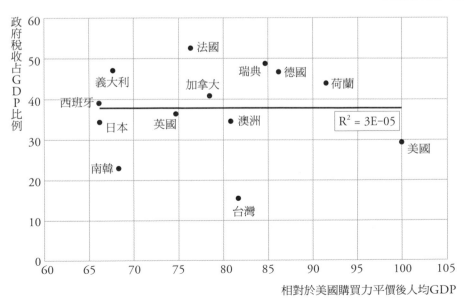

10，僅落後於一些小國（包括石油富國）。在平均壽命排名中，美國排名第38，以美國的財富及資源來看，排名很糟糕。在預期受教育年數方面，美國排名第28，排名也相當差。[133] 若考量大比例人口獲得的糟糕保健與教育服務，以及高度分配不均，低稅收／GDP比例似乎不是明智的政策。固然，對全世界的大多數人而言，美國仍然是個天堂，但只有非高所得國家的人民這樣認為，在高所得國家中，美國的情況並不好。

＊＊＊

如第五章所述，濫用避稅港（主要是公司濫用）是公開的弊病，但這遠遠只是更大問題的一部分而已。經濟學家伊曼紐爾・賽斯（Emmanuel Saez）和加柏列・祖克曼（Gabriel Zucman）在他們的合著《不公不義的勝利》（*The Triumph of Injustice*）中，專門針對美國詳述這些弊病及其主因。[134] 他們指出：「今天，每一個社會群體以納稅形式向公庫繳交所得的25％至30％，只有超級富人例外，他們只繳交所得的20％。美國稅制是巨大的平頭稅（單一稅），只有高所得例外，他們享有實質稅率遞減的累退稅。」[135] 所以，「身為同一社會群體」，他們寫道：「這世上的川普們、祖克柏們，以及巴菲特們的實質所得稅率比教師們和秘書們還低。」[136]

原因在於，美國政治辯論往往聚焦於只產生總稅收1/3的聯邦所得稅（占國民所得的9％）。此外，撇開公然逃稅不說，美國的所得稅稅制合法地排除許多形式的所得，尤其是資本所得，因此只有63％的美國國民所得需要申報所得稅。美國的州所得稅跟聯邦所得稅的型態一樣：州稅只占約2.5％的國民所得。美國次大的稅收來源是社會安全薪酬稅（Social Security payroll tax）：對勞動所得課徵的累退稅，約占國民所得的8％（所以，跟聯邦所得稅稅收幾乎差不多）。美國的第三大稅收來源是消費稅，其中包含貨物稅，也是累退稅，部分原因是窮人的支出比例遠高於富人，還有部分原因是這些消費稅不包含服務（因為美國沒有增值稅／加值型營業稅），而富人消費的服務較多。美國稅收來源最小的部分是資本課稅，這部分的稅負很輕：平均稅率為13％左右。馬克·祖克柏擁有20％的臉書股份，該公司在2018年時的營業利益為$250億美元，支付的實質稅率僅為13％。該公司的淨利接近$220億美元，祖克柏的股份可囊括其中約$44億美元，但這筆臉書獲利他只需要繳納13％的公司稅，不必繳納所得稅。[137] 別忘了，就連億萬富豪慷慨的「慈善捐獻」也可以抵稅，所以他們捐出去的錢，有部分是慷他人之慨，這絕對算是金權政治。

逃稅也很普遍，對坐擁鉅額財富者更是家常便飯，因為隱匿所有權比隱匿工作所得要容易得多。一份分析逃稅問題的報告得出以下結論：「所得分配底層50％的人口未申報所得占實際所得比例的7％，所得分配最高層1％的人未申報所得占實際所得比例的20％，這其中有6％是未被查到的高明逃稅。」[138]

美國是個極端例子，但也沒那麼極端。不論如何，富人要不就是不繳稅，要不就是稅繳得不多，誠如已故旅館大亨莉奧娜·赫姆斯利（Leona Helmsley）所言：「只有小老百姓才繳稅」[139]，大體而言，她說的沒錯，不過她自己也蠢到因逃稅被捕而入獄服刑。至於為何財富多到難以計數的人會千方百計地逃稅和避稅，這就不是理性思考的人能夠理解了。

關於課稅的未來，有數不清的疑問，但在此，我想探討三點：目的、手段，以及特定挑戰，尤其是透明性和全球合作。

課稅的目的，首先是為了獲得足夠稅收來執行政府的目的。就一些國家而言，尤其是英國和美國，這意味著永久性地提高稅收占GDP的比例；就其他國家而言，可能只是暫時性地提高稅收，使疫情後的公共財政重返控管。不過，這個目的雖重要，卻遠非正當目的的完整說明，稅制也必須公平，如前文所述，美國現今的稅制不符合這項標準，其他多數國家的稅制在一定程度上也不符合。例如：資本利得僅在出售資產時被課以輕稅，讓擁有龐大資產者可以用資產增值部分貸款，過上免稅的生活，只需繳交消費稅即可。合理的公平性必須由最有能力承擔稅負者來承擔，否則可能引發普遍的不信任和憤怒。再者，稅制也應該盡可能地促進想達成的目標，不造成重大的經濟成本。最後，稅制應該要有效地實行。

那麼，為達成目的該選擇什麼樣手段呢？一個顯而易見的法則是，更有成效、生產力地使用公共資產。[140] 另一個法則是，對「壞事」課稅，例如：污染，碳稅就是一種明確的形式。另一個法則是對經濟租課稅，對純經濟租——扣除為供應某種東西所需的成本和誘因後的淨所得——課稅很有效率，不會造成產出減少。19世紀經濟學家亨利·喬治撰寫《進步與貧窮》（*Progress and Poverty*）一書時，經濟租的主要來源是土地[141]，現在地租仍然重要，這也是應該對土地課以重稅、減輕企業、勞力和生產性節約的原因。不過，還有其他形式的經濟租：持續性的超常公司獲利，（例如：蘋果公司），或是聚集形成的網絡效應（例如：聚集於倫敦或紐約的人生勝利組居民）。在倫敦或紐約工作的高技能者賺得更多，並不是因為他們的技能水準高於其他人，而是因為這類城市產生的網絡外部性，使許多工作者更具生產力。另外，擁有相似技能的工作者在高所得國家的收入遠高於在其他國家，這也屬於一種工作與生活地點衍生出來的經濟租。因此，高稅負可被視為享受此地區提供經濟租所收取的費用。[142]

　　一個重要的疑問是：對資本課稅的最佳方法是什麼？這有多種可能性，每種的目的有所不同。若目的是降低遺贈造成的不均，以減輕世襲金權政治的影響，那麼適當的手段是對遺產和繼承者之間的贈與課稅，沒有好理由讓遺產無限期地續存。若目的是強迫富人分擔日常的財政，那麼最佳手段是對所有形式的所得（不論是工作薪酬或非工作所得）課徵相同稅率。以上述祖克柏的例子來說明：一個簡單的選項是對所有公司淨利課徵高所得稅稅率，或者公司淨利完全歸屬於股東，然後對他們課徵高稅率。這當然會對投資產生很大的逆效應，所以在對公司淨利課稅時，應該讓投資可以100％抵免稅額，如此一來，政府就能平等地分攤投資成本和投資報酬。最後，應該廢除利息的課稅減免，消滅危險且不具生產力的槓桿操作。

　　橋水基金（Bridgewater Associates）的研究員檢視33個課徵年財富稅的案例，得出的結論是，沒有一個案例顯示財富稅既大到足以影響政府財政，又能夠持久地實行。這33個案例中，有5種稅在世界大戰時期開徵，並且稅率極重，但其中要不就是一次性事件，要不就是很快廢止了。[143] 因此，往往只有在特殊情況下，例如：戰爭或疫情衝擊，才會開徵重大的財富稅。持續、恆常性的財富稅也是有可能，例如：挪威和瑞士課徵財富稅就行之已久，但是稅率僅為1％或更低，財富稅的稅收並不多，但縱使不多，財富稅稅收也達到了GDP的2％左右，還是很值得。

試圖對資本課稅時，可能遭遇的一大挑戰是導致資本外逃或其他方式的逃稅，為避免這種侵蝕，需要國際合作。大國（尤其是美國）的政府有能力迫使其他國家的政府合作。或者，若是無法做到的話，改而迫使公司合作。把公司稅改為按目的地課稅，取代按生產地課稅——如今愈來愈難辨識許多公司的產品／服務產地，此舉可以免除課稅時的諸多麻煩。例如：公司可能聲稱這筆在英國的營收是產於盧森堡，或使用位於巴哈馬的智慧財產權。改為目的地課稅後，一律根據銷售市場所在地課稅。國際合作也可以採取行動，反制公司稅稅率極低的國家，例如：政府可以告訴公司，若他們堅持荒謬地聲稱有生產性資產（例如：智慧財產）位於避稅港，將無法在國內做生意。舉例來說；若美國告訴境內的科技公司，把營運獲利歸到低公司稅稅率的國家，代價將是公司不得再於美國市場上營運，如此一來，科技公司就會停止這種避稅操作。

拜登政府在2021年初提出改革公司稅的提案，包括：在國內課徵更高稅率，以及訂定一個全球性的公司稅稅率底限，並於是年10月和超過130國達成開創性的協定，訂定全球性的公司稅稅率底線為15％。[144] 各國也可以用大致相同的方式來達成全球性的碳稅：大市場將對任何未於國內課徵適度碳稅的國家課徵碳關稅。歐盟已經朝此方向展開必要步驟。

最後一個課題是前文提及的慈善捐贈的稅負待遇，目前慈善贈與的稅負抵免，讓所得位處高層者的公益捐贈至少有部分犧牲了其他納稅人。贈與可以抵稅的道理並不明確。支持慈善贈與抵稅的論點之一，是這做法能促進他們捐贈更多，但這論點卻也隱含他們的動機並非出於慈善。反對觀點則認為，這做法將剝奪政府稅收用於其他同等重要的目的。另一個支持慈善贈與可以抵稅的論點是，如此一來，慈善事業可以從有能力的個人中受益。但反對觀點說，沒有人推選比爾·蓋茲去解決世界的健康問題，為何要讓一位成功的軟體企業家扮演這個角色呢？有人支持慈善贈與的稅負抵免政策，有人反對，二者看法皆屬合理。

最終，這些稅制的改革障礙是公司和富人對政府的影響力，而非政府沒有能力，問題在於政府是否有心去做，不論是稅制或其他的改革。

小結：打造符合這時代的新政

遵循第七章提出的「漸進式社會工程」議程大綱，本章詳述實際的改革內容，旨在民主政體中建立一個能為眾多人口提供福祉的市場經濟。本章探討了許多領域的改革：總體經濟穩定性、創新與投資、永續性、開放世界、工作和工作的品質、機會平等、福利國家的改進，以及最重要的，終結富人和有權勢者的特權，因為這些特權扭曲市場經濟和政治。在終結特權方面，重點著重在：獎酬權力強大的局內人公司治理制度、容忍強大壟斷者的競爭政策、容忍貪腐的監管制度，以及讓富人近乎隨心所欲地繳稅的稅制。我們需要的是服務所有人、為所有人提供機會、安定和繁榮的社會，然而許多高所得國家現況並非如此。

我不可能在這裡詳盡地探討所有選項的細節，因為本章的每一節都可以寫成一本書，但推動這些改革的關鍵必要條件是：做好改革之路相當顛簸的心理準備，有條不紊地、嚴謹地、務實地思考。這是務實的漸進式社會工程，若我們的民主制度想建立在更穩固的基石上，未來必須不同於過往。本章嘗試勾勒出一個議程，這只是開始，不是終點，但建設後二戰國元勳們提出的議程仍然很適切於當今現況，我們應該回過頭參酌那份議程。為此，政治也必須變革，這是下一章的主題。

第9章
革新民主制度

優勢取決於何者最能普及地行使公眾權利。一方面，使沒有選舉權的人減至最少；另一方面是，與其他目的同等重要的前提下，開放所有階級的民眾最廣泛地參與司法與行政事務細節，例如：參與陪審團審判、入職市政局，最重要的是，最大程度地公開與自由討論。

—— 約翰·彌爾，19世紀自由主義哲學家[1]

在這罪惡與苦難的世界，人類已經嘗試過許多形式的政府，未來也將繼續嘗試。無人聲稱民主制度是完美或最明智的制度，事實上，有人說，民主制度是最糟糕的政府形式——那些嘗試過的其他政府形式除外。

—— 邱吉爾，前英國首相[2]

民主理論認為，普通人知道他們想要什麼，並且值得拼盡一切去爭取他們想要的。

—— 孟肯，幽默諷刺作家暨文化評論家[3]

　　普選制的自由民主制度應該續存嗎？若應該續存，要如何改革才能變得更有效能、更正當、更健全？第一個問題的答案是強烈的肯定：當然應該續存。就如同市場資本主義是最不壞的經濟制度，自由民主制度也是最不壞的政治制度。不過，就如同市場資本主義需要改革，民主制度也需要改革。

　　我們應該記得，歷史上統治者很大比例是由被統治者選出，卻極少數對國家當責，而且這些國家後來往往變成專制獨裁政體（例如：羅馬共和國後來的命運），或是被專制獨裁國家吞併（例如：古雅典被馬其頓王國征服）。選舉制度在一些重要國家存在了多世紀，但是現在擁有民選下議院的英國，直到19世紀前，基本上一直處於君主政體或貴族政體，只有在通過《1832年改革法案》後，英國才算實行低程度的民主政體。美國憲法刻意在多個層面限制多數人的意志，選舉權也很受限。直到20世紀初期，民主國家才開始採行全體成年人享有選舉權的制度，不像先前的共和國，限制女性及奴隸不能有選舉權。

因此，普選代議制的民主歷史僅存一世紀左右（參見第三章），而且不完整，主要取決於所有參與者，特別是精英階層對此制度的信諾。現今的民主衰退有可能演變成徹底的民主蕭條（democratic depression），如同1930年代的歐洲，只是這次規模將是全球性的。[4] 不過，出於仍然強烈地嚮往民主，現今全球有近半數的國家可視為民主國家，不論其中許多的民主制度多麼不完善（參見第三章，＜圖5＞）。儘管2019年至2020年發生於香港的「反送中」事件，以及2020年發生於白俄羅斯的示威，最終以鎮壓民主收場，卻也提醒了我們，人民有多深切地渴望統治者對人民負責，以及渴望能夠對當權者暢所欲言。這些事件也提醒我們，「強人」統治者有多卑劣：充其量，他們只是自命不凡、實際能力卻很差的巨嬰；最壞的情況是，他們是變態人格的惡霸，只關心自己的利益，對其他的一切漠不關心。[5]

本章聚焦於在那些長期被視為鞏固自由民主的國家，其革新自由民主的可能性。這是關於「我」的社會，危機與個人切身相關。再者，若民主制度無法在這些國家維持下去，在別處的前景必然黯淡。最後，這些是最強大的民主國家，美國和英國是現代民主制度的先驅，並確保民主制度成功地在歷經兩次世界大戰和冷戰中存活下來。若期望自由民主制度的理想能在21世紀興盛，英美和西歐國家的民主制度必須成功。

本章內容首先討論以下論點：縱使這些國家的民主制度運作不良，也應該加諸更多限制。這些論點很有說服力嗎？再者，檢視民主制度以外的選擇：可以當上中國共產黨或自己國家的獨裁者、金權政治統治者或高官，這些選擇的吸引力有多大？最後，探討革新民主制度的目的和可能的革新手段。

捍衛民主制度

如同邱吉爾所言，民主制度的確有缺點。長久以來，富人和知識分子（歷史上，他們大多是同一群人）的批評是：選民不知道自己在做什麼，他們教育程度低、愚昧、情緒化，投票時他們基於的理由往往跟議題無關。柏拉圖就抱持這種觀點。縱使對支持民主制度的人而言，這些批評也有幫助，因為我們必須了解何以值得捍衛民主制度，更重要的是，這些批評引發重要疑問：如何把捍衛民主制度的工作做得更好。

批評民主制度

亞伯拉罕・林肯的《蓋茲堡演說》為民主制度的理想做出了最簡明、出色、具影響力的聲明，演說中把聯邦軍為之犧牲的共和政府形容為：「民有、民治、民享的政府。」可惜的是，這個對民主制度如何運作的理想聲明只是神話，政治學家克里斯多福・艾肯（Christopher Achen）和賴瑞・巴特爾斯（Larry Bartels）在他們的合著《現實主義者的民主制度》（*Democracy for Realists*）中指出，民主制度的實際運作並非如此。[6]

選民不是認真思考過議題後才投票，他們是基於群體認同而投票，因此「他們大多認同族群、種族、職業、宗教、其他類別群體，然後往往也連帶地認同一個政黨——可能是透過群體關係、基於世襲忠誠度而產生的政黨認同」，艾肯和巴特爾斯寫道。[7]種族認同可茲解釋南方策略何以成功地鞏固金權政治，在美國內戰前的南方就有了這種成效，此後在該地一直延續下去。這種策略的成效在美國其他地區也愈來愈常見了。對許多美國南方白人而言，民權法的實施把民主黨徹底地變成令人鄙視的「黑人」政黨，他們立即轉向擁戴共和黨，因為許多共和黨人主張「自由」應該包含歧視權，並且在福利和犯罪議題上幾乎毫不掩飾地訴諸種族主義的比喻與修辭。[8] 川普是這種轉向的自然終點，某種程度上，他就是前阿拉巴馬州州長喬治·華萊士的政治繼承人。

艾肯和巴特爾斯指出，這種群體認同在選舉中扮演的角色過大，「政黨及其選民之間的議題一致性（若存在這種一致性的話），很大程度上是這些關連性下的副產品，大多缺乏政策內容。」[9] 不令人意外的是，多數選民的投票和他們本身的利益之間並無關連性，這是人們如何思考政治的一個必然結果——若他們對政治有看法的話。

政治經濟學家熊彼得也清楚這種缺點：

> 在欠缺直接責任的主動精神，不管資訊多麼完全與正確，無知將持續存在。就算提出資訊外，還努力地透過演講、授課、討論等方式來教導人民如何使用資訊，這種無知仍會繼續存在。這些作為並非毫無斬獲，只是收效甚微，你愛莫能助。
>
> 因此，老百姓一旦進入政治領域，心智的表現往往下滑，在攸關他的實質利益的領域，論述和分析就變得非常幼稚，再度變回原始人，運用聯想和感情來思考。[10]

批評者認為，最終只會導致糟糕的政策和失望的選民。由於選民傾向群體認同，政治也傾向華盛頓在告別演說中警告的黨派之爭。[11] 華盛頓說，這種黨派之爭將大到致使一方可能尋求支持一位有魅力的領袖來掌權。敵對態度將凌駕於遵守民主共和的遊戲規則上，威權主義將勝出。

對於這些甚具說服力的批評，一些思想家主張，我們不僅該廢棄普選制民主制度，也要這麼做。他們認為，縱使有憲法鞏固「代議制民主」，防止選民的任性與無知，但這還不夠，選舉權應該只賦予智識程度較高者投票。這種制度稱為「知識精英政治」（epistocracy）：由有知識見地者統治。喬治城大學的哲學家傑森·布倫南（Jason Brennan）近年持續提倡這項主張。[12]

布倫南把選民區分為三類：哈比人（Hobbits），「資訊掌握量低，對政治的興趣和參與程度低」；政治流氓（Hooligans），「資訊掌握量比哈比人高，高政治投入度，強烈支持他們的民族認同，充滿認知偏誤」；瓦肯人（Vulcans），屬於理想類型，完全理性、資訊掌握度高的思考者，不會不當地堅持己見」。[13] 布倫南認為：「在現代民主國家，我們不是擁有一位腦袋空空的無能國王，而是擁有多顆腦袋空空的無能國王。」[14] 他建議選舉權只賦予知識精英分子。對此，他談到了柏拉圖的觀點。這位古雅典哲學家把其著作《理想國》的部分篇幅，用來闡釋由「護衛者（戰士）」階級選出「哲王」做為統治者的道理。透過選擇性繁殖和適當的教育，確保護衛者和哲王具有優秀的智慧（所為適當的教育，應該禁止流傳詩人杜撰故事，尤其是古希臘荷馬杜撰的史詩）。為了確保他們公正不偏，在選擇性繁殖下，由優秀雙親產下的後代得交由專門的保育員撫養，他們不知道自己的父母或兄弟姊妹是誰。[15] 已故哲學家卡爾‧波普批評柏拉圖的政府觀點是極權主義的濫觴。[16]

反駁批評

是的，民主制度不完美，而且有瓦解的傾向。不論民主制度採行直接、代議、比例代表制、領先者當選制、國會制、總統制、一院制、兩院制的形式，柏拉圖、亞里斯多德、美國開國元勛、前英國首相邱吉爾和歷史經驗全都告訴我們這點。一位選民在投票中的利害關係很低，因為一票不太可能左右選舉結果，因此沒道理花費時間精力去了解議題，他們通常把票投給認同和喜歡的候選人。他們也傾向短視近利，未來充滿不確定性，因此短視近利也有其道理。所以才說，他們是「理性地無知」。

不論在道德上、智慧上、情緒上，我們都不完美，我們建立、為生活注入一定程度的秩序和可預測性的那些制度，同樣也不完美。但沒有這些制度，我們無法好好生存。自農業革命以後，強健的國家和能幹的政府是必要的制度，並在現代社會的規模和複雜性下顯得更加重要。若我們需要政府，在挑選運作政府的人選時，沒有比各種民主制度更好的形式了，畢竟民主制度是政治競爭，從經濟史可以看出，長期而言競爭遠優於壟斷，不論壟斷表面上看起來多有益。

就連懷疑論領軍者布倫南也承認：「民主制度與許多重要的結果呈現正相關，而且遠不只有相關性，還有因果關係。」[17] 世界上最宜居的地區是民主國家，如同第八章談到「相對較清廉」這項重要指標，舉例而言：2019年時，全球清廉度最高的20國當中，有18國是充分民主國家[18]，美國令人失望地僅排24名，但排名遠優於奧班統治下的匈牙利（排名第70）、習近平統治下的中國（排名第81）、艾爾多安統治下的土耳其（排名第82）、普丁統治下的俄羅斯（排名第144）。全球領先的民主國家存在富裕且誠實並非偶然，這是源於自由民主制度有受問責的政府和法治。意欲專制獨裁的統治者，上台做的第一件事，就是鎮壓揭弊者。反觀民主國家，人們可以、也確實會小題大作令政府尷尬，政治對手甚至可能把貪腐變成一椿醜聞，要求停止不當行為或驅逐當權者下台。

就連對民主制度的成效抱持懷疑的著名學者也承認：「獨立的司法體制、言論與集會自由，以及象徵民主制度和文化的其他特徵，無疑都很重要。」[19] 這些當然重要，種種的自由與保護只存在由被統治者選出統治者的民主社會，專制君主或暴君般的掌權者不會容許臣民享有這類自由與保護，因為專制的統治者被視為博古通今的人，任何異議實屬大不敬。換言之，自由民主制度是保護個人在社會規範和人人適用的法律限制下，依自己的意志去思考、發言、行為的權利。所以，這裡產生了一個重要的問題：川普在試圖推翻2020年總統大選結果一事上是否該負法律責任。誠實計票如此事關重大，若將其視為凌駕一切法律之上，那麼民主制度的核心支柱必將崩塌。[20]

民主制度帶來的廣泛好處極其重要，但選舉本身的價值是什麼呢？除了上述提及的好處外，艾肯和巴特爾斯指出：「對於由誰擔任統治者，選舉通常提供了權威、被廣為接受的一致意見。例如：在美國，縱使競爭2000年總統大選異常激烈——結果取決於1州的少數幾張票，以及最高法院5票對4票的裁決飽受批評——其正當性最終仍然被廣為認可。」[21] 產生一位正當、被認可的當權者就是價值所在，除了選舉外，唯一能達到正當性的方式是繼承，但那遠更武斷。試想，若繼承人是一位像卡利古拉（Caligula）一樣的暴君，接下來會發生什麼事呢？答案是刺殺行動❶，這是一個決定由誰統治的可怕方式。此外，在民主制度下，當選者任期有法規限制，敗選者也有望捲土重來，因此甘願忍受失敗。選舉的另一個重要好處是，艾肯和巴特爾斯指出：「競選也提供一些統治者能容忍異議的誘因。人民可以站在忠誠於國家的立場反對在位統治者，並組織取代他們的活動，這觀念是民主和社會和諧真正重要的根基。」[22]

依賴選舉的自由民主制度還有其他好處。不同於民主政體，專制政體沒有提供驅逐統治者下台的機制，專制者可能能幹、不偏倚、有遠見，但他（歷史上，政治者幾乎總是男性）無能或變態的可能性同樣很高。在定期舉行自由選舉的國家，後者注定會被趕下台。當然，這種人也可能在自由選舉下再度當選，現實中也發生過，例如：1933年的德國或2000年的俄羅斯。不過，這兩國自此以後就不再有下一次的自由選舉了，除非或直到暴君被強迫下台。「一人一票，而且僅此一次」，這當然不是自由民主制度。

上述是支持自由選舉的強力論點，但不是支持普選制的論點。如前所述，有些人的確認為選舉權僅限於有知識見地者（知識精英分子），或是如同早年各國實行的限制，僅符合特定經濟、性別或族群特徵者可以投票。不過，有壓倒性的論點反對這種縮限。

第一、不存在可以清楚區別誰配得上、誰配不上享有選舉權的特徵。為何男性就能享有選舉權，而教育程度更高的女性卻沒有？為何白人能，有色

---

❶ 羅馬帝國第三任皇帝卡利古拉殘暴苛政，在位不滿四年，遭其近衛軍隊長刺殺身亡。

人種不能？為何擁有一定財力或所得者行，財力或所得較低者不行？這些區別全都太武斷。甚至，相信高教育程度者的投票比其他人更明智的觀念也嚴重誤判了。誠如18世紀的蘇格蘭哲學家大衛・休姆（David Hume）所言：「理性是、也應當是情緒的奴隸，除了服務和服從情緒外，理性無法勝任其他工作。」[23] 你可以辯論休姆的說法是否正確，但無疑地，這句話是對的，情緒左右我們的選擇。知識分子愈精明，愈會掩飾忠誠、偏見或自利。所以艾肯和巴特爾斯寫道：「無疑地，歷史顯示受教育者，包括高教育程度者，也常在道德和政治判斷上迷路，絲毫不亞於其他人。」[24] 許多高教育程度的德國人支持納粹，其中也包括該國最傑出的知識分子和最成功的商人，也有很多高教育程度的歐洲人是共產黨員。另外，訓練有素的專家出錯情況也很常見，舉個顯而易見的例子：經濟學家、政策制定者、金融家都未能預測和防止全球金融危機。關於誰該享有選舉權，唯一不武斷的標準是區分成年人與未成年人，可信的癡呆症診斷或許也可以做為標準，除此之外，其他任何限制選舉權的企圖不僅武斷，也必然會導致高壓統治。中國也許有、也許沒有「知識精英政治」，但卻有著非常高壓的統治。

　　第二、就算真如普選制的批評者所言，大多數選民不清楚政治與政策如何影響他們的利益或觀點，廢除某些群體的選舉權將嚴重限制政策制定過程中，有效地聽取他們的聲音，而這些人通常是較貧窮、處在經濟與社會邊緣的人。[25] 只要人們有選舉權，他們的利益和觀點就不會被政治人物忽視。極盡所能爭取選舉權的南非黑人和非裔美國人相信，擁有選舉權將改變他們的待遇，這信念完全正確。的確，獲得選舉權後，他們的待遇確實有所改善，只是改善程度不如預期罷了。剝奪低教育程度者和窮人的選舉權，必然導致他們的利益被忽視和摒棄。英國於1723年通過的《黑匪法》（The Black Act）明訂二百多條判罰死罪（大多數跟財產有關）的法規[26]，一個代表更廣泛民眾的國會絕對不會制定如此恐怖、荒謬至極的法律。19世紀的富人了解限縮選舉權對他們的好處，美國內戰後南方的白人也知道。榮獲諾貝爾經濟學獎的印度經濟學家阿馬蒂亞・沈恩（Amartya Sen）在著作《經濟發展與自由》（*Development as Freedom*）中提出一個論點：在新聞自由的民主國家不太可能發生饑荒。他指出，享有政治權的人，在政治和社會上較受重視。[27] 因此，他認為包括選舉權在內的政治與自由權：「有助於促進人們的表達被傾聽，他們的需求（包括經濟需求）獲得政治上的關注。」[28]

最後，擁有選舉權代表人們是政治群體的成員，政治群體的成員被視為公民，他們有權參與公共生活，而管理公共生活的人必須對人民當責。人類必須集體行動，但如何集體行動會造成大不同的影響與結果。在柏拉圖版本的國家（或是當代中國的黨國體制），大多數人是臣民：他們被告知該做什麼。在民主國家，人民是公民，統治者是人民的僕人。問題只出在如何使這一切運作得更好，而非完美地運作，這就是我們現在要探討的課題。

民主制度不僅是優良的制度，制度本身確實如此，民主國家還是世上最繁榮、最自由的社會，千真萬確。更何況，現今世界不存在其他像樣的選擇。另一種選擇是煽動型威權主義，意欲專制獨裁者及其推動者從內部侵蝕自由民主制度，這是很多當代政治人物採行的策略。第二種選擇是官僚型威權主義，這是自行決定（非選民）的官僚精英掌控所有權力的政體，中國就是採行這種策略。不幸的是，自由民主制度有可能轉變成專制政體或寡頭政體，從歷史經驗可知，這類政權將是高壓、搞分化、反人性、無能的政權。自由民主制度必須先歷經崩潰與革命，爾後才會轉變為官僚型威權主義政體，這樣的政權可能成功，例如：過去數十年的中國，但在此以前，先歷經了毛澤東暴政帶來的巨大災難。現代西方國家絕對不能學毛澤東，也學不了現在的中國（幸好不需要學）。如此一來，一切就變得更簡單了，沒有任何可靠的選擇能促使現行的體制——自由民主制度結合市場資本主義——運作得更好，因為二者缺一不可。

修復民主制度

關於改善西方民主國家制度有很多的提議 [29]，本節內容聚焦於一些基本的東西。民主制度必須結合公正選舉和專業政治、公正無私的專業、獨立制度、全民民權,很重要的一點是,由於自由民主制度不同於多數專制,若無堅實的防護機制將無法運作。最重要的防護機制並不是一部憲法或一套法律的精準詞彙,這些可以被政治化或人為破壞,所以真正重要的防護是人民,尤其是精英階層的精神與智慧。自由、民主的社會最終仰賴的是公民之間、公民和公共領域之間的連結,誠如前巴西總統費南多・恩里克・卡多索(Fernando Henrique Cardoso)對當代民主制度危機的看法:「我們面臨的挑戰是消弭人民和公眾事務制度之間的鴻溝,重新穿針引線把政治制度和社會需求再度接合起來。」[30]

公民精神的必要性

民主制度養成公民,民主制度也有賴於公民參與,若廣大的民眾和精英階層沒有在民主共和政體的志業中團結起來,民主制度將以失敗告終。所有經久的民主國家,這種相互信諾的表現是愛國精神,包括:願意為自己的國家奮戰和犧牲。什麼是愛國精神?喬治・歐威爾(George Orwell)於1945年在英國的《論戰》(*Polemic*)雜誌上發表一篇論述民族主義的文章,其中寫道:「所謂『愛國精神』,我指的是熱愛一個特定地方和一種特定生活方式,認為這是世上最好的,但不強迫其他人也認同。愛國精神屬於防禦性質,軍事與文化上的防禦。另一方面,民族主義與權力欲望不可分,每一位民族主義者的堅定意圖是獲取更多權力和更多威望,不是為他本身,而是為他選擇的民族或其他團體,為了這民族或團體,他願意抑制自己的個體性。」[31] 身為國家的公民,你甚至不需要認為這國家的生活方式是世上最好的,就如同夫妻不用認為自己的伴侶是世上最棒的,儘管有缺點,只需要另一半愛著他(她),他(她)也以愛回報,如此便行得通了。

愛國精神何以重要?[32] 因為自由民主制度意味著「被治者同意」,你就算看不起統治者,討厭他(她)的見解,但他(她)是經人民同意的統治者,你必須有意願地接受他（她）為正當合法的統治者。若想結合這種同意與異議，人們必須超脫自身對任何政黨、派系或信仰的情感，忠誠於民主共和政體的制度，包含：選舉、國會、政府、法律。這種深層的忠誠一旦消失，民主共和政體可能瓦解或是爆發內戰。但是，不論這些制度本身有多麼重要，人們鮮少忠誠於制度本身，對制度的忠誠必須來自相信這些規範：所有公民不論其地位、性別、族群或宗教信仰，全都應該享有相同的民權和政治權；公正選舉中的勝出者有權建立政府，只要該政府的行事遵守法律，大家就該服從。絕大多數人必須接受這些基本的民主制度規範。[33] 不過，就算遵守規範，也未必能在種種壓力下支撐民主制度，愛國精神之所以有用，是因為一國的人民共同愛這個國家，對於一個地方、一段歷史、一種思想、一個現實，以及打造更好的未來的承諾，這份共同的愛促使人們更願意容忍不同的意見與價值觀，也是承諾成真的唯一條件。

「忠誠的反對派」（loyal opposition）這論點就是基於此，下面這個故事更生動地詮釋了這點。工黨領袖克萊門・艾德禮（Clement Attlee）在1945年的英國大選中擊敗保守黨（俗稱托利黨）的邱吉爾，成為英國首相，在為艾德禮辯護時，邱吉爾對一位保守黨黨員說：「艾德禮先生是一位優秀的愛國者，絕對別在我的查特韋爾莊園（Chartwell）叫他『愚蠢的老艾德禮』，否則我再也不會邀請你上門。」[34]

愛國精神是一枚硬幣的其中一面，另一面則是公民品德：了解公民對彼此有義務。西元前2世紀羅馬共和國時期的詩人昆圖斯・恩紐斯（Quintus Ennius）的詩句道出了這一觀念：「羅馬國依靠古傳統及人民」。[35] 這並非僅指遵守法律，更多是人們如何在日常生活大大小小的事情上仰賴彼此。新冠肺炎就是對公民品德的一大考驗，人們是否認為他們有義務相互關懷與照顧？在一些情況下，人們不認為，欠缺這種品德的社會，有野化和失序之虞。

名門左派的一大錯誤是輕蔑愛國精神，尤其是勞工階級的愛國精神。對絕大多數的老百姓而言，公民身分是榮耀、安定和認同感的源頭，最成功的共黨首相艾德禮是個愛國者，他屬下最優秀的外交大臣厄內斯特‧貝文（Ernest Bevin）也是。當時部分左派人士總是喜歡否定國家過去的一切作為與主張，這種心態不利於贏得執政權，甚至傷害民主制度本身。

不過，在現代的普選制民主制度中，還需要更具體的東西，才能發揮愛國精神的效用。當代西方民主制度的基石是公民之間的互惠契約，「當社群變成國家／民族時，這個社群內部互惠的好處便會擴大。」[36] 現代國家是一種機制，讓人民能夠保護自己以應付生活中不可控的危險：疾病、壽命、失業、窮困。

人稱「鐵血宰相」的奧托‧馮‧俾斯麥（Otto von Bismarck）於1883年在德國推出健康保險，這是福利國家的開創性政策。[37] 保守派俾斯麥這麼做是為了淡化德國民眾對社會民主黨政治訴求的吸引力，他認知到，有組織的勞工階級會需求一定程度的安定保障，若保守派無法提供，他們會轉向選擇提供這種保障的社會主義派。自此以後，某種形式的福利國家契約就成為所有西方高所得、普選制民主的一大特徵。[38] 在此背景下，2012年倫敦奧運開幕式以英國國民健康服務做為英國愛國精神的象徵，特別引人注目。

公民身分意味著取得經濟提供的機會和國家提供的保險之特殊權利，把這些利益給予不具公民權的「局外人」，被廣泛地視為不公平。最近一份研究報告指出：「美國人口的多樣性研究顯示，族群與種族的多樣性侵蝕社會信任與團結，……，進而對所得重分配的意向造成負面影響。」[39] 這是持續困擾美國種族問題的一部分，這份由已故哈佛大學教授艾爾柏托‧阿雷西納（Alberto Alesina）等人合撰的研究報告指出，歐洲也存在相同問題：「若他國移民在所得重分配中獲得較高比例，本國勞工就會降低重分配政策的支持度。」[40] 非法移民尤其被認為不配獲得這種好處，不論他們多麼渴望在新國家獲得安全和享受機會。因此，美國不再嚴格控管無證勞工就業將會是一大錯誤。[41]

為重振民主國家的公民精神，也需要國家對人們提供倫理教育，特別是年輕人，其中包括：何謂民主制度、民主制度如何運作、公民必須承擔什麼責任與義務。某種形式的國民服役也有必要，旨在讓來自不同背景的年輕人凝聚起來共同努力。對於有志擔任精英階層職務者，必須深度教育公民價值觀和行為準則，若說歷史在這方面給了我們深刻的啟示，非此莫屬：若民眾認為精英階層貪婪、腐敗、撒謊、對老百姓的命運漠不關心，共和國很可能垮台。[42] 前英國首相大衛・卡麥隆卸任後收取鉅額酬勞，為後來破產的格林希爾資本公司（Greensill Capital）遊說政府，就是一個例子。精英階層若沒有道德觀念，民主政體就會變為以煽動來掩蓋金權政治的現實場景，民主制度名存實亡。[43]

認同政治的危險性

強烈的族群、信仰或其他認同也可能阻礙愛國忠誠度的形成，北愛爾蘭就是這種問題下的極端結果，而且沒有一個外來國家能夠像英國一樣管制北愛爾蘭，而黎巴嫩是更糟糕的實例。當不同身分認同的族群分別集中於不同地區時，就可能發生實體的分離，例如：捷克和斯洛伐克分離、斯洛維尼亞和前南斯拉夫共和國的其他部分分離，蘇格蘭和英格蘭之間可能即將發生這種情形。但是，當不同身分認同的族群雜居於同一地區時，例如：波士尼亞或黎巴嫩，可能發生恐怖的民族清洗或劃分種族隔離區。

就算未發生極端情況，狹隘且排外的身分認同仍是民主政治的問題根源。原因之一是，不能只用族群、種族、性傾向或性別的屬性來定義人們，人通常有許多重疊的身分。更糟的是，若擁抱認同政治，我們將重返民主政治當年極力擺脫的舊時代世襲地位或繼承地位的政治，這將使現代最大成就之一的政治體制開倒車。身分認同之所以是問題源頭的另一個原因是，其自然地導向群體權利而非個人權利的概念。因此，人們認為應該按照特定比例賦予特定群體特定的地位，而這很可能造成政治變成不同身分認同群體之間的零和內戰。

若發生這種情形，少數族群認同政治必然刺激到多數族群認同政治。現在，這種文化、宗教或種族的多數族群認同政治（majoritarian identity politics）隨處可見，例如：土耳其的艾爾多安政治、波蘭的卡臣斯基政治、匈牙利的奧班政治，川普和當代共和黨的政治也是，他們強烈定義自我身分為白人、基督教徒、保守主義者，而莫迪執政下的印度則是訴諸印度教徒身分認同。多數族群認同政治也可能結合排外形式的民族主義，最危險的是，多數族群認同政治轉變成族群宰制，不再是所有人享有平等權利，也不再有共同的國家認同。[44] 我們必須不惜一切代價地避免類似情形發生，政治辯論應該聚焦在廣泛可衡量的共同困境，例如：貧窮、失業、失能、年齡、疾病或家庭責任，這些全都跟文化、宗教或族群身分認同無關。

不過，當特定群體被當成先賦地位較低的「種姓」來對待時，問題自然就發生了。這種社會地位區別最普遍且根深蒂固、歷史悠久的例子是女性地位，種族階級區分也是，尤其是在美國，奴隸制創造出以膚色來定義劣勢者，印度種姓制度造成的挑戰更大。解方必須聚焦在開放機會給劣勢階級的人，尤其關注被根深蒂固歧視的受害者。[45]

控管移民

關於移民，大問題不是該不該控管，而是該如何控管。民主國家為其公民所有，他們靠著信賴和忠誠彼此結合，誰能成為群體的一員、基於什麼條件，這些不僅是經濟層面的問題，也是政治層面的問題。

移民大概會被視為類似居住在古雅典的「外邦人」（metics）：有居住權，但沒有公民權利或義務的人。在許多國家，這些人可能無限期地生活下來，若行為不當，有可能被驅逐出境，類似瑞士的做法。儘管如此，合乎情理地說，文明國家不太可能將大量的外來人口驅逐出境。實際上，我們必須假設，移民及其後代將永久定居。這結果使得人口遷徙變得完全不同於貨物貿易，若你不想繼續購買中國的產品，不買就好了，但移民不同，你無法避開你的鄰居。所以，縱使是這種淺層意義上的歸屬，只有居住權、沒有公民權的移民，仍然大大不同於貨物貿易。

不過，在許多國家的移民及其後代，經過一段期間後可以取得公民資格，這也是合情合理的事，尤其是在信念型民主國家大多如此，因為這種國家的人民之所以結合在一起，更多是基於共同的理想，而非基於族群。儘管現代民主國家的基本信條極其相似：個體自由、法律與政治地位平等、公正選舉和法治等，然而公民卻是忠誠於學者班尼迪克・安德森（Benedict Anderson）所謂「想像的共同體」的結合。成功的民主國家，其人民的結合是基於共同的故事：他們是誰、來自何處、怎樣的行為才恰當。當一國的人民沒有充分地共享國家故事，其結果是長期、根深蒂固的社會與政治分化。

容許移民變成公民的國家認為，移民將完全成為國家共同體的一分子，在許多國家，這種同化過程很成功，但移民的規模很重要。移民變成公民、被完全接受、熱誠地參與社會都得花時間，需要歷經多個世代。若移民和來自其他背景的人（包括該國原生人民）積極互動，融合過程會更好。基於這些理由（相當不同於第八章討論的經濟理由），國家應該妥善管理移民和授予公民資格。

極右派錯誤地堅持只有親友才能成為忠貞的公民；明理的右派人士正確地堅持要控管移民，民主國家的公民資格是獨特、具有排外性，不包含全民。左派則錯誤地認為，生活在同一國的人，彼此之間必然存在些微的不平等，也沒有理由去控管誰能在國內生活。同胞之於我們，遠比外國人更重要，所以我們才會力所能及地照顧同胞，否則他們不就跟外國人沒什麼兩樣了，若他們不比外國人重要，我們就沒有理由特別關切彼此之間的不平等，而是聚焦在全球的不平等。公民身分不可能既重要，又完全不重要。事實上，若你認為提供經費來建立和充實特定的福利國家很重要——左派人士就這麼認為——這就意味公民身分很重要，因為這是一種制度，用來團結生活在自己國家內的人民。

移民能帶來巨大的好處，尤其是移民往往非常有幹勁、雄心且意志堅定。但國家也必須管制移民，必須在移民議題上達成一個被廣泛接受的折衷政策與方案，考量人道救援義務、經濟利益和社會和諧，這並不容易，但不可逃避。

精英領導制的有限性

誠如專欄作家伍爾得禮奇（Adrian Wooldridge）所言，從道德上和實務上來看，根據才能來選出社會的精英階層，遠優於根據出身和財富。但是，若一味相信競爭具有公平性，全然地讚賞知識素養、輕蔑沒有知識的人也很危險。[46] 我們同樣必須讚賞和重視正派、可靠、誠實、自重、勤謹、仁慈、尊重同胞及法律等等素質，這些都是健全的自由民主制度不可或缺的品德。若大眾確信精英階層看不起他們，他們可能感到被羞辱、心生憤怒地想要報復，甚至想摧毀權力結構，就算玉石俱焚也在所不惜。此外，精英階層不應該對他們的「才能」（merits）和「應得」（deserts）混為一談，精英不是憑空生出來的，而是天賦和環境所養成。精英領導制雖可取、也無可避免，但不能成為穩定民主制度的主導價值觀。

改革政府

人民有共同的身分認同，以及內化的基本民主規範，二者是民主制度最重要的成功條件，但成功的民主制度也需要能幹稱職的治理，新冠肺炎疫情的經驗敲響了西方民主國家的警鐘。長久以來，擁有華人文化的國家熟知高效能的科層體制，儒家政治的精英科層體制源於約2,000年前，當時世界各地尚未存在與之類似的制度 [47]，直到18世紀和19世紀西方國家才出現有效能的科層體制。現代社會仰賴有效能的科層體制才能運作，然而現代有些西方政府的運作效能似乎未達當代的最佳水準。在這些困境中，有些無疑地是國家的立法決策上遭遇阻礙所致，尤其是美國 [48]，但有些則是在行政體系本身：許多行政體系的組成架構本來就很難有效辦事。

在國家功能部門的規模與重要性下，高品質的行政有其必要。新冠肺炎疫情前，高所得大國的政府支出占GDP的比例從美國的36％到法國的56％（參見第三章，＜表1＞，以及＜圖48＞）。政府支出占GDP比重大幅增加是民主時代的標誌性成果。這些數字大於政府直接撥款占GDP的比例，因為其中包括移轉性支付，例如：失業救濟金、退休金提撥、類似形式的補助。不過，這些數字也低估了政府對社會和經濟的實際影響，因為當中未包含政府為治理複雜的現代社會生活所提供的實體、金融和監管架構。人民期望國家提供的重點服務非常多：法律服務、基礎建設和住屋；防禦敵人、疫情、天然災害、犯罪和其他威脅；提供保險給貧困、失業、老年、疾病和類似不幸事件；監管競爭、金融、貨幣和環境；支持教育、科學研究、文化、藝術、公共服務新聞組織；管理經濟和支付這些種種服務的公共財政。有效率地運作這一切是文明生活的必要條件，世人未普遍了解這點的唯一原因是，就像海裡的魚一樣，許多人未能清楚認識我們所處的生活環境。

如同民主制度仰賴愛國公民的價值觀，有成效的政府行政仰賴精英制「宦官」（eunuch）科層體制。宦官對國家的忠誠度必須高於對家人或任何個人，尤其是政府領導的忠誠度[49]，這也是科層體制不同於宮廷制度之處。由煽動家領導的政府往往重視忠誠度勝過能力。

因此，優良政府的首重條件是尊重專業，而且決心擁抱專業知識。專家也許會犯錯，尤其是當他們視野狹窄、拒絕和其他相關領域的專家溝通的話，經濟學家未能在2007年至2009年的金融危機發生前辨察到風險就是一個例子。[50]最重要的是，只有人民的代表能做出基本的價值判斷，決策權不能交給專家，從新冠肺炎的疫情反應可以得到重要的啟示。專家可以向政府提出各種健康或經濟政策成本的建議，但只有政府能夠在選項當中做決策。當政府說他們「遵照科學研究」時，其實是自己困惑、也困惑他人的胡扯，科學研究根本還沒有確切結果而無法遵循，更重要的是，科學無法判斷價值觀。[51]當然，負責做決策的政治人物本身也必須有能力、有見識，證據顯示，雅伊爾・波索納洛、鮑里斯・強生、納倫德拉・莫迪、唐納德・川普等民粹主義煽動家的表演政治，在處理疫情上的政治能力表現不如較清醒、嚴肅的領導人。[52]

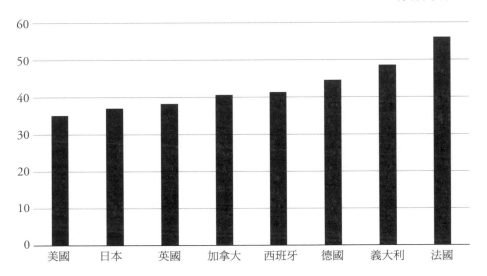

<圖48>2018年高所得大國的政府總支出占GDP比例（％）

（資料來源：IMF）

　　網際網路和社群媒體引發的陰謀論和詐騙，傷害了優良政府和民主制度仰賴的理性辯論。現在我們看到人們日益輕蔑專業見解，並讚賞非專業人士的建議[53]，若敵視專家成為一國政府的特徵，結果只會招致災難。大體上，如同倫敦政經學院校長米露‧夏費克（Minouche Shafik）所言：「應用知識，透過教育累積知識，透過各種媒體和組織散播知識，這些是人類進步不可或缺的。所以，問題不是如何在沒有專家的情況下進行管理，而是如何確保有機制可以保證他們值得信賴。」[54]

　　許多民主國家必須大大地改革政府的行政制度，包括：人事和各種功能部門的制度。人事制度方面，必須辨識、吸引和留住各種學識與有專業背景的優秀人才，這意味著薪酬得夠高。美國政府機關有大約4,000名高階行政職務是任命制，這些人全想著下份工作的著落，這絕對不利於建立一個有見識、公正無私的政府體制。[55] 新加坡提供另一種模式：提供極高薪酬給高階行政官員，但非常謹慎挑選人才，必須無比能幹勝任，專心致志於公共服務。政府必須有長期任職、盡心盡力的公務員骨幹，也有吸引和任用優質人才的基礎能力。多樣化的學識背景也很重要，最困難的政策課題涉及多面向，不能由單一專業背景或只受過高等通識教育者決定。更重要的是，必須尊重公共服務的獨立性及其致力於公共福祉，若輕蔑地看待政府，政府很可能變得卑劣無恥。

政府的功能變得愈商業化，就愈難維持公共服務精神，部分原因在於愈商業化，公共功能愈可能為了一己私利而遭受破壞，其中包括公務員本身的私利，就算不是直接利益，起碼是為了他們將來的職涯。更深層的原因是賺錢被視為目的，因此牟利成為首要價值，其他目標與價值淪為次要。論其根本，政府制定了遊戲規則，他們必須被視為獨立、公正、稱職[56]，誠如已故記者暨作家珍·雅各（Jane Jacobs）所言，公共服務和法律的「守護者」精神必須跟企業的「商業」精神區分開來。[57]

政府有充分理由將監管權力委託給獨立機構。例如：英國光是保健業就有至少類似20個監管機構。[58] 委託監管權力可以（往往也確實）改善治理品質，幫助人們了解這些監管機構在做什麼。既然這類獨立機構大大地左右著人們的生活，該如何管理它們呢？首先，機構必須擁有一流的人才，監管權力應該委託給能幹且公正無私的人，同時盡可能明確、透明地訂定條款與界限。[59]

另一個課題是把監管權下放給地方層級政府，這麼做有很多理由，特別有利於善加利用地方知識，以及確保地方政府當責（參見下一小節）。經驗支持這一做法。實施最成功的那些國家，大多人口少，例如：丹麥、芬蘭、冰島、以色列、紐西蘭、挪威、新加坡、瑞典、瑞士，或規模稍大的澳洲、荷蘭和台灣[60]，這些國家富裕、穩定、民主，在全球市場開放和現代通訊技術下，政府能夠結合企業營運的全球規模和地方政治的好處。證據也顯示，大國應該再畫分，把權力和責任下放至能夠有效執行的最低層級，此稱為「輔助原則」（subsidiarity），甚至許多成功的小國本身就高度地方分權化。在這種權力下放的情況下，行政權就能再分權化了。德國聯邦模式的成功、美國的地方分權化實驗都支持這一概念。[61]

最後，為了照顧人民的利益，治理也必須轉移至更高層次，所以二戰後創立了聯合國和許多重要的國際組織，例如：國際貨幣基金、世界銀行、關稅暨貿易總協定、歐洲經濟共同體。但是，這些只是大量結合各國國際協定的一小部分而已，例如：英國已經簽署超過14,000項國際協定。[62] 這類國際性組織與協定不會損及國家主權，而是會使國家主權更有效力：透過與其他國家合作，各國可以比單打獨鬥更有能力滿足人民的需求，而且在某些事務上，政府也只能透過國際合作來滿足人民的需求。全球的公域管理是重要的例子，為國際交易提供可預測性也是。成為世界貿易組織的會員國，可以擁有更好的能力為國民預測外國政府的行為，這也是單一國無法獨立完成的事。

主權止於國界，但國家利益不受國界限制。英國是主權獨立的國家，可以自行決定脫離歐盟就是證明，然而只有身為歐盟會員國，才能為國民提供一定程度的機會、安定和繁榮，而這些好處在脫離歐盟後就沒有了。復活的民族主義摧毀了在共同利益中分享權力的理念，實屬不幸。

確保民主當責制

另一個挑戰是，對仰賴政治權力的人負責。代議制民主制度是個很棒的發明，有了這種制度，便可以建立橫跨大區域的可問責政治制度，就連幅員遼闊的美國也可以施行。代議制民主制度使政府對廣大選民當責，也促成專業政治人物的崛起，他們是選民與政府之間的中介。

普及、安全且穩固的選舉很重要，一旦候選人質疑投票流程，將使代議制民主制度朝崩潰邁進一大步，甚至可能成為瓦解制度的關鍵。例如：川普在2020年美國總統大選期間和敗選後的行為，以及2021年1月6日試圖在國會山莊發動政變。[63] 選舉制度必須杜絕不公正的選區畫分，應該由獨立的選舉委員會畫分選區，投票作業應該在技術允許下盡可能穩當可靠，理想上應該由完全無黨無派的官員管理投票和計票作業。

代議制的重要缺點是，小孩和未誕生者無法投票，但老人能投票。或許應該讓更年輕的成年人享有更多選票，或者讓父母可以為未成年小孩投票（但選票有上限）。

選舉制是一個複雜問題。領先者當選制（相對多數制）是一種有缺點的選舉制，這種制度等於鼓勵最集中少數派政府，而非多數派政府。舉例而言：2019年的英國大選後，儘管當選的鮑里斯・強生得以推動最極端形式的英國脫歐，但他在這次大選中的得票率只有43.6%，縱使加上脫歐黨的得票率2%，總計也只有45.6%，反對脫歐或支持二次投票的政黨合計得票率超過50%，但勝選的保守黨在下議院贏得的席次比其他政黨高出80席。這種不具代表性的結果形同是有爭議的民主。選區議員制是好概念，政黨名單比例代表制則討人厭，因為這使得個人受到政黨領袖的支配。最好的制度似乎是可轉移單票制（single transferable vote），例如：愛爾蘭就是採行這種投票制，其基本投票概念是將第二喜好、第三喜好（以及後序喜好）的票數也納入計算，除非第一選擇產出壓倒性多數。[64] 這種制度往往迫使政治朝向大量選民所在的中間地帶，比較不會造成大多數人意見未被聽取的情形，由此達成的更廣泛共識可以得出更好、更受尊重的政府。

另一個疑問是，該不該像澳洲實行強制投票制？反對者認為，參與政治應該是一種自由的選擇，也有反對者說，要求沒掌握什麼資訊量的選民去投票毫無意義。支持者認為，若投票是一種義務，國家就必須確保人民履行此義務，不能容忍（或甚至鼓勵）壓制投票。他們認為，公民不應該逃避如此重要的公民義務。強制投票制的論點很強烈：人人都應該投票。

政黨角色是一個重要議題。美國開國元勛討厭政黨，套用華盛頓的話，他們認為政黨：「可能變成強大的引擎，狡猾、野心勃勃、無操守的人將借助這台引擎，顛覆人民的力量，篡奪政權。」[65] 然而，在代議制民主制度中，政黨是政策與政治的必要組織工具，在選民與政治權力之間扮演重要的橋梁。不過，在政黨具有重要政治功能下，該如何運作存在不少疑問。其一、該由誰挑選政黨領袖或候選人？最好是由在政黨中扮演重要角色、關心選民的人擔任政黨領導人；挑選國會中的政黨領袖時，國會議員應該扮演決定性角色；在總統制下，挑選競選候選人時，政黨官員應該扮演重要角色。在挑選人選時，目標應該尋求多數者的支持，而非滿足激進主義的少數群。在美國，初選的支配力特別容易被操控[66]，最不糟糕的結果是，消息靈通的局內人在挑選總統候選人中扮演重要角色，這是選舉人團（Electoral College）的原意，但不幸的是，選舉人團不再獨立公正地調查總統候選人的素質。[67]

另一個問題是政黨的資金來源。政黨的財源不應該完全仰賴私人部門，而是使用公費，此舉不僅能提高政黨獨立性，避免受到強大的遊說制肘，也讓政黨有資源發展更好的政策。一種可能的做法是，讓納稅人在納稅申辦書上選擇把繳納的稅額一部分捐給政黨。我們應該從更大的面向上——私人部門的金錢在政治中扮演的角色——思考這一做法，最起碼所有政治獻金，不論是對政治的理想或政黨的獻金，應該完全透明化，而且絕對不能讓黑錢涉入政治領域。[68]理想上，應該對政治獻金的規模予以設限。

我們應該完全禁止企業和外國人直接捐獻政治獻金。企業不是公民，他們完全基於上述理由才被賦予法人資格與地位，這種虛構的東西不應延伸至政治。相反地，代表人民的政治應該建立法律和監管框架，限制強大且享有法律地位的企業實體在框架內運作。企業遊說也應該受到限制，或最起碼必須完全透明化。唯有如此，才能確保政治能夠控管企業的行為，而非倒反過來政治被企業操控。[69]同樣地，絕對不能讓外國人干預選舉，包括透過捐款來干預。[70]為確保屬於人民的民主政治能存活下來，而且確確實實地屬於人民，這些對政治中的金錢角色、誰有資格提供政治獻金的種種限制是重要的先決條件。

除此之外，強化政治制度本身也是重要課題，其一、提高立法機關的議員素質，雖然「代議士議會」（house ofrepresentatives）的官員應該民選產生❷，但擁有「賢人議會」（house of merit）能促進改善和延遲立法來研究重要的政策議題。以英國來說，我贊同上議院（House of Lords）的概念，只是不贊同現行的任命制，因為下議院裡充斥政治裙帶和政治獻金。所以有任期限制（例如：每位議員任期最多10年，每年汰換1/3議員）、獨立於政府外的任命制賢人議會價值頗大。理想上，賢人議會應該涵蓋廣泛公民事務領域的傑出人士：法律、全國與地方政治、公共服務、商業、工會、媒體、學術、教育、社會工作、藝術、文學、運動等等，若適當建構和運作，非民選的議會很有助益。至於設立第二個民選議院的好處遠遠沒麼大了。

　　另一種可能性是應用陪審團的概念。我曾兩度參與陪審團，對這種隨機挑選12名陪審團的認真盡責運作方式留下深刻印象。陪審團也是人們展現盡責公民的一種方式，19世紀法國思想家托克維爾（Alexis de Tocqueville）在研究美國民主的論述中提到這點。[71] 澳洲經濟學家尼可拉斯‧格魯恩尤其堅定地倡導，在現代民主政治中推出抽籤式民主（sortition，以抽籤方式隨機選人）：這是古雅典民主制度中的實務核心。[72] 格魯恩還提到古希臘的「isegoria」（σηγορία）概念：在辯論中發言的平等權利。我們已經喪失這種平等，年輕人和低教育程度者是明顯的受害人。

　　以抽籤方式選人，其基本論理有二：第一、產生的結果具有真正的代表性；第二、避免選出一堆野心勃勃、無操守、狂熱、不公正、不具代表性的人，擺脫他們操弄選舉，尤其是透過現代資訊技術來操縱的危害更大。

---

❷ 功能類似美國的眾議院、英國的下議院、台灣的立法院，英國的首相和內閣大臣選自下議院，美國和其他國家的情形不同，政府部門首長不是選自眾議院或立法院。

以下是在民主政治中推出抽籤式民主的三種可能方式：

第一、設立審議會（deliberative assembly），負責調查特定的爭議性議題。這類公民審查委員會只存在有限期間內，成員將獲得投入這項調查審議工作而損失的時間和收入。他們在調查審議工作時，將獲得來自政府官員提供的諮詢服務，如同法官為陪審團提供的服務，他們也可以傳喚證人。他們將尋求達成一致的意見，或至少達獲得大多數成員支持。愛爾蘭成功地在幾個議題上運用這種方式，例如：具有高度爭議性的墮胎議題。愛爾蘭在2016年成立百人審議會，其中1人為指派的主席，99人為抽籤選出的平民，向愛爾蘭國會提出墮胎議題的調查和審議結論（支持廢除或取代當時的憲法墮胎禁令），並建議將其付諸公投。[73] 這種形式的審議會議有助於打破該議題存在已久的政治僵局。若英國脫歐行動前也採取類似的做法，大概會有莫大的助益。

第二、在代議士議會和賢人議會外，設立一個「人民議會」（house of the people），以抽籤方式隨機選人。這可以是常設的機構，例如：由500人組成，任期1年，每半年汰換半數，有1位主席和若干顧問，並且容許人民議會得暫停或延遲通過代議士議會提出的立法。類似的架構可以在地方政府等層級較小的規模運作，同樣地，也可以在地方層級設立上述審議會。也許，明智的做法是，先在地方政府層級展開這類創新做法，從地方經驗學習，再投入全國層級實行。

第三、把公投制度化，但必須受到人民議會和賢人議會的監督。只有人民議會可以決定是否同意公投請願，也可以由他們共同決定在公投中詢問的確切問題，以及這個議題是否涉及憲法。若不涉及憲法，只要有多數投票者贊成即可；若涉及憲法，也許必須訂立贊成的票數必須達到合格投票者人數的50%或60%以上，這樣就可以滿足憲法具有高度鞏固性的要求。公投的常態化可以把老百姓引入政治流程，而且是以更有紀律的方式參與，不像目前存在於一些國家（例如：英國）的情形。瑞士已經證明公投可能使民主制度更有活力，但公投也必須成為憲法制度有條理、被充分了解的一部分。

代議士議會、賢人議會和人民議會三者應該被視為互補的機構。代議士議會由民間的專業政治人物組成，政府官員從中遴選，這是一個立法機關。賢人議會由獨立於政府外的賢能者組成，他們的職務是監督政府，修改或延遲立法，但他們沒有絕對否決權。人民議會由平民組成，同樣可以延遲立法，但更重要的角色是斟酌爭議性問題，尤其是付諸公投的議題。代議原則仍為首要，但不是憲法中唯一起作用的機構。

振興媒體

已故前美國參議員丹尼爾．莫尼漢（Daniel Patrick Moynihan）在近四十年前說得好：「人人有權表達自己的意見，但不能根據自己的事實。」[74] 媒體若沒有高素質、講述意見一致的事實，民主制度無法運作，但現今早就沒有「意見一致的事實」。這有部分出於某些舊媒體的不負責任，部分原因在於政治人物認為，什麼話管用就說什麼，虛實不重要，還有部分出在強大的社群媒體點擊導向廣告模式（參見＜圖49＞）

二十年前，網路樂觀主義者認為網際網路也許能把人類從政府的壓制中解放出來，實際上我們愈活愈專制。當年，許多人也以為網際網路能使我們變得更有見識、更團結，實際上我們卻被分化的謊言淹沒。就如同先前的通訊技術轉型：書寫、印刷、電纜、電台、電視，我們知道網際網路這個新通訊技術正在永久性地、快速地改變我們的世界，改變有好有壞，但目前看來，伴隨舊媒體興起的民主制度正在被新媒體摧毀。

該如何維護正派媒體以期幫助我們渡過這場暴風雨？以下提出五個建議：

第一、有幸繼承過往優質公共廣播網的國家，例如：英國廣播公司（British Broadcasting Corporation，BBC），然後誓死捍衛它們。有人合理質疑這些機構應該製做的內容範圍，新聞與公共事務的內容比流行娛樂更應該列為首重任務；也有人合理質疑什麼是最佳的籌集經費方式。不論如何，這些機構仍然是事實、全國敏感度和全國性對話的最重要源頭之一，沒有它們，分歧的全國性辯論很可能變成同溫層取暖。近乎所有政治人物都認為英國廣播公司對他們有不利的偏見，從這一點就可以看出，英國廣播公司做了他們必須做的事。再者，公共廣播網提供的是典型的公共財，我們全都受益於這種全國性對話，縱使我們並未參與其中，同樣蒙受其益。執照費存在爭議完全可以理解，尤其是現在有那麼多娛樂選項，一種可能的做法是從數位媒體的稅收中撥款支應公共廣播網。

第二、英國對電台和電視台上的政治廣告施加限制，並要求所有廣播公司必須公正中立，這些做法非常有益，也應該被效法。這些限制防止出現黨派性極強的媒體，這類媒體正在扼殺美國的民主制度，最明顯的是梅鐸和羅傑・艾爾斯打造的福斯新聞。一旦人們覺得他們的對立者不僅有錯，而且還是背叛者

<圖49>各大社群媒體平台月均使用者（單位：百萬）

（資料來源：Our World in Data）

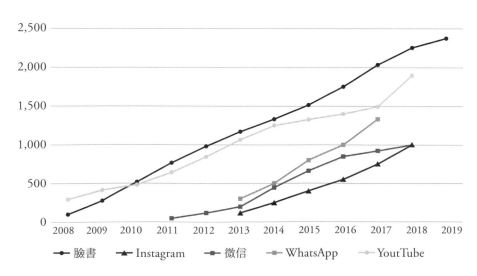

時，就不可能再維持把反對意見視為「忠誠」的文化了，盜取選舉被視為一種任務，不是丟臉之事。民主制度若要持久，廣播媒體必須保持中立。近來平面媒體也能夠藉由散播謊言來製造深度分化。在平面媒體數位化下，英國廣播公司再度扮演中立制衡的角色。最後，政府應該把禁止政治廣告的政策延伸至社群媒體，尤其是禁止瞄準易受影響群體的政治廣告。

第三、現在迫切需要各種高品質新聞源，尤其是地方層級，失去廣告收入導致他們紛紛倒閉，顯然他們需要公共部門的扶持，光靠私人慈善捐助並不夠。我提議用數位媒體課的稅來設立公共信託基金，運用這些錢來資助收集新聞的支出，尤其是地方媒體。若地方媒體沒能恢復生機，就無法振興地方上的民主制度。

第四、我們必須消除新媒體環境中最具破壞力的一個特徵：匿名評論和貼文。為了制止洗錢和其他形式的犯法行為等原因，我們硬性規定銀行必須清楚登記帳戶名稱。匿名評論同樣有害，正在摧毀民間公共審議領域的可能性，有關女性的評論更是惡毒。政府應該制定法律，規定架設評論欄或部落格的平台組織，務必登記評論者或部落格版主是誰，前台呈現的評論或貼文可以匿名，但後台必須能夠辨識評論者或貼文者的真實身分，而且貼文者或評論者也要知道自己的真實身分可被辨識。除了毀謗和造謠中傷等既有的法律約束，也應該有法律明確限制可張貼的內容。仇恨犯罪的立法有其理由，是為了讓各種族群的人能夠在享有一定程度的心理安全感下一起生活，這類法律也應該在虛擬世界中實行。最重要的是，一旦我們知道貼文者的身分，就能追查出犯罪團體，畢竟這類嚴重污染網路世界的團體很多都是由外國政府資助，這是一場我們必須竭盡所能打贏的一場戰爭。

第五、媒體在社會和政治上起到重大作用，不能任由私人企業操控。臉書是有史以來最重要的媒體企業，臉書和其他類似企業的演算法明顯牽涉到公共利益，應該要有公共部門監管機關僱用高度專業的審查員，調查這些演算法對公共辯論和資訊品質的影響性。他們應該被視為出版業者，必須對出版的內容負責，任何出版業者都該如此，出版違法的內容必須課以罰款，若有必要，必須重罰。

　　或許，最重要的是，必須大舉調查新媒體如何影響民主制度所有層面的健全性。美國已經陷入毀滅性的、金錢助長的「自由」泥淖。出現對真相和選舉抱持法西斯主義態度的領袖，這一事實顯示這種自由正在自我侵蝕，是不能容忍的危險。

小結：執政者負起責任

　　比起威權主義，自由民主制度是道德上更好、更成功的政體，雖然本身並不完美，但值得為其奮鬥和革新。我們必須訴諸強化人民的愛國精神、改善治理、政府地方分權化、降低金錢在政治中扮演的角色，使民主制度變得更堅實。我們必須讓政府更負責，我們需要支持民主制度，而非摧毀它的媒體。唯有推行這些革新，才有希望使民主資本主義這朵脆弱的花恢復旺盛的生命力。

第四部

歷史的一個關鍵點

世界現在正發生三大轉變。第一個轉變是本書聚焦的主題：民主資本主義的腐蝕衰敗，而用煽動、專制、極權的資本主義來組織政治與經濟的敵對方式興起；第二個轉變是中國崛起成為一個超級強權；第三個轉變是人類鳩占鵲巢，破壞地球的生態環境，我們必須應付其所帶來的挑戰。[1]我們應該維護自由、和平與合作，但在人類非凡的破壞力和威權主義、部落主義，以及短視近利的特性下，工作困難重要。

這些挑戰對我們有何含義？這是本書第四部的主題，或許也是本書最重要的內容。

第10章
全球的民主資本主義

> 讓中國這頭獅子沈睡吧，一旦獅子醒了，就會震撼世界。
>
> ——據說出自拿破崙一世（Napoleon Bonaparte）[1]

　　民主資本主義、全球秩序、全球環境有什麼共通點？答案是：脆弱。它們全都需要強化，但每個挑戰的複雜與規模在在使強化工作變得難上加難。

　　自由民主制度的最大生存威脅在國內：源於面對經濟和技術變化時，政治與政策反應不當。這種威脅導致民主資本主義重建戰場主要在國內，但也無法侷限於國內、一國、一島，國家無法孤立生存，過去五個世紀的世界史一再證明這點。處理全球關係向來是重要課題，但在21世紀，這項課題的重要程度遠甚以往，人類面臨許多共同挑戰：維持繁榮、應付疫情、網路安全性、遏制核武擴散、避免強權之間爆發戰爭、保護全球公域。總體來說，自由民主國家必須維持自己體制的活力，與此同時，也需要管理跟其他世界之間的關係，以維持和平、繁榮和保護地球。

　　本章內容探討這些牽一髮而動全身的五個層面挑戰：捍衛全球的民主資本主義；管理全球合作；避免與中國產生破壞性衝突；認識西方國家的長處和中國的弱點；跟中國的合作、對抗和競爭。

捍衛民主資本主義

自由民主制度承受愈來愈大的外部壓力，最大的壓力來源是現今的專制獨裁國家，尤其是中國，但也包括一心想要恢復失地的俄羅斯（入侵烏克蘭就是有力的證據）、北韓和伊朗。為應付這一股壓力，必須強化全球自由民主國家之間的結盟關係。

結盟向來重要，沒有結盟，兩次世界大戰和冷戰就不會取得勝利。美國是國力最強的民主國家，但沒有跟其他國家合作也無法達成目的。此外，不是美國的軍力摧毀蘇聯制度在國內和國外的正當性，而是美國的經濟成功使然。軍事結盟，尤其是北約組織，在穩定戰後歐洲和保護脆弱的民主制度方面扮演非常重要的角色。不過，民主國家的結盟遠非只是軍事上的結盟。

自由民主國家在經濟上的共同努力，有助於促進這些國家和全世界的繁榮。自由民主國家創立國際貨幣基金、世界銀行、區域開發銀行、OEDC，也推動規範性和市場導向的多邊貿易制度，最終於1990年代中期誕生了世界貿易組織。這些機構和組織為自由民主國家和更廣大的世界帶來空前的繁榮，例如：鄧小平推行改革開放後的中國。

在許多其他領域，資本主義市場的經濟發展也仰賴自由民主國家之間的密切合作。資本主義經濟無法侷限於單一國家，不論一國有多強大，唯有跨國貿易、投資、人才和思想的流動才能帶來巨大的機會。但是，跨國經濟活動也必須有一定程度的國際監管，金融就是一個重要例子，2007年至2009年的全球金融危機顯示，國際金融監管深度合作有其必要，事實上，我們甚至可以說，金融監管一直不足。另一個需要國際監管合作的領域是租稅，對於市場導向、經濟向世界開放的國家而言，國際合作才能對國內的企業有效課稅與監管。

制度化國際合作有區域性質，也有全球性質，最重要的例子是歐盟，歐洲經濟整合促成的合作創造了二戰後的繁榮，這股吸引力最終把蘇聯在中歐和東歐的附庸國家拉進西方軌道，也使得以往歐洲史上常見的衝突變得難以想像。多世紀以來，從未有外敵涉足英格蘭島，因此許多英國人可能認為整合論沒有道理可言，但至少在更老世代的歐洲人看來，這種合作與整合很有必要。當然，歐盟的整合行動可能推進得太遠，貨幣同盟可說是其中之一，從更廣泛層面來看，政策制定和民主政治正當性之間的關係充滿緊張，歐盟追求所有會員國有統一的歐洲政策，但民主政治主張各國有自訂政策的自由與權利。儘管如此，歐盟的基本理想明智且有效，不能、也不該把國家主權視為絕對的東西。

　　民主國家較容易形成密切且相互支持的結盟，因為他們依法治國，有活躍、經常要求國際合作的公民社會。法治的民主國家，本身的司法應該強制遵守國際協定，就算是不具約束力的國際協定，民主國家有自由的媒體和自由的輿論，統治者若忽視國際協定要求的對外義務，可能在國內遭受媒體和輿論的抨擊。反觀非民主國家之間的協定，例如：普丁和習近平之間的協定，情況就大不同了，他們對外的唯一束縛是考量對方可能的作為，至於對內則幾乎沒有約束，畢竟這就是專制政體的含義，獨裁者可以為所欲為。

　　總結而言，穩定的自由民主國家聯盟是21世紀民主穩健發展的關鍵，現今世界仍有許多不自由的民主、專制、甚至極權獨裁國家，這種結盟應該致力於在意識形態、經濟、技術和軍事上的相互支援。民主國家將需要彼此結盟，以及在法律、監管和制度上的合作網絡，以支撐自己國家的安全與繁榮，然後協助應對外面的世界。不過，若希望促成全球的繁榮、和平、保護公地，將需要非民主國家一定程度的合作，尤其是中國和俄羅斯—— 在入侵烏克蘭的戰爭解決以後。[2] 我們或許永遠無法和普丁合作，但普丁不會長生不老，也不會永久掌權。

世上的自由民主國家

　　2019年時，高所得民主國家僅占世界人口的16%，但這些國家占購買力平價後全球總產出的41%，占市場價格計算中全球總產出的57%。[3] 因此，儘管只占全球人口的一小比例，高所得民主國家仍然有巨大的經濟力量和影響力。此外，高所得國家有其他影響力源頭：其公司仍在技術與經濟上稱霸；擁有大量的全球頂尖的大學和研究機構；思想和理念仍然舉足輕重；貨幣是世界上的保值資產；金融市場支配全球金融市場；對世界最主要的國際機構與組織有很大的影響力。隨著中國崛起，這些優勢受到侵蝕，但尚未失去。

那麼，該用什麼原則來管理高所得民主國家跟世界其他國家的關係呢？我們先談經濟的部分。後冷戰的全球化時代，這問題的答案是：在美國及其二戰後盟友建立的自由國際秩序中，納入盡可能多的國家。其中最顯著的成果之一是，在多邊貿易談判的烏拉圭回合結束時，同意於1995年成立世界貿易組織。但後來的事實顯示，世界貿易組織的成立是制度化經濟整合的巔峰，此後，在起碼同等重要的資本或人才流動方面，沒有出現同樣力道的國際整合協定，在這些領域上，各國仍然各行其政，只不過做法取決於政治力量的平衡，資本擁有者的權勢特別大。思想流動則相當容易，唯中國總是竭力控制。

現今世界可能需要提高貿易規範的彈性。在這方面，一種論點主張鬆綁限制，因為國家需要更大的「政策空間」[4]，理由很簡單，在許多國家，尤其是美國，政治上出現反彈世界貿易組織對於自由貿易規範的聲浪，儘管這種反彈有很大原因出在國家未能推出有效政策來幫助人民調適衝擊。另一個理由是，政府需要空間來試驗能促進成長的產業政策，因此需要一定程度地擺脫全球性規範的束縛。但是，鬆綁規範得付出代價：貿易商將面臨更大的不確定性，尤其是依賴外國市場、缺乏力量捍衛自身的弱小國家出口商。

還有一種天真的看法堅信，擺脫嚴格的國際規範將對較小、較貧窮的國家有莫大益處。其實恰恰相反，世界上沒有道德和務實的權威規範，富裕強大的國家總能自我保護（或者，至少能保護一國的富裕強大者），迫使其他國家屈服於他們的意圖。然而，縱使是富裕強大的國家，尤其是國內企業，其實也受益於可靠的國際規範。舉例而言：若兩國強權能把必要的妥協視為共同承諾貿易關係的更高互惠原則，而非視為一種恥辱的挫敗，將會更易於和平地、建設性地化解彼此間的爭議。

另一個重要的政策領域是對外的發展援助，雖然這屬於富裕大國的道德義務，但也有更務實的理由：若世界大多數地區沒有合理程度的繁榮與穩定，那麼世界上將依舊存在脆弱的政治、承受內戰折磨，以及大量移民帶來的壓力。所以，有幸的富裕國家除了對貧窮國家有道德義務，也應該認知到，不論在海外或國內，貧富不均較少的世界實際上對他們比較有利。對外的發展援助也需要創新的做法，近期的例子是小布希政府於2004年成立的對外援助機構千禧年挑戰公司（Millennium Challenge Corporation）[5]。目前，最重要的機會之一是鼓勵更多私人部門的資本流向開發中國家，包括某種形式的分攤風險，尤其是融資於緩和與調適氣候變遷的計畫。在現今長期停滯的年代，鼓勵高所得國家的過剩儲蓄流向較貧窮國家很合理，或許可以透過對尾部風險（tail risks，機率分布的極端區，代表發生機率低、但可能對投資回報產生重大影響的結果。）來提供保險。

向難以建立自由民主制度基礎的國家提供較多的援助和經濟機會，也是有益的做法。事實上，自由民主國家應該關心自由民主制度在世界各地的命運發展。在許多國家，包括：俄羅斯之類的重地，自由被縮限或扼殺，自由民主國家聯盟必須更積極地支持那些渴望成為或維繫民主制度的國家。

不過，我們也應該謹記，直接干預新興和開發中國家內政的屢屢挫敗，從越戰、阿富汗戰爭、第二次伊拉克戰爭、利比亞戰爭能看出，依賴武力造成的傷害有多大。不是說外來干預絕對行不通，外力介入可以發揮作用，但手段必須由所謂的國際社會來處理，以及使用這些手段的意願足以完成任務。二戰後的日本和德國、後來的南韓和台灣都是成功例子，既有合適的環境，又有意願。但在其他案例中，通常不存在這些條件。在德國和日本，當時早已存在進步的經濟與社會文化，促使民主化過程較為通暢。就連南韓這個非常成功的例子，也花了超過二、三十年才產生進步經濟與民主制度。

無怪乎在阿富汗投入二十年還不夠，特別是在普遍懷疑外國人會在阿富汗待多久的情況下。民主化說不定得花上一個世紀，誰準備投入這麼久的時間呢？歐盟和北約組織準備這麼做，但只瞄準歐洲內部，部分原因在於歐盟就在歐洲，另一部分原因是美國認知到歐洲的穩定和繁榮具有長期戰略利益。這也是前南斯拉夫國家現在看起來相當有前景的原因。在此之前，葡萄牙、西班牙和希臘的民主化非常成功。至於中歐和東歐國家，儘管民主化過程在近年有所倒退，但整體上還算是有顯著的進展了。

在世界其他地方，一種可能的干預是聯合國授權。也許，在某個政權垮台時可以成立一支由聯合國安理會控管的聯合國外國軍團，目的是去政治化的干預，此軍團待在該國直到內政恢復穩定。不過，我們也必須質疑，在分歧的世界，這種激進的構想能否被接受。

二十年前，許多人期望經濟開放與繁榮能使中國準備好成更民主自由的國家，這種期望太天真，至少就假設的時程表而言，確實如此。不過，我們也很難相信中國能夠無限期地結合進步的資訊經濟、高知識人口和目前的政治制度，在如此廣大又複雜的國家，難以置信一人能夠永久主宰一切官僚體系。合理的猜測是，中國人民對治理方式想有更大發言權的壓力，將在某個時點釋放，否則體制可能會爆炸。在這可能長達數十年的期間，高所得自由民主國家必須加強跟中國之間、以及必須強化跟中國志同道合的開發中國家之間的關係。

俄羅斯入侵烏克蘭殘酷地提醒我們，硬實力仍然是令人害怕的現實，自由民主國家聯盟必須有效地武裝，能夠、也願意在海、陸、空和太空陣線捍衛其重要的安全性利益。冷戰的勝利仰賴北約聯盟在歐洲的防衛力量，提供和平的環境讓西歐國家得以在其中快速成長繁榮。

還有許多的地緣政治課題出現，包括：應付跟伊朗、俄羅斯、北韓等等敵對專制國家的關係，以及應付許多共同的全球性挑戰。為應付這些課題與挑戰，也將需要自由民主國家的核心聯盟，理想上這核心聯盟應該包含民主的印度，但不幸的是，在納倫德拉・莫迪的印度教民族主義和印度人民黨（Bharatiya Janata Party）當權下，印度的民主制度前景令人憂心。

與中國「冷戰」的錯覺

　　和中國的關係，將是自由民主國家的核心課題。即使是俄羅斯入侵烏克蘭，也很難相信沒獲得習近平的批准，普京會發動戰爭嗎。西方，特別是美國，很多人把跟中國的關係視為另一場冷戰，類似於過去跟蘇聯的冷戰，不過這種觀點無助於思考彼此的關係。事實上，從許多方面來看，自由民主國家跟中國的關係困難重重，在戰爭風險升高、涉及其他眾多層面下，彼此的關係也更加重要，但這種關係不同於以往自由民主國家和蘇聯之間的關係。[6]

　　冷戰觀點認為，這是一種零和關係，前美國總體貿易與投資顧問克萊德．普雷斯托維茲（Clyde Prestowitz）的著作《顛倒的世界》（*The World Turned Upside Down*）對美中關係保持這一觀點，他堅持：「中國人民和美國人民之間沒有相互競爭」[7]，他反對的是中國共產黨。由匿名的「前政府高級官員」撰寫的報告《更長的電報：邁向美對華的新戰略》〔The Longer Telegram: Toward a New American China Strategy，此文仿效喬治．凱南（George Kennan）於1946年發給美國國務院，建議對蘇聯採取圍堵策略的著名《長電報》（Long Telegram）〕，也抱持這種觀點。[8]該報告寫道：「21世紀，美國面臨最重要的挑戰是習近平主席統治下愈來愈專制的中國崛起」[9]，文中提到，這挑戰不是中國本身，而是其專制政府。

　　這些著作充滿焦慮感，我完全可以理解：中國不僅是崛起中的經濟強權，而且已經發展出至少迄今為止，有卓越成效的蓬勃市場經濟和極權主義政府的結合體。在新疆和香港的行動凸顯中國蔑視人權和國際協定[10]，威脅台灣的實質自治權，並且在南海擴張勢力[11]。

　　《更長的電報》這份報告認為，面對中國試圖宰制全球所帶來的威脅，必須捍衛一長串重要的美國利益：保持集體的經濟與技術優勢、保護美元的全球地位、維持軍事嚇阻力、防止中國的領土擴張，尤其是武統台灣、鞏固與擴大結盟及夥伴關係、捍衛（以及改革，若有必要的話）基於規範的自由國際秩序。但與此同時，該報告也呼籲應付共同的全球威脅，尤其是氣候變遷。

這些訴求看起來令人嚮往，不過辦得到嗎？我不太相信。畢竟中國不是蘇聯，美國也不是20世紀中的美國。

第一、比起蘇聯，中國是更強大的敵人。哈佛大學教授、權威分析家葛雷厄姆・艾利森（Graham Allison）寫道：「現在是時候把中國視為一位與美國勢均力敵的全方位競爭者了。」[12] 中國已經在經濟與技術上取得巨大進展，「改革開放」務實策略使中國能夠大規模地利用外國的市場與專業，這一策略伴隨強迫儲蓄、史上最高的投資率（尤其是在基礎建設方面）、勞動力技能快速提升，以及大規模城市化，與之大致相同的是二戰後日本、南韓和台灣採行的方法，但中國的規模遠遠更大。到了2019年的新冠疫情爆發前，中國購買力平價後的產出占全球總產出，比例已經從二十年前的可忽略不計提高到17％。雖然，比例僅為高所得自由民主國家經濟規模總和的42％，但是購買力平價後的中國GDP已經比美國高出9％，儘管中國的總GDP仍然比美國低了33％。中國的人口比美國、歐盟和英國的合計人口多了2/3，2020年時，購買力平價後中國人均GDP約為美國的1/3，若未來幾十年比例上升至約1/2，那麼中國的總產出將大約等於美國、歐盟和英國的合計產出。有一個遠比蘇維埃更成功的經濟、更有活力的科技業、更多的人口、更凝聚的政體、更能幹的政府，中國正在邁向成為一個起碼與美國勢均力敵的全方位強權。

第二、雖然以任何標準來看，中國強權不像舊蘇聯扮演意識形態倡導者。中國限制人民批評政府，也企圖限制其他國家批評中國，甚至威脅批評他們的國家。中國尋求擴大自身影響力和勢力，一如其他強權過去的作為，包括：19世紀時的英國，以及20世紀和21世紀初的美國。但是，中國沒有企圖同化其他國家，原因當然是中國的民族主義比共產主義更濃厚，他們相信外國不可能複製只有中國人能做到的事。中國的企圖是使貿易、商務和投資成為中國主導的全球秩序基礎 [13]，從這個角度來看待中國，比使用20世紀的模式，視中國為一種意識形態的勢力更為恰當。中國現在的行為類似於以往世界強權，但中國有望以空前的規模做到。[14]

第三、不同於蘇聯，中國的經濟高度國際整合，雖然這是中國的脆弱性根源，但也是影響力源頭。龐大的中國市場如磁鐵般吸引世界各國，尤其是亞洲地區，多數國家想同時跟美國和中國維持良好關係，少有國家（包括親美的盟友在內）樂於選擇美國，對抗中國。[15]

第四、中國的國際影響力及聲望大增，尤其是在新興和開發中國家。[16] 許多在西方勢力及其影響力下生存多個世紀的國家，樂見新興強權挑戰西方霸權，儘管當中有許多國家也害怕中國的權勢。

第五、冷戰後美國式微，不僅是相對的經濟力，還有道德、判斷力、正直、可靠性、遵守民主規範等方面。世界各地的人們不論喜不喜歡美國，他們曾經認為美國知道自己在做什麼。於是，來個三振，你就出局了：首先是全球金融危機，事實上那源自美國金融體系主導的跨大西洋金融危機；然後川普當選總統；最後是未能適當地處理新冠肺炎疫情。部分原因是人民存在巨大的政治分裂。最重要的是，「川普當過美國總統是永遠不可能抹除的事實」[17]，尤其是競選連任時，他拒絕接受選舉結果，共和黨變成了反民主的政黨。美國的政策制定者曾說，中國必須成為一個「負責任的利害關係者」（responsible stakeholder）[18]，冷戰結束後美國獨大的「單極時刻」（unipolar moment）❶、伊拉克戰爭、金融危機、川普擔任總統、混亂地應對新冠肺炎疫情等事件，美國是負責任的利害關係者嗎？顯然不是。

---

❶ 新保守主義者克勞坦默爾（Charles Krauthammer）將1990年9月18日在華盛頓「傑克遜紀念講座」講演稿修改成「單極時刻」一文，文中說：「冷戰後的世界將是單極的，不是多極的。美國是全球無雙的超級大國、世界強大中心，備受其他西方盟國擁戴。」他認為冷戰後的國際形勢對美國極為有利，短期內不會有其他國家成為美國的威脅，美國應該抓住機會建立美國版本的世界新秩序來維護霸權地位。

西方國家的長處和中國的弱點

　　所幸，跟中國形式的專制資本主義相互競爭影響力時，西方國家有明顯的有利條件。總體來說，美國及其盟友的經濟仍然遠超過中國2倍，在大多數產業繼續處於或接近技術前沿。世界各地的人們或許樂見一個與西方霸權抗衡的對立者，但他們大多不欣賞中國的體制。中國是歐威爾式的「老大哥」社會，黨國濫用監控技術來控制社會乃至每個人，這種體制或許行得通，但令人驚恐，壓制人類對自主和自我表達的渴望。

　　民主制度是一種自我修正的制度，人們不需要以暴力推翻失敗的政府，而是透過選票就能使其下台。在專制政體下，變革遠遠更困難、遲緩、血腥，毛澤東的獨裁統治導致數千萬人死亡，直到他死後鄧小平才得以改革經濟制度。[19] 像習近平這樣的終身獨裁者，在權力終點或死於任內前會犯下多少的錯誤呢？對抗新冠肺炎，他堅持清零政策直到2022年，此舉可茲顯示，在極權體制下，這類愚蠢政策能離譜到什麼地步。長期而言，專制統治者幾乎總會成為他們過往、他們孤立、以及他們周遭馬屁精的俘虜，習近平現在享受著高度專制的權力，但誠如阿克頓男爵（Lord Acton）所言：「權力使人腐化，絕對權力使人絕對腐化，大人物幾乎都是腐敗之人。」[20]

　　中國的正當性仰賴經濟表現，儘管其中混合了民族主義。中國的人均實質產出仍然僅有美國的1/3，使得中國有快速成長的空間。不過，趕上經濟領先者還算簡單，想躍進領先的高所得國家就沒那麼容易了，可能在尚未接近高所得民主國家的生產力水準前，中國的經濟表現就明顯惡化了。中國的經濟債臺高築，反映出極度分配不均的經濟體：消費低迷、儲蓄過剩，因此需要龐大、但往往揮霍的投資來支撐。若不徹底改革，中國可能無法在不訴諸快速增加舉債下，繼續呈現高成長。[21]

　　在更深的層面，中國的經濟制度面臨更內部體制的策略兩難困境。習近平的反貪行動應該被視為針對前任——鄧小平、江澤民、胡錦濤——領導人在經濟自由化伴隨而來的貪腐，但他的打壓行動可能抑制經濟，尤其是打壓企業家，以及准許其公司營運的貪腐官員。在缺乏對合法行為的明確定義和保護下，簡單地說，就是缺乏法治下，面對習近平的打擊行動，私人部門和公共部門的企業家自然地反應肯定是多做多錯、少做少錯、不做不錯。對於正當性仰賴經濟繁榮的政權來說，這形成了兩難困境：一邊是無法承受經濟停滯，一邊是貪腐猖獗。這種困境並非出了什麼差錯所造成，而是官僚專制主義必然形成的市場特性。

跟中國的合作、對抗和競爭

與中國的關係必須是一種合作、競爭、共存和對抗的關係，但我們必須期望，不是公開發生衝突，更遑論武裝衝突，否則那將會是大災難。

那麼，自由民主國家和中國之間的複雜關係該如何運行呢？必須做到以下五項要素：

第一、西方必須了解自身的核心優勢，保護核心資產，其中包括個人自由、民主制度，這些仍然是全球大多數人（包括許多中國人）的燈塔；維繫（或許還要振興）自由民主國家的結盟；策略性技術的自主；最關鍵的經濟安全，尤其是能源及保健；維護規範性質及合作性質的國際制度。若有必要的話，必須採取共同行動來保護這一切，尤其是美國必須繼續積極參與和信諾於此結盟。

第二、兩邊必須避開葛雷厄姆・艾利森所說的「修昔底德陷阱」（Thucydides trap）：相互猜疑和相互恐懼，導致既有強國和新興強國爆發衝突。[22] 為此，需要透過各種機制來促進互信、保護核心利益、維持可信的力量平衡。那些核心利益是什麼，以及可能引發的摩擦，雙方對此必須達成協議，最重要的是，兩邊必須了解，沒有人能從正面對抗來「獲勝」，戰爭難以想像，俄羅斯入侵烏克蘭的戰爭導致各方面的極大傷害，包括中國在內。

第三、必須倡導對彼此有益的互賴關係。雖然雙方都想維持一定程度的策略自主，但也需要維持相互依賴的關係，尤其是貿易和資本流動，甚至還有其他領域。讓中國年輕人到西方求學是有益之事，雙方彼此貿易和投資也是有益之事。我們知道，商業交易和文化交流不是萬靈丹，一戰前的歐洲瓦解迎來毀滅性戰爭，顯示了經濟互賴在遏制自殺式愚行的功效可能遠低於我們的期望，但功效還是有的，唯在此前提下：互賴必須輔以最廣泛的利益分享機制與措施。[23] 在此同時，也需要跟友邦加強貿易關係。

第四、必須在共同的全球事務上合作。我們共享一顆小又脆弱的地球、一個複雜又互依的經濟體系，並且共擔扶持各地弱小的道德義務，在能想像得到的所有領域：氣候、生物圈、疾病、經濟發展、國泰民安等，將需要一定程度的合作，或起碼有一定程度的相互了解。這很難辦到，但必須有心追求去促進彼此之間的信賴關係。

第五、必須使用審慎設計的蘿蔔與棍棒。中國願意合作必須給予獎勵，但中國不合作也要施以懲罰。獎勵和懲罰必須應用在所有關切的領域：國安、人權、世界經濟、國家發展、全球環境、全球組織與制度的運作等。做法上需要自由民主國家審慎思考和協調，政策才可能行得通，美國可能以有限的尊重施壓盟友，但若沒有盟友全心全意地支持，結盟本身就算失敗，美國只能獨自對抗一個崛起的中國。

這一切構成許多挑戰，來看看上述課題帶來的一些挑戰：

第一、國安方面的挑戰。國家尋求控管國安相關技術的做法很合理，這並非主張完全自給自足，因為這麼做的成本太高。雖然，自由民主國家意欲在特定技術上保持個別地或共同地自給自足，把國安的選項從國際貿易常規中移出，做法實屬合理。不過，理想上起碼要公開討論，解釋把這些技術排除於規則外的理由。

國安也涉及依一國保護自身在世界核心利益上的能力，為達此目的，途徑之一是大致平衡各國的力量。自由民主國家結盟以限制中國為所欲為的能力很合理，但本質，上這種結盟也必須避免導致在不重要的議題升高對立的緊張感和危機感。1962年的古巴飛彈危機把世界帶到核武戰爭邊緣[24]，這屬於荒誕的愚行，人類擔不起事件重演。自由民主國家必須建立信心機制，力量的平衡必須佐以強權國家領導人與軍方之間，最大可行程度的開放與透明，含糊不清的作為只會招來麻煩。另一種危險是新進夥伴的不當行為，舉例而言：奧地利和塞爾維亞把大家捲入一戰，這場戰爭或許不論如何都會發生，但各國必須盡可能減少這類風險，尤其是在多國結盟之間。

現在，網路安全性成為一個重要的探討層面，涉及多個面向：媒體的運營、言論自由、網路間諜等。自由民主國家必須大幅降低上述領域的脆弱性，這大多與中國或其他的外部因素沒什麼關係，而且國內勢力也很危險，但不論威脅來自何處，政府都必須加以遏制。現今技術能夠做到的可能性是一大疑問，不幸的是，目前可能無法驗證任何一方是否遵網路安全性的相關國際協定。一個可能的結果是，網際網路漸漸分裂，形成「分裂網」（splinternet）。

第二、人權方面的挑戰。自由民主制度的核心價值觀是人們有自由行動的權利，各國必須捍衛此價值觀，但中國可以利用日益壯大的經濟影響力影響人們的言論自由，顯而易見地，外國政府正承受這種壓力 [25]，而且商界人士、學者和學生（尤其是中國留學生）也受其影響而備感壓力。自由民主國家應該將中國攻擊任一個自由民主國家的表達與言論自由，視為對所有自由民主國家的攻擊，若有必要，應該考慮施以制裁（例如：貿易制裁），因為保護國內的核心價值觀非常重要。不過，任何這類制裁的成效恐怕有限。

第三、世界經濟方面的挑戰。貿易可能是最顯而易見的全球經濟合作，不幸的是，世界貿易組織未能處理美中關係。美國聲稱中國不遵守世界貿易組織協定 [26]，中國也聲稱美國違反世界貿易組織規範，就川普發動的關稅貿易戰而言，確實沒錯 [27]，但中國的不遵守世界貿易組織協定給了川普合理化貿易戰的藉口。川普執政下的美國也認為世界貿易組織的規範和紛爭仲裁不合理，並對此做出杯葛行動，行使否決權來阻止組織上訴機構（Appellate Body）任命新法官，使得解決紛爭機構的法官人數不足而停擺，世界貿易組織的政策運作形同無效。[28]

　　問題在於，如何再造一個正當合理且具有可預測性的制度，避免陷入貿易混亂無序的狀態。這對強權國家有益，可以幫助他們緩和貿易關係。理想上，世界貿易組織需要重新大舉協商規範。而這最根本的困難在於，世界貿易組織假定組織最重要會員國都是西方傳統意義上的市場導向經濟：企業是自由營運的民營企業，受限於法律，由獨立的司法機關管轄。但中國的經濟卻不同，有民營企業、國營的非金融業企業、政府支配的銀行業，以及全受制於中國共產黨統治而遭到強力督導。此外，在習近平掌權下，中國政府支配模式開始回頭路走。[29] 從這些現實來看，任何的貿易制度改革可能都不會得到各方的一致贊同，只要中國堅持自己為開發中國家，就無法產生各方都滿意的改革。不過，我們仍然必須嘗試，因為中國將成為世界上最重要的貿易強權、成為吸引所有貿易國的磁極，不可能排擠中國於世界貿易外。另一方面，有必要建立向所有自由民主國家開放的自由貿易協定。

　　主要大國需要合作的經濟領域不是只有貿易這一塊，匯率管理、金融監管、國際債務管理等也是如此，中國的經濟影響力愈大，愈需要在這些領域達成互利協定。中國做為債權國的崛起尤為重要，例如：必須確保合作管理脆弱國家的過高外債，以及公平地安排債務重組或減記，否則債權國可能不願意重組或減記貸款，因為擔心其他債權國蒙受其益，而非關心陷入困境的債務國。無論如何困難重重，這領域必須盡所能及地跟中國合作。

　　第四、經濟發展方面的挑戰。促進全球經濟發展的共同努力已經存在，這是國際開發機構存在的原因，是道德上的義務，也是務實的義務：一個少有分配不均的繁榮世界是一個更好的世界。無疑地，中國有專業和資源可以大大地幫助開發中國家，但與此同時，開發中國家和中國明確往來的價值也受到質疑，尤其是一帶一路計畫衍生出的債務條件。如何與中國密切交涉，確保雄心的計畫能確實使開發中國家蒙益，這是重要課題。[30] 此外，有志於促進全球經濟發展的自由民主國家，必須跟中國合作，反之亦然，方能有望達成共同的發展目標。別忘了，西方強權曾長期用此做為政治控制的藉口，想想蘇伊士運河或巴拿馬運河的歷史。最後，民主國家可以結合自家過剩儲蓄，設立一個跟中國一帶一路計畫抗衡的開發中國家發展基金。大家一起在促進經濟發展的投資池裡競爭，結果必然更好。

第五、永續方面的挑戰。大氣層是核心挑戰，但生物多樣性也很重要。[31]這需要一套遠大的全球性措施，也需要高所得國家成為表率，因為他們有能力快速行動，也因為他們仍然是重度人均碳排放國。但新興和開發中國家，尤其是中國——舉世最大、且遠超過其他國家的碳排放國——也要扮演關鍵角色，才有可能使全球氣溫的上升保持在低於攝氏1.5度。然而，問題在於如何達成這項急劇的變革，邁入低碳排成長途徑。高所得國家必須向新興和開發中國家提供技術和財務支援，只要他們能夠自行對激進協議達成一致的承諾，就可以利用強大的集體影響力，尤其是碳關稅，迫使中國加快經濟的去碳化計畫，目前中國的去碳化程度太低了。切莫偽善：若高所得民主國家希望中國加速去碳化，他們自己也必須有相同的作為。

若要符合期望，高所得國家採行碳定價，也必須對進口自未實行碳定價國家的高碳排產品課徵碳關稅。雖然實行上有技術困難[32]，但有三大好處：起碼消除實行碳定價時遭遇的一些政治阻力；使全球的生產從碳排量較高的技術與活動移走；提供誘因，促使包括中國在內的其他國家也實行碳定價。第三點是一項重要且正當的「棍棒」，確保全世界實行必要的氣候政策。[33]

中國不僅必須在保護世界氣候方面扮演重要角色，應付其他環境挑戰也是如此，例如：保護生物多樣性。舉例而言：中國是世界第三大魚類和水產品市場，僅次於歐盟和美國[34]，據信，中國也是世界最大的瀕臨絕種野生動物和野生動物產品的進口國，例如：象牙、犀牛角、虎骨等[35]。我們必須致力於改變現況，促使中國了解全球責任。

最後是全球治理方面的挑戰。不論喜歡與否，我們創造了一個人類跟彼此、跟生物圈、跟大氣層、跟外太空等空前互動規模的世界。若說疫情教會了我們什麼，就是上述這個事實。若期望美好的事物能夠續存下來，我們必須攜手合作，這幾乎需要各種想象得到的全球治理。事實上，顯而易見地，為應付挑戰，我們需要更多、而非更少的全球治理，我們至少需要在疾病、氣候、生物多樣性、網路安全性、核武擴散、經濟發展、貿易、總體經濟穩定性、智慧財產的發展和使用等領域的開明、密切合作。這些領域的全球治理合作並非做不到，例如：1987年關於消耗臭氧層物質的《蒙特婁議定書》（Montreal Protocol on Substances That Deplete the Ozone Layer），以及1994年的《聯合國海洋法公約》（United nations Convention on the Law of the Sea）。全球多數國家已經簽署並批准前者，而美國和一些國家雖簽署後者，但國內政府迄今尚未批准。[36]

全球治理不能只由高所得民主國家處理，必須和其他大國共同分擔，其中包含最重要的中國，而且印度的角色也應該愈來愈吃重。全球治理機構中的各國投票權比例和其他影響力應該有所調整，以國際貨幣基金為例：2021年時，中國的投票權比例僅為6.08％，美國為16.51％，日本6.15％，德國5.2％，法國及英國分別為4.03％。[37] 若不調整投票權比例來反映中國日益強勢的力量，中國將會自創國際機構，進一步分化世界。事實上，中國已經開始這麼做了，他們創立了亞洲基礎設施投資銀行（Asian Infrastructure Invcstment Bank）和新開發銀行（New Development Bank）。[38] 再者，聯合國安理會也應該改革，法國應該把常任理事國席位讓給歐盟，英國應該把常任理事國席位讓給印度，這會形成更具代表性的理事會。

與此同時，自由民主國家確實有必要捍衛自身的利害關係、要務和價值觀，因此除了許多領域重要的全球性機構，尤其是對全球公域管理的監督，也需要建立和保護其正式及非正式機制。因此，除了累贅的20大工業國（G20）的非正式經濟論壇，主要的自由民主國家繼續維持7大工業國組織也很重要，這些國家可以和最相似、最信賴的國家共同商討重大政經議題和主張。在許多監管領域：金融、網路空間、網路安全性、媒體等，自由民主國家必須發展出切合自身的最佳制度，從而接受世界秩序的相當程度的碎片化。

小結：攜手共創民主資本主義的未來

在這複雜、不斷變化的世界，穩定的自由民主國家該如何自處？上述論點可以區分為三個重點：第一、自由民主國家有自己的價值觀和利益，他們應該透過密切合作來捍衛這些權利。第二、自由民主國家在更廣大的世界中有許多重大利益，他們應該同心協力維護全球秩序，捍衛和促進自由民主來培育這些力量，但盡可能和平地執行。第三、面對有不同價值觀和不同治理制度的新強權，不能像圍堵蘇聯那樣地圍堵中國，中國遠比蘇聯大太多了，跟全球的往來和牽連也太廣，不能、也無法使用圍堵策略。再者，在許多領域，需要跟中國深度合作。因此，自由民主國家必須跟中國建立一個複雜的關係網絡，以保護自由民主國的核心價值觀，維持全球的穩定，促進全球的進步。我們必須每天跟中國和平地競爭、合作、共存，偶爾也會對抗，但不能發生軍事衝突。這很難做到，但為了全人類著想，也是必要的。

結論
重振公民精神

> 我們應該獻身於擺在眼前的重大任務——我們將以更大的熱忱，
> 獻身於投入全部熱忱而光榮犧牲者所致力的理想——
> 我們在此堅定決心，這些陣亡者不會白白犧牲，
> 這個國家將在上帝的庇佑下獲得新自由，
> 民有、民治、民享的政府必將永存於世。
> ── 亞伯拉罕・林肯，「蓋茲堡演說」[1]

> 在羅馬，什麼東西都可以賣。
> ── 撒路斯提烏斯（Sallust），古羅馬歷史學家[2]

　　民主制度和競爭的資本主義這兩個互補的對立面，結成一對困難、但珍貴的搭擋。在值得信賴的規則下、而非在掌權者隨心所欲所運行的市場經濟支撐著繁榮，降低政治上的利害關係；競爭的民主制度促使政治人物提出改善經濟表現和人民福祉的政策。自由民主制度和市場經濟的結合，除了這些實用價值的理由，還有道德理由：二者都是基於相信人類行為的價值── 人們有權為自己謀求最大福祉；人們有權在公共決策中發聲。基本上，二者是人類自由和尊嚴的互補面。

　　這不是抽象、理論性的概念，更不是烏托邦的概念。世界上穩定的自由民主國家都有繁榮的市場經濟，而繁榮的市場經濟體幾乎全都是自由民主國家，前者沒有例外，香港和新加坡或許可以被視為後者的例外（唉，可惜，昔日

香港已不再），但這兩地都受益於一個異常現象——一個講求仁治、支持資本主義的專制政體。香港模式是殖民外來者所建立的，而且在習近平的高壓統治下，這模式如今正在消失。新加坡的統治者不僅繼承了殖民地時期的制度，而且也必須給予外國資本主義者所需要的安全與開放，因為他們仰賴外國資本主義者的知識與關係。這對新加坡的專制統治者構成一個重要束縛：外國資本主義者的聲音在此地起不了什麼作用，但他們的退出倒是可以產生一些影響力。中國最終可能成為「繁榮市場經濟體也是自由民主國家」這一法則的明顯例外。不過，2019年時，中國購買力平價後人均GDP仍然只在全世界排第80名，介於蘇利南和土庫曼之間[3]，以其種種進展來看，離晉升高所得國家還很遙遠，而且在習近平日益高壓的統治下，未來相當有可能陷入困頓。

經濟雖重要，但繁榮的指標遠非只有經濟層面，在近乎任何你能想像到的指標：預期壽命、教育水準、平等權利的推進上，高所得民主國家都是人類史上最成功的社會，賦予的自由，加上反對先賦地位，為個人及社會的進步開啟機會。別的選擇呢？惡棍和官僚不負起政治責任，或習俗的鐵籠，二者都通往停滯與壓制，泯滅了人類的靈魂和社會的進步。

民主資本主義縱有種種缺點，仍然值得捍衛，但現在已經陷入嚴重險境。切記一個有效運行的民主制度先決條件：選舉必須被視為自由且公正，勝選者必須被視為具有政治正當性。為此，把參與者連繫起來的紐帶必須堅實如同把人們和黨派連繫起來的紐帶。我在第九章中主張愛國精神——對地方、歷史、價值觀、及文化的共同忠誠——是共同認同感最強而有力的源頭。這種愛國精神也可以稱為公民民族主義（civic nationalism），或許有部分是基於傳說，但傳說是人類群體的普遍特性。

民主政治的正當性還有其他來源，一個重要來源是廣為分享的繁榮，另一個來源是共同信任所有人認為公平的遊戲規則，還有另一個來源是信心：相信不論誰掌權，政府都將稱職，法律將公正中立，所有人過自由生活的權利將被保護。這些是穩定民主政治的基石。但是，從這些敘述就能清楚看出它有多脆弱。民主政治是平和的內戰，在錯的環境和錯的人下，民主政治中出現的分化可能成為叛亂、內戰，以及借助人民的名義而採行的威權主義。近年，後者已於世界各地發生，例如：美國這個現代民主制度的心臟地帶，川普不服總統選舉結果而發起叛亂。民主制度還沒有失敗，但嚴重瀕危。

精英階層的失敗與違法亂紀，以及本書討論的經濟、社會和技術發展情勢，已經導致許多人對民主的制度和價值觀喪失信心，這促成柏拉圖警告的煽動家崛起。尤其是在美國，共和黨不再遵守核心的民主政治規範，不像個正常的民主政黨，更像由領袖定義什麼是合宜正確的社會運動組織。最惡名昭彰的例子是納粹的領袖原則（Führerprinzip）：若領袖說跳，你就跳，唯一的疑問是跳多高。[4] 現在，川普似乎也是如此，但令人詫異、沮喪的是，共和黨精英甘願屈從並非恐懼下的產物，就像1930年代許多的德國人一樣，而是個人野心和道德淪喪下的產物。

川普憑藉民族主義、仇外和個人崇拜構成的政見當選美國總統，這對自由民主制度構成的危險很明顯。總統任內，他背棄盟友、多邊主義、國際規則、科學、真相，甚至氣候變遷的事實，但在2020年的大選中，儘管歷經災難性的疫情，他仍然贏得46.8％的選票。更重要的是，大多數的共和黨人贊同他所說的：民主黨人以不正當手段贏得選舉[5]，甚至，在他煽動的2021年1月6日入侵國會大廈後，共和黨人仍然持續這種忠誠。事實上，相信他的「大謊言」——這是一場被偷了的選舉，已經變成一種用以檢驗你是否為忠誠共和黨人的試金石。共和黨已經從世界上最具影響力的自由民主國家的一個正常政黨，變成擁抱「選舉輸了就是選舉本身不正當」以及「暴動與殺人是可被接受的反應」的觀點。基於美國在捍衛民主制度方面扮演的歷史角色，這對美國民主制度以及全球自由民主的牽連性顯然也令人憂心。

這是如何發生的，尤其是在歡欣鼓舞的蘇維埃共產主義垮台以後？川普領導的共和黨或強生領導的英國保守黨，並非突然冒出來的，它們是在四十年的精英階層失敗中應運而生的。為維繫自由民主制度和資本主義的脆弱婚姻，需要靠個人與群體之間、私人部門與公共部門之間、自由與責任之間、經濟與政治之間、金錢與道德準則之間、精英階層與老百姓之間、公民與非公民之間、以及國家與全球之間保持困難的平衡，這也是本書以「ΜΗΔΕΝ ΑΓΑΝ」（凡事勿過度）為座右銘的原因。當合宜地做到這些平衡時，自由民主制度和資本主義的結合會是世界史上最成功的體制。但是，自由民主制度容易受到精英階層的自私和圖謀專制者的傷害，歷史上民主的共和國很少見，更常見的人類政治型態是金權政治或暴君，後者總是蓄勢以待，在現今世界，暴君——煽動型或官僚型——不僅是蓄勢待發，實際上已經在行動中。

本書第三部和第四部，為重建民主政治與市場經濟的平衡提供一個議程，其中考量了自由民主國家在內的弱點和全球責任。這些提議務實卻又理想化，它們不是革命型轉變導向，而是改革民主制度與經濟政策。但是，我們也必須認知到這任務的規模：新技術與自由放任意識形態的結合，促進致力於增加精英階層財富與權力的金權政治，也促成極具破壞力的新技術誕生。

我們必須在既有的基石上建設，但我們不能回到過去，20世紀中期的世界有好有壞，但一去不復返，我們必須「重建美好未來」，前進之路是根據現在的需要，調整前任改革者的目標。20世紀最重要的改革者是小羅斯福總統，他在1941年1月發表的「四大自由」演講中，勾勒美國在這世界中扮演的角色，並預測國內的轉變。本書第七章和第八章以這綱要為基礎，提出資本主義經濟的下列革新目標：

1.提升廣為分享且可永續的生活水準；
2.凡能工作且準備工作的人皆能獲得好工作；
3.機會平等；
4.需要安定的人能獲得安定；
5.終結少數人的特權。

這革新的目的是消除傷害，不是創造普世幸福；革新的方法是哲學家卡爾・波普建議的「漸進式社會工程」，而非大刀闊斧、往往招致災難的革命。[6]

這些具體提議的背後是一個更廣闊的觀點。普選制民主制度將堅持經濟與政治上的公民精神，這意味的是：企業不能自由地為所欲為且必須繳稅，包括那些經濟力量強勢者；政府必須能幹稱職且積極，但遵守法治且當責。這一切是20世紀給我們的清楚啟示。

在民主資本主義下，確實有其他的謀權途徑，但全都將以失敗收場。一種極端的途徑是完全的社會主義經濟，但這種經濟將陷入困頓，統治者將被迫下台，或是以非民主方式攫取權力，最近的一個例子是委內瑞拉。另一種相反的極端是自由放任經濟結合以反智主義（anti-intellectualism）、種族主義，以及文化保守主義為基礎的民粹主義，這種金權民粹主義也可能以專制政體收場，但在這種專制政體中，就連富豪們也不安全穩固。還有一條通往專制政體的更快速途徑，那就是混合兩個極端的民族主義社會主義〔nationalist socialism，或稱國家社會主義（national socialism）〕，這是把福利國家和煽動家的專橫統治結合起來，同樣最終將毀滅經濟與民主制度，因為不當責的掌權流氓獎酬其親密好友，並且懲罰與之對立者。

兩次世界大戰之間的歐洲、拉丁美洲的歷史，以及許多新興及開發中國家（包括中歐及東歐的一些前共產主義國家在內）的更近期經驗，提供了大量警示。貧富不均、不安定、遺棄感、對無法應付變化的恐懼感，以及不公正感愈大，使民主資本主義得以運行的脆弱平衡就愈容易崩潰。

為使我們迫切需要的改革得以發生，精英階層必須扮演重要角色。難以想像一個複雜的社會沒有精英階層，但可悲的是，如果是由掠奪性、短視近利、無道德感的精英階層來支配社會，那一切就有可能發生了。民主共和國若出現這樣的精英階層，國家將會崩潰，羅馬共和國就是因此而滅亡，新聞工作者安・艾普邦姆（Anne Applebaum）在其著作中精闢地敘述這種情形正發生於匈牙利、波蘭，甚至英國及美國。[7] 自由民主制度是一種需要種種約束與節制的複雜制度，其中一些是法律的約束，但更許多是心照不宣的節制，最終得仰賴那些職責者的正直和可信賴度。精英階層的貪腐、不公正及謊言是公民團結紐帶的強力溶解劑，愛國精神將無可避免地被深度的憤世嫉俗所取代。誠如優秀的新聞工作者杭特・湯普森（Hunter S. Thompson）所言：「在一個人人都犯罪的封閉社會，唯一的憾事是被捕。在一個充滿盜竊的世界，唯一的決定性罪過是愚蠢。」[8] 最終，只可能落得一個貪腐的寡頭政體或專制政體，民主政體將滅亡。

《經濟學人》（The Economist）專欄作家伍爾得禮奇正確地指出，精英階層必須能幹。[9] 這是機會平等成為自由民主制度基本價值觀的原因之一，別無其他途徑通往某種形式的精英領導制，所有社會都有訓練這種精英的機制。但是，精英階層不能只是聰明、訓練有素、有抱負，他們也可能自鳴得意、受到的教育狹隘、自私，甚至可能沒有道德觀念。一個有效運作的精英階層（包括企業界精英在內），成員必須有智慧與知識，最重要的是，他們必須對國家及人民的福祉有責任感。事實上，他們必須成為公民的表率，這並不難：別撒謊，要誠實；別貪婪，要懂得節制；別訴諸恐懼與仇恨，要訴諸林肯所說的「人性中的善良天使」。

現今高所得民主國家及其他地方的民主衰退情境中，充斥著精英階層的過失，左派和右派皆然。左派名門精英持續低估公民與非公民之別對民主制度運作的重要性，他們輕蔑教育程度較低的公民及其保守的愛國價值觀，他們也號召抵制任何自由民主國家必須倚賴的愛國精神。

不過，經濟上成功的精英階層犯的更大錯誤是，推動為自身創造鉅額財富、但導致其餘人不安定的政策。鼓勵不當手段操縱的資本主義，摧毀市場經濟，以及政府倡導與保護的正當性，這是其中一大過失。最重大的過失是，創造高層圖謀私利、令中低階層憤怒的金權民粹主義結盟來鞏固自身權力。以仇恨和恐懼來激發人民形成部落主義，把世界分化為「像我們的好人」和「其餘的人」，這太容易了。但是，當社會變得更金權政治化時，團結所有公民的紐帶將斷裂，隨之而來的是偽改革者，更糟的是偽民粹主義者，他們如同野心勃勃的煽動家，佯稱要「抽乾沼澤」，實際上是把沼澤挖得更廣、更深。

柏拉圖是民主政體的強烈批判者，在《理想國》一書中，他指出可能出現的煽動家，現在我們周遭到處可見這種人。柏拉圖反對民主制度，建議選出「護衛者」或「哲王」做為統治者，這些護衛者不僅是哲學家，他們也不能有財產或家人，以使他們免於受到誘惑，他們的小孩將被送去集體養育。所以，這些護衛者不僅是精英領導人，也是修道士。

這建議的背後邏輯很清楚：精英的危險在於，他們必須將履行重要的社會角色置於個人利益上。這幾乎是不可能的行為。很久以前，有人告訴我，為何一些開發中大國的官僚體系充斥貪腐，這其中的機制既簡單、又有效：一位年輕、能幹、有理想的新進人員受到賄賂，他拒絕了。這種情事發生了幾次，然後一位上司私下告訴他，若他不接受賄賂，就永遠無法獲得晉升。他想到自己的老婆，以及家庭的希望，於是下一次他就收賄了。

這是露骨的貪腐，但社會中還有許多護衛者採取較不明顯的貪腐形式：一心只想打贏官司的律師；一心只想取得龐大財富的企業主管；一心只想獲得財富把創作化為實現的創作者；一心只想勝選的政治人物等。伴隨專業規範腐蝕，從業人員變得愈來愈難當個例外者，榮譽和正派行為被視為迂腐，甚至荒謬可笑。所以，當一位貪腐的惡棍指責精英階層貪腐或無能時，很容易獲得大批人的贊同，因為這就是大家的所見所聞。沒有正派、能幹稱職的精英階層，民主制度將滅亡。

唉，撰寫上面幾段內容的2022年冬季，我不禁疑問，這個十年末了之際，美國還會是個良好運作的民主國家嗎？若美國的民主制度崩潰了，「民有、民治、民享的政府」的宏大思想還有什麼前景呢？

我們絕不能安於危險的情勢中，民主制度是很近代的東西：就連廣大男性享有選舉權的歷史也沒超過兩世紀；成年人普選代議制的民主歷史僅一世紀出頭。這制度承認所有成年公民的政治權，這是人類史上的創舉，這是偉大的成就，而且它已經在二戰和冷戰對抗勁敵。

現在，民主制度也有敵人，中國並不是最強大的敵人，真正的敵人在內部。民主制度必須為絕大多數人提供機會、安定、尊嚴，才有望續存，如同亞里斯多德告訴我們的，它必須仰賴大批心滿意足、獨立的中產階級。若民主制度只讓那些最成功者、最損人利己者及最貪婪者蒙益，它將會崩潰。若精英階層只圖謀私利，黑暗的專制時代將重返大位。

資本主義和民主制度的革新必須以一個簡單、但強而有力的概念來賦予活力：公民精神。我們不能只從消費者、工作者、企業業主、儲蓄者或投資者的立場來思考，我們必須以公民身分思考，這是在自由民主社會中把人們團結起來的紐帶。[10] 以公民身分來思考和行為，民主政治群體才能生存與繁榮，若這個紐帶消失了，民主政體將會崩潰，取而代之的將是寡頭政體、專制政體或完全獨裁的某種結合。

公民精神必須有三個層面：關心同胞能否安居樂業的能力；渴望創造讓人民以此昌盛的經濟；忠誠於民主政治、法律制度、公開辯論與相互寬容的價值觀。

在現今困難的全球環境中，重振公民精神概念意味什麼？

以下不是它的含義：

　　它不是指民主國家不應該關心非本國公民的福祉，也不是指本國公民的成功映照別國公民的失敗，相反地，民主國家應該尋求和其他國家建立互利關係。

　　它不是指國家應該切斷與外國自由、有益的交流。貿易、思想流動、人民流動、資本流動，這些若管理得當，可帶來巨大的好處。

　　它不是指國家應該避免彼此密切合作以達成共同目的，這點尤其適用於保護全球環境的行動。

以下是它的明確含義：

它意味的是，民主國家優先關切的是本國人民的福祉，為此，必須做到下列事項：

每個公民應該有取得教育的合理可能性，使他們能夠盡可能充分地參與高技能的現代經濟生活。

每個公民應該獲得繁榮所需要的安定，縱使是因為疾病、殘障或其他不幸而受到妨礙的公民。

每個公民應該獲得免於受到身心虐待的保護。

每個公民應該要和其他工作者合作，以保護他們的集體權利。

每個公民，尤其是成功人士，應該預期繳納足夠的稅來維持這樣的社會。

公司經營與管理者應該了解，他們對於使公司得以存在的社會有義務。

公民有權決定准許誰來到他們的國家生活與工作，以及誰有資格與他們一起分擔公民的義務，分享公民的權利。

政治必須受到所有公民的影響，而非只受到最富裕公民影響。

政策應該追求建立及維持一個強而有力的中產階級，並且為所有人建立一個安全網。

所有公民，不論種族、族群、宗教信仰或性別，都有權受到政府及法律的平等對待。

西方國家不能再回到1960年代，不能回到量產工業化、受高教育程度的女性不工作、族群和種族階層分明、西方國家仍然宰制全球的世界。

再者，我們現在面對氣候變遷、中國崛起、資訊科技促使工作轉型等，非常不同於以往的挑戰，世界改變得既深且廣，懷舊不是明智的反應。

　　但是有些東西依舊不變。人類必須集體行動，也必須個別行動，在民主體制中，同心協力意味的是以公民身分行動及思考。

　　若我們不這麼做，民主制度將失敗，我們的自由將消失。

　　確保民主制度不失敗、自由不消失，這是我們這世代的責任，我們花了太長時間才看出民主制度瀕危，現在危險就在我們眼前。

　　現在是高度恐懼和希望黯淡的時刻，我們必須認知到危險，若想把希望化為實現，現在就必須群起奮鬥。若我們失敗，政治與個人自由的光明可能再度從世界消失。

致謝

　　我在2016年8月向經紀人安德魯・懷利（Andrew Wylie）提交本書的撰寫計畫，我原先計畫跟以往的著作一樣，用兩個夏天的時間撰寫，然後2018年年底繳稿。結果，我在2021年夏初才提交完稿，遲了近3年。經過兩回合的編輯評論，我在2022年6月完成定稿。

　　不證自明，這計畫花費的時間遠多於我原先的預期，主要原因是本書內容需要投入的工夫遠大於我的想像。我必須跟進重大的發展，尤其是川普的經歷、英國脫歐事件的錯綜複雜，以及新冠肺炎。我必須在經濟領域外，研究大量的政治文獻，尤其是民粹主義的興起。我必須更深入思考政治與經濟的大體關係，以及更特定性的民主制度和資本主義之間的關係。只有讀者能評判這工夫是否花得值得，但不論如何，我確實花了一番工夫，不只智識上，還有道德上，因為我必須重新考慮許多先前的看法，也丟棄了一些舊有的看法。

　　既然本書的完成比我原先預期要困難許多，花費的時間比我原先預期要長。因此，我的感謝自然也比我完成前三本書——《新世界藍圖：全球化為什麼有效》、《馬丁沃夫教你看懂全球金融》、《面對轉變與衝擊的年代》[1]——感謝更加熱情。

　　一如以往，我首先得感謝我的傑出經紀人安德魯・懷利，打從這計畫一開始，他的信任提供了無比的鼓舞。我也要感謝企鵝出版集團（Penguin Press）的史都華・普洛菲特（Stuart Proffitt）和史考特・莫伊爾斯（Scott Moyers）接受本書，儘管我延遲完成，他們仍然不離不棄。更重要的是，他們及其同事海倫・羅納（Helen Rouner）對本書的各版稿子提供詳細的編輯評論，使本書的最終版本明顯更簡短、更聚焦、更明晰。優秀的編輯令作者抓狂，但他們也使本書從冗贅、缺乏焦點，蛻變成起碼在文筆與結構上更佳，我由衷感謝他們。

我要大力感謝閱讀全書並提供評論的四個人，第一位是澳洲經濟學家尼可拉斯‧格魯恩，他也是我認識的人當中最富原創性的思想家之一。身為獨立顧問，他不受傳統思考模式的束縛，他以種種方式影響本書，尤其是在政治改革方面的討論。第二位是前英格蘭銀行行長莫文‧金恩，他是我長達三十多年的友人，我始終欽佩他的智慧與正直，非常感謝他再一次提供我這麼多有益且支持的評論。第三位是新經濟思維研究所（the Institute of New Economic Thinking）的共同創辦人暨創辦所長羅伯‧強生（Robert Johnson），他的評論和博學睿智對本書做出巨大貢獻。第四位是我的弟弟、也是我的唯一手足丹尼爾‧沃夫（Daniel Wolf），這世上沒有人比他更能理解我對我們那個時代的危機感，這種焦慮根源於我們繼承了兩次世界大戰之間歐洲動盪的體認，二戰使我們父母無家可歸，他們家族近乎所有成員都被屠殺，沒有人比丹尼爾更能幫助我準確地表達我必須說的話。

我也要感謝自己開始撰寫本書時的《金融時報》編輯里昂內爾‧巴伯（Lionel Barber）及其繼任者羅拉‧卡拉夫（Roula Khalaf），感謝他們對我的支持與耐心。我從工作中抽出大量時間，投入於本書的撰寫，事實上時間比我預期的多出很多，所以非常感謝《金融時報》的慷慨通融。我也要感謝許多同仁提供的意見，幫助我釐清更多內容，包括：強納生‧德比夏爾（Jonathan Derbyshire）經常和我談論政治與哲學；蓋迪恩‧萊奇曼（Gideon Rachman）和我討論許多主題，尤其是關於「強人」的崛起；亞歷克‧羅素（Alec Russell）在初期階段為我閱讀重要的一章；愛德華‧盧斯（Edward Luce）教育我有關美國的政治；馬丁‧桑布為《金融時報》撰寫的評論及其著作《歸屬經濟學》（*The Economics of Belonging*）[2]提供了許多很有助益的見解；約翰‧桑希爾（John Thornhill）提供他對於科技影響力的看法，尤其是對媒體業的影響力。

多年來，無數人在眾多方面影響著我的見解，我無法一一唱名，但我特別感謝賴利‧桑默斯的友誼及指引。過去十年間，他重提「長期停滯」的概念，以及他批評拜登政府的財政政策，對我的思想特別有幫助。做為我的朋友和思想來源，特別重要的人還有：前英格蘭銀行首席經濟學家安迪・霍爾丹，以及保羅・柯利爾和約翰・凱，我在牛津大學納菲爾德學院讀書時就認識他們兩人，情誼超過半世紀了。另外，也要感謝艾瑞克・洛內甘（Eric Lonegan），多年來我們有許多啟發性的交談。

最後，我必須感謝我的家人。我的孩子強納森（Jonathan）、班傑明（Benjamin）、瑞秋（Rachel），以及我的孫子扎克、瑞貝卡、亞歷山大、安娜、亞比該和伊登，他們是我生命中的喜樂，也是我人生最深層的意義，他們使我關心人類的未來，因為那是他們的未來。

感謝我的太太暨伴侶愛莉森（Alison Wolf），感謝她鼓勵及支持我撰寫此書，我很確定，沒有她的話，我已經放棄了。愛莉森是我的最佳編輯，感謝她閱讀了所有稿子，提供有見識、敏銳、切要的評論，感謝她迫使我向這麼一位聰慧、但未直接參與這些辯論的讀者解釋書中論述的含義，有這麼一位讀者，其價值難以衡量。舊約聖經《箴言》中問道：「才德的婦人誰能得著呢？她的價值遠勝過珍珠。」愛莉森就是這麼一位女性，我感謝她為我的人生幸福所做的一切貢獻，我對她的感激與愛，遠非筆墨所能形容，她是我人生中的奇蹟。

不消說，本書中的許多缺失，責任全部在我，與這些人無關。

注釋

作者序

1. 馬克吐溫似乎從未說過這句話，參見：“History does not repeat itself, but it rhymes,” *Quote Investigator*, https://quoteinvestigator.com/2014/01/12/history-rhymes/.

2. “Martin Wolf Accepts the Gerald Loeb Lifetime Achievement Award,” *Financial Times*, July 3, 2019, https://www.ft.com/content/5e828d50-9d86-11e9-b8ce-8b459ed04726.

3. Martin Wolf, *Why Globalization Works* (London and New Haven: Yale University Press, 2004).

4. Martin Wolf, *Fixing Global Finance* (Baltimore and London: Johns Hopkins University Press and Yale University Press, 2008 and 2010) and The Shifts and the Shocks: What We've Learned—and Have Still to Learn—from the Financial Crisis (London and New York: Penguin, 2014 and 2015).

5. See Sergei Guriev and Daniel Treisman, Spin Dictators: *The Changing Face of Tyranny in the 21st Century* (Princeton, NJ, and Oxford: Princeton University Press, 2022).

6. See Masha Gessen, Surviving Autocracy (London: Granta, 2020).

7. See Anne Applebaum, Twilight of Democracy: *The Seductive Lure of Authoritarianism* (London: Allen Lane, 2020).

8. Edmund Burke, “Reflections on the Revolution in France,” 1790, in *The Works of the Right Honorable Edmund Burke*, vol. 3 (London, 1899), 359, https://www.bartleby.com/73/1715.html.

9. New World Encyclopedia, “Golden Mean (Philosophy),” https://www.newworldencyclopedia.org/.

10. See Friedrich A. Hayek, *The Road to Serfdom* (London: Routledge, 1944), and Karl Polanyi, The Great Transformation: *The Political and Economic Origins of Our Time* (Boston: Beacon Press, 1957; first published 1944).

第 1 章

1. 本章標題向詹姆斯・鮑德溫（James Baldwin）出版於1963年的著作《下次的大火》（*The Fire Next Time*）致敬。這書名取自美國內戰前黑人靈歌Mary Don't You Weep裡的對句之一：No more water, the fire next time。

2. Francis Fukuyama, “The End of History?” *National Interest* 16 (Summer 1989): 3–18, https://www.jstor.org/stable/24027184.

3. 關於波蘭的民粹主義，參見波蘭先進研究所（Polish Institute for Advanced Study）所長的這篇傑出文獻：Slawomir Sierakowski, “The Five Lessons of Populist Rule,” January 2, 2017, *Project Syndicate*, https://www.project-syndicate.org/commentary/lesson-of-populist-rule-in-poland-by-slawomir-sierakowski-2017-01。

4. 關於川普對「強人」的崇拜，參見：Domenico Montanaro, “6 Strongmen Trump Has Praised—and the Conflicts It Presents,” May 2, 2017, http://www.npr.org/2017/05/02/526520042/6-strongmen-trumps-praised-and-the-conflicts-it-presents。關於他對西方盟友的觀點，參見：Gideon Rachman, “Atlantic Era under Threat with Donald Trump in White House,” *Financial Times*, January 19, 2017, https://www.ft.com/content/73cc16e8-de36-11e6-86ac-f253db7791c6。關於他對貿易保護主義的支持，參見：“The Inaugural Address,” January 20, 2017, https://trumpwhitehouse.archives.gov/briefings-statements/the-inaugural-address。關於他的日常干預作風，參見：Greg Robb, “Nobel Prize Winner Likens Trump 'Bullying' of Companies to Fascist Italy, Germany,” MarketWatch, January 6, 2017, http://www.marketwatch.com/story/nobel-prize-winner-likens-trump-trump-bullying-of-companies-to-fascist-italy-germany-2017-01-06?mg=prod/accounts-mw，此文引述諾貝爾經濟學獎得主艾德蒙・菲爾普斯（Edmund Phelps）的評論。

5. 經濟學家艾肯格林（Barry Eichengreen）和新聞工作者庫特納（Robert Kuttner）的著作分別從不同的起始點分析，他們也贊同，國內對於西方政治與經濟制度的支持度降低，經濟是重要影響因素之一。參見：Eichengreen, *The Populist Temptation: Economic Grievance and Political Reaction in the Modern Era* (New York: Oxford University Press, 2018)，以及Kuttner, *Can Democracy Survive Global Capitalism?* (New York: W. W. Norton, 2018)。另外，下面這本書對此有特別精闢的闡述：John B. Judis, T*he Populist Explosion: How the*

Great Recession Transformed American and European Politics (New York: Columbia Global Reports, 2016)。

6. 這並不是一種新見解，已經有很多人提出這種論述，德國社會學家史崔克（Wolfgang Streeck）的見解尤其深刻，參見：Wolfgang Streeck, *Buying Time: The Delayed Crisis of Democratic Capitalism, trans. Patrick Camiller* (London and New York: Verso, 2013)，以及Wolfgang Streeck, *How Will Capitalism End? Essays on a Failing System* (London and New York: Verso, 2016)。另亦參見：Timothy Besley, "Is Cohesive Capitalism under Threat?" in Paul Collier, Diane Coyle, Colin Mayer, and Martin Wolf, eds. "Capitalism: What Has Gone Wrong, What Needs to Change, and How It Can Be Fixed," *Oxford Review of Economic Policy* 37, no. 4 (Winter 2021): 720 –33，Besley使用的「cohesive capitalism（團結的資本主義）」一詞似乎和我使用的「民主資本主義」一詞相當接近。另亦參見：Besley and Torsten Persson, Pillars of Prosperity: The *Political Economics of Development Clusters* (Princeton, NJ: Princeton University Press, 2011)。

7. 在撰述19世紀的情形時，你可以說當時沒有民主制度，或者在需要做出區別——例如19世紀末的英國和沙皇俄國的區別——你可以說，一國若存在廣且有限的投票權、尤其是繼續把女性排除在外的選舉，它只是一種形式的民主。

8. See "The Universal Value," in Larry Diamond, *The Spirit of Democracy: The Struggle to Build Free Societies throughout the World* (New York: Henry Holt, 2009), chapter 1.

9. John Stuart Mill, *Considerations on Representative Government*, 1861, Project Gutenberg, https://www.gutenberg.org/files/5669/5669-h/5669-h.htm.

10. Isaiah Berlin, "Two Concepts of Liberty" in *Four Essays on Liberty* (Oxford: Oxford University Press, 1969), 118–72, https://cactus.dixie.edu/green/B_Readings/I_Berlin%20Two%20Concepts%20of%20Liberty.pdf.

11. See William A. Galston, Anti-Pluralism: *The Populist Threat to Liberal Democracy* (London and New Haven: Yale University Press, 2018).

12. 關於不自由的民主，參見：Fareed Zakaria, *The Future of Freedom: Illiberal Democracy at Home and Abroad* (London and New York: W. W. Norton, 2007)。

13. 我的著作《新世界藍圖：全球化為什麼有效》（*Why Globalization Works*）對全球化有詳細的探討，參見：*Martin Wolf, Why Globalization Works* (London and New Haven, CT: Yale University Press, 2004)。

14. Tom Bingham, *The Rule of Law* (London: Penguin, 2011), 8.

15. Martin Wolf, *The Shifts and the Shocks: What We've Learned—and Have Still to Learn—from the Financial Crisis* (London and New York: Penguin, 2014), "Conclusion."

16. 同上注，352–53。

第2章

1. Aristotle, *Politics*, trans. T. A. Sinclair, revised and re-presented by Trevor J. Saunders (London: Penguin Classics, 1981), Book I, 13.

2. See Eric D. Beinhocker, *The Origin of Wealth: The Radical Remaking of Economics and What It Means for Business and Society* (Cambridge, MA: Harvard University Press, 2006), 8–9.

3. 「能量捕獲」是一個社會的開採能源能力的直接衡量指標。摩里士教授所謂的「西方」，指的是歐亞大陸西部、北非及美洲，他所謂的「東方」，指的是歐亞大陸東部。之所以如此區分，是因為前者不僅在千年期很密切地彼此互動，經濟上也是承繼生活於美索不達米亞的共同文化祖先。同理，後者也密切地彼此互動，但經濟上承繼生活於黃河和長江之間區域的共同文化祖先。參見：Ian Morris, "Social Development," Stanford University, October 2010, http://ianmorris.org/docs/social-development.pdf, 12。

4. Maya Wei-Haas, "Controversial New Study Pinpoints Where All Modern Humans Arose," *National Geographic*, October 28, 2019, https://www.nationalgeographic.com/science/article/controversial-study-pinpoints-birthplace-modern-humans.

5. *World Atlas*, "List of Primates by Population," https://www.worldatlas.com/articles/list-of-primates-by-population.html.

6. See Martin Wolf, "Humanity Is a Cuckoo in the Planetary Nest," *Financial Times,* March 9, 2021, https://www.ft.com/content/a3285adf-6c5f-4ce4-b055-e85f39ff2988. See also Partha Dasgupta, *The Economics of Biodiversity*: *The Dasgupta Review—Full Report*, April 23, 2021, https://www.gov.uk/government/publications/final-report-the-economics-of-biodiversity-the-dasgupta-review.

7. See Richard Leakey and Roger Lewin, *The Sixth Extinction: Biodiversity and Its Survival* (London: Weidenfeld and Nicolson, 1996).

8. 雖然，人類人口大增，平均每人實質產出也大增，這使得馬爾薩斯（Thomas Malthus）提出的論點——人口增加的速率總是高於產出成長速率，使得平均每人所得回到僅能勉強溫飽的水準─被明確證實在兩方面錯誤：第一，過去兩世紀，實質產出能夠呈現指數型成長；第二，可以透過節育來抑制人口成長。參見：Thomas Malthus, *An Essay on the Principle of Population*, 1798, http://www.esp.org/books/malthus/population/malthus.pdf。

9. Angus Maddison, http://www.ggdc.net/maddison/oriindex.htm.

10. Conference Board, "Total Economy Database," May 2017, https://www.conference-board.org/data/economydatabase/

11. Yuval Harari, Sapiens: *A Brief History of Humankind* (London: Vintage Books, 2014).

12. 關於部落的興起，參見：Francis Fukuyama, *Political Order and Political Decay: From the Industrial Revolution to the Globalization of Democracy* (London: Profile Books, 2014).

13. Benedict Anderson, *Imagined Communities: Reflections on the Origin and Spread of Nationalism* (London and New York: Verso, 1983).

14. 已故經濟學家奧爾森（Mancur Olson）稱這些統治者為「坐匪」（stationary bandits），並指出促進國家繁榮對他們至少有一些利益，因為國家繁榮也使統治者變得更富裕、權力更大。參見：Mancur Olson, Power and Prosperity: *Outgrowing Communist and Capitalist Dictatorships* (New York: Basic Books, 2000)。

15. S. E. Finer, *The History of Government: Ancient Monarchies and Empires*, vol. 1, Ancient Monarchies and Empires (Oxford: Oxford University Press, 1997 and 1999), "The Conceptual Prologue," 196.

16. 傑出的德國社會學家馬克斯・韋伯（Max Weber）發明這個用詞，參見：Francis Fukuyama, *Political Order and Political Decay: From the Industrial Revolution to the Globalization of Democracy* (London: Profile Books, 2014)。

17. Walter Scheidel, *The Great Leveler: Violence and the History of Inequality from the Stone Age to the Twenty-first Century* (Princeton, NJ, and Oxford: Princeton University Press, 2017), 43.

18. Branko Milanovic, Peter H. Lindert, and Jeffrey G. Williamson, "Measuring Ancient Inequality," National Bureau of Economic Research Working Paper 13550, October 2007, especially figure 2,http://www.nber.org/papers/w13550.pdf.

19. 關於西歐未能再度建立相似羅馬帝國這樣的大一統帝國的重要性，參見：Walter Scheidel, *Escape from Rome: The Failure of Empire and the Road to Prosperity* (Princeton, NJ: Princeton University Press, 2019)。

20. UK Parliament, "Simon de Montfort's Parliament," https://www.parliament.uk/about/living-heritage/evolutionofparliament/originsofparliament/birthofparliament/overview/simondemontfort/.

21. 關於市場經濟中的創造性破壞，參見：Philippe Aghion, Céline Antonin, and Simon Bunel, *The Power of Creative Destruction: Economic Upheaval and the Wealth of Nations, trans. Jodie Cohen-Tanugi* (Cambridge, MA: Belknap Press of Harvard University Press, 2021)，以及：Martin Wolf, "How 'Creative Destruction' Drives Innovation and Prosperity," *Financial Times*, June 11, 2021, https://www.ft.com/content/3a0aa7cb-d10e-4352-b845-a50df70272b8。

22. See Jan De Vries, "The Industrial Revolution and the Industrious Revolution," *Journal of Economic History* 54, no. 2 (1994): 249–70, http://www.jstor.org/stable/2123912.

23. 卡爾・博蘭尼在其經典著作中提出了這最後一點，參見：Karl Polanyi, *The Great Transformation: The Political and Economic Origins of Our Time* (Boston: Beacon Press, 1957; first published 1944)。

24. 歷史學家暨漢學家彭慕蘭（Kenneth Pomeranz）把西歐的成功和中國的失敗歸因於工業革命及環境因素，尤其是西歐的煤礦位置，以及其易於取得新世界的資源。參見Kenneth Pomeranz, *The Great Divergence: China, Europe, and the Making of the Modern World Economy* (Princeton, NJ: Princeton University Press, 2000)。

25. 參見：Daron Acemoglu and James A. Robinson, *Why Nations Fail: The Origins of Power, Prosperity, and Poverty* (New York: Crown Business, 2012)，作者認為，發展的關鍵因素是制度。

26. 參見：Deirdre McCloskey, *Bourgeois Equality: How Ideas, Not Capital or Institutions, Enriched the World* (Chicago: University of Chicago Press, 2016)，以及 Joel Mokyr, *The Enlightened Economy: An Economic History of Britain 1700–1850* (New Haven, CT, and London: Yale University Press, 2009)，後面這本書也對啟蒙思想如何促進經濟進步做出了優異的探討。

27. Robert C. Allen, "The British Industrial Revolution in Global Perspective: How Commerce Created the Industrial Revolution and Modern Economic Growth," 2006, https://www.nuffield.ox.ac.uk/media/2162/allen-industrev-global.pdf.

28. 關於印度獨立之後的工業及貿易政策，參見這本經典研究：Jagdish N. Bhagwati and Padma Desai, India: Planning for Industrialization (Oxford: Oxford University Press, for the Development Center of the Organization for Economic Co-operation and Development, 1970)。

29. 專欄作家伍爾得禮奇在其著作中指出精英領導制思想帶來的革命性成果，參見：Adrian Wooldridge, *The Aristocracy of Talent: How Meritocracy Made the Modern World* (London: Allen Lane, 2021)。

30. Larry Siedentop, *Inventing the Individual: The Origins of Western Liberalism* (London: Allen Lane, 2014), 349. 伊利諾大學教授黛爾德瑞・麥克羅斯基（Deirdre McCloskey）也提出相同論點，但聚焦於經濟，參見：Deirdre McCloskey, Bourgeois Equality。

31. 我們可以說，當代的中國尋求以一種形式的市場經濟來運行，但沒有平等的政治權。若說在中國，無人有政治權，這也正確，這也是一種形式的政治平等。只有中國共產黨有權力，人民只有義務——從最高階層到最低階層皆然，就連習近平個人也沒有權利，他只有做為黨主席的權力。因此，有人說，中國共產黨的統治權取代了皇帝的統治權。這是不是一種可續的政治形式，這是我們這個時代的一個大疑問，本書後面章節將進一步探討這個疑問。

32. 在仍然有世襲地位的共和國，採用其他方式來限制上層階級的政治權力，例如：古羅馬共和國的「護民官」，參見："Tribune (Roman Official)," *Britannica*, https://www.britannica.com/topic/tribune-Roman-official。

33. Benjamin Friedman, *The Moral Consequences of Economic Growth* (New York: First Vintage Books Edition, 2006), 327.

34. 關於強大的中產階級在建立民主方面扮演的角色，有許多經典論述，其中一個是：J. Barrington Moore, *Social Origins of Dictatorship and Democracy: Lord and Peasant in the Making of the Modern World* (Boston: Beacon Press, 1966)。很重要的一點是，必須區別它在19世紀扮演的角色及其後續角色。一旦建立代議制民主制度後，它們也可以被仿效。

35. Carnegie Corporation of New York, "Voting Rights: A Short History," https://www.carnegie.org/our-work/article/voting-rights-timeline/.

36. 參見David Sassoon, *The Anxious Triumph: A Global History of Capitalism 1860–1914* (London and New York: Allen Lane, 2019)，作者認為，在資本主義蔓延全球、帶來無盡改革變下，需要、也促成政治層面的反應，包括：要求民主政治權、徹底的改革等。

37. Robert Lowe, Lord Sherbrooke 1811–1892, British Liberal politician, in *Oxford Essential Quotations*, 5th ed., https://www.oxfordreference.com/view/10.1093/acref/9780191843730.001.0001/q-oro-ed5-00006834.

38. Daniel Ziblatt, *Conservative Parties and the Birth of Democracy* (Cambridge: Cambridge University Press, 2017), 363.

39. 這是已故經濟學家奧爾森的著作《權力與繁榮》（*Power and Prosperity*）的一個主題。

40. 經濟學家暨政治思想家艾伯特・赫緒曼（Albert O. Hirschman）在其經典著作中闡釋這個區別，參見：Albert O. Hirschman, *Exit, Voice, and Loyalty: Responses to Decline in Firms, Organizations, and States* (Cambridge, MA: Harvard University Press, 1972)。

41. See Daron Acemoglu and James A. Robinson, *The Narrow Corridor: States, Societies, and the Fate of Liberty* (London and New York: Viking and Penguin Press, 2019).

42. Martin Wolf, "The Narrow Corridor—the Fine Line between Despotism and Anarchy," *Financial Times*, September 26, 2019, https://www.ft.com/content/d8eaaaba-deee-11e9-b112-9624ec9edc59.

43. Anders Aslund, *Russia's Crony Capitalism: The Path from Market Economy to Kleptocracy* (New Haven, CT: Yale University Press, 2019). See also Catherine Belton, *Putin's People* (London: William Collins, 2020).

44. See "UK treaties," https://www.gov.uk/guidance/uk-treaties.

45. Plato, *The Republic*, trans. Benjamin Jowett, http://classics.mit.edu/Plato/republic.html.已故哲學家卡爾・波普批評柏拉圖的政治觀點是極權主義，參見：Karl Popper, *The Open Society and Its Enemies, vol. 1, The Age of Plato* (London: Routledge, 1945)。

46. Martin Wolf, "Donald Trump Embodies How Great Republics Meet Their End," *Financial Times*, March 1, 2016, https://www.ft.com/content/743d91b8-df8d-11e5-b67f-a61732c1d025; Wolf, "A Republican Tax Plan Built for Plutocrats," *Financial Times*, November 21, 2017, https://www.ft.com/content/e494f47e-ce1a-11e7-9dbb-291a884dd8c6; and Wolf, "How We Lost America to Greed and Envy," Financial Times, July 17, 2018, https://www.ft.com/content/3aea8668-88e2-11e8-bf9e-8771d5404543.

47. Plato, Republic, Book VIII, http://classics.mit.edu/Plato/republic.9.viii.html.

48. 這是保守派部落格作家約翰‧歐蘇利文（John O'Sullivan）的論點，出現於川普在2016年5月發表的一篇具有影響力的文章中："Democracies End When They Become Too Democratic," *New York,* May 1, 2016, http://nymag.com/daily/intelligencer/2016/04/america-tyranny-donald-trump.html.

49. 愛爾蘭作家伊恩‧休斯（Ian Hughes）在其著作中指出，這種人往往是自戀者或精神病患者，他說民主制度是防禦這種人的重要機制，但柏拉圖說的沒錯，這種防禦可能失敗。參見：Ian Hughes, Disordered Minds: How *Dangerous Personalities Are Destroying Democracy* (Hampshire: Zero Books, 2018)。另亦參見：Martin Wolf, "The Age of the Elected Despot Is Here," *Financial Times,* April 23, 2019, https://www.ft.com/content/9198533e-6521-11e9-a79d-04f350474d62.

50. Samuel E. Finer, *The Man on Horseback: The Role of the Military in Politics* (Abingdon and New York: Routledge, 1962 and 2017).

51. Martin Wolf, "A New Gilded Age," *Financial Times,* April 25, 2006, https://www.ft.com/content/76def9b0-d481-11da-a357-0000779e2340. See also Wolf, "How We Lost America to Greed and Envy," *Financial Times,* July 17, 2018, https://www.ft.com/content/3aea8668-88e2-11e8-bf9e-8771d5404543.

52. Aristotle, Politics, trans. T. A. Sinclair, revised and re-presented by Trevor J. Saunders (London: Penguin Classics, 1981), especially Books IV and V.

53. Julian Baggini, "Aristotle's Thinking on Democracy Has More Relevance Than Ever," *Prospect,* May 23, 2018, https://www.prospectmagazine.co.uk/philosophy/aristotles-thinking-on-democracy-has-more-relevance-than-ever.

第 3 章

1. Thucydides, *History of the Peloponnesian War*; epigraph text from "Thucydides, Pericles' Funeral Oration," http://hrlibrary.umn.edu/education/thucydides.html.

2. 關於民主史，參見：David Stasavage, *The Decline and Rise of Democracy: A Global History from Antiquity to Today* (Princeton, NJ, and Oxford: Princeton University Press, 2020)。

3. See Adam Przeworski, "Conquered or Granted? A History of Suffrage Extensions," *British Journal of Political Science* 39, no. 2 (April 2009): 291–321, and "Universal Suffrage," https://en.wikipedia.org/wiki/Universal_suffrage.

4. See Larry Diamond, "Facing Up to the Democratic Recession," *Journal of Democracy* 26, no. 1 (January 2015): 143, http://www.journalofdemocracy.org/sites/default/files/Diamond-26-1_0.pdf.

5. "Global Trends in Governance, 1800 –2018," Center for Systemic Peace, http://www.systemicpeace.org/polityproject.html.

6. See "U.S. Voting Rights Timeline," https://a.s.kqed.net/pdf/education/digitalmedia/us-voting-rights-timeline.pdf.

7. See Diamond, "Facing Up," 144.

8. 同上注。

9. Freedom House, "Democracy Under Siege," *Freedom in the World* 2021, 1, https://freedomhouse.org/sites/default/files/2021-02/FIW2021_World_02252021_FINAL-web-upload.pdf.

10. Martin Wolf, "The American Republic's Near-Death Experience," *Financial Times,* January 19, 2021, https://www.ft.com/content/c085e962-f27c-4c34-a0f1-5cf2bd813fbc; and "The Struggle for the Survival of US Democracy," *Financial Times,* May 11, 2021, https://www.ft.com/content/aebe3b15-0d55-4d99-b415-cd7b109e64f8.

11. Roberto Stefan Foa and Yascha Mounk, " The Danger of Deconsolidation: The Democratic Disconnect," *Journal of Democracy* 27, no. 3 (July 2016): 6.

12. 同上注，8。

13. R. S. Foa, A. Klassen, M. Slade, A. Rand, and R. Collins, "The Global Satisfaction with Democracy Report 2020" (Cambridge, UK: Centre for the Future of Democracy, 2020), 12, https://www.cam.ac.uk/system/files/report2020_003.pdf.

14. Larry Diamond, Ill Winds: *Saving Democracy from Russian Rage, Chinese Ambition, and American Complacency* (New York: Penguin Press, 2019), 4.

15. 這一節內容取材自：Martin Wolf, *Why Globalization Works* (London and New Haven, CT: Yale University Press, 2004), chapters 7 and 8。

16. See David Sassoon, *The Anxious Triumph: A Global History of Capitalism 1860–1914* (London and New York: Allen Lane, 2019).

17. 關於公司的演進，參見：John Micklethwait and Adrian Wooldridge, *The Company: A Short History of a Revolutionary Idea* (London: Phoenix, 2003)，以及：Colin Mayer, *Prosperity: Better Business Makes the Greater Good* (Oxford: Oxford University Press, 2018), part 2。

18. See FRED Economic Data, table 1.14, https://fred.stlouisfed.org/release/tables?rid=53&eid=17676&od=2021-01-01#, and Gross Domestic Product, https://fred.stlouisfed.org/series/GDP.

19. 這個概念回溯至已故經濟學家羅納德‧寇斯的一篇經典論文，參見：Ronald Coase, "The Nature of the Firm," *Economica* 4, no. 16 (1937): 386–405, https://onlinelibrary.wiley.com/doi/full/10.1111/j.1468-0335.1937.tb00002.x.

20. 現代公司中的管理角色的開創性人物是彼得‧杜拉克。

21. See William J. Baumol, *The Free-Market Innovation Machine: Analyzing the Growth Miracle of Capitalism* (Princeton, NJ: Princeton University Press, 2004).

22. 「獨買/買方壟斷」（Monopsony）與「買方寡占」（oligopsony）指的是企業在市場上作為買方的角色。

23. See Thom Hartmann, Unequal Protection: *How Corporations Became "People"—and How You Can Fight Back* (San Francisco: Berrett-Koehler, 2010); and Colin Mayer, *Firm Commitment: Why the Corporation Is Failing Us and How to Restore Trust in It* (Oxford: Oxford University Press, 2013).

24. See Emmanuel Saez and Gabriel Zucman, *The Triumph of Injustice: How the Rich Dodge Taxes and How to Make Them Pay* (New York: W. W. Nor ton, 2019).

25. See Luigi Zingales, Jana Kasperkevic, and Asher Schechter, *Milton Friedman 50 Years Later, Pro-Market, 2020*. Stigler Center for the Study of the Economy and the State, https://promarket.org/wp-content/uploads/2020/11/Milton-Friedman-50-years-later-ebook.pdf/.

26. 人稱「會計學之父」的盧卡‧帕西奧利生於1447年，逝於1517年，義大利人。關於執照會計師的誕生於19世紀，參見：Richard Brown, *A History of Accounting and Accountants* (London: Routledge, 1905)。

27. 經濟學家高伯瑞（John K. Galbraith）在1950年代初期撰寫有關於抗衡力（countervailing power）的開創性著作，參見：John K. Galbraith, *American Capitalism: The Concept of Countervailing Power* (New York: Houghton Mifflin, 1952)，尤其是該書的第九章。

28. 高伯瑞在其經典著作《美國資本主義》（*American Capitalism*）中介紹「抗衡力」（countervailing power）的概念。

29. See Alec Nove, *An Economic History of the USSR, 1917–1991* (London: Penguin Economics, 1993).

30. 參見：Benn Steil, *The Battle of Bretton Woods: John Maynard Keynes, Harry Dexter White, and the Making of a New World Order* (Princeton, NJ: Princeton University Press, 2013)，這本書對於建立戰後全球經濟秩序的這會議有詳盡的探討。

31. Saez and Zucman, *Triumph and Injustice*, xvi.

32. "History of Taxation in the United Kingdom," https://en.wikipedia.org/wiki/History_of_taxation_in_the_United_Kingdom.

33. 「華盛頓共識」一詞是已故經濟學家約翰‧威廉森（John Williamson）發明的，關於這個名詞的正確使用及濫用，參見：John Williamson, "The Washington Consensus as Policy Prescription for Development," January 2004, https://www.piie.com/publications/papers/williamson0204.pdf。1989年，拉丁美洲國家代表、美洲開發銀行，以及一群學者在華盛頓召開研討會，探討拉丁美洲國家經濟改革對策，威廉森撰寫列出十項溫和的經濟改革主張，因為會議在華盛頓召開，故取名為「華盛頓共識」。他的這些建議並不是現今經常被稱為「新自由主義」的議程，但現在幾乎普遍錯誤地把「華盛頓共識」和「新自由主義」視為同義詞。

34. See Business Roundtable, "Statement on the Purpose of a Corporation," August 19, 2019, https://opportunity.businessroundtable.org/ourcommitment/.

35. Karl Marx and Frederick Engels, *The Communist Manifesto*, 1848, 16.

36. Ronald Findlay and Kevin H. O'Rourke, "Commodity Market Integration, 1500–2000," from Michael D. Bordo, Alan M. Taylor, and Jeffrey G. Williamson, eds., *Globalization in Historical Perspective* (Chicago: University of Chicago Press, 2003), 14, http://www.nber.org/chapters/c9585.pdf.

37. 參見：Joshua J. Mark, "Silk Road," World History Encyclopedia, http://www.ancient.eu/Silk_Road/。另亦參見下面這本著作的歷史研究：Peter Frankopan, *The Silk Roads: A New History of the World* (London: Bloomsbury, 2015)，尤其是該書的第一章。

38. 關於過去一千年間貿易在世界經濟中扮演的角色，最出色的著作是這本：Ronald Findlay and Kevin H. O'Rourke, *Power and Plenty: Trade, War, and the World Economy in the Second Millennium* (Princeton, NJ:

Princeton University Press, 2009）。

39. Adam Smith, *An Inquiry into the Nature and Causes of the Wealth of Nations*, 5th ed. (London: Methuen, 1904; first published 1776), http://www.econlib.org/library/Smith/smWN.html.

40. Ronald Findlay and Kevin O'Rourke, "Commodity Market Integration, 1500 –2000," 25, https//www.tcd.ie/Economics/TEP/2001_papers/TEPNo13KO21.pdf.

41. "Trade and Globalization," Our World in Data, https://ourworldindata.org/trade-and-globalization。貿易占產出比是使用購買力平價後的GDP計算出來的，這資料來源的長期資料取材自：Antoni Estevadeordal, Brian Frantz, and Alan M. Taylor, "The Rise and Fall of World Trade, 1870 –1939," National Bureau of Economic Research Paper No. 9318, November 2002, figure 1, http://www.nber.org/papers/w9318。1870年至1949年的資料來自：Mariko J. Klasing and Petros Milionis, "Quantifying the Evolution of World Trade, 1870 –1949," March 29, 2014。1950年至2011年的資料來自：Penn World Tables 8.1, https://rdrr.io/cran/pwt8/man/pwt8.1.html; https://papers.ssrn.com/sol3/papers.cfm?abstract_id=2087678。

42. 普羅米修斯（Prometheus）是希臘神話中的泰坦神族之一，偷取火給人類使用，因而觸怒眾神之王宙斯。因此，馴服火而帶來的成長可被稱為「如普羅米修斯般」的成長。參見：Deepak Lal, Unintended Consequences: *The Impact of Endowments, Culture, and Politics on Long-Run Economic Performance* (Cambridge, MA, and London: MIT Press, 2001)。

43. Marx and Engels, The Communist Manifesto, 16.

44. 關於英國作為自由貿易提倡者角色的歷史，參見：Frank Trentmann, *Free Trade Nation: Commerce, Consumption, and Civil Society in Modern Britain* (Oxford: Oxford University Press, 2009)。

45. Findlay and O'Rourke, "Commodity Market Integration, 1500 –2000," 40, https://www.tcd.ie/Economics/TEP/2001_papers/TEPNo13KO21.pdf.

46. 同上注，42。

47. 同上注。

48. 這是彭慕蘭（Kenneth Pomeranz）的一本重要著作的書名，參見：Kenneth Pomeranz, *The Great Divergence: China, Europe, and the Making of the Modern World Economy* (Princeton, NJ: Princeton University Press, 2000)。

49. 卡爾・博蘭尼在其著作《鉅變》中指出這種「雙向運動」（double movement）：朝向自由放任後，繼而出現反對它的反應，其形式是管制。他說，後者是自發的、非意識型態的，前者是蓄意的、高度意識形態的。這論點有部分是事實，不過，反自由主義的反應顯然有重要的（但多樣的）意識形態成分，從19世紀邁入20世紀時，這些反自由主義的意識形態變得愈來愈重要。參見：Karl Polanyi, The Great Transformation: *The Political and Economic Origins of Our Time* (Boston: Beacon Press, 1957), 141–43。

50. 關於雙邊主義，參見：Douglas Irwin, "Multilateral and Bilateral Trade Policies in the World Trading System: An Historical Perspective," in *New Dimensions in Regional Integration*, ed. J. de Melo and A. Panagariya (Cambridge: Cambridge University Press, 1993), 90 –127。

51. 《紐約時報》的湯瑪斯・費里曼（Tom Friedman）是具有影響力的全球化倡導者，參見：Thomas L. Friedman, *The World Is Flat: The Globalized World in the Twenty-first Century* (London and New York: Penguin, 2005)。另亦參見：Martin Wolf, Why Globalization Works (London and New Haven, CT: Yale University Press, 2004)。

52. Martin Wolf, "The US-China Conflict Challenges the World," *Financial Times*, May 21, 2019, 甲、https://www.ft.com/content/870c895c-7b11-11e9-81d2-f785092ab560.

53. See World Bank, "World Development Indicators," http://data.worldbank.org/data-catalog/world-development-indicators.

54. See International Monetary Fund, "Global Trade: What's Behind the Slowdown," *World Economic Outlook*, October 2016, chapter 2, 63. See also Gary Clyde Huf bauer and Euijin Jung, "Why Has Trade Stopped Growing? Not Much Liberalizaton and Lots of Micro-protection," Peterson Institute for International Economics, March 2016, https://piie.com/blogs/trade-investment-policy-watch/why-has-trade-stopped-growing-not-much-liberalization-and-lots.

55. IMF, "Global Trade: What's Behind the Slowdown," figure 2.1, 64, and IMF, *World Economic Outlook* database, October 2019, https://www.imf.org/external/pubs/ft/weo/2019/02/weodata/index.aspx.

56. See Martin Wolf, "The Tide of Globalization Is Turning," *Financial Times*, September 6, 2016, https://www.ft.com/content/87bb0eda-7364-11e6-bf48-b372cdb1043a; and "Sluggish Global Trade Growth Is

Here to Stay," *Financial Times*, October 25, 2016, https://www.ft.com/content/4efcd174-99d3-11e6-b8c6-568a43813464.

57. 關於2001年展開的杜哈回合貿易談判，參見：World Trade Organization, "Doha Development Agenda," https://www.wto.org/english/thewto_e/whatis_e/tif_e/doha1_e.htm。關於TPP（澳洲、汶萊、加拿大、智利、馬來西亞、墨西哥、紐西蘭、祕魯、新加坡及美國之間的協定，在美國總統歐巴馬任內協商，川普總統在2017年1月23日宣布退出），參見：James McBride, Andrew Chatzky, and Anshu Siripurapu, "What Next for the Trans-Pacific Partnership (TPP)?" Council on Foreign Relations, September 20, 2021, https://www.cfr.org/backgrounder/what-trans-pacific-partnership-tpp。關於TTIP，參見："Making Trade Policy," http://ec.europa.eu/trade/policy/in-focus/ttip/。

58. Donald Trump, "Inaugural Address," January 20, 2017, https://www.whitehouse.gov/inaugural-address.

59. Martin Wolf, "Donald Trump Creates Chaos with His Tariffs Trade War," *Financial Times*, July 10, 2018, https://www.ft.com/content/ba65ac98-8364-11e8-a29d-73e3d454535d. See also "21st Global Trade Alert Report: Will Awe Trump Rules?" (London, Center for Economic Policy Research, 2017), https://www.globaltradealert.org/.

60. Aime Williams, "Persistence of Donald Trump's China Tariffs Frustrates US Business," *Financial Times*, June 3, 2021, https://www.ft.com/content/f b775a22-eaa5-44b4-8643-16c3f40a5d02.

61. 關於CPTPP，參見：Dominic Webb and Matt Ward, *The Comprehensive and Progressive Agreement for Trans-Pacific Partnership*, House of Commons Library, June 22, 2021, https://researchbriefings.files.parliament.uk/documents/CBP-9121/CBP-9121.pdf。英國已經申請加入CPTPP。

62. 關於RCEP，參見：Robin Harding and John Reed, "Asia-Pacific Countries Sign One of the Largest Free Trade Deals in History," Financial Times, November 15, 2020, https://www.ft.com/content/2dff91bd-ceeb-4567-9f9f-c50b7876adce; 以及：Robin Harding, Amy Kazmin, and Christian Shepherd, "Asian Trade Deal Set to Be Signed after Years of Negotiations," Financial Times, November 11, 2020, https://www.ft.com/content/ddaa403a 099c-423c-a273-6a2ed6ef45f2。

63. Chris Giles, "Brexit Is an Example of Deglobalisation, Says Carney," *Financial Times*, September 18, 2017, https://www.ft.com/content/9b37cf6e-9c82-11e7-9a86-4d5a475ba4c5.

64. See Full Fact, "Everything You Might Want to Know about the UK's Trade with the EU," November 22, 2017, https://fullfact.org/europe/uk-eu-trade/.

65. Peter Nolan, *Is China Buying the World?* (Cambridge and Malden: Polity, 2012).諾蘭教授在此書中說明，他稱之為「系統整合者」的少數制霸的西方企業如何宰制重要的全球產業。另亦參見：Martin Wolf, "Why China Will Not Buy the World," *Financial Times*, July 9, 2013, https://www.ft.com/content/28d1a4a8-e7ba-11e2-babb-00144feabdc0.

66. Richard Baldwin, *The Great Convergence: Information Technology and the New Globalization* (Cambridge, MA: Belknap Press of Harvard University Press, 2016).

67. See Martin Wolf, "Donald Trump Faces the Reality of World Trade," *Financial Times*, November 22, 2016, https://www.ft.com/content/064d51b0-aff4-11e6-9c37-5787335499a0.

68. Baldwin, *The Great Convergence*.

69. 新聞工作者庫特納在其著作中強調在空前的行動貿易年代，貿易的這些政治後果。參見：Robert Kuttner, *Can Democracy Survive Global Capitalism?* (New York: W. W. Nor ton, 2018)，尤其是該書的第八章。

70. 資料來自：IMF, World Economic Database, April 2021。這裡使用的是2019年的資料，而非2020年的資料，以避免2020年的新冠肺炎疫情導致的扭曲。

71. 這些資料來自：World Trade Organization, *World Trade Statistical Review 2020*, table A7, 83, https://www.wto.org/english/res_e/statis_e/wts2020_e/wts2020chapter06_e.pdf。

72. Daron Acemoglu, David Autor, David Dorn, Gordon H. Hanson, and Brendan Price, "Import Competition and the Great US Employment Sag of the 2000s," *Journal of Labor Economics* 34, no. 1 (part 2, January 2016): 141–98, http://www.journals.uchicago.edu/doi/pdfplus/10.1086/682384.

73. David H. Autor, David Dorn, and Gordon H. Hanson, "The China Shock: Learning from Labor Market Adjustment to Large Changes in Trade," National Bureau of Economic Research Working Paper Number 21906, January 2016, http://www.nber.org/papers/w21906.

74. 關於全球化的反轉，參見：Martin Wolf, "The Tide of Globalization Is Turning," *Financial Times*, September 6, 2016, https://www.ft.com/content/87bb0eda-7364-11e6-bf48-b372cdb1043a.

75. 關於英國在二次大戰期間實施外匯管制的情形，參見："The U.K. Exchange Control: A Short History," *Bank of England Quarterly Bulletin*, 1967, Third Quarter, https://www.bankofengland.co.uk/-/media/boe/files/quarterly-bulletin/1967/the-uk-exchange-control-a-short-history.pdf。另亦參見：Forrest *Capie, Capital Controls: A 'Cure' Worse Than the Problem?* (London, Institute of Economic Affairs, 2002), http://www.iea.org.uk/sites/default/files/publications/files/upldbook135pdf.pdf。

76. 關於2007年金融危機後的發展，參見：Martin Wolf, *The Shifts and the Shocks: What We've Learned—and Have Still to Learn—from the Financial Crisis* (London and New York: Penguin, 2014 and 2015)。

77. 二戰前的資料來自：Nicholas Crafts, *Globalization and Growth in the Twentieth Century*, IMF Working Paper WP/00/44 (Washington, DC, International Monetary Fund, 2000), https://www.imf.org/external/pubs/ft/wp/2000/wp0044.pdf。戰後年代至2000年的資料來自：Maurice Obstfeld and Alan M. Taylor, "Globalization and Capital Markets," in Michael D. Bordo, Alan M. Taylor, and Jeffrey G. Williamson, eds., *Globalization in Historical Perspective* (Chicago: University of Chicago Press, 2003), 143, figure 3.3, http://www.nber.org/chapters/c9587pdf。2000年以後的資料來自：McKinsey Global Institute, *The New Dynamics of Financial Globalization,* August 2017, 7, exhibit E4。另亦參見：Philip R. Lane and Gian M. Milesi-Ferret ti, " T he External Wealth of Nations Mark II, Revised and Extended Estimates of Foreign Assets and Liabilities 1970 –2004," *Journal of International Economics* 73, no. 2 (2007): 223–50；以及Stephen D. King, *Grave New World: The End of Globalization and the Return of History* (London and New Haven, CT: Yale University Press, 2017), 72。

78. Alan M. Taylor, "International Capital Mobility in History: The Saving-Investment Relationship," National Bureau of Economic Research Working Paper Number 5743, September 1996, http://www.nber.org/papers/w5743.pdf.

79. Michael Bordo, Barry Eichengreen, and Jongwoo Kim, "Was There Really an Earlier Period of International Financial Integration Comparable to Today's?" National Bureau of Economic Research Working Paper 6738, September 1998, 4. 關於英國的淨資產，參見：Forrest Capie, Capital Controls: *A "Cure" Worse Than the Problem?* (London: Institute of Economic Affairs, 2002), 33。

81. 資料來自：IMF, *World Economic Database*, April 2018。

81. 亞洲新興經濟體的政策造成經常帳失衡的全球型態，自我保險角色，以及對金融體系的影響，是以下文獻的探討焦點：Martin Wolf, *Fixing Global Finance* (Baltimore and London: Johns Hopkins University Press and Yale University Press, 2008 and 2010)；Martin Wolf, *The Shifts and the Shocks: What We've Learned—and Have Still to Learn—from the Financial Crisis* (London and New York: Penguin, 2014 and 2015)。關於全球失衡的發展情形，亦參見：Pierre-Olivier Gourinchas and Hélène Rey, "From World Banker to World Venture Capitalist: U.S. External Adjustment and the Exorbitant Privilege," in Richard H. Clarida, ed., *Current Account Imbalances: Sustainability and Adjustment* (Chicago: University of Chicago Press, 2007), 11–66, https://www.nber.org/chapters/c0121.pdf。

82. Martin Wolf, "Dealing with America's Trade Follies," *Financial Times*, April 18, 2017, https://www.ft.com/content/fca7e9a4-2366-11e7-a34a-538b4cb30025.

83. IMF, *World Economic Database*, April 2018.

84. D'Vera Cohn, "How U.S. Immigration Laws and Rules Have Changed throughout History," Pew Research Center, September 30, 2015, https://www.pewresearch.org/fact-tank/2015/09/30/how-u-s-immigration-laws-and-rules-have-changed-through-history/.

85. 關於移民治理史，參見：Jeffrey G. Williamson, "The Evolution of Global Labor Markets Since 1830: Background Evidence and Hypotheses," *Explorations in Economic History* 32, no. 2 (April 1995): 141–96。關於限制移民對經濟的影響，參見：Michael A. Clemens, "Economics and Emigration: Trillion-Dollar Bills on the Sidewalk?" *Journal of Economic Perspectives* 25, no. 3 (Summer 2011): 83–106。

86. Peter H. Lindert and Jeffrey G. Williamson, "Globalization and Inequality: A Long History," April 2001, paper prepared for the World Bank Annual Conference on Development Economics—Europe, Barcelona, June 25–27, 2001. See also Paul Hirst and Grahame Thompson, *Globalization in Question: The International Economy and the Possibilities of Governance*, 2nd ed. (Cambridge: Polity, 1999), 23. 這裡所謂的「趨同」，指的是各國的工作者人均GDP和人均GDP的實質工資水準的差距減小。

87. Kevin H. O'Rourke, "Europe and the Causes of Globalization, 1790 to 2000," in Henryk Kierzkowski, ed., *From Europeanization of the Globe to the Globalization of Europe* (London: Palgrave, 2002), 73, http://www.tcd.ie/Economics/TEP/2002_papers/TEPNo1KO22.pdf.

88. 例如，參見：David Goodhart, *The Road to Somewhere* (London: Hurst, 2017), 122–27。

89. 對移民經濟影響性的強烈正面觀點，參見：Jonathan Portes, "The Economics of Migration," June 2019, https://journals.sagepub.com/doi/pdf/10.1177/1536504219854712。

90. James Gwartney, Joshua Hall, and Robert Lawson, *Economic Freedom of the World 2016 Annual Report*, Washington, DC, Cato Institute, 2016, https://www.cato.org/economic-freedom-world, and Freedom House, Freedom in the World 2020, https://freedomhouse.org/report/freedom-world/2020/leaderless-struggle-democracy.

91. 關於歐洲邁向民主的漫長艱辛之路，以及它的當前脆弱性，參見：Sheri Berman, *Democracy and Dictatorship in Europe: From the Ancien Régime to the Present Day* (New York: Oxford University Press, 2019)。

92. 關於金融危機史，參見：Robert Z. Aliber and Charles P. Kindleberger, *Manias, Panics, and Crashes: A History of Financial Crises*, 7th ed. (London and New York: Palgrave Macmillan, 2015)。

第 4 章

1. Aristotle, *Politics*, trans. T. A. Sinclair, revised and re-presented by Trevor J. Saunders (London: Penguin Classics, 1981), Book IV, xi, 1295b13–34.

2. 亞里斯多德的論點和以下這本書的論點相近：Michael J. Sandel, *The Tyranny of Merit: What's Become of the Common Good?* (London: Penguin, 2020)。政治哲學教授桑德爾在這本書中強調，民主制度想生存繁榮，就需要更廣泛的「境況均等」（equality of condition）。

3. 1992年11月24日，英國女王伊莉莎白二世在倫敦市政廳慶祝她登基四十週年的演講中說，1992年是「可怕的一年」。參見：See https://www.royal.uk/annus-horribilis-speech。

4. Barry Eichengreen, *The Populist Temptation: Economic Grievance and Political Reaction in the Modern Era* (New York: Oxford University Press, 2018), 163.

5. See Noam Gidron and Peter A. Hall, "The Politics of Social Status: Economic and Cultural Roots of the Populist Right," *British Journal of Sociology* 68, no. S1 (November 2017): 59, https://onlinelibrary.wiley.com/doi/epdf/10.1111/1468-4446.12319. See also Richard Wilkinson and Kate Pickett, *The Inner Level: How More Equal Societies Reduce Stress, Restore Sanity and Improve Well-being* (London: Penguin, 2019).

6. Gidron and Hall, "Politics of Social Status," 10.

7. John Kay and Mervyn King, *Radical Uncertainty: Decision-making for an Unknowable Future* (London: Bridge Street Press, 2020), 122–24.

8. Tim Haughton, "It's the Slogan, Stupid: The Brexit Referendum," https://www.birmingham.ac.uk/research/perspective/eu-ref-haughton.aspx.

9. Gidron and Hall, "Politics of Social Status," 59.

10. Anne Case and Angus Deaton, "Mortality and Morbidity in the 21st Century," *Brookings Papers on Economic Activity* (Spring 2017): 397, https://www.brookings.edu/wp-content/uploads/2017/08/casetextsp17bpea.pdf. See also, for greater detail, *Case and Deaton, Deaths of Despair and the Future of Capitalism* (Princeton, NJ: Princeton University Press, 2020).

11. See Patrick Radden Keefe, *Empire of Pain: The Secret History of the Sackler Dynasty* (New York: Doubleday, 2021).

12. Émile Durkheim, Le Suicide: *Étude de Sociologie* (Bar-le-Duc, France: Imprimerie Contant-Laguerre, 1897).

13. 詹姆斯・亞當斯（James Truslow Adams）在其著作《美國史詩》（*The Epic of America*）（New Brunswick and London: Transaction Publishers, 1931 and 2012）中創造「美國夢」一詞，但他的概念涵蓋層面更廣，而非指是物質層面：「每一個人的生活應該更好、更富裕、更充實，人人都有根據其能力或成就而得的機會。」

14. See, on this, Robert D. Putnam, *Bowling Alone: The Collapse and Revival of American Community* (New York and London: Simon & Schuster, 2000), and Theda Skocpol, *Diminished Democracy: From Membership to Management in American Civic Life* (Norman: University of Oklahoma Press, 2003).

15. Mayhill Fowler, "Obama: No Surprise That Hard-Pressed Pennsylvanians Turn Bitter," *Huffington Post*, November 17, 2008, updated May 25, 2011, https://www.huffingtonpost.com/mayhill-fowler/obama-no-surprise-that-ha_b_96188.html.

16. 關於現代世界中「男性白人」的憤恨，參見這本書的觀點：Wendy Brown, *In the Ruins of Neoliberalism: The*

Rise of Antidemocratic Politics in the West (New York: Columbia University Press, 2019)，尤其是該書的第五章「No Future for White Men」。

17. Thomas Piketty, *Capital in the Twenty-first Century, trans. Arthur Goldhammer* (Cambridge, MA: Harvard University Press, 2013)，這本書現在是經典參考文獻。其他探討不均的重要著作有： Anthony B. Atkinson, Inequality: *What Can Be Done* (Cambridge, MA, and London: Harvard University Press, 2015); Branko Milanovic, *Global Inequality: A New Approach for the Age of Globalization* (Cambridge, MA: Harvard University Press, 2016); and Roger Brown, The Inequality Crisis: *The Facts and What We Can Do about It* (Bristol and Chicago: Policy Press, 2017)。已故英國經濟學家安東尼‧阿特金森（Anthony Atkinson）是貧富不均問題的老專家，他的這本著作聚焦於高所得國家。布蘭科‧米蘭諾維奇的這本著作提供一個全球觀點，羅傑‧布朗（Roger Brown）的這本著作則是綜觀這個領域的研究，特別關注英國的情形。

18. See "Inequality and Poverty," http://www.oecd.org/social/inequality.htm.

19. 吉尼係數（Gini coefficient）是衡量所得分配均等程度的指標，當吉尼係數為0時，代表這個國家的家計單位所得分配完全均等；當吉尼係數為1時，代表這個國家的所有所得歸屬僅僅一個家計單位。

20. Deborah Hargreaves, *Are Chief Executives Overpaid?* (Cambridge: Polity, 2019), 6.

21. 同上注。

22. 同上注，7。

23. Andrew Smithers, *Productivity and the Bonus Culture* (Oxford: Oxford University Press, 2019).

24. 關於股份回購，參見：William Lazonick, "Profits Without Prosperity," *Harvard Business Review*, September 2014, https://hbr.org/2014/09/profits-without-prosperity; and Mustafa Lazonick, Erdem Sakinç, and Matt Hopkins, "Why Stock Buybacks Are Dangerous for the Economy," *Harvard Business Review*, January 2020, https://hbr.org/2020/01/why-stock-buybacks-are-dangerous-for-the-economy.

25. Emmanuel Saez, "Striking It Richer: The Evolution of Top Incomes in the United States (Updated with 2015 Preliminary Estimates)," June 30, 2016, https://eml. berkeley.edu/~saez/saez-UStopincomes-2015.pdf.

26. See, for example, Jane Mayer, *Dark Money: The Hidden History of the Billionaires behind the Rise of the Radical Right* (New York: Anchor Books, 2016).

27. Federico Cingano, "Trends in Income Inequality and Its Impact on Economic Growth," OECD Social, Employment and Migration Working Papers No. 163, 2014, 28, http://dx.doi.org/10.1787/5jxrjncwxv6j-en. 以下的全球研究也得出很相似結果：Jonathan D. Ostry, Andrew Berg, and Charalambos G. Tsangarides, "Redistribution, Inequality and Growth," IMF Staff Discussion Note SDN/14/02, February 2014, https://www.imf.org /external /pubs/f t /sdn /2014/sdn1402.pdf。

28. 關於高且愈趨嚴重的貧富不均導致的許多有害後果，參見：Richard Wilkinson and Kate Pickett, The Spirit Level: *Why Greater Equality Makes Societies Stronger* (New York: Bloomsbury, 2009), and Joseph Stiglitz, The Price of Inequality: *How Today's Divided Society Endangers Our Future* (New York: W. W. Nor ton, 2012)。

29. *An Overview of Growing Income Inequalities in OECD Countries: Main Findings* (Paris: Organization for Economic Co-operation and Development, 2011), figure 1.

30. 經濟學家的更近期研究顯示，這裡的一些所得不均資料有疑問，參見："Economists Are Rethinking the Numbers on Inequality," *Economist*, November 28, 2019，https://www.economist.com/briefing/2019/11/28/economists-are-rethinking-the-numbers-on-inequality。不過，這研究並不否認美國的所得分配不均程度相當高。

31. 所得分配不均程度是用家計單位可支配所得的吉尼係數來衡量，兩代之間的經濟階級流動性（economic mobility）是用父親的相對所得和其兒子成年後的相對所得之間的彈性來衡量。為衡量經濟階級流動性，經濟學家邁爾斯‧寇萊克（Miles Corak）使用1960年代早期至中期出生的一群孩子的資料，衡量他們在1990年代中期至末期成年期的經濟成就。為衡量所得分配不均程度，寇萊克使用約1985年時的吉尼係數。因此，這衡量的是一個孩子成長時期的所得不均對其成年後的所得可動性有多大的影響。參見：Miles Corak, "Income Inequality, Equality of Opportunity, and Intergenerational Mobility," IZA Discussion Paper No. 7520, July 2013, 3, figure 1, http://ftp.iza.org/dp7520.pdf.

32. Alan Krueger, "The Rise and Consequences of Inequality in the United States of America," Center for American Progress, January 12, 2012, https://cdn.americanprogress.org/wp-content/uploads/events/2012/01/pdf/krueger.pdf.「了不起的蓋茨比曲線」這個名稱取自史考特‧費傑羅茲（F. Scott Fitzgerald）的經典小說《大亨小傳》（*The Great Gatsby*），故事以所謂「鍍金年代」的1920年代為背景。

33. 一個顯然的問題是，在所得分配較均的社會，平均而言，在所得分配曲線上的位置差距小，因此，位置的絕對值適度地移動，將使得跨代在所得分配曲線上的位置有相對較大的移動。所以，經濟階級不可流動性低

（亦即經濟階級流動性高），基本上就是所得分配不均度低的另一個面向；反之，所得分配高度不均的國家，經濟階級流動性低。

34. Martin Wolf, "Hypocrisy and Confusion Distort the Debate on Social Mobility," *Financial Times*, May 2, 2019, https://www.ft.com/content/577a0abe-6c04-11e9-a9a5-351eeaef6d84. See also John Goldthorpe, "Social Class Mobility in Modern Britain: Changing Structure, Constant Process," Lecture in Sociology, The British Academy, read March 15, 2016, posted July 18, 2016, *Journal of the British Academy* 4 (July 18, 2016): 89–111, https://www.thebritishacademy.ac.uk/sites/default/files/05%20Goldthorpe%201825.pdf.

35. See Federica Cocco, "Most US Manufacturing Jobs Lost to Technology, Not Trade," *Financial Times*, December 2, 2016, https://www.ft.com/content/dec677c0-b7e6-11e6-ba85-95d1533d9a62.

36. 關於零工經濟，參見：Sarah Kessler, Gigged: *The Gig Economy, the End of the Job and the Future of Work* (New York: Random House Business, 2019)。

37. 關於「飄零族」，參見：Guy Standing, *The Precariat: The New Dangerous Class* (London: Bloomsbury, 2011 and 2014), 41.

38. 在經濟學中，「租」（rent）指的是競爭市場上一經濟活動的報酬高於其生產要素成本的部分。「租」的存在反映市場上有某種暫時的或持久的壟斷地位。

39. 經濟學家拉古藍・拉詹在其著作中提出這論點，參見：Raghuram Rajan, *Fault Lines: How Hidden Fractures Still Threaten the World Economy* (Princeton, NJ, and Oxford: Princeton University Press, 2011)。近期的一些著作中，有力地強調為了維持整個資本主義而使債務累積到難以繼續支撐下去的是德國左派社會學家華特・史翠克（Walter Streeck），參見：Walter Streeck, *How Will Capitalism End? Essays on a Failing System* (London: Verso, 2016)。另亦參見： Martin Wolf, "The Case against the Collapse of Capitalism," Financial Times, November 2, 2016, https://www.ft.com/content/7496e08a-9f7a-11e6-891e-abe238dee8e2。

40. See Martin Wolf, *The Shifts and the Shocks: What We've Learned—and Still Have to Learn—from the Financial Crisis* (London and New York: Penguin, 2014 and 2015); Tamim Bayoumi, *Unfinished Business: The Unexplored Causes of the Financial Crisis and the Lessons Yet to Be Learned* (New Haven, CT: Yale University Press, 2017); and Robert Kuttner, *Can Democracy Survive Global Capitalism?* (New York: W. W. Norton, 2018).

41. 各國的2007年人均GDP未必落在1990-2007年配適指數趨勢線上，因此起始點不在偏差0上頭。德國2007年的人均GDP比1990-2007年配適趨勢線高2.2%，西班牙則是比1990-2007年配適趨勢線低1.6%。

42. McKinsey Global Institute, *Poorer Than Their Parents? Flat or Falling Incomes in Advanced Countries*, July 2016, https://www.mckinsey.com/featured-insights/employment-and-growth/poorer-than-their-parents-a-new-perspective-on-income-inequality.

43. "Banks Paid $321 Billion in Fines Since Financial Crisis: BCG," Reuters, January 19, 2017, https://www.reuters.com/article/us-banks-fines-banks-paid-321-billion-in-fines-since-financial-crisis-bcg-idUSKBN1692Y2.

44. Ronald Reagan Presidential Foundation & Institute, "Reagan Quotes and Speeches," https://www.reaganfoundation.org/ronald-reagan/reagan-quotes-speeches/news-conference-1/.

45. Martin Wolf, "Ten Ways Coronavirus Will Shape World in Long Term," *Financial Times*, November 3, 2020, https://www.ft.com/content/9b0318d3-8e5b-4293-ad50-c5250e894b07; Wolf, "Martin Wolf Looks Back at the Pandemic One Year Later," *Financial Times*, March 11, 2021, https://www.ft.com/content/e02ec5cb-f08b-4bc9-a5ba-2978b680103c; Wolf, "Economic Recovery Masks the Dangers of a Divided World," *Financial Times*, April 20, 2020, https://www.ft.com/content/0be32ec5-8a75-48f2-99f3-eb5bcd055287; Wolf, "We Can End the COVID Pandemic in the Next Year," *Financial Times*, May 25, 2021, https://www.ft.com/content/12fc9f47-7fd3-4690-93c5-f641688fca36; and Wolf, "The G20 Has Failed to Meet Its Challenges," *Financial Times*, July 13, 2021, https://www.ft.com/content/c9448d15-8410-47d3-8f41-cd7ed41d8116.

46. See Adam Tooze, *Shutdown: How Covid Shook the World's Economy* (London: Penguin, 2021).

47. Ernest Hemingway, *The Sun Also Rises* (New York: Charles Scribner's Sons, 1926), 8, 157.

48. 關於這憤怒，參見：Eric Lonergan and Mark Blyth, *Angrynomics* (Newcastle upon Tyne, UK: Agenda, 2020).

49. 關於民主制度的運作需要社會凝聚力，參見：Sandel, Tyranny of Merit。

50. Ronald F. Inglehart and Pippa Norris, "Trump, Brexit, and the Rise of Populism: Economic Have-nots and Cultural Backlash," RWP16-026, August 2016, 29, https://www.hks.harvard.edu/publications/trump-brexit-and-rise-populism-economic-have-nots-and-cultural-backlash.

51. Eric Kaufmann, *Whiteshift: Populism, Immigration, and the Future of White Majorities* (London and New York: Allen Lane, 2018), 516.

52. See, on this, Martin Sandbu, "Is Culture or Economics at the Root of Our Strange Politics?," *Financial Times,* September 11, 2017, https://www.ft.com/content/c841a8d4-96d5-11e7-a652-cde3f882dd7b; and *The Economics of Belonging: A Radical Plan to Win Back the Left Behind and Achieve Prosperity for All* (Princeton, NJ, and Oxford: Princeton University Press, 2020), chapter 3, "Culture Versus Economics."

53. Manuel Funke, Moritz Schularick, and Christoph Trebesch, "Going to Extremes: Politics after Financial Crises, 1870–2014," *European Economic Review* 88 (2016): 228, http://www.macrohistory.net/wp-content/uploads/2015/10/Going-to-extremes.pdf.

54. See Stuart Jeffries, "Britain's Most Racist Election: The Story of Smethwick, 50 Years On," Guardian, October 15, 2014, https://www.theguardian.com/world/2014/oct/15/britains-most-racist-election-smethwick-50-years-on, and "Enoch Powell's 'Rivers of Blood' Speech," https://anth1001.files.wordpress.com/2014/04/enoch-powell_speech.pdf.

55. Adam Tooze, *Crashed: How a Decade of Financial Crises Changed the World* (London: Allen Lane, 2018), especially part IV, "Aftershocks."

56. 同上注，第九章，"Europe's Forgotten Crisis: Eastern Europe."。

57. "The Great Depression," Alpha History, https://alphahistory.com/nazigermany/the-great-depression/.

58. Dick Geary, "Who Voted for the Nazis?" *History Today* 48, no. 10 (October 1948), https://www.historytoday.com/archive/who-voted-nazis; and Christopher H. Achen and Larry M. Bartels, *Democracy for Realists: Why Elections Do Not Produce Responsive Government* (Princeton, NJ, and Oxford: Princeton University Press, 2016), 204.

59. Wiener Holocaust Library, "How Did the Nazis Consolidate Their Power?" The Holocaust Explained, https://www.theholocaustexplained.org/the-nazi-rise-to-power/how-did-the-nazi-gain-power/1933-elections/.

60. Achen and Bartels, *Democracy for Realists*, 315.

61. Sebastian Doerr, Stefan Gissler, José-Luis Peydró, and Hans-Joachim Voth, "Financial Crises and Political Radicalization: How Failing Banks Paved Hitler's Path to Power," BIS World Papers, No. 978, November 22, 2021, https://www.bis.org/publ/work978.htm.

62. Achen and Bartels, *Democracy for Realists*, 316.

63. Martin Wolf, "Italy's New Rulers Could Shake the Euro," *Financial Times*, May 22, 2018, https://www.ft.com/content/eb82fdfe-5ce4-11e8-9334-2218e7146b04. Also, Josef Janning, "Crisis and Cohesion in the EU: A Ten-Year Review," European Council on Foreign Relations Policy Brief, February 2018, https://www.ecfr.eu/page/-/ECFR-_245_-_Crisis_and_Cohesion_-_A_10_Year_Review_ Janning_WEB.pdf.

64. Arjun Jayadev and Robert Johnson, "Tides and Prejudice: Racial Attitudes during Downturns in the United States, 1979–2014," *Review of Black Political Economy* 44 (2017): 370–92, https://journals.sagepub.com/doi/full/10.1007/s12114-017-9264-y.

65. 同上注，390。

66. Thiemo Fetzer, "Austerity Caused Brexit," *VoxEU*, April 8, 2019, https://voxeu.org/article/austerity-caused-brexit, and "Did Austerity Cause Brexit?" Warwick University Working Paper Series, no. 381, revised June 2019, https://warwick.ac.uk/fac/soc/economics/research/centers/cage/manage/publications/381-2018_fetzer.pdf. See also Sandbu, "Sweden's Far-Right and the Left-Behind," *Financial Times*, July 4, 2019, https://www.ft.com/content/ec4adebc-99bc-11e9-8cf b-30c211dcd229.

67. Fetzer, "Did Austerity Cause Brexit?

68. Pippa Norris, "It's Not Just Trump. Authoritarian Populism Is Rising Across the West. Here's Why," *Washington Post*, March 11, 2016, https://www.washingtonpost.com/news/monkey-cage/wp/2016/03/11/its-not-just-trump-authoritarian-populism-is-rising-across-the-west-heres-why/.

69. Ernesto Dal Bó, Federico Finan, Olle Folke, Torsten Persson, and Johanna Rickne, "Economic Losers and Political Winners: Sweden's Radical Right," February 2019, 1, http://perseus.iies.su.se/~tpers/papers/CompleteDraft190301.pdf.

70. 同上注，2。

71. 同上注。

72. 同上注，3。

73. 同上注。

74. Sandbu, "Sweden's Far-Right and the Left-Behind."

75. Gregori Galofré-Vilà, Martin McKee, María Gómez-León, and David Stuckler, "The 1918 Influenza Pandemic and the Rise of Italian Fascism: A Cross-City Quantitative and Historical Text Qualitative Analysis," *American Journal of Public Health* 112, no. 2 (February 2022): 242–47.

76. 參見：Christian Dustmann, Barry Eichengreen, Sebastian Otten, André Sapir, Guido Tabellini, and Gylfi Zoega, "Populism and Trust in Europe," *VoxEU*, August 23, 2017, https://voxeu.org/article/populism-and-trust-europe。該文寫道：「我們的主要發現是，較年長群和教育程度較低者傾向不信任國會和歐洲議會，較不支持歐盟，較可能把票投給民粹主義政黨。」這一致於本書及其他研究的看法──經濟與社會地位降低或受到威脅，會引發人們做出反應，他們的反應必然有強烈的懷舊成分。

77. Michael Beschloss, "The Ad That Helped Reagan Sell Good Times to an Uncertain Nation," *New York Times*, May 7, 2016, https://www.nytimes.com/2016/05/08/business/the-ad-that-helped-reagan-sell-good-times-to-an-uncertain-nation.html.

78. Donald Trump, "The Inaugural Address," January 20, 2017, https://trumpwhitehouse.archives.gov/briefings-statements/the-inaugural-address.

79. See Anne Applebaum, *Twilight of Democracy: The Seductive Lure of Authoritarianism* (London: Allen Lane, 2020).

80. 參見本章開頭引言。

81. 這句話被廣視為出自卻斯特頓，但最早記錄於以下著作：Emile Cammaerts, *Chesterton: The Laughing Prophet* (1937)，參見：Susan Ratcliffe, ed., *Oxford Essential Quotations* (Oxford: Oxford University Press, 2016)。

第5章

1. "Remarks by President Trump in a Meeting with Republican Members of Congress on the United States Reciprocal Trade Act," January 24, 2019, https://trumpwhitehouse.archives.gov/briefings-statements/remarks-president-trump-meeting-republican-members-congress-united-states-reciprocal-trade-act.

2. 新聞工作者庫特納在其著作中大力強調這點：Robert Kuttner, *Can Democracy Survive Global Capitalism?* (New York: W. W. Norton, 2018)。

3. Alvin H. Hansen, "Economic Progress and Declining Population Growth," *American Economic Review* 29, no. 1, part 1 (March 1939), http://digamo.free.fr/hansen39.pdf. 韓森把長期停滯定義為：「微弱的復甦才剛出現，便無疾而終，不景氣自我強化地加深，導致深陷、似乎動彈不得的失業。」

4. 紐西蘭經濟學家威廉·菲利浦（William Phillips）於1958年提出這種統計關係的概念，此概念在1960年代及1970年代極具影響力，參見：Tejvan Pettinger, "Phillips Curve," March 1, 2019, *Economics Help*, https://www.economicshelp.org/blog/1364/economics/phillips-curve-explained/。

5. 關於這種懷舊的危險性，參見：Martin Wolf, "The US Should Spurn the False Promise of Protectionism," *Financial Times*, June 15, 2021, https://www.ft.com/content/4cdc2c5a-298f-4cdd-81b7-5b94b7b23b93; Adam Posen, "The Price of Nostalgia: America's Self-Defeating Economic Retreat," *Foreign Affairs*, May/June 2021, https://www.foreignaffairs.com/articles/united-states/2021-04-20/america-price-nostalgia; and Anne O. Krueger, *International Trade: What Everyone Needs to Know* (New York: Oxford University Press, 2020)。

6. 關於這點，參見：Paul Collier, *The Future of Capitalism: Facing the New Anxieties* (London: Allen Lane, 2018), chapter 7, "The Geographic Divide: Booming Metropolis, Broken Cities."

7. 同上註，125。

8. See Peterson-KFF, "Health System Tracker," https://www.healthsystemtracker.org/.

9. Robert J. Gordon, *The Rise and Fall of American Growth: The U.S. Standard of Living Since the Civil War* (Princeton, NJ, and Woodstock, England: Princeton University Press, 2016), paraphrasing Evsey Domar, "On the Measurement of Technological Change," *Economic Journal* 71, no. 284 (December 1961): 712.

10. See Tyler Cowen, *The Great Stagnation: How America Ate All the Low-Hanging Fruit of Modern History, Got Sick, and Will (Eventually) Feel Better* (New York: Dutton, 2011).

11. 這些是英國的數據，參見：Office of Health Economics, "Infant and Child Health," December 1975, https://www.ohe.org/publications/infant-and-child-health, and United Nations, Department of Economic and Social Affairs, Population Dynamics, *World Population Prospects* 2019, https://population.un.org/wpp/Download/。

12. Martin Wolf, "Is Unlimited Growth a Thing of the Past?" *Financial Times*, October 2, 2012, https://www.ft.com/content/78e883fa-0bef-11e2-8032-00144feabdc0.

13. 歷史學家大衛・諾伯（David Noble）在其著作中拿宗教與技術的魅力相比擬，參見David Noble, The Religion of Technology: *The Divinity of Man and the Spirit of Invention* (New York: Alfred A. Knopf, 1997)。

14. See Ian Goldin, Pantelis Koutroumpis, François Lafond, Nils Rochowicz, and Julian Winkler, *The Productivity Paradox: Reconciling Rapid Technological Change and Stagnating Productivity*, Oxford Martin School, April 2019, 8–14, https://www.oxfordmartin.ox.ac.uk/downloads/reports/Productivity_Paradox.pdf. 這份報告雖列出生產力成長疲軟的許多可能原因，但難以辨識確實原因，這份報告認為，最可能的原因是「缺乏競爭」，但我個人認為，最可能的原因是經濟學家羅伯・高登所指的：現在的創新不同於以往的創新。

15. Dan Andrews, Chiara Criscuolo, and Peter Gal, *The Global Productivity Slowdown, Technology Divergence and Public Policy: A Firm Level Perspective*, OECD, Paris, 2016, https://www.oecd.org/global-forum-productivity/events/GP_ Slowdown_Technology_Divergence_and_Public_Policy_Final_after_conference_26_July.pdf.

16. 同上註，5。

17. See Dietrich Vollrath, *Fully Grown: Why a Stagnant Economy Is a Sign of Success* (Chicago and London: University of Chicago Press, 2020), especially 207, table 17.1.

18. Gordon, *Rise and Fall of American Growth*.

19. See Guy Standing, *The Precariat: The New Dangerous Class* (London: Bloomsbury, 2011 and 2014).

20. 比起高登的觀點，對於資訊與通訊科技革命帶來的影響，包括：人工智慧、生產力、現在或未來等層面，更樂觀的觀點參見：Erik Brynjolfsson and Andrew McAfee, *Race against the Machine: How the Digital Revolution Is Accelerating Innovation, Driving Productivity, and Irreversibly Transforming Employment and the Economy* (Lexington, MA: Digital Frontier Press, 2011); Brynjolfsson and McAfee, *The Second Machine Age: Work, Progress, and Prosperity in a Time of Brilliant Technologies* (New York: W. W. Norton, 2014); and McAfee and Brynjolfsson, *Machine, Platform, Crowd: Harnessing the Digital Revolution* (New York: W. W. Nor ton, 2017)。

21. 關於技術、尤其是自動化技術對就業、實質工資、及所得分配的影響，參見：Daron Acemoglu, "Written Testimony" at a virtual hearing on "Machines, Artificial Intelligence, & the Workforce: Recovering & Readying Our Economy for the Future," House Committee on the Budget, September 10, 2021, https://www.congress.gov/116/meeting/house/111002/ witnesses/HHRG-116-BU00-Wstate-AcemogluD-20200910.pdf。

22. 關於老齡化造成的更廣泛經濟影響，參見：Charles Goodhart and Manoj Pradhan, *The Great Demographic Reversal: Aging Societies, Waning Inequality, and an Inflation Reversal* (London: Palgrave Macmillan, 2020)。

23. United Nations Population Division, *Replacement Migration: Is It a Solution to Declining and Aging Populations?* 2000, https://www.un.org/en/development/desa/population/publications/aging/replacement-migration.asp

24. 關於美國的這個轉變，參見：Thomas Ferguson and Joel Rogers, *Right Turn: The Decline of the Democrats and the Future of American Politics* (New York: Farrar, Straus and Giroux, 1987)。

25. 用以往的關稅暨貿易總協定、以及現今世界貿易組織的說法，關稅是達成貿易談判協定過程中的「約束稅率」（bound rates）。就多數高所得國家（以及許多其他國家）而言，約束稅率和實際執行的適用關稅（applied tariffs）相同，有些國家可以執行低於約束稅率的適用關稅稅率，其好處是讓一國可以提高適用關稅稅率而無違法的疑慮。舉例而言，印度的約束稅率遠高於適用稅率，這讓該國有很大的合法空間在其想提高適用關稅時就提高。把關稅提高到超過約束稅率有其可能，但盡責的成員國必須提出這麼做的合理解釋，唯川普掌政下的美國或多或少程度地不再提供合理解釋。從經濟觀點來看，實際執行的適用稅率最為重要，只不過，當適用稅率顯著低於約束稅率時，提高關稅的空間就愈大，實際這麼做的可能性也愈大，這會增加貿易政策的不確定性，影響重大。

26. 這張圖只製做到2019年，因為新冠肺炎疫情造成扭曲作用。

27. Christoph Lakner and Branko Milanovic, "Global Income Distribution from the Fall of the Berlin Wall to the Great Recession," World Bank Policy Research Working Paper 6719, December 2013, 31, figure 1(a), http://documents.worldbank.org/curated/en/914431468162277879/pdf/WPS6719.pdf.

28. Facundo Alvaredo et al., World Inequality Report 2018 (Paris: World Economic Lab, 2018) 13, figure E4, "The Elephant Curve of Global Inequality and Growth, 1980 –2016," https://wir2018.wid.world/.

29. 同上註。

30. 市場價格的GDP和購買力平價的資料來自：*World Economic Outlook Database*, https://www.imf.org/external/pubs/ft/weo/2019/01/weodata/index.aspx.

31. Holly Ellyatt, "Who Are 'Davos Man' and 'Davos Woman'?" CNBC, January 19, 2018, https://www.cnbc.com/2018/01/19/who-are-davos-man-and-davos-woman.html.

32. Robert Shrimsley, "Boris Johnson's Brexit Explosion Ruins Tory Business Credentials," *Financial Times*, June 25, 2018, https://www.ft.com/content/8075e68c-7857-11e8-8e67-1e1a0846c475.

33. See Maurice Obstfeld, "The Global Capital Market Reconsidered," in Paul Collier, Diane Coyle, Colin Mayer, and Martin Wolf, eds., "Capitalism: What Has Gone Wrong, What Needs to Change, and How It Can Be Fixed," *Oxford Review of Economic Policy* 37, no. 4 (Winter 2021): 690 –706.

34. See Max Roser, "Employment in Agriculture," in Our World in Data, https://ourworldindata.org/employment-in-agriculture

35. Institut National d'Études Démographiques, "Migration Worldwide," https://www.ined.fr/en/everything_about_population/dcmographic-facts-sheets/focus-on/migration-worldwide/.

36. See Sari Pekkala Kerr and William R. Kerr, "Economic Impacts of Immigration: A Survey," National Bureau of Economic Research Working Paper 16736, January 2011, 14–15, https://www.nber.org/papers/w16736.

37. 同上注，18 –21 。

38. Martin Wolf, "The Fight to Halt the Theft of Ideas Is Hopeless," *Financial Times*, November 12, 2019, https://www.ft.com/content/d592af00-0a29-11ea-b2d6-9bf4d1957a67.

39. Elhanan Helpman, *Globalization and Inequality* (Cambridge, MA, and London: Harvard University Press, 2018), 170–71.

40. Daron Acemoglu, David Autor, David Dorn, Gordon H. Hanson, and Brendan Price, "Import Competition and the Great US Employment Sag of the 2000s," *Journal of Labor Economics* 34, no. 1 (part 2, January 2016): 141–98, http://www.journals.uchicago.edu/doi/pdfplus/10.1086/682384.

41. Helpman, *Globalization and Inequality*, 174.

42. David H. Autor, David Dorn, and Gordon H. Hanson, "The China Shock: Learning from Labor Market Adjustment to Large Changes in Trade," National Bureau of Economic Research Working Paper Number 21906, January 2016, http://www.nber.org/papers/w21906.

43. See Lawrence H. Summers, "The Threat of Secular Stagnation Has Not Gone Away," *Financial Times*, May 6, 2018, https://www.ft.com/content/aa76e2a8-4ef2-11e8-9471-a083af05aea7; Lukasz Rachel and Lawrence H. Summers, "On Falling Neutral Real Rates, Fiscal Policy, and the Risk of Secular Stagnation," BPEA Conference Drafts, March 7–8, 2019, *Brookings Papers on Economic Activity*, https://www.brookings.edu/wp-content/uploads/2019/03/On-Falling-Neutral-Real-Rates-Fiscal-Policy-and-the-Risk-of-Secular-Stagnation.pdf; Martin Wolf, "Monetary Policy Has Run Its Course," *Financial Times*, March 12, 2019, https://www.ft.com/content/08c4eb8c-442c-11e9-a965-23d669740bf b; and Ben S. Bernanke, "The Global Savings Glut and the U.S. Current Account Deficit," March 10, 2005, Federal Reserve Board, https://www.federalreserve.gov/boarddocs/speeches/2005/200503102/.

44. 我使用英國的資料是因為英國財政部發行指數連結型債券已有很長時間。

45. Atif Mian, Ludwig Straub, and Amir Sufi, "The Saving Glut of the Rich and the Rise in Household Debt," March 2020, https://scholar.harvard.edu/files/straub/files/mss_richsavingglut.pdf. See also Martin Wolf, "How to Escape the Trap of Excessive Debt," Financial Times, May 5, 2020, https://www.ft.com/content/2c5ddbd0-8e09-11ea-9e12-0d4655dbd44f.

46. Matthew Klein and Michael Pettis, *Trade Wars Are Class Wars* (New Haven, CT: Yale University Press, 2020), and Martin Wolf, "What Trade Wars Tell Us," *Financial Times*, June 18, 2020, https://www.ft.com/content/f3ee37e0-b086-11ea-a4b6-31f1eedf762e.

47. 參見Charles Dumas, *Populism and Economics* (London: Profile Books, 2018)，作者在此書中很正確地強調經濟不穩定性的這些總體經濟導因，以及因此引發的民粹主義。另亦參見：Martin Wolf, "The Price of Populism," *Financial Times*, October 24, 2018, https://www.ft.com/content/06181c56-d13b-11e8-a9f2-7574db66bcd5.

48. Klein and Pettis, *Trade Wars Are Class Wars*.

49. Atif Mian, Ludwig Straub, and Amir Sufi, "Indebted Demand," March 26, 2020, https://scholar.harvard.edu/files/straub/files/mss_indebteddemand.pdf.

50. Martin Wolf, "The Folly of Donald Trump's Bilateralism in Global Trade," *Financial Times*, March 14, 2017, https://www.ft.com/content/ce92ae28-058e-11e7-ace0-1ce02ef0def9; and Howard S. Ellis, "Bilateralism and the Future of International Trade," *Essays in International Finance*, No. 5, International Finance Section, Department of Economics and Social Institutions (Princeton: Princeton University, Summer 1945), https://ies.princeton.edu/pdf/E5.pdf.

51. See Martin Wolf, "Why Rigged Capitalism Is Damaging Liberal Democracy," *Financial Times*, September 18, 2019, https://www.ft.com/content/5a8ab27e-d470-11e9-8367-807ebd53ab77; and Wolf, "How to Reform

Today's Rigged Capitalism," *Financial Times*, December 3, 2019, https://www.ft.com/content/4cf2d6ee-14f5-11ea-8d73-6303645ac406.

52. 參見Cédric Durand, *Fictitious Capital: How Finance Is Appropriating Our Future* (London and New York: Verso, 2017)，該書從馬克思主義觀點批評過去四十年間的金融發展，發人省思。

53. 在我的上一本著作《面對轉變與衝擊的年代》中討論到金融業財務槓桿成分的劇增，參見：Marin Wolf, *The Shifts and the Shocks: What We've Learned—and Have Still to Learn—from the Financial Crisis* (London and New York: Penguin, 2014 and 2015)。

54. Susan Lund et al., *The New Dynamics of Financial Globalization*, McKinsey Global Institute, August 2017, https://www.mckinsey.com/industries/financial-services/our-insights/the-new-dynamics-of-financial-globalization.

55. See Bank for International Settlements, "Global OTC Derivatives Market," table D5.1, https://stats.bis.org/statx/srs/table/d5.1.

56. See Michael McLeay, Amar Radia, and Ryland Thomas, "Money Creation in the Modern Economy," *Bank of England Quarterly Bulletin*, 2014, Quarter One, 14–27, https://www.bankofengland.co.uk/-/media/boe/files/quarterly-bulletin/2014/money-creation-in-the-modern-economy.

57. Thomas Philippon and Ariell Reshef, "Wages and Human Capital in the U.S. Financial Industry 1909–2006," National Bureau of Economic Research Working Paper 14644, January 2009, especially figure 6, https://www.nber.org/papers/w14644.

58. 例如，關於避險基金產業，參見：Martin Wolf, "Why Today's Hedge Fund Industry May Not Survive," *Financial Times*, March 18, 2008, https://www.ft.com/content/c8941ad4-f503-11dc-a21b-000077b07658。另亦參見：Simon Lack, The Hedge Fund Mirage: *The Illusion of Big Money and Why It's Too Good to Be True* (Hoboken, NJ: John Wiley & Sons, 2012)。

59. See Angela Monaghan, "City Is Too Big and Socially Useless, Says Lord Turner," *Telegraph*, August 26, 2009, https://www.telegraph.co.uk/finance/newsbysector/banksandfinance/6096546/City-is-too-big-and-socially-useless-says-Lord-Turner.html; https://www.pauljorion.com/stewardship-of-finance/wp-content/uploads/2015/04/College-09-03-2015_-Turner-useful-and-useless-financial-activities.pdf; and Adair Turner, *Between Debt and the Devil: Money, Credit, and Fixing Global Finance* (Princeton, NJ, and Oxford: Princeton University Press, 2016).

60. John Kay, *Other People's Money: The Real Business of Finance* (London: Profile Books, 2016); Joseph Stiglitz, "Inequality and Economic Growth," in Michael Jacobs and Mariana Mazzucato, eds., *Rethinking Capitalism: Economics and Policy for Sustainable and Inclusive Growth* (Chichester, UK: Wiley-Blackwell, 2016), 134–55, chapter 8; and https://www8.gsb.columbia.edu/faculty/jstiglitz/sites/jstiglitz/files/Inequality%20and%20Economic%20Growth.pdf.

61. Stephen G. Cecchetti and Enisse Kharroubi, "Why Does Financial Sector Growth Crowd Out Real Economic Growth?" BIS Working Papers 490, February 2015, https://www.bis.org/publ/work490.pdf. See also Cecchetti and Kharroubi, "Reassessing the Impact of Finance on Growth," BIS Working Papers 381, July 2012, https://www.bis.org/publ/work381.pdf.

62. See Fred Hirsch, *The Social Limits to Growth* (London: Routledge, 1995).

63. Michael Lewis, Flash Boys: *Cracking the Money Code* (London: Penguin, 2014).

64. 關於金融化對企業的影響，參見：Anat Admati, "Capitalism, Laws, and the Need for Trustworthy Institutions," in Paul Collier, Diane Coyle, Colin Mayer, and Martin Wolf, eds., "Capitalism: What Has Gone Wrong, What Needs to Change, and How It Can Be Fixed," *Oxford Review of Economic Policy* 37, no. 4 (Winter 2021): 678–89。另亦參見：Martin Hellwig, "'Capitalism: What Has Gone Wrong?': Who Went Wrong? Capitalism? The Market Economy? Governments? 'Neoliberal' Economics?" in Paul Collier et al., "Capitalism," 664–77。

65. Milton Friedman, "The Social Responsibility of Business Is to Increase Its Profits," *New York Times Magazine*, September 13, 1970, https://web.archive.org/web/20060207060807/https://www.colorado.edu/studentgroups/libertarians/issues/friedman-soc-resp-business.html.

66. 關於這種觀念的含義的精闢探討，參見：Michael C. Jensen, "Value Maximization, Stakeholder Theory, and the Corporate Objective Function," European Financial Management 7, no. 3 (2001): 297–317, https://efmaefm.org/bharat/jensen_efm2001.pdf。

67. H. L. Mencken, *Prejudices: Second Series*, 1920, https://www.goodreads.com/author/quotes/7805.

68. Ronald Coase, "The Nature of the Firm," Economica 4, no. 16 (1937): 386 – 405, https://onlinelibrary.wiley.com/doi/full/10.1111/j.1468-0335.1937.tb00002.x.

69. 關於這些議題，參見：Colin Mayer, *Firm Commitment: Why the Corporation Is Failing Us and How to Restore Trust in It* (Oxford: Oxford University Press, 2013), and *Prosperity: Better Business Makes the Greater Good* (Oxford: Oxford University Press, 2018)。另亦參見：Martin Wolf, "Opportunist Shareholders Must Embrace Commitment," *Financial Times*, August 26, 2014, https://www.ft.com/content/6aa87b9a-2d05-11e4-911b-00144feabdc0, and "We Must Rethink the Purpose of the Corporation," *Financial Times*, December 11, 2018, https://www.ft.com/content/786144bc-fc93-11e8-ac00-57a2a826423e.

70. Adam Smith, *An Inquiry into the Nature and Causes of the Wealth of Nations*, Book V, chapter I, part III, 1776, http://media.bloomsbury.com/rep/files/primary-source-93-adam-smith-the-wealth-of-nations-on-joint-stock-companies.pd

71. John Stuart Mill, Principles of *Political Economy*, 9th ed. (London: Longmans, Green, 1885), 140.

72. See Andrew Smithers, *Productivity and the Bonus Culture* (Oxford: Oxford University Press, 2019), especially chapter 14. See also Roland Bénabou and Jean Tirole, "Bonus Culture: Competitive Pay, Screening, and Multitasking," *Journal of Political Economy* 124, no. 2 (2016): 305–70.

73. 關於資本市場傾向造成公司短視近利的決策以及研發及長期投資不足的實證研究，參見： Andrew G. Haldane, "The Costs of Short-termism," chapter 4 in Jacobs and Mazzucato, *Rethinking Capitalism*, 66 –76。

74. 關於管理高層薪酬與公司績效沒有明顯關連性，參見：Stiglitz, "Inequality and Economic Growth," 141. See also Lucian Bebchuk and Jesse Fried, *Pay without Performance: The Unfulfilled Promise of Executive Compensation* (Cambridge, MA: Harvard University Press, 2004); Lucian Bebchuk and Yaniv Grinstein, "The Growth of Executive Pay," National Bureau of Economic Research Working Paper No. 11443, June 2005, https://www.nber.org/papers/w11443; and Lawrence Mishel and Josh Bivens, "The Pay of Corporate Executives and Financial Professionals as Evidence of Rents in Top 1 Percent Incomes," Economic Policy Institute Working Paper No. 296, June 20, 2013, https://www.epi.org/publication/pay-corporate-executives-financial-professionals/.

75. See David Card and Alan B. Krueger, *Myth and Measurement: The New Economics of the Minimum Wage*, Twentieth-Anniversary Edition (Princeton, NJ: Princeton University Press, 2015), and Arindrajit Dube, "Guest Post: Minimum Wage Laws and the Labor Market: What Have We Learned Since Card and Krueger's Book *Myth and Measurement?*" September 1, 2011, https://rortybomb.wordpress.com/2011/09/01/guest-post-minimum-wage-laws-and-the-labor-market-what-have-we-learned-since-card-and-krueger%E2%80%99s-book-myth-and-measurement/.

76. See Cardozo Law, "Disney's Influence on U.S. Copyright Law," August 26, 2021, https://online.yu.edu/cardozo/blog/disney-influence-copyright-law.

77. 這是已故經濟學家奧爾森的經典著作的核心論點，參見：Mancur Olson, *The Logic of Collective Action: Public Goods and the Theory of Groups* (Cambridge, MA: Harvard University Press, 1965 and 1971)。

78. Robert H. Frank and Philip J. Cook, *The Winner-Take-All Society: Why the Few at the Top Get So Much More Than the Rest of Us* (New York and London: Penguin, 1996).

79. Patrick Barwise, "Nine Reasons Why Tech Markets Are Winner-Take-All," London Business School, July 10, 2018, https://www.london.edu/lbsr/nine-reasons-why-tech-markets-are-winner-take-all.

80. Martin Wolf, "Taming the Masters of the Tech Universe," Financial Times, November 14, 2017, https://www.ft.com/content/45092c5c-c872-11e7-aa33-c63fdc9b8c6c.

81. Bob Bryan, "One Quote from Warren Buffett Is the Perfect Advice for Investing in the Age of Uber and Netflix," Business Insider, May 4, 2019, https://www.businessinsider.com/buffett-on-moats-2016-4?IR=T.

82. Paul Collier, *The Future of Capitalism: Facing the New Anxieties* (London: Allen Lane, 2018), chapter 7.

83. 關於世界的大城市的角色，參見：Martin Wolf, "Cities Must Be Open to the World When Nations Are Not," *Financial Times*, June 7, 2017, https://www.ft.com/content/fea537f8-34d6-11e7-99bd-13beb0903fa3。

84. Noah J. Toly and Sam Tabory, "100 Top Economies: Urban Influence and the Position of Cities in an Evolving World Order," October 13, 2016, Chicago Council on Global Affairs, https://www.thechicagocouncil.org/publication/100-top-economies-urban-influence-and-position-cities-evolving-world-order.

85. *OECD Regional Outlook 2016: Productive Regions for Inclusive Societies* (Paris: OECD, 2016), 19.

86. Jane Jacobs, *The Economy of Cities* (New York: Vintage Books, 1969).

87. Henry George, *Progress and Poverty: An Inquiry into the Cause of Industrial Depressions and of Increase of Want with Increase of Wealth: The Remedy* (Vega Publishing, 2019; first published 1879).

88. Collier, *The Future of Capitalism,* chapter 7.

89. See Jonathan Tepper, with Denise Hearn, *The Myth of Capitalism: Monopolies and the Death of Competition* (Hoboken, NJ: Wiley, 2018), and Tim Wu, *The Curse of Bigness: Antitrust in the New Gilded Age* (New York: Columbia Global Reports, 2018).

90. Robert H. Bork, *The Antitrust Paradox: A Policy at War with Itself,* 2nd ed. (New York: Free Press, 1993).

91. 關於這些論點，參見：Jason Furman, "Beyond Antitrust: The Role of Competition Policy in Promoting Inclusive Growth," Searle Center Conference on Antitrust Economics and Competition Policy, September 16, 2016, https://obamawhitehouse.archives.gov/sites/default/files/page/files/20160916_searle_conference_competition_furman_cea.p。

92. "Introduction from the Expert Panel," in Jason Furman et al., *Unlocking Digital Competition: Report on the Digital Competition Expert Panel,* March 2019, https://assets.publishing.service.gov.uk/government/uploads/system/uploads/attachment_data/file/785547/unlocking_digital_competition_furman_review_web.pdf。

93. Thomas Philippon, The Great Reversal: *How America Gave Up on Free Markets* (Cambridge, MA: Belknap Press of Harvard University Press, 2019), 205.

94. 同上註，part 4。

95. Hannah Murphy and Patrick McGee, "Apple Makes Unexpected Concession on 30% App Store Fees," *Financial Times,* September 25, 2020, https://www.ft.com/content/f babedb0-3ed2-4c47-94f2-f165bd15edb3.

96. Philippon, *The Great Reversal,* 100.

97. 同上註，108, figure 6.5。

98. 同上註，126。

99. 同上註，chapter 8。

100.同上註，147–48。

101.See Organization for Economic Co-operation and Development, "BEPS: Inclusive Framework on Base Erosion and Profit Shifting," https://www.oecd.org/tax/beps/.

102.Chris Giles, Emma Agyemang, and Aime Williams, "136 Nations Agree to Biggest Corporate Tax Deal in a Century," Financial Times, October 8, 2021, https://www.ft.com/content/5dc4e2d5-d7bd-4000-bf94-088f17e21936.

103."Tax on Corporate Profits," Organization for Economic Co-operation and Development, https://data.oecd.org/tax/tax-on-corporate-profits.htm#indicator-chart.

104.Ernesto Crivelli, Ruud De Mooij, and Michael Keen, "Base Erosion, Profit Shifting and Developing Countries," WP/15/118, May 2015, figure 3 and table 6, https://www.imf.org/en/Publications/WP/Issues/2016/12/31/Base-Erosion-Profit-Shifting-and-Developing-Countries-42973. On rates, see also https://www.imf.org/external/np/exr/consult/2018/corptaxation/pdf/2018commentscorptaxation.pdf.

105.Crivelli et al., "Base Erosion, Profit Shifting," figures 1 and 2.

106.Tax Justice Network, "Corporate Tax Haven Index 2019," citing *The New York Times,* https://corporatetaxhavenindex.org/.

107.Thomas Wright and Gabriel Zucman, "The Exorbitant Tax Privilege," National Bureau of Economic Research Working Paper 24983, September 2018: 1, https://www.nber.org/papers/w24983.

108.Annette Alstadsæter, Niels Johannesen, and Gabriel Zucman, "Who Owns the Wealth in Tax Havens? Macro Evidence and Implications for Global Inequality," National Bureau of Economic Research Working Paper 23805, September 2017, especially figures, 5, 8, and 9, https://www.nber.org/papers/w23805.pdf.

109."The Tax Policy Center's Briefing Book," https://www.taxpolicycenter.org/briefing-book/what-carried-interest-and-should-it-be-taxed-capital-gain.

110.Martin Gilens and Benjamin I. Page, "Testing Theories of American Politics: Elites, Interest Groups, and Average Citizens," *Perspectives on Politics, September* 18, 2014: 564–81, https://www.cambridge.org/core/journals/perspectives-on-politics/issue/32534CA34A6B58E6E4420B56764850E1.

111.Martin Gilens和Benjamin Page對於反對他們的論點做出回應：Martin Gilens and Benjamin I. Page, "Critics

Argued with Our Analysis of U.S. Political Inequality. Here Are 5 Ways They're Wrong," *Washington Post*, May 23, 2016, https:// www.washingtonpost.com/news/monkey-cage/wp/2016/05/23/critics-challenge-our-portrait-of-americas-political-inequality-heres-5-ways-they-are-wrong/.

112.Philippon, *The Great Reversal*, 189.

113.同上注，part III。

114.這是以下這本著作的主題：Paul Collier and John Kay, *Greed Is Dead: Politics after Individualism* (London: Allen Lane, 2020)。

115.Joris Luyendijk , Swimming with Sharks: *My Journey into the World of the Bankers* (London: Guardian Faber Publishing, 2015).

116.關於這點，參見：Joseph Stiglitz, "Ten Years Later," Keynote Address, Roosevelt Institute Working Paper, September 2018, https://www8.gsb.columbia.edu/faculty/jstiglitz/sites/jstiglitz/files/Roosevelt%2010-Years-After-the-Financial-Crisis.pdf。另亦參見：the Independent Commission on Banking, chaired by Sir John Vickers, *Final Report: Recommendations*, September 2011, https://bankingcommission.s3.amazonaws.com/wp-content/uploads/2010/07/ICB-Final-Report.pdf。

117.See Anat Admati and Martin Hellwig, *The Banker's New Clothes: What's Wrong with Banking and What to Do about It*, updated ed. (Princeton, NJ: Princeton University Press, 2014).關於順循環管制（pro-cyclic regulation）以及持續的高槓桿，參見：Martin Wolf, "Why Further Financial Crises Are Inevitable," Financial Times, March 19, 2019, https://www.ft.com/content/d9d94f4a-4884-11e9-bbc9-6917dce3dc62。

118.See Martin Wolf, "COP26 Is the Real Thing and Not a Drill," *Financial Times*, October 19, 2021, https://www.ft.com/content/799b7b93-9ec5-4318-9ac1-1c82cb81f96d; and "What Is the Least We Need from COP26?" Financial Times, October 26, 2021, https://www.ft.com/content/f859d515-f1d0-405f-9aee-c609951f4254.

119.See Lewis Carroll, "The Hunting of the Snark," https://www.poetryfoundation.org/poems/43909/the-hunting-of-the-snark.

120.Martin Wolf, "Dancing on the Edge of Climate Disaster," *Financial Times*, November 23, 2021, https://www.ft.com/content/6e2b366f-e139-4d69-bd4f-9254333bf316.

121.「勞動或勞心的工作者」（workers by hand or by brain）這句話出現於1918年通過的英國工黨黨章第四條款，後來，東尼·布萊爾領導下的工黨於1995年修改這條款。

122.較溫和的觀點，參見：Carl Benedikt Frey, *The Technology Trap: Capital, Labor, and Power in the Age of Automation* (Princeton, NJ, and Oxford: Princeton University Press, 2019), especially part V, "The Future,"；較黯淡的觀點，參見：Daniel Susskind, *A World without Work: Technology, Automation and How We Should Respond* (London: Allen Lane, 2020), especially part II, "The Threat,"。

123.關於新冠肺炎對未做準備的世界造成的衝擊的早期評估，參見：Adam Tooze, *Shutdown: How Covid Shook the World's Economy* (London: Penguin, 2021)。

124.James Politi, Colby Smith, and Brendan Greeley, "Donald Trump Raises Tariffs on Chinese Goods after Stocks Tumble," *Financial Times*, August 24, 2019, https://www.ft.com/content/2db9c1ec-c5b9-11e9-a8e9-296ca66511c9.

第6章

1. "Washington's Farewell Address 1796," https://avalon.law.yale.edu/18th_century/washing.asp.

2. Foundation for Economic Education, "H. L. Mencken Quotes on Government, Democracy, and Politicians," https://fee.org/articles/12-hl-mencken-quotes-on-government-democracy-and-politicians/.

3. Masha Gessen, *Surviving Autocracy* (London: Granta, 2020), 16.

4. Erica Frantz, *Authoritarianism: What Everyone Needs to Know* (Oxford: Oxford University Press, 2018). See also Martin Wolf, "The Rise of the Populist Authoritarians," Financial Times, January 22, 2019, https://www.ft.com/content/4faf6c4e-1d84-11e9-b2f7-97e4dbd3580d.

5. 關於這過程，尤其是在匈牙利及波蘭，參見：Anne Applebaum, *Twilight of Democracy: The Seductive Lure of Authoritarianism* (London: Allen Lane, 2020)。

6. 同上注，17。

7. See S. E. Finer, *The History of Government, vol. 1, Ancient Monarchies and Empires* (Oxford: Oxford University

Press, 1997 and 1999), 1–96, "The Conceptual Prologue."

8. Applebaum, *Twilight of Democracy*, and also Martin Wolf, "Alarm Signals of Our Authoritarian Age," *Financial Times*, July 21, 2020, https://www.ft.com/content/5eb5d26d-0abe-434e-be12-5068bd6d7f06.

9. See Martin Sandbu, "Populists and Kleptocrats Are a Perfect Match," *Financial Times*, September 22, 2020, https://www.ft.com/content/ef4111a6-8ac8-419e-8747-8ce1b887cb61.

10. Ivan Krastev and Stephen Holmes, *The Light That Failed: A Reckoning* (London: Penguin, 2019).

11. Roberto Stefan Foa and Jonathan Wilmot, "The West Has a Resentment Epidemic: Across the West, the Main Trigger of Populism Has Been the Growing Inequality—and Hostility—Between Urban and Rural Regions," *Foreign Policy, September* 18, 2019, https://foreignpolicy.com/2019/09/18/the-west-has-a-resentment-epidemic-populism/.

12. Michael J. Sandel, *The Tyranny of Merit: What's Become of the Common Good?* (London: Penguin, 2020).

13. 關於這歷史，參見以下這篇文章的生動分析：Simon Schama, "Who Speaks for the People? Liberal Institutions Are Under Attack from Leaders Who Claim to Embody the Popular Will," Financial Times, October 4, 2019, https://www.ft.com/content/9e8f70b8-e5eb-11e9-b112-9624ec9edc59。

14. 安・艾普邦姆在其著作中敘述失望的仕途主義（careerism）如何驅使人們（尤其是有雄心抱負卻平庸的人）朝向支持意圖專制者。參見：Anne Applebaum, *Twilight of Democracy*。另亦參見：Martin Wolf, "Alarm Signals of Our Authoritarian Age," *Financial Times*, July 21, 2020。

15. Jan-Werner Müller, *What Is Populism?* (Philadelphia: University of Pennsylvania Press, 2016), 3.

16. 同上注，21。

17. 同上注，22。

18. 同上注，27。

19. 這句話是衍生自「朕即國家」（L'état, c'est moi）這句話。「朕即國家」這句話通常被指出自法王路易十四（這可能不正確）。參見：*Oxford Reference*, https://www.oxfordreference.com。

20. Steven Levitsky and Daniel Ziblatt, *How Democracies Die: What History Reveals about Our Future* (New York: Crown, 2018), 23–24.

21. 同上注，72–96, chapter 4。

22. See Barry Eichengreen, *The Populist Temptation: Economic Grievance and Political Reaction in the Modern Era* (New York: Oxford University Press, 2018), chapter 1 and especially page 4.

23. Our Documents: The Second New Deal, "Franklin Delano Roosevelt's Address Announcing the Second New Deal," October 31, 1936, http://docs.fdrlibrary.marist.edu/od2ndst.html.

24. John B. Judis, *The Populist Explosion: How the Great Recession Transformed American and European Politics* (New York: Columbia Global Reports, 2016), 14.

25. Miles Johnson, "Will Italy's New Coalition Flourish or Succumb to Resurgent Salvini?" *Financial Times*, September 5, 2019, https://www.ft.com/content/84431938-cf45-11e9-b018-ca4456540ea6.不過，值得一提的是，義大利民主黨有部分是根源於早年的義大利共產黨。

26. Judis, *The Populist Explosion*, 14 –15.

27. "George Wallace: American Politician," Britannica, https://www.britannica.com/biography/George-C-Wallace; and David Leonhardt and Prasad Philbrick, "Donald Trump's Racism: The Definitive List, Updated," *New York Times*, January 15, 2018, https://www.nytimes.com/interactive/2018/01/15/opinion/leonhardt-trump-racist.html.

28. Martin Wolf, "A Republican Tax Plan Built for Plutocrats," *Financial Times*, November 21, 2017, https://www.ft.com/content/e494f47e-ce1a-11e7-9dbb-291a884dd8c6.

29. "Jarosław Kaczynski: Prime Minister of Poland," *Britannica*, https://www.britannica.com/biography/Jaroslaw-Kaczynski.關於法律與公正黨當權下的政府的特色，參見：Slawomir Sierakowski, "The Five Lessons of Populist Rule," *Project Syndicate*, January 2, 2017, https://www.project-syndicate.org/commentary/lesson-of-populist-rule-in-poland-by-slawomir-sierakowski-2017-01?barrier=accesspaylog。

30. Brett Meyer, "Pandemic Populism: An Analysis of Populists Leaders' Responses to Covid-19," Tony Blair Institute for Global Change, August 17, 2020, https://institute.global/policy/pandemic-populism-analysis-populist-leaders-responses-covid-19

31. 跨領域學術團隊民主制度前景研究中心（Centre for the Future of Democracy）出版於2022年1月的研究報告《*The Great Reset: Public Opinion, Populism, and the Pandemic*》根據對二十七個國家做的意見調查，得出

結論：「我們發現強烈證據顯示，新冠肺炎疫情反轉了民粹主義的興起，不論從對民粹主義政黨的支持度、對民粹主義領袖的接受度、或對民粹主義觀點的認同度來看，都顯示這個趨勢。」不過，這項調查也發現：「我們發現，令人感到不安的是，對核心民主理念及準則的支持度降低。」參見：Roberto S. Foa, Xavier Romero-Vidal, Andrew J. Klassen, Joaquin Fuenzalida Concha, Marian Quednau, and Lisa Sophie Fenner, *The Great Reset: Public Opinion, Populism, and the Pandemic*, Centre for the Future of Democracy, University of Cambridge, January 2022。

32. See Martin Baxter, "Three-D Politics and the Seven Tribes," *Electoral Calculus*, April 20, 2019, https://www.electoralcalculus.co.uk/pol3d_main.html.這裡使用的資料來自英國選舉研究（British Election Study）——曼徹斯特大學、諾丁漢大學、以及牛津大學的學者長期進行的民調。

33. 英國新工黨的推出最低工資以及對勞工權利的更大保護，是這種傾向的重要象徵。

34. 「安土重遷派」是更民族主義傾向且社會保守的傳統勞工階級，這個定義來自大衛・古哈特（David Goodhart）的著作：David Goodhart, *The Road to Somewhere: The Populist Revolt and the Future of Politics* (London: C. Hurst & Co, 2017)。古哈特認為，「安土重遷派」是那些對一個特定地方有強烈歸屬感的人，不同於通常擁有大學教育水準的四海為家派。安土重遷派不僅強烈依戀一個地方，也傾向社會保守且愛國，古哈特說，他們是美國、英國、及歐洲大陸的右翼民粹主義的重要支持者。

35. Polly Curtis, "Gordon Brown Calls Labour Supporter a 'Bigoted Woman,'" *Guardian*, April 28, 2010, https://www.theguardian.com/politics/2010/apr/28/gordon-brown-bigoted-woman.

36. Martin Baxter, "Voter Migration by Group 2017–2019," *Electoral Calculus*, January 21, 2020, https://www.electoralcalculus.co.uk/pseph_group_migration_2019.html.

37. Francis Fukuyama, Identity: *The Demand for Dignity and the Politics of Resentment* (New York: Farrar, Straus and Giroux, 2018), 6.

38. 參見：Thomas Piketty, "Brahmin Left vs Merchant Right: Rising Inequality & the Changing Structure of Political Conflict (Evidence from France, Britain and the US, 1948–2017)," March 2018, WID.world Working Paper Series No 2018/7, http://piketty.pse.ens.fr/files/Piketty2019.pdf。皮凱提在他的其他著作中進一步闡釋他的這個論點，參見：Thomas Piketty, Capital and Ideology (Cambridge, MA, and London: Belknap Press of Harvard University Press, 2020), 807– 61, chapter 15；以及：Amory Gethin, Clara Martínez-Toledano, and Thomas Piketty, "Brahmin Left vs Merchant Right: Changing Political Cleavages in 21 Western Democracies 1948–2020," Quarterly Journal of Economics 137, no. 1 (2022)。

39. Piketty, "Brahmin Left vs Merchant Right," abstract.

40. Piketty, Capital and Ideology, 833.

41. Gethin, Martinez-Toledano, and Piketty, "Brahmin Left Versus Merchant Right," 3.

42. Piketty, *Capital and Ideology*, 859, figure 15.18.

43. Thomas B. Edsall, "We Aren't Seeing White Support for Trump for What It Is," *New York Times*, August 28, 2019, https://www.nytimes.com/2019/08/28/opinion/trump-white-voters.html?action=click&module=Opinion&pgtype=Homepage.

44. Demetri Sevastopulo, "Trump Sees Clearer Path to Republican Nomination," Financial Times, February 24, 2016, https://www.ft.com/content/8bf2aeb0-db1e-11e5-a72f-1e7744c66818.

45. OECD, "Intergenerational Mobility in Education," OECD.Stat, stats.oecd.org.

46. See Global Security.org, "'Führerprinzip' (Leader Principle)," https://www.globalsecurity.org/military/world/europe/de-fuhrerprinzip.htm.

47. Joseph A. Schumpeter, Capitalism, *Socialism and Democracy*, 3rd ed. (New York: Harper & Row, 1950).

48. Thomas E. Mann and Norman J. Ornstein, "Let's Just Say It: The Republicans Are the Problem," *Washington Post*, April 27, 2012, https://www.washingtonpost.com/opinions/lets-just-say-it-the-republicans-are-the-problem/2012/04/27/gIQAxCVUlT_story.html. See also Mann and Ornstein, *It's Even Worse Than It Looks: How the American Constitutional System Collided with the New Politics of Extremism* (New York: Basic Books, 2012).

49. Katherine Stewart, "Why Trump Reigns as King Cyrus," *New York Times*, December 31, 2018, https://www.nytimes.com/2018/12/31/opinion/trump-evangelicals-cyrus-king.html?action=click&module=MoreInSection&pgtype=Article&region=Footer&contentCollection=Opinion.

50. Jonathan Portes, "The Economics of Migration," June 5, 2019, https://journals.sagepub.com/doi/10.1177/1536504219854712.

51. Yascha Mounk, *The Great Experiment: How to Make Diverse Democracies Work* (London: Bloomsbury, 2022); and Martin Wolf, "A Call to Arms for Diverse Democracies and Their 'Decent Middle,'" *Financial Times*, May 5, 2022, https://www.ft.com/content/83ba0474-70ea-4759-81f1-e14f6ea269fa

52. Yascha Mounk, "Illiberal Democracy or Undemocratic Liberalism?" *Project Syndicate*, June 9, 2016, https://www.project-syndicate.org/commentary/trump-european-populism-technocracy-by-yascha-mounk-1-2016-06.

53. Martin Wolf, "Counter-revolution by Jan Zielonka—Project Backlash," *Financial Times*, February 1, 2018, https://www.ft.com/content/e4290c10-069f-11e8-9650-9c0ad2d7c5b5; and Zielonka, *Counter-revolution: Liberal Europe in Retreat* (Oxford: Oxford University Press, 2018).

54. Martin Wolf, "A Republican Tax Plan Built for Plutocrats," *Financial Times*, November 21, 2017, https://www.ft.com/content/e494f47e-ce1a-11e7-9dbb-291a884dd8c6.

55. Martin Wolf, "A New Gilded Age," *Financial Times*, April 25, 2006, https://www.ft.com/content/76def9b0-d481-11da-a357-0000779e2340.

56. 同上注。

57. 例如，參見：Arthur Laffer, "Trump's Tax Cut Will Put America Back on a Path to Growth," *Financial Times*, October 29, 2017, https://www.ft.com/content/50c5a34c-b8d0-11e7-bff8-f9946607a6ba。亞瑟‧拉佛是是雷根政府時期供給面經濟學的主要倡導人之一。

58. 在《消失的中產階級》（*The Vanishing Middle Class: Prejudice and Power in a Dual Economy*，Cambridge, MA: MIT Press, 2017）這本傑出著作中，作者麻省理工學院榮譽經濟學教授彼得‧特明（Peter Temin）闡述種族偏見如何強化美國經濟精英的政治力量，尤其是他所謂的「賽車技巧」（racecraft）── 為了政治目的，把美國底層的80%工作者化分為「白人」和有色人種，例如參見此書的第五章及第154頁。另亦參見：Heather Cox Richardson, *How the South Won the Civil War: Oligarchy, Democracy, and the Continuing Fight for the Soul of America* (New York: Oxford University Press, 2020)。

59. 這並非指經濟學中的「涓滴」概念沒有價值。無疑地，過去兩世紀的經濟專業技術及生產力大進步造福近乎所有人，這是資本主義經濟學扮演極重要角色的一個發展過程的「涓滴」效應，不過，這非常不同於現在所提的論點──減稅以圖利最成功、最富裕的人必定會產生使所有人蒙益的「涓滴」效應。

60. 1933年至1995年期間，除了1947年和1953年，民主黨在眾議院都握有多數席次。自1995年起，除了2007年、2009年、及2021年，共和黨在眾議院都握有多數席次。

61. "Jim Crow Law: United States [1877–1954]," *Britannica*, https://www.britannica.com/event/Jim-Crow-law.

62. 最重要的判決是：*Brown v. Board of Education of Topeka* (1954年)，判決不得在國民教育中實行種族隔離；*Heart of Atlanta Motel, Inc. v. United States* (1964年)，對1964年通過的《民權法案》的符合憲法性提出釋疑；*Loving v. Virginia* (1967年)，判決各州的禁止異族通婚法違憲。參見："Ten Important Supreme Court Decisions in Black History," February 28, 2017, https://www.infoplease.com/us/government/judicial-branch/ten-important-supreme-court-decisions-in-black-history。

63. 關於南方制度的角色，以及它在現代美國保守主義中的分枝，參見：Richardson, *How the South Won the Civil War*。

64. Peter H. Lindert and Jeffrey G. Williamson, "American Incomes 1774–1860," National Bureau of Economic Research Working Paper No. 18396, September 15, 2012, https://www.nber.org/papers/w18396.

65. See James W. Loween, "5 Myths about Why the South Seceded," *Washington Post*, January 11, 2011, https://www.washingtonpost.com/wp-dyn/content/article/2011/01/07/AR2011010706547.html.

66. "Civil War Casualties: Casualty Numbers and Battle Death Statistics for the American Civil War," https://www.historynet.com/civil-war-casualties. See also Guy Gugliotta, "New Estimate Raises Civil War Death Toll," *New York Times*, April 2, 2012, https://www.nytimes.com/2012/04/03/science/civil-war-toll-up-by-20-percent-in-new-estimate.html.

67. National Park Service, "The Civil War," https://www.nps.gov/civilwar/facts.htm.

68. See Gordon Rhea, "Why Non-Slaveholding Southerners Fought," American Battlefield Trust, January 25, 2011, https://www.battlefields.org/learn/articles/why-non-slaveholding-southerners-fought.

69. Elaine Kamarck, "How Many Undocumented Immigrants Are in the United States and Who Are They?" November 12, 2019, https://www.brookings.edu/policy2020/votervital/how-many-undocumented-immigrants-are-in-the-united-states-and-who-are-they.

70. William H. Frey, "The US Will Become 'Minority White' in 2045, Census Projects: Youthful Minorities Are the Engine of Future Growth," Brookings, March 14, 2018, https://www.brookings.edu/blog/the-

avenue/2018/03/14/the-us-will-become-minority-white-in-2045-census-projects/.

71. 在2013年的一個重要判決中，最高法院廢除1965年通過的《選舉法案》中的核心元素，使九個州（大多是南方州）的這類不當行為得以不受聯邦監管。參見：Adam Liptak, "Supreme Court Invalidates Key Part of Voting Rights Act," *New York Times*, June 25, 2013, https://www.nytimes.com/2013/06/26/us/supreme-court-ruling.html。

72. Steven Levitsky and Daniel Ziblatt, "Why Republicans Play Dirty," *New York Times*, September 20, 2019, https://www.nytimes.com/2019/09/20/opinion/republicans-democracy-play-dirty.html?action=click&module=Opinion&pgtype=Homepage.

73. See Matthew Wills, "How Antebellum Christians Justified Slavery," *JSTOR Daily*, June 27, 2018, https://daily.jstor.org/how-antebellum-christians-justified-slavery/.

74. 截至2019年12月10日，川普自上任以來已經做出15,413件不實言論。參見：Glenn Kessler, Salvador Rizzo, and Meg Kelly, "President Trump Has Made 15,413 False or Misleading Claims over 1,055 Days," *Washington Post*, December 16, 2019, https://www.washingtonpost.com/politics/2019/12/16/president-trump-has-made-false-or-misleading-claims-over-days/。

75. Philip Schwadel and Gregory A. Smith, "Evangelical Approval of Trump Remains High, but Other Religious Groups Are Less Supportive," Pew Research Center, March 18, 2019, https://www.pewresearch.org/fact-tank/2019/03/18/evangelical-approval-of-trump-remains-high-but-other-religious-groups-are-less-supportive/.

76. Matthew Yglesias, "Fox News's Propaganda Isn't Just Unethical—Research Shows It's Enormously Influential: Without the 'Fox Effect,' Neither Bush nor Trump Could Have Won," Vox, March 4, 2019, https://www.vox.com/2019/3/4/18249847/fox-news-effect-swing-elections.

77. Clyde Haberman, "Roger Ailes," *New York Times*, May 18, 2017, https://www.nytimes.com/2017/05/18/business/media/roger-ailes-dead.html.

78. David Mikkelson, "Rush Limbaugh 'Racist Quotes' List," Snopes, https://www.snopes.com/fact-check/bone-voyage/.

79. Robert D. McFadden and Michael M. Grynbaum, "Rush Limbaugh," *New York Times*, February 18, 2021, https://www.nytimes.com/2021/02/17/business/media/rush-limbaugh-dead.html.

80. Thomas Philippon, The Great Reversal: *How America Gave Up on Free Markets* (Cambridge, MA: Belknap Press of Harvard University Press, 2019), chapter 10, especially pages 178–89 and figures 10.2a and 10.2b on page 189. See also Martin Wolf, "Why the US Economy Isn't as Competitive or Free as You Think," Financial Times, November 14, 2019, https://www.ft.com/content/97be3f2c-00b1-11ea-b7bc-f3fa4e77dd47.

81. "Joseph McCarthy: United States Senator," *Britannica*, https://www.britannica.com/biography/Joseph-McCarthy; and "John Birch Society," Britannica, https://www.britannica.com/topic/John-Birch-Society.

82. Social Capital Project, "The Class Divide in Marriage," SCP brief, November 2017, https://www.jec.senate.gov/public/_cache/files/aba9b359-7457-4704-b0f1-93232f54b650/class-divide-in-marriage.pdf.

83. 希拉蕊‧柯林頓：「籠統地說，你們可以把半數的川普支持者歸為我所謂的『一籃子的可悲者』（Basket of Deplorables），對吧？種族主義者、性別歧視者、恐同者、仇外者、伊斯蘭恐懼者，什麼人都有。很不幸地，就是有這樣的人，而他（川普）提振了他們的士氣。」參見：Katie Reilly, "Read Hillary Clinton's 'Basket of Deplorables' Remarks about Donald Trump Supporters," *Time*, September 10, 2016, https://time.com/4486502/hillary-clinton-basket-of-deplorables-transcript/。

84. Stuart Stevens, "Wake Up, Republicans. Your Party Stands for All the Wrong Things Now," Washington Post, January 1, 2020, https://www.washingtonpost.com/opinions/wake-up-republicans-your-party-stands-for-all-the-wrong-things-now/2019/12/31/c8347b32-2be8-11ea-9b60-817cc18cf173_story.html?utm_campaign=opinions&utm_medium=E-mail&utm_source=Newsletter&wpisrc=nl_opinions&wpmm=1.

85. See Jon Riley and Robert Chote, "Crisis and Consolidation in the Public Finances," Office for Budget Responsibility Working Paper No. 7, September 2014, https://obr.uk/docs/dlm_uploads/WorkingPaper7a.pdf

86. See Ch. Wiburski, *Libertas as a Political Idea at Rome during the Late Republic and Early Principate* (Cambridge: Cambridge University Press, 1950), published online by Cambridge University Press 2009, https://www.cambridge.org/core/books/abs/libertas-as-a-political-idea-at-rome-during-the-late-republic-and-early-principate/general-characteristics-of-libertas/9A3E2748D31B349194E1CC439A280911.

87. "Blackshirt: Italian History," *Britannica*, https://www.britannica.com/topic/Blackshirt; and "SA: Nazi Organization," Britannica, https://www.britannica.com/topic/SA-Nazi-organization.

88. Michael Barthel, "5 Key Takeaways about the State of the News Media in 2018," Pew Research Center, July 23, 2019, https://www.pewresearch.org/fact-tank/2019/07/23/key-takeaways-state- of-the-news-media-2018/.

89. Yascha Mounk, *The People vs. Democracy: Why Our Freedom Is in Danger and How to Save It* (Cambridge, MA: Harvard University Press, 2018), 149–50.

90. Jonathan Haidt and Tobias Rose-Stockwell, "The Dark Psychology of Social Networks: Why It Feels Like Everything Is Going Haywire," *Atlantic*, December 2019, https://www.theatlantic.com/magazine/archive/2019/12/social-media-democracy/600763/.

91. Martin Gurri, *The Revolt of the Public and the Crisis of Authority in the New Millennium* (San Francisco: Stripe Press, 2018), 395.

92. See Marietje Schaake, "Greater Online Transparency Is the Key to Defending Democracy," *Financial Times*, January 10, 2022, https://www.ft.com/content/0e1d1cd8-73af-4a63-b426-e0ee5a7bf834.

93. Marshall McLuhan, *Understanding Media: The Extensions of Man* (Cambridge, MA: MIT Press, 1964 and 1994).

94. Roberto S. Foa et al., *The Great Reset*.

95. Shawn W. Rosenberg, "Democracy Devouring Itself: The Rise of the Incompetent Citizen and the Appeal of Right Wing Populism," 2019, in Domenico Uhng Hur and José Manuel Sabucedo, eds., *Psychology of Political and Everyday Extremisms*, forthcoming, https://escholarship.org/content/qt8806z01m/qt8806z01m_noSplash_eef039c0e7aa9b1263a0d0b757d3d886.pdf.

96. 同上註。

97. Martin Wolf, "Democrats, Demagogues and Despots," *Financial Times*, December 21, 2016, https://www.ft.com/content/9310dcea-c5d2-11e6-8f29-9445cac8966f.

第三部序言

1. Branko Milanovic, *Capitalism Alone: The Future of the System That Rules the World* (Cambridge, MA, and London: Belknap Press of Harvard University Press, 2019).

2. 同上註，20711。

3. See Torben Iversen and David Soskice, *Democracy and Prosperity: Reinventing Capitalism through a Turbulent Century* (Princeton, NJ, and Oxford: Princeton University Press, 2019).

4. Martin Wolf, "The Case for Capitalism," *Financial Times*, March 28, 2019, https://www.ft.com/content/d8b903d0-4bfe-11e9-bbc9-6917dce3dc62.

第7章

1. The Independent, September 16, 1998, https://www.oxfordreference.com/view/10.1093/acref/9780191843730.001.0001/q-oro-ed5-00012411.

2. Cited in D. E. *Moggridge, Maynard Keynes: An Economist's Biography* (London and New York: Routledge, 1992), 695. 這段話取自凱因斯於1942年6月21日寫給腓特烈‧佩斯克-勞倫斯（Frederick Pethick-Lawrence，第一代佩斯克-勞倫斯男爵）的信。這封信的複製版可以透過線上，在劍橋大學三一學院（Trinity College Cambridge）取得："Letter from J. M. Keynes to F. W. Pethick-Lawrence," https://archives.trin.cam.ac.uk/index.php/letter-from-j-m-keynes-to-f-w-pethick-lawrence-23。

3. Karl Popper, *The Open Society and Its Enemies, vol. 1, The Spell of Plato* (London: Routledge, 1945).

4. 經濟人類學家傑森‧希克爾（Jason Hickel）主張我們應該擁抱「去成長」（degrowth，亦即放棄追求經濟成長），他說，資本主義是個有五百年歷史的道德與現實災難，人類應該停止認為他們是自然界的主宰。參見：Jason Hickel, *Less Is More: How Degrowth Will Save the World* (London: William Heinemann), 202。

5. 同上註，287。

6. Our World in Data, "Life Expectancy," https://ourworldindata.org/life-expectancy.

7. Martin Wolf, "What the World Can Learn from the COVID-19 Pandemic," *Financial Times*, November 24, 2020, https://www.ft.com/content/7f b55fa2-4aea-41a0-b4ea-ad1a51cb415f.

8. See Martin Wolf, "Last Chance for the Climate Transition," *Financial Times*, February 18, 2020, https://www.ft.com/content/3090b1fe-51a6-11ea-8841-482eed0038b1.

9. 關於我們需要的技術性革命，參見：Bill Gates, *How to Avoid a Climate Disaster: The Solutions We Have*

and the Breakthroughs We Need (London: Allen Lane, 2021)，以及能源轉型委員會（Energy Transitions Commission）發表的許多文獻，尤其是：Making Mission Possible: Delivering a Net-zero Economy, September 2020, https://www.energy-transitions.org/publications/making-mission-possible/; Keeping 1.5°C Alive: Closing the Gap in the 2020s, September 2021, https://www.energy-transitions.org/publications/keeping-1-5-alive/; and International Energy Agency, Net Zero by 2050: A Roadmap for the Global Energy Sector, October 2021, https://iea.blob.core.windows.net/assets/deebef5d-0c34-4539-9d0c-10b13d840027/NetZeroby2050-ARoadmapfortheGlobalEnergySector_CORR.pdf。

10. Edmund Burke, Reflections on the Revolution in France and on the Proceedings in Certain Societies in London Relative to That Event (London: Dodsley, 1790), https://gallica.bnf.fr/ark:/12148/bpt6k111218p.r =.langEN.

11. See Stéphane Courtois Nicolas Werth, Jean-Louis Panné, Andrzej Paczkowski, Karel Bartosek, and Jean-Louise Margolin, The Black Book of Communism: Crimes, Terror, Repression, trans. Jonathan Murphy and Mark Kramer (Cambridge, MA: Harvard University Press, 1999).

12. Leon Trotsky, "Revolutionary and Socialist Art," Literature and Revolution, chapter 8, https://www.marxists.org/archive/trotsky/1924/lit_revo/ch08.htm.

13. See Christopher Sandom, Soren Faurby, Brody Sandel, and Jens-Christian Svenning, "Global Late Quaternary Megafauna Extinctions Linked to Humans, Not Climate Change," Proceedings of the Royal Society, Biological Sciences, July 22, 2014, https://royalsocietypublishing.org/doi/10.1098/rspb.2013.3254.

14. Jeremy Shearmur and Piers Norris Turner, eds., "Ideal and Reality in Society" in Popper: After the Open Society: Selected Social and Political Writings (London and New York: Routledge, 2008), 55.

15. See "The Beveridge Report and the Foundations of the Welfare State," National Archives, December 7, 2017, https://blog.nationalarchives.gov.uk/beveridge-report-foundations-welfare-state/.

16. Richard Layard, Can We Be Happier? Evidence and Ethics (London: Pelican Books, 2020), and Andrew E. Clark, Sarah Flèche, Richard Layard, Nattavudh Powdthavee, and George Ward, The Origins of Happiness: The Science of Well-being over the Life Course (Princeton, NJ: Princeton University Press, 2018). See also Martin Wolf, "The Case for Making Wellbeing the Goal of Public Policy," Financial Times, May 30, 2019, https://www.ft.com/content/d4bb3e42-823b-11e9-9935-ad75bb96c849.

17. 歐巴馬政府的經濟顧問金恩・史柏林（Gene Sperling）撰寫過一本有關於以經濟尊嚴為基礎的傑作，這是架構改革方法的一條有用地途徑，參見：Gene Sperling, Economic Dignity (New York: Penguin, 2020)。

18. Joseph Stiglitz, Amartya Sen, and Jean-Paul Fitoussi, Report by the Commission on the Measurement of Economic Performance and Social Progress (Paris: Organisation for Economic Co-operation and Development, 2009), 14–15, https://web.archive.org/web/20160806043140/http://www.communityindicators.net/system/publication_pdfs/9/original/Stiglitz_ Sen_Fitoussi_2009.pdf?1323961027. 官方最早提出的GDP以外的衡量指標之一是聯合國開發計畫署（United Nations Development Program）在《人類發展報告，1990年》（Human Development Report 1990）中提出的「人類發展指數」（Human Development Index），這指標是已故巴基斯坦經濟學家馬布卜哈克（Mahbub ul Haq）指導、並在榮獲諾貝爾經濟學獎的印度經濟學家阿馬蒂亞・沈恩提供諮詢服務下發展出來的，參見"Human Development Index," http://hdr.undp.org/en/content/human-development-index-hdi。

19. See John F. Helliwell, Richard Layard, Jeffrey D. Sachs, Jan-Emmanuel De Neve, Lara B. Akin, and Shun Wang, World Happiness Report 2021, table 2.1, https://happiness-report.s3.amazonaws.com/2021/WHR+21.pdf. See also Our World in Data, "Self-Reported Life Satisfaction vs GDP per capita, 2020," https://ourworldindata.org/grapher/gdp-vs-happiness.

20. 羅斯福於1941年1月6日發表的「四大自由」（The Four Freedoms）演講，參見：https://www.americanrhetoric.com/speeches/fdrthefourfreedoms.htm。這演講更著名的是他為世界闡明的目標，在演講中，他提出「四大自由」的思想──言論自由，信仰自由，免於匱乏的自由，以及免於恐懼的自由。這四大自由或可被視為他國內目標的全球推論，他認為，美國與世界的命運緊密相關，美國不能做為專制汪洋中的一個民主自由孤島，因此，他說：「那些願意放棄基本自由以求一時安全的人，不配享有自由或安全。」

21. Michael Sandel, The Tyranny of Merit: What's Become of the Common Good? (London: Penguin, 2020).

22. John Kay and Mervyn King, Radical Uncertainty: Decision-making for an Unknowable Future (London: Bridge Street Press, 2020).

23. 關於黑天鵝，參見：Nicholas Taleb, The Black Swan: The Impact of the Highly Improbable (London and New York: Penguin, 2007)。

24. See Organization for Economic Co-operation and Development, "New Approaches to Economic Challenges," https://www.oecd.org/naec/. See also Martin Wolf, "Coronavirus Crisis Lays Bare the Risks of Financial Leverage, Again," *Financial Times*, April 28, 2020, https://www.ft.com/content/098dcd60-8880-11ea-a01c-a28a3e3fbd33.

25. See Friedrich A. Hayek, "Scientism and the Study of Society, Part I," *Economica* 9, no. 35 (August 1942): 267–91, https://www.jstor.org/stable/2549540?origin=crossref.

26. See Sébastien Miroudot, "Resilience Versus Robustness in Global Value Chains: Some Policy Implications," VoxEU, June 18, 2020, https://cepr.org/voxeu/columns/resilience-versus-robustness-global-value-chains-some-policy-implications.

27. 關於韌性，參見：Markus Brunnermeier, *The Resilient Society* (Colorado Springs: Endeavor, 2021)。

28. See International Federation of Accountants, Public Sector Committee, *Implementing Accrual Accounting in Government: The New Zealand Experience*, October 1994, https://www.ifac.org/system/files/publications/files/no-1-implementation-accr.pdf.

29. See Dag Detter and Stefan Fölster, *The Public Wealth of Nations: How Management of Public Assets Can Boost or Bust Economic Growth* (Basingstoke, UK: Palgrave Macmillan, 2015).

第8章

1. Warren Buffett, https://www.goodreads.com/author/quotes/756.Warren_Buffett.

2. 這句話節錄自前美國最高法院大法官奧立佛・溫德爾・霍姆斯在1927年的一件官司審判中撰寫的不同意見書。參見："Taxes Are What We Pay for Civilized Society," https://quoteinvestigator.com/2012/04/13/taxes-civilize/。

3. Dani Rodrik, *The Inescapable Trilemma of the World Economy*, Dani Rodrik's blog, June 27, 2007, https://rodrik.typepad.com/dani_rodriks_weblog/2007/06/the-inescapable.html.

4. See Mark Thomas, *99%: Mass Impoverishment and How We Can End It* (London: Apollo, 2019

5. 關於私人過度舉債的危險性以及導致的危機，參見：Richard Vague, *A Brief History of Doom: Two Hundred Years of Financial Crises* (Philadelphia: University of Pennsylvania Press, 2019)。

6. 關於政治人物的推諉歸咎，參見：Simon Wren-Lewis, *The Lies We Were Told: Politics, Economics, Austerity and Brexit* (Bristol: Bristol University Press, 2018)。

7. See, in particular, Martin Wolf, *The Shifts and the Shocks: What We've Learned—and Have Still to Learn—from the Financial Crisis* (London and New York: Penguin, 2014 and 2015), chapter 6.

8. Jason Furman and Lawrence H. Summers, "A Reconsideration of Fiscal Policy in the Era of Low Interest Rates," November 30, 2020, Discussion Draft, Brookings Institution, https://www.brookings.edu/wp-content/uploads/ 2020/11/furman-summers-fiscal-reconsideration-discussion-draft.pdf.

9. See Lawrence H. Summers and Anna Stansbury, "The End of the Golden Age of Central Banking?: Secular Stagnation Is about More Than the Zero Lower Bound," November 2020, preliminary and incomplete.

10. 在我的著作《面對轉變與衝擊的年代》（*The Shifts and the Shocks*）中譴責我所謂的「清算主義」（liquidationism）。

11. See Kimberly Amadeo, "Average American Middle-Class Net Worth?" *The Balance*, updated December 30, 2021, https://www.thebalance.com/american-middle-class-net-worth-3973493.

12. 關於這些論點，參見：Martin Wolf, "What Central Banks Ought to Target," *Financial Times*, March 2, 2021, https://www.ft.com/content/160db526-5e8d-4152-b711-21501a7f bd01。

13. 關於這些議題，參見：Martin Wolf, "A Matter of Interest—the Battle over Monetary Policy," Financial Times, July 27, 2022, https://www.ft.com/content/e7cc3c01-08e3-47fc-9442-d45378b34bb8，此文討論到以下兩本著作：Ben S. Bernanke, *21st Century Monetary Policy: The Federal Reserve from the Great Inflation to Covid-19* (London and New York: W. W. Norton, 2022)，以及Edward Chancellor, *The Price of Time: The Real Story of Interest* (London: Allen Lane, 2022)。

14. See Eric Lonergan, "Reply to Larry Summers," August 26, 2019, https://www.philosophyofmoney.net/a-reply-to-larry-summers/.

15. George Soros, "The EU Should Issue Perpetual Bonds," *Project Syndicate*, April 20, 2020, https://www.project-syndicate.org/commentary/finance-european-union-recovery-with-perpetual-bonds-by-george-soros-2020-04.

16. See Martin Wolf, "Restoring UK Growth Is More Urgent Than Cutting Public Debt," *Financial Times*,

December 13, 2020, https://www.ft.com/content/50394d54-1b2e-417b-ba6d-2204a4b05f24.

17. See Lawrence H. Summers, "The Biden Stimulus Is Admirably Bold and Ambitious. But It Brings Some Big Risks, Too," *Washington Post*, February 4, 2021, https://www.washingtonpost.com/opinions/2021/02/04/larry-summers-biden-covid-stimulus/

18. 參見：L. Randall Wray, Modern Money Theory: *A Primer on Macroeconomics for Sovereign Monetary Systems* (New York: Palgrave Macmillan, 2012)。關於這些思想的歷史，參見以下兩本著作：Warren Mosler, *Soft Currency Economics II: What Everyone Thinks They Know about Monetary Policy Is Wrong* (US Virgin Islands: Valance, 1996 and 2013)，以及Stephanie Kelton, *The Deficit Myth: Modern Monetary Theory and How to Build a Better Economy* (London: John Murray, 2020)。

19. 這些思想遠溯至經濟學家阿巴‧勒納（Abba Lerner），他是凱因斯最重要信徒之一。參見：Abba Lerner, "Money as a Creature of the State," *Papers and Proceedings of the Fifty-ninth Annual Meeting of the American Economic Association, American Economic Review* 37, no. 2 (May 1947): 312–17。

20. 關於現代貨幣理論，參見：Martin Wolf, "States Create Useful Money, but Abuse It," Financial Times, May 28, 2019, https://www.ft.com/content/fcc1274a-8073-11e9-9935-ad75bb96c849。

21. 1973年時，任教史丹佛大學的經濟學家愛德華‧邵（Edward Shaw）和羅納德‧麥金儂（Ronald McKinnon）提出「金融抑制」（financial repression）的概念，參見：Edward S. Shaw, *Financial Deepening in Economic Development* (New York: Oxford University Press, 1973)，以及Ronald McKinnon, *Money and Capital in Economic Development* (Washington, DC: Brookings Institution, 1973)。

22. Sebastian Edwards, "Modern Monetary Disasters," Project Syndicate, May 16, 2019, https://www.project-syndicate.org/commentary/modern-monetary-theory-latin-america-by-sebastian-edwards-2019-05.

23. Martin Wolf, "Larry Summers: I'm Concerned That What Is Being Done Is Substantially Excessive," *Financial Times*, April 12, 2021, https://www.ft.com/content/380ea811-e927-4fe1-aa5b-d213816e9073.

24. 關於這看法，參見：Martin Wolf, "The Return of the Inflation Specter," *Financial Times*, March 26, 2021, https://www.ft.com/content/6cfb36ca-d3ce-4dd3-b70d-eecc332ba1df。

25. See Charles Goodhart and Manoj Pradhan, *The Great Demographic Reversal: Aging Societies, Waning Inequality, and an Inflation Reversal* (London: Palgrave Macmillan, 2020), and Martin Wolf, "Why Inflation Could Be on the Way Back," *Financial Times*, November 17, 2020, https://www.ft.com/content/dea66630-d054-401a-ad1c-65ebd0d10b38.

26. 關於這點，參見：Martin Wolf, "The World Needs to Change the Way It Taxes Companies," Financial Times, March 7, 2019, https://www.ft.com/content/9a22b722-40c0-11e9-b896-fe36ec32aece。另亦參見：Alan Auerbach, Michael Devereux, Michael Keen, and John Vell, "Destination-Based Cash Flow Taxation," Oxford Legal Studies Research Paper No. 14/2017, Said Business School WP 2017-09, Oxford University Center for Business Taxation WP 17/01, https://papers.ssrn.com/sol3/papers.cfm?abstract_id=2908158。

27. See Martin Wolf, "The Threat and the Promise of Digital Money," *Financial Times*, October 22, 2019, https://www.ft.com/content/fc079a6a-f4ad-11e9-a79c-bc9acae3b654.

28. 關於數位貨幣，參見：Bank for International Settlements, "CBDCs: An Opportunity for the Monetary System," *Annual Economic Report 2021*, June 2021, chapter III, https://www.bis.org/publ/arpdf/ar2021e3.pdf; House of Lords Economic Affairs Committee, *Central Bank Digital Currencies: A Solution in Search of a Problem?*, HL Paper 131, January 13, 2022; and Markus Brunnermeier and Jean-Pierre Landau, *The Digital Euro: Policy Implications and Perspectives*, January 2022, Directorate-General for Internal Policies。

29. See Philippe Aghion, Céline Antonin, and Simon Bunel, trans. Jodie Cohen-Tanugi, *The Power of Creative Destruction: Economic Upheaval and the Wealth of Nations* (Cambridge, MA: Belknap Press of Harvard University Press, 2021). See also Martin Wolf, "How 'Creative Destruction' Drives Innovation and Prosperity," *Financial Times*, June 11, 2021, https://www.ft.com/content/3a0aa7cb-d10e-4352-b845-a50df70272b8.

30. See Jonathan Haskell and Stian Westlake, *Capitalism without Capital: The Rise of the Intangible Economy* (Oxford and Princeton, NJ: Princeton University Press, 2018).

31. See David Sainsbury, *Windows of Opportunity: How Nations Create Wealth* (London: Profile Books, 2020).

32. 同上注，chapter 2。這個重要思想的實證支持，參見：Ricardo Hausmann, César A. Hidalgo, Sebastián Bustos, Michele Coscia, Alexander Simoes, and Muhammed A. Yildirim, *The Atlas of Economic Complexity: Mapping Paths to Prosperity* (Cambridge, MA: MIT Press, 2014)。

33. See Alexander Hamilton, *Report on the Subject of Manufactures*, December 1791, and Friedrich List, Das

nationale System der politischen Oekonomie, 1841.

34. See DARPA, "Innovation at DARPA," July 2016, https://www.darpa.mil/attachments/DARPA_Innovation_2016.pdf.

35. Mariana Mazzucato, *The Entrepreneurial State: Debunking Public vs Private Myths* (London: Penguin, 2018). See also Martin Wolf, "A Much-Maligned Engine of Innovation," *Financial Times*, August 4, 2013, https://www.ft.com/content/32ba9b92-efd4-11e2-a237-00144feabdc0. 瑪里亞娜・馬祖卡托（Mariana Mazzucato）在她的另一著作中提出更富雄心的東西，參見：Mariana Mazzucato, *Mission Economy: A Moonshot Guide to Changing Capitalism* (London: Allen Lane, 2021)。對於馬祖卡托的這論述，約翰・凱伊提出了反駁，參見：John Kay, "Mission Economy by Mariana Mazzucato—Could Moonshot Thinking Help Fix the Planet?" *Financial Times*, January 13, 2021, https://www.ft.com/content/86475b94-3636-49ec-9b3f-7d7756350b30。

36. See "National Institutes of Health," https://www.nih.gov/, and "Medical Research Council (MRC)," https://mrc.ukri.org/about/institutes-units-centers/.

37. William H. Janeway, *Doing Capitalism in the Innovation Economy* (Cambridge: Cambridge University Press, 2012 and 2018).

38. Sainsbury, *Windows of Opportunity*, 226–27.

39. See Electronic Frontier Foundation, "Patent Trolls," https://www.eff.org/issues/resources-patent-troll-victims.

40. 諾貝爾經濟學獎得主約瑟夫・史迪格里茲建議更加倚賴透過獎賞來促進創新，參見：Joseph Stiglitz, "Prizes, Not Patents," *Project Syndicate*, March 6, 2007, https://www.project-syndicate.org/commentary/prizes—not-patents。

41. See Tejvan Pettinger, "Definition of Public Goods," *Economics Help: Helping to Simplify Economics*, July 28, 2019, https://www.economicshelp.org/micro-economic-essays/marketfailure/public-goods/.

42. Nicholas Gruen, "Government as Impresario," NESTA, October 20, 2014, https://www.nesta.org.uk/report/government-as-impresario/.

43. See William Lazonick, "Profits without Prosperity," *Harvard Business Review*, September 2014, https://hbr.org/2014/09/profits-without-prosperity; William Lazonick, Mustafa Erdem Sakinç, and Matt Hopkins, "Why Stock Buybacks Are Dangerous for the Economy," Harvard Business Review, January 2020, https://hbr.org/2020/01/why-stock-buybacks-are-dangerous-for-the-economy; and Andrew Smithers, *Productivity and the Bonus Culture* (Oxford: Oxford University Press, 2019).

44. 根據Our World in Data，2018年時，歐洲及北美占累積二氧化碳排放量的63%，參見：https://ourworldindata.org/grapher/cumulative-co2-emissions-region?time=earliest.latest。

45. International Monetary Fund, "Mitigating Climate Change," *World Economic Outlook October 2020*, chapter 3, https://www.imf.org/en/Publications/WEO/Issues/2020/09/30/world-economic-outlook-october-2020#Chapter%203.

46. Energy Transitions Commission, *Making Mission Possible: Delivering a Net-Zero Economy*, September 2020, https://www.energy-transitions.org/publications/making-mission-possible/; and Bill Gates, *How to Avoid a Climate Disaster: The Solutions We Have and the Breakthroughs We Need* (London: Allen Lane, 2021).

47. Martin Wolf, "Last Chance for the Climate Transition," *Financial Times*, February 18, 2020, https://www.ft.com/content/3090b1fe-51a6-11ea-8841-482eed0038b1.

48. See Earthworks, "FACT SHEET: Battery Minerals for the Clean Energy Transition," https://earthworks.org/fact-sheet-battery-minerals-for-the-clean-energy-transition/.

49. M. Garside, "Major Countries in Worldwide Cobalt Mine Production from 2010 to 2020," Statista, https://www.statista.com/statistics/264928/cobalt-mine-production-by-country/.

50. See, for example, "Economists' Statement on Carbon Dividends," January 17, 2019, https://clcouncil.org/economists-statement/; and James K. Boyce, *The Case for Carbon Dividends* (Cambridge, MA: Polity, 2019).

51. See Victor Mallet and David Keohane, "Year of 'Gilets Jaunes' Leaves Angry Mark on France, November 14, 2019, https://www.ft.com/content/9627c8be-0623-11ea-9afa-d9e2401fa7ca.

52. See Task Force on Climate-Related Financial Disclosures, "Climate Change Presents Financial Risk to the Global Economy," https://www.fsb-tcfd.org.

53. See Raghuram Rajan, "A Fair and Simple Way to Tax Carbon Emissions," *Financial Times*, December 17, 2019, https://www.ft.com/content/96782e84-2028-11ea-b8a1-584213ee7b2b.

54. See Martin Wolf, "Action Must Replace Talk on Climate Change," *Financial Times*, May 4, 2021, https://www.

ft.com/content/3fa154f3-84e7-4964-9a21-d3dbd41e1470.

55. John Kay, *Culture and Prosperity: The Truth about Markets: Why Some Nations Are Rich and Most Remain Poor* (New York: Harper Business, 2004).

56. See R. James Breiding, Too Small to Fail: *Why Some Small Nations Outperform Larger Ones and How They Are Reshaping the World* (Uttar Pradesh, India: HarperCollins 2019).

57. 關於貿易的好處，參見前國際貨幣基金副常務董事安妮‧克魯格（Anne O. Krueger）的傑出著作：Anne O. Krueger, *International Trade: What Everyone Needs to Know* (New York: Oxford University Press, 2020), especially 294–97。

58. See Michael Peel, Sam Fleming, and Guy Chazan, "EU Clamps Down on Covid Vaccine Exports," *Financial Times*, January 29, 2021, https://www.ft.com/content/24867d39-4507-4c48-be27-c34b581220b0.

59. See Martin Wolf, "The Big Mistakes of the Anti-Globalisers," *Financial Times*, June 21, 2022, https://www.ft.com/content/fa1f3a82-99c5-4f b2-8bff-a7e8d3f65849, and Martin Wolf, "In an Era of Disorder, Open Trade Is at Risk," *Financial Times*, June 28, 2022, https://www.ft.com/content/df62d58c-e864-4e3b-9aa6-5587e8ef1667.

60. 尤其是在美國，參見：Adam Posen, "The Price of Nostalgia: America's Self-Defeating Economic Retreat," *Foreign Affairs*, May/June 2021, https://www.foreignaffairs.com/articles/united-states/2021-04-20/america-price-nostalgia。

61. 關於主權和自主裁量權的區別，參見：Martin Wolf, "Brexit: Sovereignty Is Not the Same as Power," *Financial Times*, May 3, 2016, https://www.ft.com/content/fece7238-1071-11e6-91da-096d89bd2173。

62. See Bank for International Settlements, "Basel III: International Regulatory Framework for Banks," https://www.bis.org/bcbs/basel3.htm.

63. See Valentina Bruno and Hyun Song Shin, "Global Dollar Credit and Carry Trades: A Firm-Level Analysis," BIS Working Papers 510, Bank for International Settlements, August 2015, https://www.bis.org/publ/work510.pdf. 幣別錯配（currency mismatches）成本是我的著作《馬丁沃夫教你看懂全球金融》（*Fixing Global Finance*）探討的一個主題，參見：Martin Wolf, Fixing Global Finance (Baltimore and London: Johns Hopkins University Press, 2008 and 2010)。

64. See Maurice Obstfeld, "The Global Capital Market Reconsidered," in Paul Collier, Diane Coyle, Colin Mayer, and Martin Wolf, eds., "Capitalism: What Has Gone Wrong, What Needs to Change, and How It Can Be Fixed," *Oxford Review of Economic Policy* 37, no. 4 (Winter 2021): 690–706.

65. 值得一提的是，中國這個國內各地區所得極為不均的國家之所以控制國內的人口遷徙，正是因為擔心這種實質工資消長對社會與人口結構的影響。

66. George J. Borjas, "Immigration and Globalization: A Review Essay," *Journal of Economic Literature* 53, no. 4 (2015): 961–74, https://sites.hks.harvard.edu/fs/gborjas/publications/journal/JEL2015.pdf.

67. 關於引導創新的概念，參見：Dani Rodrik and Stefanie Stantcheva, "Fixing Capitalism's Good Jobs Problem," in Paul Collier et al., eds., Oxford Review of Economic Policy 37, no. 4 (Winter 2021): 824–37。

68. See Daron Acemoglu, "Written Testimony," at a "Hearing on Machines, Artificial Intelligence, & the Workforce: Recovering & Readying Our Economy for the Future," House Committee on the Budget, September 10, 2021, https://www.congress.gov/116/meeting/house/111002/witnesses/HHRG-116-BU00-Wstate-AcemogluD-20200910.pdf.

69. See Peter Scott, *Triumph of the South: A Regional Economic History of Early Twentieth Century Britain* (London and New York: Routledge, 2007 and 2018).

70. See Andrés Rodriguez-Pose, "The Revenge of the Places That Don't Matter (and What to Do about It)," *Cambridge Journal of Regions, Economy and Society* 11, no. 1 (March 2018): 189–209, title page, https://eprints.lse.ac.uk/85888/1/Rodriguez-Pose_Revenge%20of%20Places.pdf.

71. 同上注，30。

72. 同上注，32。

73. Paul Collier, *The Future of Capitalism: Facing the New Anxieties* (London: Allen Lane, 2018); and Raghuram Rajan, *Third Pillar: The Revival of Community in a Polarized World* (London: William Collins, 2019).

74. Martin Wolf, "Lessons in 'Leveling Up' from the Basque Country," *Financial Times*, November 30, 2021, https://www.ft.com/content/bb2c627f-1baa-4230-9cb8-3876c216b8f7.

75. See Nicholas Gruen, "The Evaluator General," Club Troppo, May 29, 2020, https://clubtroppo.com.

au/2020/05/29/the-evaluator-general/.

76. EurWORK: European Observatory of Working Life, "Flexicurity," May 7, 2013, https://www.eurofound.europa.eu/observatories/eurwork/industrial-relations-dictionary/flexicurity,

77. David Card and Alan B. Krueger, *Myth and Measurement: The New Economics of the Minimum Wage,* Twentieth-Anniversary Edition (Princeton, NJ: Princeton University Press, 2015).

78. Pavlina R. Tcherneva, The Case for a Jobs Guarantee (Cambridge, UK, and Medford, MA: Polity, 2020), 46–47.

79. Michael Hiscox, "The Job Guarantee—Weakening Worker Power?" *Challenge Magazine,* August 22, 2020, https://www.challengemag.org/post/the-job-guarantee-weakening-worker-power.

80. Martin Sandbu, *The Economics of Belonging: A Radical Plan to Win Back the Left Behind and Achieve Prosperity for All* (Princeton, NJ, and Oxford: Princeton University Press, 2020), chapter 6.

81. See Johanna Hop, "The Hartz Employment Reforms in Germany," Center for Public Impact, September 2, 2019, https://www.centreforpublicimpact.org/case-study/hartz-employment-reforms-germany/.

82. Michael Sandel, *The Tyranny of Merit: What's Become of the Common Good?* (London: Penguin, 2020).

83. See Martin Wolf, "Hypocrisy and Confusion Distort the Debate on Social Mobility," *Financial Times,* May 2, 2019, https://www.ft.com/content/577a0abe-6c04-11e9-a9a5-351eeaef6d84.

84. Personal Finance Data, "Net Worth Percentile Comparison Calculator by Age," https://personalfinancedata.com/networth-percentile-calculator/.

85. 關於福利國家的角色，參見：Nicholas Barr, *The Welfare State as Piggy Bank: Information, Risk, Uncertainty, and the Role of the State* (Oxford: Oxford University Press, 2001)。

86. See Martin Wolf, "The Welfare State Is a Piggy Bank for Life," *Financial Times,* March 31, 2016, https://www.ft.com/content/b7ae7e52-f69a-11e5-96db-fc683b5e52db; and Peter Levell, Barra Roantree, and Jonathan Shaw, "Redistribution from a Lifetime Perspective," Institute for Fiscal Studies, September 22, 2015, https://www.ifs.org.uk/publications/7986.

87. 根據經濟合作暨發展組織：「社會福利支出包括現金福利、直接提供產品與服務、社會福利目的的減稅。社會福利可能是針對低所得家計單位、老年人、殘障者、罹病者、失業者、或年輕人。必須涉及資源在家計單位之間的重新分配，或是涉及強制參與，才能被視為社會福利方案。」參見："Social Spending," https://data.oecd.org/socialexp/social-spending.htm。

88. 根據聯合國開發計畫署的人類發展指數（Human Development Index），人類發展度排名前十的國家包括丹麥、荷蘭、瑞士，法國的人類發展指數明顯較低，排名第二十六。參見：United Nations Development Program, Human Development Reports, "Human Development Index," http://hdr.undp.org/en/composite/HDI。

89. See Philippe Van Parijs and Yannick Vanderborght, *Basic Income: A Radical Proposal for a Free Society and a Sane Economy* (Cambridge, MA, and London: Harvard University Press, 2017).

90. Gene Sperling, *Economic Dignity* (New York, Penguin, 2020), 185.關於全民基本收入的充分討論，參見此書的184-189頁。

91. Annie E. Casey Foundation, Kids Count Data Center, Demographics, "Total Population by Child and Adult Populations in the United States," https://datacenter.kidscount.org/.

92. 關於聯邦收支，參見：Congressional Budget Office, "Monthly Budget Review: Summary for Fiscal Year 2019," November 7, 2019, https://www.cbo.gov/。關於GDP，參見：Bureau of Economic Analysis, US Department of Commerce, https://www.bea.gov/。關於社會安全支出，參見：American Association of Retired Persons, "How Much Social Security Will I Get?" https://www.aarp.org/retirement/social-security/questions-answers/how-much-social-security-will-i-get.html。關於聯邦醫療保險（Medicare），參見 Kaiser Family Foundation, "State Health Facts: Medicare Spending per Enrollee 2018," https://www.kff.org/medicare/state-indicator/per-enrollee-spending-by-residence。關於聯邦醫療補助（Medicaid），參見：Robin Rudowitz, Rachel Garfield, and Elizabeth Hinton, "10 Things to Know about Medicaid: Setting the Facts Straight," Kaiser Family Foundation, March 6, 2019, https://www.kff.org/medicaid/issue-brief/10-things-to-know-about-medicaid-setting-the-facts-straight/。

93. John Kay, "The Basics of Basic Income," https://www.johnkay.com/2017/04/05/basics-basic-income/.約翰·凱使用已故諾貝爾經濟學獎得主詹姆斯·托賓的理論，提出基本收入公式t = x + 25，其中t代表一國的平均稅率，x代表基本收入為人均所得的一個百分比，25%是高所得國家用以支付保健、教育、國防、公共行政、治安、司法及償債的國民所得比例。若每個居民獲得的基本收入等於人均國民所得的x%，此全民基本收入計畫的財政成本將為總國民所得的x%。

94. 用經濟學家的術語來說，全民基本收入制的「所得效果」（income effect）將高於較低邊際稅率的「替代效果」（subxtitution effect）。

95. Martin Sandbu, "The Case for the Affordability of Universal Basic Income," *Financial Times*, December 23, 2021, https://www.ft.com/content/3788b99e-7b8c-4641-8250-6f6823f1a7f6.

96. "Government Expenditure on Education, Total (% of GDP)—United Kingdom," The World Bank, https://data.worldbank.org/indicator/SE.XPD.TOTL.GD.ZS?locations=GB.

97. Liz Lightfoot, "The Student Experience—Then and Now," *Guardian*, June 24, 2016, https://www.theguardian.com/education/2016/jun/24/has-university-life-changed-student-experience-past-present-parents-vox-pops#:~:text=In%20the%20early%201960s%2C%20only,back%20over%20their%20working%20lives; and Sean Coughlan, "The Symbolic Target of 50% at University Reached," BBC News, September 26, 2019, https://www.bbc.com/news/education-49841620.

98. See Ron Diris and Erwin Ooghe, "The Economics of Financing Higher Education," *Economic Policy*, April 2018, 272, figure 2, https://ideas.repec.org/a/oup/ecpoli/v33y2018i94p265-314.html.

99. See Kiese Hansen and Time Shaw, "Solving the Student Debt Crisis," Aspen Institute Financial Security Program, February 2020, https://assets.aspeninstitute.org/wp-content/uploads/2020/03/SolvingStudentDebtCrisis.pdf.

100.關於這個的細節，參見：Money Advice Service, "Repaying Your Undergraduate Student Loan," https://www.moneyadviceservice.org.uk/en/articles/repaying-student-loans。

101.Pension Protection Fund, *The Purple Book 2020: DB Pensions Universe Risk Profile*, https://www.ppf.co.uk/sites/default/files/2020-12/PPF_Purple_Book_20.pdf.

102.關於退休金的經濟效益，參見：Martin Wolf, "Radical Reform of British Pension Provision Is Urgent," *Financial Times*, June 13, 2021, https://www.ft.com/content/791876ac-7cc2-4c0b-9f7a-c12b4f39f6d5; Wolf, "It Is Folly to Make Pensions Safe by Making Them Unaffordable," *Financial Times*, June 27, 2021, https://www.ft.com/content/138974df-5dc0-47e4-acb8-e2eb048fe8bd; and Wolf, "Equities Are the Only Sensible Foundation for Private Pensions," *Financial Times*, July 11, 2021, https://www.ft.com/content/e3a621d3-5cfc-4410-bd3c-0fde3535582b。

103.See Nick Green, "UK Steps Closer to Introducing CDC Pension Schemes," December 3, 2020, https://www.unbiased.co.uk/news/financial-adviser/uk-steps-closer-to-introducing-cdc-pension-schemes.

104.關於此概念，參見：Nicholas Gruen, "Superannuation Again," Club Troppo, May 31, 2005, https://clubtroppo.com.au/2005/05/31/superannuation-again/。

105.Martin Wolf, "We Must Accept Higher Taxes to Fund Health and Social Care," *Financial Times*, November 29, 2021, https://www.ft.com/content/efc67bb9-cff4-49e5-9101-67d2382ece09.

106.See US Department of Labor, "Trade Act Programs," https://www.dol.gov/general/topic/training/tradeact#:~:text=The%20Trade%20Adjustment%20Assistance%20(TAA,a%20result%20of%20increased%20imports.

107.See "Privilege," https://www.merriam-webster.com/dictionary/privilege.

108.Matthew Johnston, "Carried Interest: A Loophole in America's Tax Code," Investopedia, March 31, 2021, https://www.investopedia.com/articles/investing/102515/carried-interest-loophole-amer-icas-tax-code.asp.

109.「ίσονομία」是民主制度的兩個概念基礎之一，另一個是「ίσηγορία」（isegoria），在辯論中發言的平等權利。

110.例如，參見：Luigi Zingales, Jana Kasperkevic, and Asher Schechter, *Milton Friedman 50 Years Later. ProMarket*, 2020, Stigler Center for the Study of the Economy and the State, https://promarket.org/wp-content/uploads/2020/11/Milton-Friedman-50-years-later-ebook.pdf; and British Academy, *Principles for Purposeful Business: How to Deliver the Framework for the Future of the Corporation*, 2019, https://www.thebritishacademy.ac.uk/publications/future-of-the-corporation-principles-for-purposeful-business/.

111.British Academy, *Principles for Purposeful Business*, 8.

112.Business Roundtable, "Statement on the Purpose of a Corporation," August 19, 2019, https://system.businessroundtable.org/app/uploads/sites/5/2021/02/BRT-Statement-on-the-Purpose-of-a-Corporation-Feburary-2021-compressed.pdf.

113.See Richard Barker, Robert G. Eccles, and George Serafeim, "The Future of ESG Is . . . Accounting?" *Harvard Business Review*, December 3, 2020, https://hbr.org/2020/12/the-future-of-esg-is-accounting.

114. Smithers, *Productivity and the Bonus Culture.*

115. Jane Croft, "Ex-Barclays Libor Traders Receive Jail Sentences," *Financial Times*, July 7, 2016, https://www.ft.com/content/16215d97-971f-3209-87da-55d0a1f08c5f.

116. 關於這金融危機的成本，參見本書第六章，以及：Andrew G. Haldane, "The $100 Billion Question," speech delivered March 30, 2010, Bank for International Settlements, https://www.bis.org/review/r100406d.pdf。當時，安德魯·霍爾丹是英格蘭銀行金融穩定部執行董事。

117. See Laura Noonan, Cale Tilford, Richard Milne, Ian Mount, and Peter Wise, "Who Went to Jail for Their Role in the Financial Crisis?" *Financial Times*, September 20, 2018, https://ig.ft.com/jailed-bankers/#:~:text=Forty%2Dseven%20bankers%20were%20sentenced,the%20financial%20sector's%20catastrophic%20failures.

118. See Goodhart and Pradhan, *The Great Demographic Reversal*, 243–45.

119. Wendy Sawyer and Peter Wagner, "Mass Incarceration: The Whole Pie 2020," Prison Policy Initiative, March 24, 2020, https://www.prisonpolicy.org/reports/pie2020.html.

120. See Patrick Radden Keefe, "How Did the Sacklers Pull This Off?" *New York Times*, July 14, 2021, https://www.nytimes.com/2021/07/14/opinion/sackler-family-opioids-settlement.html。關於賽克勒家族的故事，參見：Patrick Radden Keefe, *Empire of Pain: The Secret History of the Sackler Dynasty* (New York: Doubleday, 2021)。另亦參見：Centers for Disease Control and Prevention, "Opioid Overdose Deaths," https://www.cdc.gov/drugoverdose/epidemic/index.html。關於鴉片戰爭，參見："Opium Wars," *Britannica*, https://www.britannica.com/topic/Opium-Wars。

121. Jason Furman et al., *Unlocking Digital Competition: Report on the Digital Competition Expert Panel*, March 2019, https://assets.publishing.service.gov.uk/government/uploads/system/uploads/attachment_data/file/785547/unlocking_digital_competition_furman_review_web.pdf.

122. Lina M. Khan, "Amazon's Antitrust Paradox," *Yale Law Journal* 126, no. 3 (January 2017), https://www.yalelawjournal.org/note/amazons-antitrust-paradox.

123. 關於新技術的政治牽連性，參見：Anne Applebaum and Peter Pomerantsev, "How to Put Out Democracy's Dumpster Fire," *Atlantic*, April 2021, https://www.theatlantic.com/magazine/archive/2021/04/the-internet-doesnt-have-to-be-awful/618079/。另亦參見：Luohan Academy, "Understanding Big Data: Data Calculus in the Digital Era 2021," February 5, 2021, https://www.luohanacademy.com/research/reports/2bcc5a5e3074df15。

124. Will Oremus, "Are You Really the Product? The History of a Dangerous Idea," *Slate*, April 27, 2018, https://slate.com/technology/2018/04/are-you-really-facebooks-product-the-history-of-a-dangerous-idea.html.

125. See GDPR.EU, "What Is GDPR, the EU's New Data Protection Law?" https://gdpr.eu/what-is-gdpr/#:~:text=The%20General%20Data%20Protection%20Regulation,to%20people%20in%20the%20EU.

126. Transparency International, *Corruption Perceptions Index*, https://www.transparency.org/en/cpi.關於幸福水準，參見：John F. Helliwell, Richard Layard, Jeffrey D. Sachs, Jan-Emmanuel De Neve, Lara B. Akin, and Shun Wang, eds., *World Happiness Report 2021* (New York: NY: Sustainable Development Solutions Network, 2022), https://happiness-report.s3.amazonaws.com/2021/WHR+21.pdf。

127. See Tom Burgis, *Kleptopia: How Dirty Money Is Conquering the World* (London: William Collins, 2020); and Frank Vogl, The Enablers: *How the West Supports Kleptocrats and Corruption—Endangering Our Democracy* (Lanham, MD: Rowman & Littlefield, 2021).

128. 關於发发可危的合法與非法分界，以及高酬勞專業人士在把非法變成合法方面扮演的角色，參見：Chuck Collins, *The Wealth Hoarders: How Billionaires Pay Millions to Hide Trillions* (Cambridge: Polity, 2021)。

129. Franklin Delano Roosevelt, "The Four Freedoms," speech, January 6, 1941, https://www.americanrhetoric.com/speeches/fdrthefourfreedoms.htm.

130. Office for Budget Responsibility, "Fiscal Sustainability Report, July 2020," 15, chart 5, https://cdn.obr.uk/OBR_FSR_July_2020.pdf.

131. Congressional Budget Office, "The 2021 Long-Term Budget Outlook, March 2021," 5, https://www.cbo.gov/system/files/2021-03/56977-LTBO-2021.pdf.

132. 參見以下這個有點久遠的調查與證據：Willi Leibfritz, John Thornton, and Alexandra Bibbee, "Taxation and Economic Performance," OECD, Economics Department Working Paper No. 176, OCDE/GD(97)107, Paris, https://econpapers.repec.org/paper/oececoaaa/176-en.htm。上述文獻結論道：「從文獻回顧和這裡提出的

更多研究結果來看，關於課稅對經濟表現的影響，在一些層面上並不明確，在其他層面上則是未定且有爭議。」

133. See United Nations Development Program, "Human Development Reports," http://hdr.undp.org/en/content/human-development-index-hdi.

134. Emmanuel Saez and Gabriel Zucman, *The Triumph of Injustice: How the Rich Dodge Taxes and How to Make Them Pay* (New York: W. W. Nor ton, 2019).

135. 同上注，14。

136. 同上注。

137. 同上注，19。以及：Facebook Investor Relations, "Facebook Reports Fourth Quarter and Full Year 2018 Results," https://investor.fb.com/investor-news/press-release-details/2019/Facebook-Reports-Fourth-Quarter-and-Full-Year-2018-Results/default.aspx.

138. John Guyton, Patrick Langetieg, Daniel Reck, Max Risch, and Gabriel Zucman, "Tax Evasion at the Top of the Income Distribution: Theory and Evidence," National Bureau of Economic Research Working Paper 28542, March 2021, http://www.nber.org/papers/w28542.

139. Enid Nemy, "Leona Helmsley, Hotel Queen, Dies at 87," *New York Times*, August 20, 2007, https://www.nytimes.com/2007/08/20/nyregion/20cnd-helmsley.html.

140. See Dag Detter and Stefan *Fölster, The Public Wealth of Nations: How Management of Public Assets Can Boost or Bust Economic Growth* (Basingstoke, UK: Palgrave Macmillan, 2015).

141. See Henry George, *Progress and Poverty: An Inquiry into the Cause of Industrial Depressions and of Increase of Want with Increase of Wealth: The Remedy* (Vega Publishing, 2019, first published 1879).

142. 這是了解政治經濟學家托爾本·艾佛森（Torben Iversen）及大衛·索斯吉斯（David Soskice）的合著的核心論點的一種方式，參見：Torben Iversen and David Soskice, *Democracy and Prosperity: Reinventing Capitalism through a Turbulent Century* (Princeton, NJ, and Oxford: Princeton University Press, 2019)。

143. Ray Dalio, Jordan Nick, Steven Kryger, and Bill Longfield, "Wealth Taxes," March 22, 2021, Bridgewater, unpublished.

144. James Politi, Aime Williams, and Chris Giles, "US Offers New Plan in Global Corporate Tax Talks," *Financial Times*, April 8, 2021, https://www.ft.com/content/847c5f77-f0af-4787-8c8e-070ac6a7c74f; and Chris Giles, Emma Agyemang, and Aime Williams, "136 Nations Agree to Biggest Corporate Tax Deal in a Century," *Financial Times*, October 8, 2021, https://www.ft.com/content/5dc4e2d5-d7bd-4000-bf94-088f17e21936.

第 9 章

1. John Stuart Mill, *Considerations on Representative Government*, 1861, Project Gutenberg, https://www.gutenberg.org/files/5669/5669-h/5669-h.htm.

2. "The Worst Form of Government," International Churchill Society, https://winstonchurchill.org/resources/quotes/the-worst-form-of-government/.

3. Foundation for Economic Education, "H. L. Mencken Quotes on Government, Democracy, and Politicians," https://fee.org/articles/12-hl-mencken-quotes-on-government-democracy-and-politicians/.

4. 關於這點，參見：Anna Lührmann and Staffan I. Lindberg, "A Third Wave of Autocratization Is Here: What Is New about It?" *Democratization* 26, no. 7 (2019): 1095–1113, https://www.tandfonline.com/doi/full/10.1080/13510347.2019.1582029。1930年代，仍然有一大部分人類受到本質上專制的帝國的統治。

5. See Ian Hughes, *Disordered Minds: How Dangerous Personalities Are Destroying Democracy* (Hampshire: Zero Books, 2018).

6. See Christopher H. Achen and Larry M. Bartels, *Democracy for Realists: Why Elections Do Not Produce Responsive Government* (Princeton, NJ, and Oxford: Princeton University Press, 2016).

7. 同上注，299。

8. 例如，雷根在競選總統時使用「福利女王」（welfare queens，指透過種種手段來依賴及濫用福利的人）一詞，老布希（George H. W. Bush）在1988年競選總統的廣告中提到殺人犯威利·赫頓（Willie Horton）。參見：National Public Radio, "The Original 'Welfare Queen,'" Code Switch, June 5, 2019, https://www.npr.org/transcripts/729294210?t=1654518358287; and Peter Baker, "Bush Made Willie Horton an Issue in 1988 and the Racial Scars Are Still Fresh," *New York Times*, December 3, 2018, https://www.nytimes.com/2018/12/03/us/politics/bush-willie-horton.html。（老布希當年競選時的對手是代表民主黨角逐的麻州

州長杜卡克斯，後者在州長任內實行准許囚犯外出休假的政策，包括一級謀殺犯。結果，因搶劫殺人而被判無期徒刑且終身不得假釋的囚犯威利‧赫頓在獲准週末外出休假期間又犯下強姦施暴案。老布希的競選廣告及活動以此案例攻擊杜卡克斯的監獄政策，杜卡克斯也因為他的這監獄政策，在這次總統競選中慘敗。）

9. 同上注，301。

10. Joseph A. Schumpeter, *Capitalism, Socialism and Democracy* (London: George Allen & Unwin, 1994, first published in the UK in 1943), 262.

11. "Washington's Farewell Address 1796," https://avalon.law.yale.edu/18th_century/washing.asp.

12. Jason Brennan, Against Democracy (Princeton, NJ, and Oxford: Princeton University Press, 2017).

13. 同上注，2017年紙本版的序言。

14. 同上注，243。

15. 關於柏拉圖對於詩文的看法，參見：Stanford Encyclopedia of Philosophy, "Plato on Rhetoric and Poetry," February 12, 2020, https://plato.stanford.edu/entries/plato-rhetoric/。

16. Karl Popper, *The Open Society and Its Enemies, vol. 1, The Age of Plato* (London: Routledge, 1945).

17. Brennan, *Against Democracy* (2017 ed.), Preface.

18. "Corruption Perception Index, 2019," Transparency International, https://www.transparency.org/en/cpi.

19. Achen and Bartels, *Democracy for Realists*, 317.

20. See Edward Luce, "A Sea of Troubles Surrounds the Question of Whether to Prosecute Trump," *Financial Times*, July 29, 2022, https://www.ft.com/content/8263e5c9-d886-4c81-807b-f9eb0d92508f.

21. Achen and Bartels, *Democracy for Realists*.

22. 同上注。

23. David Hume, *A Treatise of Human Nature*, book III, part III, section III, "Of the Influencing Motives of the Will," 3, https://www.pitt.edu/~mthompso/readings/hume.influencing.pdf.

24. Achen and Bartels, *Democracy for Realists*, 310.

25. See, on this, Nicholas Gruen, "Beyond Vox Pop Democracy: Democratic Deliberation and Leadership in the Age of the Internet," *More or Less: Democracy and the New Media*, 2012, http://www.futureleaders.com.au/book_chapters/pdf/More-or-Less/Nicholas_Gruen.pdf#zoom=80.

26. "Black Act 1723," Google Arts and Culture, https://artsandculture.google.com/entity/black-act-1723/m02sc6n?hl=en; and The Statutes Project, "1723: 9 George 1 c.22: The Black Act," https://statutes.org.uk/site/the-statutes/eighteenth-century/9-geo-i-c-22-the-black-act-1723/.

27. Michael Massing, "Does Democracy Avert Famine?" *New York Times*, March 1, 2003; and Amartya Sen, *Development as Freedom* (Oxford: Oxford University Press, 1999), chapter 6, "The Importance of Democracy."

28. Sen, Development as Freedom, 148.

29. See Nathan Gardels and Nicholas Berggruen, *Renovating Democracy: Governing in the Age of Globalization and Digital Capitalism* (Oakland, CA: University of California Press for the Berggruen Institute, 2019); Commission on the Practice of Democratic Citizenship, *Our Common Purpose: Reinventing American Democracy for the 21st Century* (Cambridge, MA: American Academy of Arts and Sciences, 2020); and Andrew Gamble and Tony Wright, eds., *Rethinking Democracy* (Newark, NJ: John Wiley for Political Quarterly Publishing, 2019).

30. Fernando Henrique Cardoso, "Brazil's Crisis Reflects Demise of Representative Democracy across the West," *Huffington Post*, September 5, 2016, https://www.huffpost.com/entry/brazils-crisis-reflects-demise-of-democracy_b_11867368.

31. George Orwell, "Notes on Nationalism," *Polemic*, October 1945 (New York: Penguin Modern Classics, 2018).

32. 關於愛國精神在成熟的民主制度中扮演的角色，參見以下精闢、發人省思的著作：Tim Soutphommasane, *The Virtuous Citizen: Patriotism in a Multicultural Society* (Cambridge: Cambridge University Press, 2012)。

33. See Martin Wolf, "When Multiculturalism Is a Nonsense," *Financial Times*, August 30, 2005, https://www.ft.com/content/ff41a586-197f-11da-804e-00000e2511c8.

34. "McKinstry's Churchill and Attlee: A Vanished Age of Political Respect," Richard M. Langworth, December 4, 2019, https://richardlangworth.com/mckenstry-attlee.

35. Ennius, *Annales*, https://www.loebclassics.com/view/ennius-annals/2018/pb_LCL294.193.xml.

36. Paul Collier, *The Future of Capitalism: Facing the New Anxieties* (London: Allen Lane, 2018), 8.

37. Lorraine Boissoneault, "Bismarck Tried to End Socialism's Grip—by Offering Government Healthcare," *Smithsonian Magazine*, July 14, 2017, https://www.smithsonianmag.com/.

38. 關於福利制度（尤其是高品質教育）在創造當代高所得民主國家中扮演的角色，參見：Torben Iversen and David Soskice, *Democracy and Prosperity: Reinventing Capitalism Through a Turbulent Century* (Princeton, NJ, and Oxford: Princeton University Press, 2019)。另亦參見：Martin Wolf, "The Case for Capitalism," *Financial Times*, March 28, 2019, https://www.ft.com/content/d8b903d0-4bfe-11e9-bbc9-6917dce3dc62。

39. See Alberto Alesina, Johann Harnoss, and Hillel Rapoport, "Immigration and the Future of the Welfare State in Europe," December 2014 (updated February 2018), Working Paper 2018-04, 2, Paris School of Economics, https://halshs.archives-ouvertes.fr/halshs-01707760/document.

40. 同上注，1。

41. Martin Wolf, "Disputed Fruit of Unskilled Immigration," *Financial Times*, April 4, 2006, https://www.ft.com/content/ba686d9a-c407-11da-bc52-0000779e2340.

42. Robert Smith and Jim Pickard, "Greensill Capital Paid Cameron Salary of More Than $1M a Year," *Financial Times*, July 12, 2021, https://www.ft.com/content/536867f4-2dd3-42a1-9b29-54ed92693635.

43. 伊利諾大學教授黛爾德瑞．麥克羅斯基闡釋「七種美德」在一個好生活和一個好社會中扮演的角色，這七種美德是：「非宗教的四美德」──勇氣、正義、節制、審慎；以及「神學的三美德」──信念、希望、愛。參見：Deirdre McCloskey, "Life's Primary Colours: How Humanity Forgot the Seven Principal Virtues," ABC News Australia, July 2, 2019, https://www.abc.net.au/religion/primary-colors-how-humanity-forgot-the-seven-principal-virtues/11272726。

44. 關於在多元社會中維持民主制度所遭遇的挑戰，參見：Yascha Mounk, *The Great Experiment: How to Make Diverse Democracies Work* (London: Bloomsbury, 2022), and Martin Wolf, "A Call to Arms for Diverse Democracies and Their 'Decent Middle,'" *Financial Times*, May 5, 2022, https://www.ft.com/content/83ba0474-70ea-4759-81f1-e14f6ea269fa。芒克認為，多元社會誤入三條歧途：混亂無序、宰制、分裂。多數族群認同政治導致宰制；少數族群認同政治導致分裂；若沒有任何一個族群取得宰制力，族群之間也未能達成權宜的妥協，那就會發生無政府狀態的混亂無序。這些全都是真確且值得擔心的危險。

45. 關於此課題，參見：Isabel Wilkerson, *Caste: The Origins of Our Discontents* (New York: Random House, 2020)。

46. See Adrian Wooldridge, *The Aristocracy of Talent: How Meritocracy Made the Modern World* (London: Allen Lane, 2021); David Goodhart, *Head Hand Heart: The Struggle for Dignity and Status in the 21st Century* (London: Penguin, 2021); and Michael Sandel, *The Tyranny of Merit: What's Become of the Common Good?* (London: Penguin, 2020).

47. 關於中華民族早年的行政制度，參見：S. E. Finer, *The History of Government: Ancient Monarchies and Empires, vol. 1, Ancient Monarchies and Empires* (Oxford: Oxford University Press, 1997 and 1999), book II, chapters 5 and 6; Francis Fukuyama, *The Origins of Political Order: From Prehuman Times to the French Revolution* (London: Profile Books, 2011), chapters 7 and 8; and Adrian Wooldridge, *The Aristocracy of Talent: How Meritocracy Made the Modern World* (London: Allen Lane, 2021)。

48. See Francis Fukuyama, *Political Order and Political Decay: From the Industrial Revolution to the Globalization of Democracy* (London: Profile Books, 2014), chapter 34, "America the Vetocracy."

49. 「宦官」概念在現代科層體制中的重要性也適用於企業科層制，員工同樣忠誠於公司，而非忠誠於其執行長。這個重要概念的提出者是蓋爾納（Ernest Gellner），參見其經典著作：Ernest Gellner, Nations and Nationalism (Oxford: Blackwell Press, 1983 and 2006)。

50. 關於經濟學作為專業知識來源的有限性，參見：Martin Wolf, "How Economists Failed as 'Experts'—and How to Make Them Matter Again," Institute for New Economic Thinking, March 12, 2019, https://www.ineteconomics.org/perspectives/blog/why-economists-failed-as-experts-and-how-to--make-them-matter-again。

51. Anjana Ahuja, "UK's Confused Claim to 'Follow the Science' Eroded Public Trust," Financial Times, May 19, 2020, https://www.ft.com/content/66413e62-98e7-11ea-871b-edeb99a20c6e.

52. 關於從疫情處理看出領導力需要的素養，以及由民粹主義煽動家擔任領導人的缺點，參見：Adecco Group, "Comparing the Outcome of Government Responses to COVID-19," January 2022, https://www.adeccogroup.com/en-ch/future-of-work/insights/government-response-2022/。

53. Tim Nichols, The Death of Expertise: *The Campaign against Established Knowledge and Why It Matters* (New York: Oxford University Press, 2017).

54. Minouche Shafik, "In Experts We Trust?" Bank of England, February 22, 2017, 12, https://www.bankofengland.co.uk/-/media/boe/files/speech/2017/in-experts-we-trust.pdf?la=en& hash=51801143BE9C2B AA60EF3F56F04D7A2E2C694952.

55. See Center for Presidential Transition, "Unconfirmed: Why Reducing the Number of Senate-Confirmed Positions Can Make Government More Effective," August 9, 2021, https://presidentialtransition.org/publications/unconfirmed-reducing-number-senate-confirmed-positions/.

56. On this, see Nicholas Gruen, "Trust and the Competition Delusion: A New Frontier for Political and Economic Reform," Griffith Review, https://www.griffithreview.com/articles/trust-competition-delusion-gruen/.

57. See Jane Jacobs, *Systems of Survival: A Dialogue on the Moral Foundations of Commerce and Politics* (New York: Random House, 1994)

58. "List of regulators in the United Kingdom," Wikipedia, https://en.wikipedia.org/wiki/List_of_regulators_in_the_United_Kingdom.

59. Paul Tucker, Unelected Power: *The Quest for Legitimacy in Central Banking and the Regulatory State* (Princeton, NJ, and Oxford: Princeton University Press, 2018).

60. R. James Breiding, *Too Small to Fail: Why Some Small Nations Outperform Larger Ones and How They Are Reshaping the World* (Uttar Pradesh, India: HarperCollins, 2019).

61. Raghuram Rajan, *The Third Pillar: The Revival of Community in a Polarized World* (London: William Collins, 2019), especially part III; and Collier, *The Future of Capitalism*, chapter 7.

62. "UK Treaties," https://www.gov.uk/guidance/uk-treaties.

63. Michael Crowley, "Trump Won't Commit to 'Peaceful' Post-Election Transfer of Power," *New York Times*, September 23, 2020, https://www.nytimes.com/2020/09/23/us/politics/trump-power-transfer-2020-election.html.

64. Electoral Reform Society, "Single Transferable Vote," https://www.electoral-reform.org.uk/voting-systems/types-of- voting-system/single-transferable-vote/.

65. George Washington, "Farewell Address," https://www.ourdocuments.gov/doc.php?flash=false&doc=15&page=t ranscript.

66. 在美國，挑選政黨提名人時，民粹主義者的高度參與，以及這造成的不幸後果，是以下這篇出色文獻的探討主題：Stephen Gardbaum and Richard H. Pildes, "Populism and Institutional Design: Methods of Selecting Candidates for Chief Executive," New York University Law Review 93 (2018): 647–708, https://www.nyulawreview.org/wp-content/uploads/2018/10/NYULawReview-93-4-Gardbaum-Pildes.pdf.另亦參見：Jonah Goldberg, "The Hollowing Out of American Parties," American Enterprise Institute, November 7, 2018, https://www.aei.org/articles/the-hollowing-out-of-american-political-parties/。

67. 美國開國元勛、美國憲法起草人之一亞歷山大・漢彌爾頓如此解釋選舉人團：「這種選舉流程提供一種道德確定性，永遠不會由未明顯具有必要資格的人入主總統府。」參見：Alexander Hamilton, "The Mode of Electing the President," Federalist Papers No. 68, March 14, 1788, https://avalon.law.yale.edu/18th_century/fed68.asp。是否真如他所說的，容有辯論，但現在，選舉人團已經欠缺獨立判斷，無法保證做到漢彌爾頓所言的境界，幾位美國總統不僅缺乏應具備的素質，甚至沒有獲得多數選票。

68. See Anne Applebaum, "The U.S. Shouldn't Be a 'Sleazy Offshore Principality,'" *Atlantic*, October 14, 2020, https://www.theatlantic.com/ideas/archive/2020/10/us-shouldnt-be-sleazy-offshore-principality/616717/.

69. 關於企業在政治中扮演的角色，參見：Thom Hartmann, *Unequal Protection: How Corporations Became "People"—and How You Can Fight Back* (San Francisco: Berrett-Koehler, 2010)，以及：Martin Wolf, "There Is a Direct Line from Milton Friedman to Donald Trump's Assault on Democracy," *ProMarket*, October 4, 2020, https://promarket.org/2020/10/04/milton-friedman-donald-trump-assault-on-democracy-corporations/。

70. 關於外國（主要是俄羅斯）干預美國選舉造成的影響，參見：David Shimer, *Rigged: America, Russia, and One Hundred Years of Covert Electoral Interference* (New York : Alfred A . Knopf, 2020)。

71. 亞歷西斯・托克維爾在其著作《美國的民主》（*Democracy in America*，第一卷完成於1835年，第二卷完成於1840年）中經常提到陪審團制度。

72. See John Bernheim and Nicholas Gruen, "Bernheim and Gruen on the Path toward Sortition," *Equality by Lot*, August 6, 2020, https://equalitybylot.com/2020/08/06/burnheim-and-gruen-on-the-path-toward-sortition/; and Nicholas Gruen, "An Unpublished Column on Sortition and Brexit," Equality by Lot, April 17, 2019,

https://equalitybylot.com/2019/04/17/an-unpublished-column-on-sortition-and-brexit/.

73. See Michela Palese, "The Irish Abortion Referendum: How a Citizens' Assembly Helped to Break Years of Political Deadlock," *Electoral Reform Society*, May 29, 2018, https://www.electoral-reform.org.uk/the-irish-abortion-referendum-how-a-citizens-assembly-helped-to-break-years-of-political-deadlock/.

74. "Daniel Patrick Moynihan," https://www.brainyquote.com/quotes/daniel_patrick_moynihan_182347.

第四部 序言

1. Martin Wolf, "Humanity Is a Cuckoo in the Planetary Nest," *Financial Times*, March 9, 2021,https://www.ft.com/content/a3285adf-6c5f-4ce4-b055-e85f39ff2988

第10章

1. 這引言沒有確鑿的出處。No verified source exists for this quotation.

2. See Martin Wolf, "How We Can Share Our Divided World," *Financial Times*, November 2, 2021, https://www.ft.com/content/b371e181-eac3-41ef-88c5-ca2bb20edd99.

3. 人口和GDP資料取自：https://data.worldbank.org/ and https://www.imf.org/en/Publications/WEO/weo-database/2021/April。世界銀行的高所得國家名單中有八個非民主國家：巴林、汶萊、香港、科威特、阿曼、卡達、沙烏地阿拉伯、阿拉伯聯合大公國。這些非民主國家的人口和GDP被排除於高所得國家總計外，2019年時，它們合計的人口為6,560萬人，購買力平價後的合計產出占全球GDP的2.6%，以市場價格計算的話，占2.3%。香港除外，它們全都是石油產國。

4. 關於這議題，參見：Dani Rodrik, *The Globalization Paradox: Democracy and the Future of the World Economy* (New York and London: W. W. Norton, 2011)，以及：Rodrik, *Straight Talk on Trade: Ideas for a Sane World Economy* (Princeton, NJ: Princeton University Press, 2017)。

5. Millennium Challenge Corporation, "Our Impact," https://www.mcc.gov/our-impact.

6. See Martin Wolf, "Containing China Is Not a Feasible Option," *Financial Times*, February 2, 2021,https://www.ft.com/content/83a521c0-6abb-4efa-be48-89ecb52c8d01; and Richard Haass, "A Cold War with China Would Be a Mistake," Council on Foreign Relations, May 11, 2020, https://www.cfr.org/article/cold-war-china-would-be-mistake.

7. Clyde Prestowitz, *The World Turned Upside Down: America, China, and the Struggle for Global Leadership* (New Haven, CT: Yale University Press, 2021), 223.

8. Anonymous, *The Longer Telegram: Toward a New American China Strategy*, Atlantic Council, Scowcroft Center for Strategy and Security, 2021, https://www.atlanticcouncil.org/content-series/atlantic-council-strategy-paper-series/the-longer-telegram/.

9. 同上註，6。

10. Demetri Sevastopulo, "US Accuses China of Operating 'Open-Air Prison' in Xinjiang," *Financial Times*, May 12, 2021, https://www.ft.com/content/1f9f5f30-dc6e-4228-8b43-5faf522f223a; and Tom Mitchell, "Business Worries Intensify Over China's Tightening Grip on Hong Kong," *Financial Times*, March 16, 2021, https://www.ft.com/content/098017c2-1c83-4da3-ac2a-53e7ed7fac81.

11. Demetri Sevastopulo and Kathrin Hille, "US Fears China Is Flirting with Seizing Control of Taiwan," *Financial Times*, March 27, 2021, https://www.ft.com/content/3ed169b8-3f47-4f66-a914-58b6e2215f7d.

12. Graham Allison, "The Geopolitical Olympics: Could China Win Gold?" *National Interest*, July 29, 2021, https://nationalinterest.org/feature/geopolitical-olympics-could-china-win-gold-190761.

13. See Martin Jacques, *When China Rules the World: The End of the Western World and the Birth of a New Global Order* (London: Penguin, 2009).

14. See Sean Golden, "A 'China Model' for the 'New Era,'" Barcelona Center for International Affairs, 2017, https://www.cidob.org/en/publications/publication_series/opinion/asia/a_china_model_for_the_new_era.

15. Kishore Mahbubani, "Biden and China: Friends or Foes," *Alumnus*, issue 124, January–March 2021, National University of Singapore, https://www.nus.edu.sg/alumnet/thealumnus/issue-124/perspectives/panorama/biden-and-china-friends-or-foes.

16. 參見新加坡學者、前外交官馬凱碩（Kishore Mahbubani）悲嘆西方國家在這方面的失敗：Kishore Mahbubani, *Has the West Lost It? A Provocation* (London: Allen Lane, 2018)。

17. Jonathan Kirshner, "Gone but Not Forgotten: Trump's Long Shadow and the End of American Credibility,"

Foreign Affairs, March/April 2021, https://www.foreignaffairs.com/articles/united-states/2021-01-29/trump-gone-not-forgotten.

18. 這詞彙是前美國副國務卿羅伯‧佐利克（Robert Zoellick）所創的："Whither China: From Membership to Responsibility?" September 21, 2015, US Department of State Archive, https://2001-2009.state.gov/s/d/former/zoellick/rem/53682.htm。

19. Branko Milanovic, *Capitalism Alone* (Cambridge, MA: Harvard University Press, 2019), 208.

20. John Emerich Edward Dalberg Acton (1st Baron Acton), Phrase Finder, https://www.phrases.org.uk/meanings/absolute-power-corrupts-absolutely.html.

21. See Martin Wolf, "The Economic Threats from China's Real Estate Bubble," Financial Times, October 5, 2021, and Matthew Klein and Michael Pettis, *Trade Wars Are Class Wars* (New Haven, CT: Yale University Press, 2020).

22. See Graham Allison, *Destined for War: Can America and China Escape Thucydides's Trap?* (Boston and New York: Houghton Mifflin Harcourt, 2017), and Graham Allison, "China's Geopolitics Are Pumped Up by Its Economic Success," *Financial Times*, October 4, 2020, https://www.ft.com/content/e2902988-ca56-4d21-ab2a-b416c9006c7b.

23. 榮獲諾貝爾和平獎的英國新聞工作者諾曼‧安吉爾（Norman Angell）在其知名著作《大幻覺》（*The Great Illusion: A Study of the Relation of Military Power in Nations to Their Economic and Social Advantage*）中指出，戰爭將是毀滅性的。該書最早出版於1909年，書名為《*Europe's Optical Illusion*》，再版時改名為《*The Great Illusion*》，書中論點再真確不過了，但最終仍然未能阻止蠢蛋發動戰爭。

24. "Cuban Missile Crisis," Britannica, https://www.britannica.com/event/Cuban-missile-crisis.

25. Jamie Smyth, "Chinese Tensions Put Australian Businesses under Pressure," *Financial Times*, November 11, 2020, https://www.ft.com/content/b764e4c9-cc38-43b6-848c-dba0cbc6475a.

26. 關於美國對中國貿易政策實務的觀點，參見：Office of the United States Trade Representative, Executive Office of the President, *Findings of the Investigation into China's Acts, Policies, and Practices Related to Technology Transfer, Intellectual Property, and Innovation under Sector 301 of the Trade Act of 1974*, March 22, 2018, https://ustr.gov/sites/default/files/Section%20301%20FINAL.PDF. 另亦參見：Martin Wolf, "Donald Trump Declares Trade War on China," Financial Times, May 8, 2018, https://www.ft.com/content/dd2af6b0-4fc1-11e8-9471-a083af05aea7。

27. 關於美國貿易政策行動違反世界貿易組織規範，尤其是對中國的關稅貿易戰，參見：Martin Wolf, "Donald Trump Creates Chaos with His Tariffs Trade War," *Financial Times*, July 10, 2018, https://www.ft.com/content/ba65ac98-8364-11e8-a29d-73e3d454535d。

28. Alan Beattie, "WTO to Suffer Heavy Blow as US Stymies Appeals Body," Financial Times, December 8, 2019, https://www.ft.com/content/f0f992b8-19c4-11ea-97df-cc63de1d73f4.

29. See Nicholas Lardy, *The State Strikes Back: The End of Economic Reform in China?* (Washington, DC: Peterson Institute for International Economics, 2019).

30. John Hurley, Scott Morris, and Gailyn Portelance, "Examining the Debt Implications of the Belt and Road Initiative from a Policy Perspective," Center for Global Development, CGD Policy Paper 121, March 2018, https://www.cgdev.org/sites/default/files/examining-debt-implications-belt-and-road-initiative-policy-perspective.pdf

31. Martin Wolf, "Humanity Is a Cuckoo in the Planetary Nest," *Financial Times*, March 9, 2021, https://www.ft.com/content/a3285adf-6c5f-4ce4-b055-e85f39ff2988.

32. 《金融時報》撰稿人艾倫‧比提（Alan Beattie）撰文分析過實行碳關稅的種種困難，參見：Alan Beattie, "Carbon Border Taxes Cannot Fix the Damage of Trump's Climate Move," Financial Times, June 8, 2017, https://www.ft.com/content/1d5e54ca-4b86-11e7-919a-1e14ce4af89b。實際上，碳關稅將只是過渡性質的調整措施，止在促使其他國家也實行碳定價。

33. 參見：Martin Wolf, "Action Must Replace Talk on Climate Change," *Financial Times*, May 4, 2021, https://www.ft.com/content/3fa154f3-84e7-4964-9a21-d3dbd41e1470，該文討論應付氣候變遷的套裝政策，包括對高碳排產品課徵碳關稅，目的是希望在2050年前達成全球淨零碳排。

34. See Statista, "Leading Importers of Fish and Fishery Products Worldwide in 2019 (in billion U.S. dollars)," https://www.statista.com/statistics/268266/top-importers-of-fish-and-fishery-products/.

35. World Atlas, "Countries Where Illegal Wildlife Trade Is a Major Threat to Wildlife," https://www.worldatlas.

com/articles/10-countries-most-infamous-for-illegal-wildlife-trade.html.

36. See US Department of State, "The Montreal Protocol on Substances That Deplete the Ozone Layer," https://www.state.gov/key-topics-office-of-environmental-quality-and-transboundary-issues/the-montreal-protocol-on-substances-that-deplete-the-ozone-layer/; and US Department of State, "Law of the Sea Convention," https://www.state.gov/law-of-the-sea-convention/.

37. International Monetary Fund, "IMF Members' Quotas and Voting Power, and IMF Board of Governors," May 23, 2021, https://www.imf.org/external/np/sec/memdir/members.aspx.

38. See Asian Infrastructure Investment Bank, https://www.aiib.org/en/index.html, and New Development Bank, https://www.ndb.int/.

結論

1. "Gettysburg Address," *Britannica*, https://www.britannica.com/event/Gettysburg-Address.

2. Sallus, *Bellum jugurthinum*, https://penelope.uchicago.edu/Thayer/E/Roman/Texts/Sallust/Bellum_Jugurthinum/1*.html.

3. 這些資料來自國際貨幣基金的世界經濟展望資料庫，2021年4月，https://www.imf.org/en/Publications/SPROLLs/world-economic-outlook-databases#sort=%40imfdate%20descending。

4. Global Security.org, "'Führerprinzip' (Leader Principle)," https://www.globalsecurity.org/military/world/europe/de-fuhrerprinzip.htm.

5. James M. Lindsay, "The 2020 Election by the Numbers," Council on Foreign Relations, December 15, 2020, https://www.cfr.org/blog/2020-election-numbers; and Martin Wolf, "The American Republic's Near-Death Experience," *Financial Times*, January 19, 2021, https://www.ft.com/content/c085e962-f27c-4c34-a0f1-5cf2bd813fbc.

6. Karl Popper, *The Open Society and Its Enemies, vol. 1, The Spell of Plato* (London: Routledge, 1945).

7. Anne Applebaum , *Twilight of Democracy: The Seductive Lure of Authoritarianism* (London: Allen Lane, 2020).

8. Steve Alexis, "Quotes by Hunter S. Thompson," April 13, 2020, Inspiring Alley, https://www.inspiringalley.com/hunter-s-thompson-quotes/.

9. Adrian Wooldridge, *The Aristocracy of Talent: How Meritocracy Made the Modern World* (London: Allen Lane, 2021).

10. 這段內容大量取自：Martin Wolf, "Democracy Will Fail If We Don't Think as Citizens," *Financial Times*, July 6, 2020, https://www.ft.com/content/36abf9a6-b838-4ca2-ba35-2836bd0b62e2。

致謝

1. Martin Wolf, *Why Globalization Works* (London and New Haven, CT: Yale University Press, 2004), Wolf, *Fixing Global Finance* (Baltimore and London: Johns Hopkins University Press and Yale University Press, 2008 and 2010), and Wolf, *The Shifts and the Shocks: What We've Learned—and Have Still to Learn—from the Financial Crisis* (London and New York: Penguin, 2014 and 2015).

2. Martin Sandbu, *The Economics of Belonging: A Radical Plan to Win Back the Left Behind and Achieve Prosperity for All* (Princeton, NJ, and Oxford: Princeton University Press, 2020).

參考文獻

Acemoglu, Daron. "Written Testimony." At a virtual hearing on "Machines, Artificial Intelligence, & the Workforce: Recovering & Readying Our Economy for the Future." House Committee on the Budget, September 10, 2021. https://www.congress.gov/116/meeting/house/111002/witnesses/HHRG-116-BU00-Wstate-AcemogluD-20200910.pdf.

Acemoglu, Daron, and James A. Robinson. The Narrow Corridor: States, Societies, and the Fate of Liberty. London and New York: Penguin Press, 2019.

Acemoglu, Daron, and James A. Robinson. Why Nations Fail: The Origins of Power, Prosperity, and Poverty. New York: Crown Business, 2012.

Acemoglu, Daron, David Autor, David Dorn, Gordon H. Hanson, and Brendan Price. "Import Competition and the Great US Employment Sag of the 2000s." Journal of Labor Economics 34, no. 1 (part 2, January 2016): 141–98. http://www.journals.uchicago.edu/doi/pdfplus/10.1086/682384.

Achen, Christopher H., and Larry M. Bartels. Democracy for Realists: Why Elections Do Not Produce Responsive Government. Princeton, NJ, and Oxford: Princeton University Press, 2016.

Adams, James Truslow. The Epic of America. New Brunswick and London: Transaction Publishers, 1931 and 2012.

Adecco Group. "Comparing the Outcome of Government Responses to COVID-19." January 2022. https://www.adeccogroup.com/en-ch/future-of-work/insights/government-response-2022/.

Admati, Anat. "Capitalism, Laws, and the Need for Trustworthy Institutions." In Paul Collier, Diane Coyle, Colin Mayer, and Martin Wolf, eds. "Capitalism: What Has Gone Wrong, What Needs to Change, and How It Can Be Fixed." Oxford Review of Economic Policy 37, no. 4 (Winter 2021): 678–89.

Admati, Anat, and Martin Hellwig. The Banker's New Clothes: What's Wrong with Banking and What to Do about It. Updated edition. Princeton, NJ: Princeton University Press, 2014.

Aghion, Philippe, Céline Antonin, and Simon Bunel. The Power of Creative Destruction: Economic Upheaval and the Wealth of Nations. Translated by Jodie Cohen-Tanugi. Cambridge, MA: Belknap Press of Harvard University Press, 2021.

Ahluwalia, Montek Singh. Backstage: The Story Behind India's High Growth Years. New Delhi: Rupa Publications, 2020.

Ahuja, Anjana. "UK's Confused Claim to 'Follow the Science' Eroded Public Trust." Financial Times, May 19, 2020. https://www.ft.com/content/66413e62-98e7-11ea-871b-edeb99a20c6e.

Alesina, Alberto, Johann Harnoss, and Hillel Rapoport. "Immigration and the Future of the Welfare State in Europe." December 2014 (updated February 2018). Working Paper 2018-04, Paris School of Economics. https://halshs.archives-ouvertes.fr/halshs-01707760/document.

Alexis, Steve. "Quotes by Hunter S. Thompson." Inspiring Alley, April 13, 2020. https://www.inspiringalley.com/hunter-s-thompson-quotes/.

Aliber, Robert Z., and Charles P. Kindleberger. Manias, Panics, and Crashes: A History of Financial Crises. 7th ed. London and New York: Palgrave Macmillan, 2015.

Allen, Robert C. "The British Industrial Revolution in Global Perspective: How Commerce Created the Industrial Revolution and Modern Economic Growth." 2006. https://users.nber.org/~confer/2006/SEGs06/allen.pdf.

Allison, Graham. "China's Geopolitics Are Pumped Up by Its Economic Success." Financial Times,

October 4, 2020. https://www.ft.com/content/e2902988-ca56-4d21-ab2a-b416c9006c7b.

Allison, Graham. Destined for War: Can America and China Escape Thucydides's Trap? Boston and New York: Houghton Mifflin Harcourt, 2017.

Allison, Graham. "The Geopolitical Olympics: Could China Win Gold?" National Interest, July 29, 2021. https://nationalinterest.org/feature/geopolitical-olympics-could-china-win-gold-190761.

Alpha History. "The Great Depression." https://alphahistory.com/nazigermany/the-great-depression/.

Amadeo, Kimberly. "What Is the Average American Net Worth?" The Balance. Updated December 30, 2021, https://www.thebalance.com/american-middle-class-net-worth-3973493.

American Association of Retired Persons. "How Much Social Security Will I Get?" https://www.aarp.org/retirement/social-security/questions-answers/how-much-social-security-will-i-get.html.

Anderson, Benedict. Imagined Communities: Reflections on the Origin and Spread of Nationalism. London and New York: Verso, 1983.

Andreau, Jean. "Personal Endebtment and Forgiveness in the Roman Empire." CADTM, December 17, 2012. http://www.cadtm.org/Personal-endebtment-and-debt (translated from the French).

Andrews, Dan, Chiara Criscuolo, and Peter Gal. The Global Productivity Slowdown, Technology Divergence and Public Policy: A Firm Level Perspective. OECD, Paris, 2016. https://www.oecd.org/global-forum-productivity/events/GP_ Slowdown_Technology_Divergence_and_Public_Policy_Final_after_conference_26_July.pdf.

Angell, Norman. The Great Illusion: A Study of the Relation of Military Power in Nations to Their Economic and Social Advantage. 3rd ed. New York and London: G. P. Putnam's Sons, 1911.

Annie E. Casey Foundation. Kids Count Data Center, Demographics. "Total Population by Child and Adult Populations in the United States," 2020. https://datacenter.kidscount.org/.

Anonymous. The Longer Telegram: Toward a New American China Strategy. Atlantic Council, Scowcroft Center for Strategy and Security, 2021. https://www.atlanticcouncil.org/content-series/atlantic-council-strategy-paper-series/the-longer-telegram/.

Applebaum, Anne. Twilight of Democracy: The Seductive Lure of Authoritarianism. London: Allen Lane, 2020.

Applebaum, Anne. "The U.S. Shouldn't Be a 'Sleazy Offshore Principality." Atlantic, October 14, 2020. https://www.theatlantic.com/ideas/archive/2020/10/us-shouldnt-be-sleazy-offshore-principality/616717/.

Applebaum, Anne, and Peter Pomerantsev. "How to Put Out Democracy's Dumpster Fire." Atlantic, March 8, 2021. https://www.theatlantic.com/magazine/archive/2021/04/the-internet-doesnt-have-to-be-awful/618079/.

Aristotle. Politics. Translated by T. A. Sinclair. Revised and re-presented by Trevor J. Saunders. London: Penguin Classics, 1981.

Asian Infrastructure Investment Bank. https://www.aiib.org/en/index.html.

Aslund, Anders. Russia's Crony Capitalism: The Path from Market Economy to Kleptocracy. New Haven: Yale University Press, 2019.

Atkinson, Anthony B. Inequality: What Can Be Done. Cambridge, MA, and London: Harvard University Press, 2015.

Auerbach, Alan, Michael Devereux, Michael Keen, and John Vell. "Destination-Based Cash Flow Taxation." Oxford Legal Studies Research Paper No. 14/2017. Said Business School WP 2017-09. Oxford University Center for Business Taxation WP 17/01. https://papers.ssrn.com/sol3/papers.cfm?abstract_id=2908158.

Autor, David H., David Dorn, and Gordon H. Hanson. "The China Shock: Learning from Labor Market Adjustment to Large Changes in Trade." National Bureau of Economic Research Working Paper Number 21906. January 2016. http://www.nber.org/papers/w21906.

Baggini, Julian. "Aristotle's Thinking on Democracy Has More Relevance Than Ever." Prospect, May 23, 2018. https://www.prospectmagazine.co.uk/philosophy/aristotles-thinking-on-democracy-has-more-relevance-than-ever.

Baker, Peter. "Bush Made Willie Horton an Issue in 1988 and the Racial Scars Are Still Fresh." New York Times, December 3, 2018. https://www.nytimes.com/2018/12/03/us/politics/bush-willie-horton.html.

Baldwin, James. The Fire Next Time. New York: Dial, 1963.

Baldwin, Richard E. The Globotics Upheaval: Globalization, Robotics, and the Future of Work. London: Weidenfeld & Nicolson, 2019.

Baldwin, Richard E. The Great Convergence: Information Technology and the New Globalization. Cambridge, MA: Belknap Press of Harvard University Press, 2016.

Baldwin, Richard E., and Philippe Martin. "Two Waves of Globalization: Superficial Similarities, Fundamental Differences." National Bureau of Economic Research. Working Paper Number 6904, January 1999. http://www.nber.org/papers/w6904.pdf.

Baldwin, Richard E., and Simon J. Evenett. COVID-19 and Trade Policy: Why Turning Inward Won't Work. A CEPR Press VoxEU.org eBook, 2020. https://voxeu.org/content/covid-19-and-trade-policy-why-turning-inward-won-t-work.

Baldwin, Tom. Ctrl Alt Delete: How Politics and the Media Crashed Our Democracy. London: Hurst and Company, 2018.

Bank of England. "Further Details about Sectoral Deposits and Divisia Money Data." https://www.bankofengland.co.uk/statistics/details/further-details-sectoral-deposits-and-divisia-money-data.

Bank of England. "The U.K. Exchange Control: A Short History." Bank of England Quarterly Bulletin, 1967, Third Quarter. https://www.bankofengland.co.uk/-/media/boe/files/quarterly-bulletin/1967/the-uk-exchange-control-a-short-history.pdf.

Bank for International Settlements. Annual Economic Report. June 2020. https://www.bis.org/publ/arpdf/ar2020e.pdf.

Bank for International Settlements. "Basel III: International Regulatory Framework for Banks." https://www.bis.org/bcbs/basel3.htm.

Bank for International Settlements. "Global OTC Derivatives Market." Table D5.1. https://stats.bis.org/statx/srs/table/d5.1.

Barker, Richard, Robert G. Eccles, and George Serafeim. "The Future of ESG Is . . . Accounting?" Harvard Business Review, December 3, 2020. https://hbr.org/2020/12/the-future-of-esg-is-accounting.

Barr, Nicholas. The Welfare State as Piggy Bank: Information, Risk, Uncertainty, and the Role of the State. Oxford: Oxford University Press, 2001

Barthel, Michael. "5 Key Takeaways about the State of the News Media in 2018." Pew Research Center, July 23, 2019. https://www.pewresearch.org/fact-tank/2019/07/23/key-takeaways-state-of-the-news-media-2018/.

Barwise, Patrick. "Nine Reasons Why Tech Markets Are Winner-Take-All." London Business School, July 10, 2018. https://www.london.edu/lbsr/nine-reasons-why-tech-markets-are-winner-take-all.

Baumol, William J. The Free-Market Innovation Machine: Analyzing the Growth Miracle of Capitalism. Princeton, NJ: Princeton University Press, 2004.

Baxter, Martin. "Three-D Politics and the Seven Tribes." Electoral Calculus, April 20, 2019. https://www.electoralcalculus.co.uk/pol3d_main.html.

Baxter, Martin. "Voter Migration by Group 2017–2019." Electoral Calculus, January 21, 2020. https://www.electoralcalculus.co.uk/pseph_group_migration_2019.html.

Beattie, Alan. "Carbon Border Taxes Cannot Fix the Damage of Trump's Climate Move." Financial Times, June 8, 2017. https://www.ft.com/content/1d5e54ca-4b86-11e7-919a-1e14ce4af89b.

Beattie, Alan. "WTO to Suffer Heavy Blow as US Stymies Appeals Body." Financial Times, December 8, 2019. https://www.ft.com/content/f0f992b8-19c4-11ea-97df-cc63de1d73f4.

Bebchuk, Lucian, and Jesse Fried. "The Growth of Executive Pay." National Bureau of Economic Research Working Paper No. 11443, June 2005. https://www.nber.org/papers/w11443.

Bebchuk, Lucian, and Jesse Fried. Pay without Performance: The Unfulfilled Promise of Executive Compensation. Cambridge, MA: Harvard University Press, 2004.

Beinhocker, Eric D. The Origin of Wealth: The Radical Remaking of Economics and What It Means for Business and Society. Cambridge, MA: Harvard University Press, 2006.

Belton, Catherine. Putin's People. London: William Collins, 2020.

Bénabou, Roland, and Jean Tirole. "Bonus Culture: Competitive Pay, Screening, and Multitasking." Journal of Political Economy 124, no. 2 (2016): 305–70.

Berlin, Isaiah. "Two Concepts of Liberty." In Isaiah Berlin, Four Essays on Liberty. Oxford: Oxford University Press, 1969, 118–72. https://cactus.dixie.edu/green/B_Readings/I_Berlin%20Two%20Concpets%20of%20Liberty.pdf.

Berman, Sheri. Democracy and Dictatorship in Europe: From the Ancien Régime to the Present Day. New York: Oxford University Press, 2019.

Bernanke, Ben S. "The Global Saving Glut and the U.S. Current Account Deficit." Remarks, March 10, 2005. Federal Reserve Board. https://www.federalreserve.gov/boarddocs/speeches/2005/200503102/.

Bernanke, Ben S. 21st Century Monetary Policy: The Federal Reserve from the Great Inflation to Covid-19. New York and London: W. W. Norton, 2022.

Bernheim, John, and Nicholas Gruen. "Bernheim and Gruen on the Path toward Sortition." Equality by Lot, August 6, 2020. https://equalitybylot.com/2020/08/06/burnheim-and-gruen-on-the-path-toward-sortition/.

Beschloss, Michael. "The Ad That Helped Reagan Sell Good Times to an Uncertain Nation." New York Times, May 7, 2016. https://www.nytimes.com/2016/05/08/business/the-ad-that-helped-reagan-sell-good-times-to-an-uncertain-nation.html.

Besley, Timothy. "Is Cohesive Capitalism Under Threat?" In Paul Collier, Diane Coyle, Colin Mayer, and Martin Wolf, eds. "Capitalism: What Has Gone Wrong, What Needs to Change, and How It Can Be Fixed." Oxford Review of Economic Policy 37, no. 4 (Winter 2021): 720–33.

Besley, Timothy, and Torsten Persson. Pillars of Prosperity: The Political Economics of Development Clusters. Princeton, NJ: Princeton University Press, 2011.

Bhagwati, Jagdish N., and Padma Desai. India: Planning for Industrialization. Oxford: Oxford University Press, for the Development Center of the Organization for Economic Co-operation and Development, 1970.

Bingham, Tom. The Rule of Law. London: Penguin, 2011.

Boissoneault, Lorraine. "Bismarck Tried to End Socialism's Grip—by Offering Government Healthcare." Smithsonian Magazine, July 14, 2017. https://www.smithsonianmag.com/.

Bordo, Michael D., Alan M. Taylor, and Jeffrey G. Williamson, eds. Globalization in Historical Perspective. Chicago: University of Chicago Press, 2003.

Bordo, Michael D., Barry Eichengreen, and Jongwoo Kim. "Was There Really an Earlier Period of International Financial Integration Comparable to Today's?" National Bureau of Economic Research Working Paper 6738, September 1998. www.nber.org.

Borjas, George J. "Immigration and Globalization: A Review Essay." Journal of Economic Literature 53, no. 4 (2015): 961–74. https://sites.hks.harvard.edu/fs/gborjas/publications/journal/JEL2015.pdf.

Bork, Robert H. The Antitrust Paradox: A Policy at War with Itself. 2nd ed. New York: Free Press, 1993.

Boyce, James K. The Case for Carbon Dividends. Cambridge, MA: Polity, 2019.

Breiding, R. James. Too Small to Fail: Why Some Small Nations Outperform Larger Ones and How They Are Reshaping the World. Uttar Pradesh, India: Harper Business, 2019.

The British Academy. Principles for Purposeful Business: How to Deliver the Framework for the Future of the Corporation, 2019. https://www.thebritishacademy.ac.uk/publications/future-of-the-corporation-principles-for-purposeful-business.

Brown, Chad P., and Melina Kolb. "Trump's Trade War Timeline: An Up-to-Date Guide." Peterson Institute for International Economics, August 6, 2020. https://www.piie.com/sites/default/files/documents/trump-trade-war-timeline.pdf.

Brown, Richard. A History of Accounting and Accountants. London: Routledge, 1905.

Brown, Roger. The Inequality Crisis: The Facts and What We Can Do about It. Bristol, UK, and Chicago: Policy Press, 2017.

Brown, Wendy. In the Ruins of Neoliberalism: The Rise of Antidemocratic Politics in the West. New York: Columbia University Press, 2019.

Brunnermeier, Markus. The Resilient Society. Colorado Springs, CO: Endeavor, 2021.

Brunnermeier, Markus, and Jean-Pierre Landau. The Digital Euro: Policy Implications and Perspectives, January 21, 2022. Directorate-General for Internal Policies.

Bruno, Valentina, and Hyun Song Shin. "Global Dollar Credit and Carry Trades: A Firm-Level Analysis." BIS Working Papers 510, August 2015, Bank for International Settlements. https://www.bis.org/publ/work510.pdf.

Brunsden, Jim, Sam Fleming, and Mehreen Khan. "EU Recovery Fund: How the Plan Will Work." Financial Times, July 21, 2020. https://www.ft.com/content/2b69c9c4-2ea4-4635-9d8a-1b67852c0322.

Bryan, Bob. "One Quote from Warren Buffett Is the Perfect Advice for Investing in the Age of Uber and Netflix." Business Insider, May 4, 2019. https://www.businessinsider.com/buffett-on-moats-2016-4?IR=T.

Brynjolfsson, Erik, and Andrew McAfee. Race against the Machine: How the Digital Revolution Is Accelerating Innovation, Driving Productivity, and Irreversibly Transforming Employment and the Economy. Lexington, MA: Digital Frontier Press, 2011.

Brynjolfsson, Erik, and Andrew McAfee. The Second Machine Age: Work, Progress, and Prosperity in a Time of Brilliant Technologies.

New York: W. W. Norton, 2014.

Bureau of Economic Analysis. US Department of Commerce. https://www.bea.gov/.

Burgis, Tom. Kleptopia: How Dirty Money Is Conquering the World. London: William Collins, 2020.

Burke, Edmund. Reflections on the Revolution in France and on the Proceedings in Certain Societies in London Relative to That Event. London: Dodsley, 1790.

Burn-Murdoch, John, Valentina Romei, and Chris Giles. "UK Economic Recovery Tracker: What the Latest Data on Activity Are Signaling." Financial Times, August 5, 2020. https://www.ft.com/uk-econ-tracker.

Business Roundtable. "Statement on the Purpose of a Corporation." August 19, 2019. https://system.businessroundtable.org/app/uploads/sites/5/2021/02/BRT-Statement-on-the-Purpose-of-a-Corporation-Feburary-2021-compressed.pdf.

Callaghan, James. "Leader's Speech, Blackpool 1976." http://www.britishpoliticalspeech.org/speech-archive.htm?speech=174.

Capie, Forrest. Capital Controls: A "Cure" Worse Than the Problem. London: Institute of Economic Affairs, 2002.

Card, David, and Alan B. Krueger. Myth and Measurement: The New Economics of the Minimum Wage. Twentieth-Anniversary Edition. Princeton, NJ: Princeton University Press, 2015.

Cardoso, Fernando Henrique. "Brazil's Crisis Reflects Demise of Representative Democracy across the West." Huffington Post, September 5, 2016. https://www.huffpost.com/entry/brazils-crisis-reflects-demise-of-democracy_b_11867368.

Cardozo Law. "Disney's Influence on U.S. Copyright Law." August 26, 2021. https://online.yu.edu/cardozo/ blog /disney-inf luence-copyright-law.

Carnegie Corporation of New York. "Voting Rights: A Short History," November 18, 2019. https://www.carnegie.org/our-work/article/voting-rights-timeline/.

Carroll, Lewis. "The Hunting of the Snark." https://www.poetryfoundation.org/poems/43909/the-hunting-of-the-snark.

Case, Anne, and Angus Deaton. Deaths of Despair and the Future of Capitalism. Princeton, NJ: Princeton University Press, 2020.

Case, Anne, and Angus Deaton. "Mortality and Morbidity in the 21st Century." Brookings Papers on Economic Activity. Spring 2017. https://www.brookings.edu/wp-content/uploads/2017/08/casetextsp17bpea.pdf.

Casleton, Scott. "It's Time for Liberals to Get Over Citizens United." Vox, May 7, 2018. https://www.vox.com /the-big-idea/2018/5/7/17325486/citizens-united-money-politics-dark-money-vouchers-primaries.

Cecchetti, Stephen G., and Enisse Kharroubi. "Reassessing the Impact of Finance on Growth." BIS Working Papers 381, July 2012. https://www.bis.org/publ/work381.pdf.

Cecchetti, Stephen G., and Enisse Kharroubi. "Why Does Financial Sector Growth Crowd Out Real Economic Growth?" BIS Working Papers 490, February 2015. https://www.bis.org/publ/work490.pdf.

Center for Financial Stability. "Advances in Monetary and Financial Measurement," 2021. http://www.centerforfinancialstability.org/amfm_data.php?startc=1984&startt=2000#methods.

Center for Presidential Transition. "Unconfirmed: Why Reducing the Number of Senate-Confirmed Positions Can Make Government More Effective." August 9, 2021. https://presidentialtransition.org/publications/unconfirmed-reducing-number-senate-confirmed-positions/.

Centers for Disease Control and Prevention. "Opioid Overdose Deaths." https://www.cdc.gov/drugoverdose/epidemic/index.html.

Chancellor, Edward. The Price of Time: The Real Story of Interest. London: Allen Lane, 2022.

Cingano, Federico. "Trends in Income Inequality and Its Impact on Economic Growth." OECD Social, Employment and Migration Working Papers No. 163, Paris, 2014. http://dx.doi.org/10.1787/5jxrjncwxv6j-en.

Clark, Andrew E., Sarah Flèche, Richard Layard, Nattavudh Powdthavee, and George Ward. The Origins of Happiness. The Science of Well-Being over the Life Course. Princeton, NJ: Princeton University Press, 2018.

Clemens, Michael A. "Economics and Emigration: Trillion-Dollar Bills on the Sidewalk?" Journal of Economic Perspectives 25, no. 3 (Summer 2011): 83–106.

Coase, Ronald H. "The Nature of the Firm." Economica 4, no. 16 (1937): 386–405. https://onlinelibrary.wiley.com /doi /f ull/10.1111/j.1468-0335.1937.tb00002.x.

Coggan, Philip. More: The 10,000-Year Rise of the World Economy. London: Economist Books, 2020.

Cohn, D'Vera. "How U.S. Immigration Laws and Rules Have Changed throughout History." Pew Research Center, September 30, 2015. https://www.pewresearch.org/fact-tank/2015/09/30/how-u-s-immigration-laws-and-rules-have-changed-through-history/.

Collier, Paul. The Future of Capitalism: Facing the New Anxieties. London: Allen Lane, 2018.

Collier, Paul, and John Kay. Greed Is Dead: Politics after Individualism. London: Allen Lane 2020.

Collins, Chuck. The Wealth Hoarders: How Billionaires Pay Millions to Hide Trillions. Cambridge, UK: Polity, 2021.

Commission on the Practice of Democratic Citizenship. Our Common Purpose: Reinventing American Democracy for the 21st Century. Cambridge, MA: American Academy of Arts and Sciences, 2020.

Conference Board. "Total Economy Database," 2021. https://www.conference-board.org/data/economydatabase/total-economy-database-productivity. Consensus Economics. https://www.consensuseconomics.com/.

Congressional Budget Office. The 2021 Long-term Budget Outlook. March 2021. https://www.cbo.gov/system/files/2021-03/56977-LTBO-2021.pdf.

Congressional Budget Office. "Monthly Budget Review: Summary for Fiscal Year 2019." November 7, 2019. https://www.cbo.gov/.

Cooper, Andrew F., and Colin I. Bradford Jr. The G20 and the Post-Crisis Economic Order. Center for International Governance

Innovation G20 Papers No. 3, June 2020. https://www.cigionline.org/sites/default/files/g20_no_3_0.pdf.

Corak, Miles. "Income Inequality, Equality of Opportunity, and Intergenerational Mobility." IZA Discussion Paper No. 7520. July 2013. http://ftp.iza.org/dp7520.pdf.

Coughlan, Sean. "The Symbolic Target of 50% at University Reached." BBC News. September 26, 2019. https://www.bbc.com/news/education-49841620.

Courtois, Stéphane, Nicolas Werth, Jean-Louis Panné, Andrzej Paczkowski, Karel Bartosek, and Jean-Louise Margolin. The Black Book of Communism: Crimes, Terror, Repression. Translated by Jonathan Murphy and Mark Kramer. Cambridge, MA: Harvard University Press, 1999.

Cowen, Tyler. The Great Stagnation: How America Ate All the Low-Hanging Fruit of Modern History, Got Sick, and Will (Eventually) Feel Better. New York: Dutton, 2011.

Coyle, Diane. "Building Back Better Requires Systemic Shifts." Financial Times, July 30, 2020. https://www.ft.com/content/72b1fbd7-6059-4cb9-835d-c608acc3e603.

Crafts, Nicholas. Globalization and Growth in the Twentieth Century. IMF Working Paper WP/00/44. Washington, DC, International Monetary Fund, 2000. https://www.imf.org/external/pubs/ft/wp/2000/wp0044.pdf.

Crivelli, Ernesto, Ruud De Mooij, and Michael Keen. "Base Erosion, Profit Shifting and Developing Countries." IMF Working Paper WP/15/118. May 2015. https://www.imf.org/en/Publications/WP/Issues/2016/12/31/Base-Erosion-Profit-Shifting-and-Developing-Countries-42973.

Croft, Jane. "Ex-Barclays Libor Traders Receive Jail Sentences." Financial Times, July 7, 2016. https://www.ft.com/content/16215d97-971f-3209-87da-55d0a1f08c5f.

Crowley, Michael. "Trump Won't Commit to 'Peaceful' Post-Election Transfer of Power." New York Times, September 23, 2020. https://www.nytimes.com/2020/09/23/us/politics/trump-power-transfer-2020-election.html.

Curtis, Polly. "Gordon Brown Calls Labor Supporter a 'Bigoted Woman.' " Guardian, April 28, 2010. https://www.theguardian.com/politics/2010/apr/28/gordon-brown-bigoted-woman.

Dal Bó, Ernesto, Federico Finan, Olle Folke, Torsten Persson, and Johanna Rickne. "Economic Losers and Political Winners: Sweden's Radical Right." February 2019. http://perseus.iies.su.se/~tpers/papers/CompleteDraft190301.pdf.

Dalio, Ray, Jordan Nick, Steven Kryger, and Bill Longfield. "Wealth Taxes." March 22, 2021. Bridgewater, unpublished.

DARPA. "Innovation at DARPA." July 2016. https://www.darpa.mil/attachments/DARPA_Innovation_2016.pdf.

Dasgupta, Partha. The Economics of Biodiversity: The Dasgupta Review—Full Report. April 23, 2021. https://www.gov.uk/government/publications/final-report-the-economics-of-biodiversity-the-dasgupta-review.

Day, Chris. The Beveridge Report and the Foundations of the Welfare State. National Archives, blog, December 7, 2017. https://blog.nationalarchives.gov.uk/beveridge-report-foundations-welfare-state/.

De Vries, Jan. "The Industrial Revolution and the Industrious Revolution." Journal of Economic History 54, no. 2 (1994): 249–70. http://www.jstor.org/stable/2123912.

Dervis, Kemal, and Caroline Conroy. "Nationalists of the World, Unite?" Brookings, November 26, 2018. https://www.brookings.edu/opinions/nationalists-of-the-world-unite/.

Detter, Dag, and Stefan Fölster. The Public Wealth of Nations: How Management of Public Assets Can Boost or Bust Economic Growth. Basingstoke: Palgrave Macmillan, 2015.

Diamond, Jared M. Guns, Germs and Steel: A Short History of Everybody for the Last 13,000 Years. London: Vintage, 1998.

Diamond, Jared M. "Jared Diamond: Lessons from a Pandemic." Financial Times, May 28, 2020. https://www.ft.com/content/71ed9f88-9f5b-11ea-b65d-489c67b0d85d.

Diamond, Larry. "Facing Up to the Democratic Recession." Journal of Democracy 26, no. 1 (January 2015). http://www.journalofdemocracy.org/sites/default/files/Diamond-26-1_0.pdf.

Diamond, Larry. Ill Winds: Saving Democracy from Russian Rage, Chinese Ambition, and American Complacency. New York: Penguin Press, 2019.

Diamond, Larry. The Spirit of Democracy: The Struggle to Build Free Societies throughout the World. New York: Henry Holt, 2009.

Diewert, W. Erwin. "Decompositions of Productivity Growth into Sectoral Effects." Paper Prepared for the IARIW-UNSW Conference on Productivity: Measurement, Drivers and Trends, November 2013. http://www.iariw.org/papers/2013/Diewert_Paper2.pdf.

Diris, Ron, and Erwin Ooghe. "The Economics of Financing Higher Education." Economic Policy, April 2018. https://ideas.repec.org/a/oup/ecpoli/v33y2018i94p265-314.html.

Doerr, Sebastian, Stefan Gissler, José-Luis Peydró, and Hans-Joachim Voth. "Financial Crises and Political Radicalization: How Failing Banks Paved Hitler's Path to Power." BIS World Papers, No. 978. November 22, 2021. https://www.bis.org/publ/work978.htm.

Domar, Evsey. "On the Measurement of Technological Change," Economic Journal 71, no. 284 (December 1961): 709–29.

Draghi, Mario. "Verbatim of the Remarks Made by Mario Draghi." July 26, 2012. European Central Bank. https://www.ecb.europa.eu/press/key/date/2012/html/sp120726.en.html.

Dube, Arindrajit. "Guest Post: Minimum Wage Laws and the Labor Market: What Have We Learned Since Card and Krueger's Book Myth and Measurement?" September 1, 2011. https://rortybomb.wordpress.com/2011/09/01/guest-post-minimum-wage-laws-and-the-labor-market-what-have-we-learned-since-card-and-krueger%E2%80%99s-book-myth-and-measurement/.

Dumas, Charles. Populism and Economics. London: Profile Books, 2018.

Durand, Cédric. Fictitious Capital: How Finance Is Appropriating Our Future. London and New York: Verso, 2017.

Durkheim, Émile. Le Suicide: Étude de Sociologie. Bar-le-Duc, France: Imprimerie Contant-Laguerre, 1897.

Dustmann, Christian, Baerry Eichengreen, Sebastian Otten, André Sapir, Guido Tabellini, and Gylfi Zoega. "Populism and Trust in Europe." VoxEU, August 2017. https://voxeu.org/article/populism-and-trust-europe.

Earthworks. "FACT SHEET: Battery Minerals for the Clean Energy Transition," April 17, 2019. https://earthworks.org/fact-sheet-battery-minerals-for-the-clean-energy-transition/.

"Economists Are Rethinking the Numbers on Inequality." Economist, November 28, 2019. https://www.economist.com/briefing/2019/11/28/economists-are-rethinking-the-numbers-on-inequality.

"Economists' Statement on Carbon Dividends." Climate Leadership Council, January 17, 2019. https://clcouncil.org/economists-statement/.

Editorial Board. "New Issuance of SDRs Is Vital to Help Poorer Countries." Financial Times, April 12, 2020. https://www.ft.com/content/2691bfa2-799e-11ea-af44-daa3def9ae03.

Edsall, Thomas B. "Trump Says Jump. His Supporters Ask How High?" New York Times, September 14, 2017. https://www.nytimes.com/2017/09/14/opinion/trump-republicans.html?action=click&pgtype=Homepage&clickSource=story-heading&module=opinion-c-col-right-region&region=opinion-c-col-right-region&WT.nav=opinion-c-col-right-region&_r=0.

Edsall, Thomas B. "We Aren't Seeing White Support for Trump for What It Is." New York Times, August 28, 2019. https://www.nytimes.com/2019/08/28/opinion/trump-white-voters.html?action=click&module=Opinion&pgtype=Homepage.

Edwards, Sebastian. "Modern Monetary Disasters." Project Syndicate, May 16, 2019. https://www.project-syndicate.org/commentary/modern-monetary-theory-latin-america-by-sebastian-edwards-2019-05.

Edwards, Sebastian. "On Latin American Populism, and Its Echoes around the World." National Bureau of Economic Research Working Paper No. 26333. October 2019. https://www.nber.org/papers/w26333.

Eichengreen, Barry. The Populist Temptation: Economic Grievance and Political Reaction in the Modern Era. New York: Oxford University Press, 2018.

Electoral Reform Society. "Single Transferable Vote," 2017. https://www.electoral-reform.org.uk/voting-systems/types-of-voting-system/single-transferable-vote/.

Electronic Frontier Foundation. "Patent Trolls." https://www.eff.org/issues/resources patent troll victims.

Ellis, Howard S. "Bilateralism and the Future of International Trade." Essays in International Finance No. 5, Summer 1945. International Finance Section, Department of Economics and Social Institutions, Princeton University, Princeton, New Jersey. https://ies.princeton.edu/pdf/E5.pdf.

Ellyatt, Holly. "Who Are 'Davos Man' and 'Davos Woman'?" CNBC, January 19, 2018. https://www.cnbc.com/2018/01/19/who-are-davos-man-and-davos-woman.html.

Encyclopedia Britannica, https://www.britannica.com.

Energy Transitions Commission. Keeping 1.5° C Alive: Closing the Gap in the 2020s. September 2021. https://www.energy-transitions.org/publications/keeping-1-5-alive/.

Energy Transitions Commission. Making Mission Possible: Delivering a Net-Zero Economy. September 2020. https://www.energy-transitions.org/publications/making-mission-possible/.

"Enoch Powell's 'Rivers of Blood' speech." https://anth1001.files.wordpress.com/2014/04/enoch-powell_speech.pdf.

Estevadeordal, Antoni, Brian Frantz, and Alan M. Taylor. "The Rise and Fall of World Trade, 1870 –1939." National Bureau of Economic Research Paper No. 9318. November 2002. http://www.nber.org/papers/w9318.

European Council on Foreign Relations. Crisis and Cohesion in the EU: A Ten-Year Review. February 5, 2018. https://www.ecfr.eu/page/-/ECFR-_245_-_Crisis_and_Cohesion_-_A_10_Year_Review_Janning_WEB.pdf.

EurWORK: European Observatory of Working Life. "Flexicurity." May 7, 2013. https://www.eurofound.europa.eu/observatories/eurwork/industrial-relations-dictionary/flexicurity.

Evans, Geoff, and Florian Schaffner. "Brexit Identities: How Leave Versus Remain Replaced Conservative Versus Labor Affiliations of British Voters." January 23, 2019. https://ukandeu.ac.uk/brexit-identities-how-leave-versus-remain-replaced-conservative-versus-labor-affiliations-of-british-voters/.

Facebook Investor Relations. "Facebook Reports Fourth Quarter and Full Year 2018 Results." https://investor.fb.com/investor-news/press-release-details/2019/Facebook-Reports-Fourth-Quarter-and-Full-Year-2018-Results/default.aspx.

Federal Reserve. "Federal Reserve Announces the Establishment of Temporary U.S. Dollar Liquidity Arrangements with Other Central Banks." March 19, 2020. https://www.federalreserve.gov/newsevents/pressreleases/monetary20200319b.htm.

Ferguson, Thomas, and Joel Rogers. Right Turn: The Decline of the Democrats and the Future of American Politics. New York: Farrar, Straus and Giroux, 1987.

Fetzer, Thiemo. "Austerity Caused Brexit." VoxEU, April 8, 2019. https://voxeu.org/article/austerity-caused-brexit.

Fetzer, Thiemo. "Did Austerity Cause Brexit?" Warwick University Working Paper Series No. 381. Revised June 2019. https://warwick.ac.uk/fac/soc/economics/research/centers/cage/manage/publications/381-2018_fetzer.pdf.

Financial Times. "Coronavirus Tracked: See How Your Country Compares." https://www.ft.com/content/a2901ce8-5eb7-4633-b89c-cbdf5b386938.

Findlay, Ronald, and Kevin H. O'Rourke. "Commodity Market Integration, 1500 –2000." In Michael D. Bordo, Alan M. Taylor, and Jeffrey G. Williamson, eds. Globalization in Historical Perspective. Chicago: University of Chicago Press, 2003. http://www.nber.org/chapters/c9585.pdf.

Findlay, Ronald, and Kevin H. O'Rourke. Power and Plenty: Trade, War, and the World Economy in the Second Millennium. Princeton, NJ: Princeton University Press, 2009.

Finer, S. E. The History of Government: Ancient Monarchies and Empires. Vol. 1, Ancient Monarchies and Empires. Oxford: Oxford University Press, 1997 and 1999.

Finer, S. E. The Man on Horseback: The Role of the Military in Politics. Abingdon and New York: Routledge, 1962 and 2017.

Fleming, Sam, Miles Johnson, and Ian Mount. "EU Rescue Package: Borrowing to Prevent a North-South Split." Financial Times, July 24, 2020. https://www.ft.com/content/1fd5785b-5f6f-4175-bae4-214b43a55804.

Fleming, Sam, Mehreen Khan, and Jim Brunsden. "EU Leaders Strike Deal on €750bn Recovery Fund after Marathon Summit." Financial Times, July 21, 2020. https://www.ft.com/content/713be467-ed19-4663-95ff-66f775af55cc.

Foa, R. S., A. Klassen, M. Slade, A. Rand, and R. Collins. "The Global Satisfaction with Democracy Report 2020." Cambridge, UK: Centre for the Future of Democracy, 2020. https://www.cam.ac.uk/system/files/report2020_003.pdf.

Foa, Roberto S., Xavier Romero-Vidal, Andrew J. Klassen, Joaquin Fuenzalida Concha, Marian Quednau, and Lisa Sophie Fenner. The Great Reset: Public Opinion, Populism, and the Pandemic. Centre for the Future of Democracy, University of Cambridge, January 14, 2022.

Foa, Roberto Stefan, and Yascha Mounk. "The Danger of Deconsolidation: The Democratic Disconnect." Journal of Democracy 27, no. 3 (July 2016): 5–17.

Foundation for Economic Education. "H. L. Mencken Quotes on Government, Democracy, and Politicians." https://fee.org/articles/12-hl-mencken-quotes-on-government-democracy-and-politicians/.

Fowler, Mayhill. "Obama: No Surprise That Hard-Pressed Pennsylvanians Turn Bitter." Huffington Post, November 17, 2008, updated May 25, 2011. https://www.huffingtonpost.com/mayhill-fowler/obama-no-surprise-that-ha_b_96188.html.

Frank, Robert H., and Philip J. Cook. The Winner-Take-All Society: Why the Few at the Top Get So Much More Than the Rest of Us. New York and London: Penguin, 1996.

Frankopan, Peter. The Silk Roads: A New History of the World. London: Bloomsbury, 2015. Especially chapter 1.

Frantz, Erica. Authoritarianism: What Everyone Needs to Know. Oxford: Oxford University Press, 2018.

Freedom House. "Democracy in Crisis." Freedom in the World 2018. https://freedomhouse.org/sites/default/files/2020-02/FH_FIW_Report_2018_Final.pdf .

Freedom House. "Democracy under Siege." Freedom in the World 2021. https://freedomhouse.org/sites/default/files/2021-02/FIW2021_World_02252021_FINAL-web-upload.pdf.

Frey, Carl Benedikt. The Technology Trap: Capital, Labor, and Power in the Age of Automation. Princeton, NJ, and Oxford: Princeton University Press, 2019.

Frey, William H. "The US Will Become 'Minority White' in 2045, Census Projects: Youthful Minorities Are the Engine of Future Growth." Brookings, March 14, 2018. https://www.brookings.edu/blog/the-avenue/2018/03/14/the-us-will-become-minority-white-in-2045-census-projects/.

Friedman, Benjamin. The Moral Consequences of Economic Growth. New York: First Vintage Books Edition, 2006.

Friedman, Milton. "The Social Responsibility of Business Is to Increase Its Profits." New York Times Magazine, September 13, 1970. https://web.archive.org/web/20060207060807/https://www.colorado.edu/studentgroups/libertarians/issues/friedman-soc-resp-business.html.

Friedman, Thomas L. The World Is Flat: The Globalized World in the Twenty-first Century. London and New York: Penguin, 2005.

Fukuyama, Francis. "The End of History?" National Interest 16 (Summer 1989): 3–18. https://www.jstor.org/stable/24027184.

Fukuyama, Francis. Identity: The Demand for Dignity and the Politics of Resentment. New York: Farrar, Straus and Giroux, 2018.

Fukuyama, Francis. The Origins of Political Order: From Prehuman Times to the French Revolution. London: Profile Books, 2011.

Fukuyama, Francis. Political Order and Political Decay: From the Industrial Revolution to the Globalization of Democracy. London: Profile Books, 2014.

Full Fact. "Everything You Might Want to Know about the UK's Trade with the EU." November 22, 2017. https://fullfact.org/europe/uk-eu-trade/.

Funke, Manuel, Moritz Schularik, and Christoph Trebesch. "Going to Extremes: Politics after Financial Crises, 1870 –2014." European Economic Review 88 (2016): 227– 60. http://www.macrohistory.net/wp-content/uploads/2015/10/Going-to-extremes.pdf.

Furman, Jason. "Beyond Antitrust: The Role of Competition Policy in Promoting Inclusive Growth." Searle Center Conference on Antitrust Economics and Competition Policy. September 16, 2016. https://obamawhitehouse.archives.gov/sites/default/files/page/files/20160916_searle_conference_competition_furman_cea.pdf.

Furman, Jason, and Lawrence H. Summers. "A Reconsideration of Fiscal Policy in the Era of Low Interest Rates." Brookings, November 30, 2020. https://www.brookings.edu/wp-content/uploads/2020/11/furman-summers-fiscal-reconsideration-discussion-draft.pdf.

Furman, Jason, et al. Unlocking Digital Competition: Report on the Digital Competition Expert Panel. March 2019. https://assets.publishing.service.gov.uk/government/uploads/system/uploads/attachment_data/file/785547/unlocking_digital_competition_furman_review_web.pdf.

Galbraith, John Kenneth. American Capitalism: The Concept of Countervailing Power. New York: Houghton Mifflin, 1952.

Galofré-Vilà, Gregori, Martin McKee, María Gómez-León, and David Stuckler. "The 1918 Influenza Pandemic and the Rise of Italian Fascism: A Cross-City Quantitative and Historical Text Qualitative Analysis." American Journal of Public Health 112, no. 2 (February 2022): 242– 47.

Galston, William A. Anti-Pluralism: The Populist Threat to Liberal Democracy. New Haven and London: Yale University Press, 2018.

Gamble, Andrew, and Tony Wright, eds. Rethinking Democracy. Chichester: John Wiley for Political Quarterly Publishing, 2019.

Gardbaum, Stephen, and Richard H. Pildes. "Populism and Institutional Design: Methods of Selecting Candidates for Chief Executive." New York University Law Review 93 (2018): 647–708. https://www.nyulawreview.org/wp-content/uploads/2018/10/NYULawReview-93-4-Gardbaum-Pildes.pdf.

Gardels, Nathan, and Nicholas Berggruen. Renovating Democracy: Governing in the Age of Globalization and Digital Capitalism. Oakland, CA: University of California Press for the Berggruen Institute, 2019.

Garside, M. "Major Countries in Worldwide Cobalt Mine Production from 2010 to 2020." Statista. https://www.statista.com/statistics/264928/cobalt-mine-production-by-country/.

Gates, Bill. How to Avoid a Climate Disaster: The Solutions We Have and the Breakthroughs We Need. London: Allen Lane, 2021.

GDPR.EU. "What Is GDPR, the EU's New Data Protection Law?" https://gdpr.eu/what-is-gdpr/#:~:text=The%20General%20Data%20Protection%20Regulation,to%20people%20in%20the%20EU.

Geary, Dick. "Who Voted for the Nazis?" History Today 48, no. 10 (October 1948). https://www.historytoday.com/archive/who-voted-nazis.

Gellner, Ernest. Nations and Nationalism. Oxford: Blackwell Press, 1983 and 2006.

George, Henry. Progress and Poverty: An Inquiry into the Cause of Industrial Depressions and of Increase of Want with Increase of Wealth: The Remedy. Vega Publishing, 2019. First published 1879.

Gessen, Masha. Surviving Autocracy. London: Granta, 2020.

Gethin, Amory, Clara Martínez-Toledano, and Thomas Piketty. "Brahmin Left Versus Merchant Right: Changing Political Cleavages in 21 Western Democracies 1948–2020." Quarterly Journal of Economics 137, no. 1 (2022).

Gidron, Noam, and Peter A. Hall. "The Politics of Social Status: Economic and Cultural Roots of the Populist Right." British Journal of Sociology 68, no. S1 (November 2017). https://onlinelibrary.wiley.com.doi/epdf /10.1111/1468-4446.12319.

Gilens, Martin, and Benjamin I. Page. "Critics Argued with Our Analysis of U.S. Political Inequality. Here Are 5 Ways They're Wrong." Washington Post, May 23, 2016. https://www.washingtonpost.com/news/monkey-cage/wp/2016/05/23/critics-challenge-our-portrait-of-americas-political-inequality-heres-5-ways-they-are-wrong/.

Gilens, Martin, and Benjamin I. Page. "Testing Theories of American Politics: Elites, Interest Groups, and Average Citizens." Perspectives on Politics 12, no. 3 (September 18, 2014): 564–81. https://www.cambridge.org/core/journals/perspectives-on-politics/issue/32534CA34A6B58E6E4420B56764850E1.

Giles, Chris. "Brexit Is an Example of Deglobalisation, Says Carney." Financial Times, September 18, 2017. https://www.ft.com/content/9b37cf6e-9c82-11e7-9a86-4d5a475ba4c5.

Giles, Chris, Emma Agyemang, and Aime Williams. "136 Nations Agree to Biggest Corporate Tax Deal in a Century." Financial Times, October 8, 2021. https://www.ft.com/content/5dc4e2d5-d7bd-4000-bf94-088f17e21936.

Global Security.org. "'Führerprinzip' Leader Principle." https://www.globalsecurity.org/military/world/europe/de-fuhrerprinzip.htm.

Global Trade Alert. Going Spare: Steel, Excess Capacity, and Protectionism. 22nd Global Trade Alert Report. London: Center for Economic Policy Research, 2018. https://www.globaltradealert.org/.

Global Trade Alert. Will Awe Trump Rules? 21st Global Trade Alert Report. London: Center for Economic Policy Research, 2017. https://www.globaltradealert.org/.

Goebbels, Joseph. "On National-Socialist Germany and Her Contribution toward Peace." Speech to the representatives of the international press at Geneva on September 28, 1933. German League of Nations Union News Service, PRO, FO 371/16728. Included within Völkerbund: Journal for International Politics, Ausgaben 1–103 (1933): 16. https://en.wikiquote.org/wiki/Joseph_Goebbels.

Goldberg, Michelle. "Trumpism Is a Racket, and Steve Bannon Knew It." New York Times, August 20, 2020. https://www.nytimes.com/2020/08/20/opinion/sunday/trump-steve-bannon-fraud.html.

Golden, Sean. "A 'China Model' for the 'New Era.' " Barcelona Center for International Affairs. 2017. https://www.cidob.org/en/publications/publication_series/opinion/asia/a_china_model_for_the_new_era.

Goldin, Ian, Pantelis Koutroumpis, François Lafond, Nils Rochowicz, and Julian Winkler. The Productivity Paradox: Reconciling Rapid Technological Change and Stagnating Productivity. Oxford Martin School, April 2019. https://www.oxfordmartin.ox.ac.uk/downloads/reports/Productivity_Paradox.pdf.

Goldthorpe, John H. "Social Class Mobility in Modern Britain: Changing Structure, Constant Process." Lecture in Sociology. The British Academy, read March 15, 2016. Journal of the British Academy 4 (July 18, 2016): 89–111. https://www.thebritishacademy.ac.uk/sites/default/files/05%20Gold thorpe%201825.pdf.

Goodhart, Charles, and Manoj Pradhan. The Great Demographic Reversal: Aging Societies, Waning Inequality, and an Inflation Reversal. London: Palgrave Macmillan, 2020.

Goodhart, David. Head Hand Heart: The Struggle for Dignity and Status in the 21st Century. London: Penguin, 2021.

Goodhart, David. The Road to Somewhere: The Populist Revolt and the Future of Politics. London: C. Hurst & Co, 2017.

Gordon, Robert J. The Rise and Fall of American Growth: The U.S. Standard of Living Since the Civil War. Princeton, NJ, and Woodstock, England: Princeton University Press, 2016.

Gourinchas, Pierre-Olivier, and Hélène Rey. "From World Banker to World Venture Capitalist: U.S. External Adjustment and the Exorbitant Privilege." In Richard H. Clarida, ed. Current Account Imbalances: Sustainability and Adjustment. Chicago: University of Chicago Press, 2007, 11–66. https://www.nber.org/chapters/c0121.pdf.

Groningen Growth and Development Centre, University of Groningen. Maddison Project. http://www.ggdc.net/maddison/maddison-project/data.htm.

Gruen, Nicholas. "Beyond Vox Pop Democracy: Democratic Deliberation and Leadership in the Age of the Internet." More or Less: Democracy and the New Media, 2012. http://www.futureleaders.com.au/book_chapters/pdf/More-or-Less/Nicholas_Gruen.pdf#zoom=80.

Gruen, Nicholas. "The Evaluator General." Club Troppo, May 29, 2020. https://clubtroppo.com.au/2020/05/29/the-evaluator-general/.

Gruen, Nicholas. "Government as Impresario." NESTA, October 20, 2014. https://www.nesta.org.uk/report/government-as-impresario/.

Gruen, Nicholas. "Superannuation Again." Club Troppo, May 31, 2005. https://clubtroppo.com.au/2005/05/31/superannuation-again/.

Gruen, Nicholas. "An Unpublished Column on Sortition and Brexit." Equality by Lot, April 17, 2019. https://equalitybylot.com/2019/04/17/an-unpublished-column-on-sortition-and-brexit/.

Guriev, Sergei, and Daniel Treisman. Spin Dictators: The Changing Face of Tyranny in the 21st Century. Princeton, NJ, and Oxford: Princeton University Press, 2022.

Gurri, Martin. The Revolt of the Public and the Crisis of Authority in the New Millennium. San Francisco: Stripe Press, 2018.

Guyton, John, Patrick Langetieg, Daniel Reck, Max Risch, and Gabriel Zucman. "Tax Evasion at the Top of the Income Distribution: Theory and Evidence." National Bureau of Economic Research Working Paper 28542. March 2021. http://www.nber.org/papers/w28542.

Gwartney, James, Joshua Hall, and Robert Lawson. Economic Freedom of the World 2016 Annual Report. Washington, DC: Cato Institute. https://store.cato.org/book/economic-freedom-world-2016-annual-report.

Haass, Richard. "A Cold War with China Would Be a Mistake." Council on Foreign Relations, May 11, 2020. https://www.cfr.org/article/cold-war-china-would-be-mistake.

Haidt, Jonathan, and Tobias Rose-Stockwell. "The Dark Psychology of Social Networks: Why It Feels Like Everything Is Going Haywire." Atlantic, December 2019. https://www.theatlantic.com/magazine/archive/2019/12/social-media-democracy/600763/.

Haldane, Andrew G. "The $100 Billion Question." Speech delivered March 30, 2010. Bank for International Settlements. https://www.bis.org/review/r100406d.pdf.

Haldane, Andrew G. "The Costs of Short-termism." In Michael Jacobs and Mariana Mazzucato, eds. Rethinking Capitalism: Economics and Policy for Sustainable and Inclusive Growth. Chichester: Wiley-Blackwell, 2016. Chapter 4, 66–76.

Hamilton, Alexander. "The Mode of Electing the President." Federalist Papers No. 68. March 14, 1788. https://avalon.law.yale.edu/18th_century/fed68.asp.

Hamilton, Alexander. Report on the Subject of Manufactures. December 1791.

Hansen, Alvin H. "Economic Progress and Declining Population Growth." American Economic Review 29, no.1, part 1 (March 1939). http://digamo.free.fr/hansen39.pdf.

Hansen, Kiese, and Time Shaw. "Solving the Student Debt Crisis." February 2020. Aspen Institute Financial Security Program. https://assets.aspeninstitute.org/wp-content/uploads/2020/03/SolvingStudentDebtCrisis.pdf.

Harari, Yuval. Sapiens: A Brief History of Humankind. London: Vintage Books, 2014.

Harding, Robin, Amy Kazmin, and Christian Shepherd. "Asian Trade Deal Set to Be Signed after Years of Negotiations." Financial Times, November 11, 2020. https://www.ft.com/content/ddaa403a-099c-423c-a273-6a2ed6ef45f2.

Harding, Robin, and John Reed. "Asia-Pacific Countries Sign One of the Largest Free Trade Deals in History." Financial Times, November 15, 2020. https://www.ft.com/content/2dff91bd-ceeb-4567-9f9f-c50b7876adce.

Hargreaves, Deborah. Are Chief Executives Overpaid? Cambridge: Polity, 2019.

Hartmann, Thom. Unequal Protection: How Corporations Became "People"—and How You Can Fight Back. San Francisco: Berrett-Koehler, 2010.

Haskell, Jonathan, and Stian Westlake. Capitalism without Capital: The Rise of the Intangible Economy. Oxford, England, and Princeton, NJ: Princeton University Press, 2018.

Haughton, Tim. "It's the Slogan, Stupid: The Brexit Referendum." University of Birmingham, no date. https://www.birmingham.ac.uk/research/perspective/eu-ref-haughton.aspx.

Hausmann, Ricardo, César A. Hidalgo, Sebastián Bustos, Michele Coscia, Alexander Simoes, and Muhammed A. Yildrim. The Atlas of Economic Complexity: Mapping Paths to Prosperity. Cambridge, MA: MIT Press, 2014.

Hayek, Friedrich A. The Road to Serfdom. London: Routledge, 1944.

Hayek, Friedrich A. "Scientism and the Study of Society, Part I." Economica 9, no. 35 (August 1942): 267–91. https://www.jstor.org/stable/2549540?origin=crossref.

Helliwell, John F., Richard Layard, Jeffrey D. Sachs, Jan-Emmanuel De Neve, Lara B. Akin, and Shun Wang. World Happiness Report 2021. https://happiness-report.s3.amazonaws.com/2021/WHR+21.pdf.

Hellwig, Martin. "'Capitalism: What Has Gone Wrong?': Who Went Wrong? Capitalism? The Market Economy? Governments? 'Neoliberal' Economics?" In Paul Collier, Diane Coyle, Colin Mayer, and Martin Wolf, eds. "Capitalism: What Has Gone Wrong, What Needs to Change, and How It Can Be Fixed." Oxford Review of Economic Policy 37, no. 4 (Winter 2021): 664–77.

Helpman, Elhanan. Globalization and Inequality. Cambridge, MA, and London: Harvard University Press, 2018.

Henderson, Richard, and Eric Platt. "'K-shaped' Stock Recovery Widens Gap between Winners and Losers." Financial Times, August 21, 2020. https://www.ft.com/content/680d9605-f112-4ea5-a5af-3b9138b5bf07.

Hickel, Jason. Less Is More: How Degrowth Will Save the World. London: William Heinemann, 2020.

Hirsch, Fred. The Social Limits to Growth. London: Routledge, 1995.

Hirschman, Albert O. Exit, Voice, and Loyalty: Responses to Decline in Firms, Organizations, and States. Cambridge, MA: Harvard University Press, 1972.

Hirst, Paul, and Grahame Thompson. Globalization in Question: The International Economy and the Possibilities of Governance. 2nd ed. Cambridge: Polity Press, 1999.

Hiscox, Michael. "The Job Guarantee—Weakening Worker Power?" Challenge Magazine, August 22, 2020. https://www.challengemag.org/post/the-job-guarantee-weakening-worker-power.

Hop, Johanna. "The Hartz Employment Reforms in Germany." Center for Public Impact. September 2, 2019. https://www.centreforpublicimpact.org/case-study/hartz-employment-reforms-germany/.

Horn, Sebastian, Carmen M. Reinhart, and Christoph Trebesch. "China's Overseas Lending." NBER Working Paper No. 26050. July 2019. Revised May 2020. National Bureau of Economic Research. http://papers.nber.org/tmp/36603-w26050.pdf.

House of Lords Economic Affairs Committee. Central Bank Digital Currencies: A Solution in Search of a Problem? HL Paper 131. January 13, 2022.

Hudson, Michael. And Forgive Them Their Debts: Lending, Foreclosure and Redemption from Bronze Age Finance to the Jubilee Year. Dresden: Islet-Verlag, 2018.

Hufbauer, Gary Clyde, and Euijin Jung. Why Has Trade Stopped Growing? Not Much Liberalization and Lots of Micro-protection. Peterson Institute for International Economics, March 23, 2016. https://piie.com/blogs/trade-investment-policy-watch/why-has-trade-stopped-growing-not-much-liberalization-and-lots.

Hughes, Ian. Disordered Minds: How Dangerous Personalities Are Destroying Democracy. Hampshire: Zero Books, 2018.

Hume, David. A Treatise of Human Nature. Book III. Part III. Section III. "Of the Influencing Motives of the Will." https://www.pitt.edu/~mthompso/readings/hume.influencing.pdf.

Hurley, John, Scott Morris, and Gailyn Portelance. "Examining the Debt Implications of the Belt and Road Initiative from a Policy Perspective." CGD Policy Paper 121. March 2018, Center for Global Development. https://www.cgdev.org/sites/default/files/examining-debt-implications-belt-and-road-initiative-policy-perspective.pdf.

Imperial College COVID-19 Response Team. "Report 9: Impact of Non-pharmaceutical (NPIs) to Reduced COVID-19 Mortality and Healthcare Demand." March 16, 2020. https://www.imperia.ac.uk/media/imperial-college/medicine/sph/ide/gida-fellowships/Imperial-College-COVID19-NPI-modelling-16-03-2020.pdf.

Independent Commission on Banking. Chair: Sir John Vickers. Final Report: Recommendations. September 2011. https://bankingcommission.s3.amazonaws.com/wp-content/uploads/2010/07/ICB-Final-Report.pdf.

Inglehart, Ronald F., and Pippa Norris. "Trump, Brexit, and the Rise of Populism: Economic Have-Nots and Cultural Backlash." RWP16-026, August 2016. https://www.hks.harvard.edu/publications/trump-brexit-and-rise-populism-economic-have-nots-and-cultural-backlash.

Institut National d'Études Démographiques. "Migration Worldwide." https://www.ined.fr/en/everything_about_population/demographic-facts-sheets/focus-on/migration-worldwide/.

International Civil Aviation Organization. "The World of Air Transport in 2018." https://www.icao.int/annual-report-2018/Pages/the-world-of-air-transport-in-2018.aspx.

International Energy Agency. Net Zero by 2050: A Roadmap for the Global Energy Sector. October 2021. https://iea.blob.core.windows.net/assets/deebef5d-0c34-4539-9d0c-10b13d840027/NetZeroby2050-ARoadmapfortheGlobalEnergySector_CORR.pdf.

International Federation of Accountants. Public Sector Committee. Implementing Accrual Accounting in Government: The New Zealand Experience. October 1994. https://www.ifac.org/system/files/publications/files/no-1-implementation-accr.pdf.

International Monetary Fund. Global Financial Stability Report, April 2020. https://www.imf.org/en/Publications/GFSR/Issues/2020/04/14/global-financial-stability-report-april-2020.

International Monetary Fund. "IMF Datamapper: Population." https://www.imf.org/external/datamapper/LP@WEO/OEMDC/ADVEC/WEOWORLD.

International Monetary Fund. "IMF Members' Quotas and Voting Power, and IMF Board of Governors." May 23, 2021. https://www.imf.org/external/np/sec/memdir/members.aspx.

International Monetary Fund. "The IMF's Response to COVID-19." June 29, 2020. https://www.imf.org/en/About/FAQ/imf-response-to-covid-19#Q1.

International Monetary Fund. "Where the IMF Gets Its Money." March 31, 2020. https://www.imf.org/en/About/Factsheets/Where-the-IMF-Gets-Its-Money.

International Monetary Fund. World Economic Outlook, April 2020: The Great Lockdown. Washington, DC: International Monetary Fund, 2020.

International Monetary Fund. World Economic Outlook Database. October 2020. https://www.imf.org/en/Publications/WEO/weo-database/2020/October.

International Monetary Fund. World Economic Outlook Databases. https://www.imf.org/en/Publications/SPROLLS/world-economic-outlook-databases#sort=%40imfdate%20descending.

International Monetary Fund. World Economic Outlook, October 2016: Subdued Demand: Symptoms and Remedies. Chapter 2, "Global Trade: What's behind the Slowdown."

International Monetary Fund. World Economic Outlook, October 2020: A Long and Difficult Ascent. Chapter 3, "Mitigating Climate Change." https://www.imf.org/en/Publications/WEO/Issues/2020/09/30/world-economic-outlook-october-2020#Chapter%203.

Irwin, Douglas. "Multilateral and Bilateral Trade Policies in the World Trading System: An Historical Perspective." In Jaime de Melo and Arvind Panagariya, eds. New Dimensions in Regional Integration. Cambridge: Cambridge University Press, 1993.

Iversen, Torben, and David Soskice. Democracy and Prosperity: Reinventing Capitalism through a Turbulent Century. Princeton, NJ, and Oxford: Princeton University Press, 2019.

Jacobs, Jane. The Economy of Cities. New York: Vintage Books, 1969.

Jacobs, Jane. Systems of Survival: A Dialogue on the Moral Foundations of Commerce and Politics. New York: Random House, 1994.

Jacobs, Michael, and Mariana Mazzucato, eds. Rethinking Capitalism: Economics and Policy for Sustainable and Inclusive Growth. Chichester: Wiley-Blackwell, 2016.

Jacques, Martin. When China Rules the World: The End of the Western World and the Birth of a New Global Order. London: Penguin, 2009.

Janeway, William H. Doing Capitalism in the Innovation Economy. Cambridge: Cambridge University Press, 2012 and 2018.

Jaspers, Karl. The Origin and Goal of History. New Haven, CT, and London: Yale University Press, 1953. http://www.collegiumphaenomenologicum.org/wp-content/uploads/2010/06/Jaspers-The-Origin-and-Goal-of-History.pdf.

Jeffries, Stuart. "Britain's Most Racist Election: The Story of Smethwick, 50 Years On." Guardian, October 15, 2014. https://www.theguardian.com/world/2014/oct/15/britains-most-racist-election-smethwick-50-years-on..

Jensen, Michael C. "Value Maximization, Stakeholder Theory, and the Corporate Objective Function." European Financial Management 7, no. 3 (2001): 297–317. https://efmaefm.org/bharat/jensen_efm2001.pdf.

Johnston, Matthew. "Carried Interest: A Loophole in America's Tax Code." Investopedia, March 31, 2021. https://www.investopedia.com/articles/investing/102515/carried-interest-loophole-americas-tax-code.asp.

Judis, John B. The Populist Explosion: How the Great Recession Transformed American and European Politics. New York: Columbia Global Reports, 2016.

Kagan, Robert. The Jungle Grows Back. New York: Alfred A. Knopf, 2018.

Kagan, Robert. "The World America Made—and Trump Wants to Unmake." Brookings, September 28, 2018. https://www.brookings.edu/opinions/the-world-america-made-and-trump-wants-to-unmake/.

Kaiser Family Foundation. "State Health Facts: Medicare Spending per Enrollee 2018." https://www.kff.org/medicare/state-indicator/per-enrollee-spending-by-residence.

Kaufmann, Eric. Whiteshift: Populism, Immigration, and the Future of White Majorities. London and New York: Allen Lane, 2018.

Kay, John. "The Basics of Basic Income." https://www.johnkay.com/2017/04/05/basics-basic-income/.

Kay, John. Culture and Prosperity: The Truth about Markets: Why Some Nations Are Rich and Most Remain Poor. New York: Harper Business, 2004.

Kay, John. "Mission Economy by Mariana Mazzucato—Could Moonshot Thinking Help Fix the Planet?" Financial Times, January 13, 2021. https://www.ft.com/content/86475b94-3636-49ec-9b3f-7d7756350b30.

Kay, John. Other People's Money: The Real Business of Finance. London: Profile Books, 2016.

Kay, John, and Mervyn King. Radical Uncertainty: Decision-Making for an Unknowable Future. London: Bridge Street Press, 2020.

Keefe, Patrick Radden. Empire of Pain: The Secret History of the Sackler Dynasty. New York: Doubleday, 2021.

Keefe, Patrick Radden. "How Did the Sacklers Pull This Off?" New York Times, July 14, 2021. https://www.nytimes.com/2021/07/14/opinion/sackler-family-opioids-settlement.html.

Kelton, Stephanie. The Deficit Myth: Modern Monetary Theory and How to Build a Better Economy. London: John Murray, 2020.

Kessler, Glenn, Salvador Rizzo, and Meg Kelly. "President Trump Has Made 15,413 False or Misleading Claims over 1,055 Days." Washington Post, December 16, 2019. https://www.washingtonpost.com/politics/2019/12/16/president-trump-has-made-false-or-misleading-claims-over-days/.

Kessler, Sarah. Gigged: The Gig Economy, the End of the Job and the Future of Work. New York: Random House Business, 2019.

Khan, Lina M. "Amazon's Antitrust Paradox." Yale Law Journal 126, no. 3 (January 2017). https://www.yalelawjournal.org/note/amazons-antitrust-paradox.

Kierzkowski, Henryk, ed. From Europeanization of the Globe to the Globalization of Europe. London: Palgrave, 2002.

King, Stephen D. Grave New World: The End of Globalization and the Return of History. London and New Haven: Yale University Press, 2017.

Kirshner, Jonathan. "Gone but Not Forgotten: Trump's Long Shadow and the End of American Credibility." Foreign Affairs, March/April 2021. https://www.foreignaffairs.com/articles/united-states/2021-01-29/trump-gone-not-forgotten.

Klasing, Mariko J., and Petros Milionis. "Quantifying the Evolution of World Trade, 1870–1949." March 29, 2014. https://papers.ssrn.com/sol3/papers.cfm?abstract_id=2087678.

Klein, Matthew, and Michael Pettis. Trade Wars Are Class Wars. New Haven, CT: Yale University Press, 2020.

Kochhar, Rakesh. "Hispanic Women, Immigrants, Young Adults, Those with Less Education Hit Hardest by COVID-19 Job Losses." Pew Research Center, June 9, 2020. https://www.pewresearch.org/.

Krastev, Ivan, and Stephen Holmes. The Light That Failed: A Reckoning. New York and London: Penguin, 2019.

Krueger, Alan. "The Rise and Consequences of Inequality in the United States of America." Center for American Progress, January 12, 2012. https://cdn.americanprogress.org/wp-content/uploads/events/2012/01/pdf/krueger.pdf.

Krueger, Anne O. International Trade: What Everyone Needs to Know. New York: Oxford University Press, 2020.

Kuttner, Robert. Can Democracy Survive Global Capitalism? New York: W. W. Norton, 2018.

Lack, Simon. The Hedge Fund Mirage: The Illusion of Big Money and Why It's Too Good to Be True. Hoboken, NJ: John Wiley & Sons, 2012.

Lakner, Christoph, and Branko Milanovic. "Global Income Distribution from the Fall of the Berlin Wall to the Great Recession." World Bank Policy Research Working Paper 6719. December 2013. http://documents.worldbank.org/curated/en/914431468162277879/pdf/WPS6719.pdf.

Lal, Deepak. Unintended Consequences: The Impact of Endowments, Culture, and Politics on Long-Run Economic Performance. Cambridge, MA, and London: MIT Press, 2001.

Lane, Philip R., and Gian M. Milesi-Ferretti. "The External Wealth of Nations Mark II: Revised and Extended Estimates of Foreign Assets and Liabilities, 1970 –2004." Journal of International Economics 73, no. 2 (2007).

Lardy, Nicholas. The State Strikes Back: The End of Economic Reform in China? Washington, DC: Peterson Institute for International Economics, 2019.

Layard, Richard. Can We Be Happier? Evidence and Ethics. London: Pelican Books, 2020.

Lazonick, William. "Profits without Prosperity." Harvard Business Review, September 2014. https://hbr.org/2014/09/profits-without-prosperity.

Lazonick, William, Mustafa Erdem Sakinç, and Matt Hopkins. "Why Stock Buybacks Are Dangerous for the Economy." Harvard Business Review, January 2020. https://hbr.org/2020/01/why-stock-buybacks-are-dangerous-for-the-economy.

Leakey, Richard, and Roger Lewin. The Sixth Extinction: Biodiversity and Its Survival. London: Weidenfeld and Nicolson, 1996.

Leibfritz, Willi, John Thornton, and Alexandra Bibbee. "Taxation and Economic Performance." OECD, Economics Department Working Papers no. 176. OCDE/GD(97)107. OECD. Paris, 1997. https://econpapers.repec.org/paper/oececoaaa/176-en.htm.

Leonhardt, David, and Prasad Philbrick. "Donald Trump's Racism: The Definitive List, Updated." New York Times, January 15, 2018. https://www.nytimes.com/interactive/2018/01/15/opinion/leonhardt-trump-racist.html.

LePan, Nicholas. "History of Pandemics." March 14, 2020. https://www.visualcapitalist.com/history-of-pandemics-deadliest/.

Lerner, Abba. "Money as a Creature of the State." Papers and Proceedings of the Fifty-ninth Annual Meeting of the American Economic Association. American Economic Review 37, no. 2 (May 1947): 312–17.

Levell, Peter, Barra Roantree, and Jonathan Shaw. "Redistribution from a Lifetime Perspective." Institute for Fiscal Studies, September 22, 2015. https://www.ifs.org.uk/publications/7986.

Levitsky, Steven, and Daniel Ziblatt. How Democracies Die: What History Reveals about Our Future. New York: Crown, 2018.

Levitsky, Steven, and Daniel Ziblatt, "Why Republicans Play Dirty." New York Times, September 20, 2019. https://www.nytimes.com/2019/09/20/opinion/republicans-democracy-play-dirty.html?action=click&module=Opinion&pgtype=Homepage.

Lewis, Michael. Flash Boys: Cracking the Money Code. London: Penguin, 2014.

Lightfoot, Liz. "The Student Experience—Then and Now." Guardian, June 24, 2016. https://www.theguardian.com/education/2016/jun/24/has-university-life-changed-student-experience-past-present-parents-vox-ops#:~:text=In%20the%20early%201960s%2C%20only,back%20over%20their%20working%20lives.

Lindert, Peter H., and Jeffrey G. Williamson. "American Incomes 1774–1860." National Bureau of Economic Research Working Paper No. 18396. September 15, 2012. https://www.nber.org/papers/w18396.

Lindert, Peter H., and Jeffrey G. Williamson. "Globalization and Inequality: A Long History," Paper prepared for the World Bank Annual Conference on Development Economics—Europe, Barcelona, June 25–27, 2001.

Lindsay, James M. "The 2020 Election by the Numbers." Council on Foreign Relations, December 15, 2020. https://www.cfr.org/blog/2020-election-numbers.

Liptak, Adam. "Supreme Court Invalidates Key Part of Voting Rights Act." New York Times, June 25, 2013. https://www.nytimes.com/2013/06/26/us/supreme-court-ruling.html.

List, Friedrich. Das nationale System der politischen Oekonomie. 1841.

Little, I. M. D., Tibor Scitovsky, and Maurice Scott. Industry and Trade in Some Developing Countries. Paris: Development Center of the Organization for Economic Co-operation and Development, 1970.

Liu, Nicolle, Yuan Yang, Demetri Sevastopulo, Jamie Smyth, and Michael Peel. "China Draws Condemnation for New Hong Kong Security Law." Financial Times, July 1, 2020. https://www.ft.com/content/052989fc-2748-4f8e-a2b0-539c32e1ad7.

Lonergan, Eric. "Reply to Larry Summers." August 26, 2019. https://www.philosophyofmoney.net/a-reply-to-larry-summers/.

Lonergan, Eric, and Mark Blyth. Angrynomics. New York: Columbia University Press, 2020.

Loween, James W. "5 Myths about Why the South Seceded." Washington Post, January 11, 2011. https://www.washingtonpost.com/wp-dyn/content/article/2011/01/07/AR20110706547.html.

Lubin, David. "IMF Needs New Thinking to Deal with Coronavirus." Chatham House, April 27, 2020. https://www.chathamhouse.org/expert/comment/imf-needs-new-thinking-deal-coronavirus.

Luce, Edward. "A Sea of Troubles Surrounds the Question of Whether to Prosecute Trump." Financial Times, July 29, 2022. https://www.ft.com/content/8263e5c9-d886-4c81-807b-f9eb0d92508f.

Lührmann, Anna, and Staffan I. Lindberg. "A Third Wave of Autocratization Is Here: What Is New about It?" Democratization 26, no. 7 (2019): 1095–1113. https://www.tandfonline.com/doi/full/10.1080/13510347.2019.1582029.

Lund, Susan, et al. The New Dynamics of Financial Globalization. McKinsey Global Institute, August 2017. https://www.mckinsey.com/industries/financial-services/our-insights/the-new-dynamics-of-financial-globalization.

Luohan Academy. "Understanding Big Data: Data Calculus in the Digital Era 2021." February 5, 2021. https://www.luohanacademy.com/research/reports/2bcc5a5e3074df15.

Luyendijk, Joris. Swimming with Sharks: My Journey into the World of the Bankers. London: Guardian Faber Publishing, 2015.

Maddison, Angus. Database. http://www.ggdc.net/maddison/oriindex.htm. "Maddison Project." http://www.ggdc.net/maddison/maddison-project/home.htm.

Mahbubani, Kishore. "Biden and China: Friends or Foes." Alumnus, issue 124, January–March 2021. National University of Singapore. https://www.nus.edu.sg/alumnet/thealumnus/issue-124/perspectives/panorama/biden-and-china-friends-or-foes.

Mahbubani, Kishore. Has the West Lost It? A Provocation. London: Allen Lane, 2018.

Mahler, Daniel Gerszon, Christoph Lakner, R. Andres Castaneda Aguilar, and Haoyu Wu. "Updated Estimates of the Impact of COVID-19 on Global Poverty." June 8, 2020. https://blogs.worldbank.org/opendata/updated-estimates-impact-covid-19-global-poverty.

Mallet, Victor, and David Keohane. "Year of 'Gilets Jaunes' Leaves Angry Mark on France." Financial Times, November 14, 2019. https://www.ft.com/content/9627c8be-0623-11ea-9afa-d9e2401fa7ca.

Malthus, Thomas. An Essay on the Principle of Population. 1798. http://www.esp.org/books/malthus/population/malthus.pdf.

Mann, Thomas E., and Norman J. Ornstein. It's Even Worse Than It Looks: How the American Constitutional System Collided with the New Politics of Extremism. New York: Basic Books, 2012.

Mann, Thomas E., and Norman J. Ornstein. "Let's Just Say It: The Republicans Are the Problem." Washington Post, April 27, 2012. https://www.washingtonpost.com/opinions/lets-just-say-it-the-republicans-are-the-problem/2012/04/27/gIQAxCVUlT_story.html.

Mark, Joshua J. "Silk Road." Ancient History Encyclopedia. http://www.ancient.eu/Silk_Road/.

Martin, Katie. "Fearful Consumers Power an Uneven Rally." Financial Times, August 25, 2020. https://www.ft.com/content/9678c481-52e0-45e0-8610-a49b33aeec45.

"Martin Wolf Accepts the Gerald Loeb Lifetime Achievement Award." Financial Times, July 3, 2019, https://www.ft.com/content/5e828d50-9d86-11e9-b8ce-8b459ed04726.

Massing, Michael. "Does Democracy Avert Famine?" New York Times, March 1, 2003. https://www.nytimes.com/2003/03/01/arts/does-democracy-avert-famine.html.

Mayell, Hillary. "Human 'Footprint' Seen on 83 Percent of Earth's Land." National Geographic News, October 25, 2002. http://news.nationalgeographic.com/news/2002/10/1025_021025_HumanFootprint.html.

Mayer, Colin. Firm Commitment: Why the Corporation Is Failing Us and How to Restore Trust in It. Oxford: Oxford University Press, 2013.

Mayer, Colin. Prosperity: Better Business Makes the Greater Good. Oxford: Oxford University Press, 2018.

Mayer, Jane. Dark Money: The Hidden History of the Billionaires behind the Rise of the Radical Right. New York: Anchor Books, 2017 and 2018.

Mazzucato, Mariana. The Entrepreneurial State: Debunking Public vs Private Myths. London: Penguin, 2018.

Mazzucato, Mariana. Mission Economy: A Moonshot Guide to Changing Capitalism. London: Allen Lane, 2021.

McAfee, Andrew, and Erik Brynjolfsson. Machine, Platform, Crowd: Harnessing the Digital Revolution. New York: W. W. Norton, 2017.

McCloskey, Deirdre. Bourgeois Equality: How Ideas, Not Capital or Institutions, Enriched the World. Chicago: University of Chicago Press, 2016.

McCloskey, Deirdre. "Life's Primary Colors: How Humanity Forgot the Seven Principal Virtues." July 2, 2019. https://www.abc.net.au/religion/primary-colors-how-humanity-forgot-the-seven-principal-virtues/11272726.

McKinnon, Ronald. Money and Capital in Economic Development. Washington, DC: Brookings Institution, 1973.

McLeay, Michael, Amar Radia, and Ryland Thomas. "Money Creation in the Modern Economy." Bank of England Quarterly Bulletin, 2014, First Quarter, 14–27. https://www.bankofengland.co.uk/-/media/boe/files/quarterly-bulletin/2014/money-creation-in-the-modern-economy.

McLuhan, Marshall. Understanding Media: The Extensions of Man. Cambridge, MA: MIT Press, 1964 and 1994.

McTernan, John. "The Left Must Decide Which Green New Deal They Want." Financial Times, February 15, 2020. https://www.ft.com/content/63c78642-4e8b-11ea-95a0-43d18ec715f5.

Medical Research Council (MRC). https://www.ukri.org/councils/mrc/.

Menon, Anand, ed. Brexit and Public Opinion 2019: The UK in a Changing Europe. https://ukandeu.ac.uk/wp-content/uploads/2019/01/Public-Opinion-2019-report.pdf.

Meyer, Brett. "Pandemic Populism: An Analysis of Populist Leaders' Responses to COVID-19." Tony Blair Institute for Global Change, August 17, 2020. https://institute.global/policy/pandemic-populism-analysis-populist-leaders-responses-covid-19.

Mian, Atif, Ludwig Straub, and Amir Sufi. "Indebted Demand." March 26, 2020. https://scholar.harvard.edu/files/straub/files/mss_indebteddemand.pdf.

Mian, Atif, Ludwig Straub, and Amir Sufi. "The Saving Glut of the Rich and the Rise in Household Debt." March 2020. https://scholar.harvard.edu/files/straub/files/mss_richsavingglut.pdf.

Michels, Robert. Political Parties: A Sociological Study of the Oligarchical Tendencies of Modern Democracy. Translated by Eden Paul and Cedar Paul. New York: Free Press, 1915.

Micklethwait, John, and Adrian Wooldridge. The Company: A Short History of a Revolutionary Idea. London: Phoenix, 2003.

Mikkelson, David. "Rush Limbaugh 'Racist Quotes' List." https://www.snopes.com/fact-check/bone-voyage/.

Milanovic, Branko. Capitalism Alone: The Future of the System That Rules the World. Cambridge, MA, and London: Belknap Press of Harvard University Press, 2019.

Milanovic, Branko. Global Inequality: A New Approach for the Age of Globalization. Cambridge, MA: Harvard University Press, 2016.

Milanovic, Branko, Peter H. Lindert, and Jeffrey G. Williamson. "Measuring Ancient Inequality." National Bureau of Economic Research. Working Paper 13550. October 2007. http://www.nber.org/papers/w13550.pdf.

Mill, John Stuart. Considerations on Representative Government. 1861. Project Gutenberg. https://www.gutenberg.org/files/5669/5669-h/5669-h.htm.

Mill, John Stuart. Principles of Political Economy. 9th ed. London: Longmans, Green and Co., 1885.

Millennium Challenge Corporation. "Our Impact." https://www.mcc.gov/our-impact.

Minsky, Hyman. Stabilizing an Unstable Economy. New York: McGraw Hill, 2008.

Miroudot, Sébastien. "Resilience Versus Robustness in Global Value Chains: Some Policy Implications." VoxEU. June 18, 2020. https://voxeu.org/article/resilience-versus-robustness-global-value-chains#:~:text=Resilience%20can%20be%20defined%20as,2014).

Mishel, Lawrence, and Josh Bivens. "The Pay of Corporate Executives and Financial Professionals as Evidence of Rents in Top 1 Percent Incomes." Working Paper No. 296. June 20, 2013. Economic Policy Institute. https://www.epi.org/publication/pay-corporate-executives-financial-professionals/.

Mitchell, Tom. "Business Worries Intensify over China's Tightening Grip on Hong Kong." Financial Times, March 16, 2021. https://www.ft.com/content/098017c2-1c83-4da3-ac2a-53e7ed7fac81.

Moggridge, D. E. Maynard Keynes: An Economist's Biography. London and New York: Routledge, 1992.

Mokyr, Joel. The Enlightened Economy: An Economic History of Britain 1700–1850. New Haven, CT, and London: Yale University Press, 2009.

Money Advice Service. "Repaying Your Undergraduate Student Loan." https://www.moneyadviceservice.org.uk/en/articles/repaying-student-loans.

Montanaro, Domenico. "6 Strongmen Trump Has Praised—and the Conflicts It Presents." May 2, 2017. http://www.npr.org/2017/05/02/526520042/6-strongmen-trumps-praised-and-the-conflicts-it-presents.

Morris, Ian. "Social Development." Stanford University, October 2010. http://ianmorris.org/docs/social-development.pdf.

Mosler, Warren. Soft Currency Economics II: What Everyone Thinks They Know about Monetary Policy Is Wrong. US Virgin Islands: Valance, 1996 and 2013.

Mounk, Yascha. The Great Experiment: How to Make Diverse Democracies Work. London: Bloomsbury, 2022.

Mounk, Yascha. "Illiberal Democracy or Undemocratic Liberalism?" Project Syndicate, June 9, 2016. https://www.project-syndicate.org/commentary/trump-european-populism-technocracy-by-yascha-mounk-1-2016-06.

Mounk, Yascha. The People Vs. Democracy: Why Our Freedom Is in Danger and How to Save It. Cambridge, MA: Harvard University Press, 2018.

Müller, Jan-Werner. What Is Populism? Philadelphia: University of Pennsylvania Press, 2016.

Murphy, Hannah, and Patrick McGee. "Apple Makes Unexpected Concession on 30% App Store Fees." Financial Times, September 25, 2020. https://www.ft.com/content/f babedb0-3ed2-4c47-94f2-f165bd15edb3.

National Institutes of Health. https://www.nih.gov/.

National Park Service. "The Civil War." https://www.nps.gov/civilwar/facts.htm.

National Public Radio. "The Original 'Welfare Queen.'" Code Switch, June 5, 2019. https://www.npr.org/transcripts/729294210?t=1654518358287.

Nelson, Brett. "Fear, Not Government Shutdowns, Chilled the Economy." August 4, 2020. https://review.chicagobooth.edu/economics/2020/article/fear-not-government-shutdowns-chilled-economy.

Nemy, Enid. "Leona Helmsley, Hotel Queen, Dies at 87." New York Times, August 20, 2007. https://www.nytimes.com/2007/08/20/nyregion/20cnd-helmsley.html.

New Development Bank. https://www.ndb.int/.

New World Encyclopedia. https://www.newworldencyclopedia.org/.

Nichols, Tim. The Death of Expertise: The Campaign against Established Knowledge and Why It Matters. New York: Oxford University Press, 2017.

Noble, David F. The Religion of Technology: The Divinity of Man and the Spirit of Invention. New York: Alfred A. Knopf, 1997.

Nolan, Peter. Is China Buying the World? Cambridge and Malden: Polity, 2012.

Noonan, Laura, Cale Tilford, Richard Milne, Ian Mount, and Peter Wise. "Who Went to Jail for Their Role in the Financial Crisis?" Financial Times, September 20, 2018. https://ig.ft.com/jailed-bankers/#:~:text=Forty%2Dseven%20bankers%20were%20sentenced,the%20financial%20sector's%20catastrophic%20failures.

Norris, Pippa. "It's Not Just Trump. Authoritarian Populism Is Rising across the West. Here's Why." Washington Post, March 11, 2016. https://www.washingtonpost.com/news/monkey-cage/wp/2016/03/11/its-not-just-trump-authoritarian-populism-is-rising-across-the-west-heres-why/.

Nove, Alec. An Economic History of the USSR, 1917–1991. London: Penguin Economics, 1993.

Obstfeld, Maurice. "The Global Capital Market Reconsidered." In Paul Collier, Diane Coyle, Colin Mayer, and Martin Wolf, eds. "Capitalism: What Has Gone Wrong, What Needs to Change, and How It Can Be Fixed." Oxford Review of Economic Policy 37, no. 4 (Winter 2021): 690–706.

Obstfeld, Maurice, and Alan M. Taylor. "Globalization and Capital Markets." In Michael D. Bordo, Alan M. Taylor, and Jeffrey G. Williamson, eds. Globalization in Historical Perspective. Chicago: University of Chicago Press, 2003. http://www.nber.org/chapters/

c9587.

Office for Budget Responsibility. Fiscal Sustainability Report. July 2020. https://cdn.obr.uk/OBR_FSR_July_2020.pdf.

Office of Health Economics. "Infant and Child Health." December 1975. https://www.ohe.org/publications/infant-and-child-health.

Office for National Statistics. "Deaths Involving COVID-19, England and Wales: Deaths Occurring in June 2020." July 17, 2020. https://www.ons.gov.uk.

Office of the United States Trade Representative. Executive Office of the President. Findings of the Investigation into China's Acts, Policies, and Practices Related to Technology Transfer, Intellectual Property, and Innovation under Sector 301 of the Trade Act of 1974. March 22, 2018. https://ustr.gov/sites/default/files/Section%20301%20FINAL.PDF.

Olson, Mancur. The Logic of Collective Action: Public Goods and the Theory of Groups. Cambridge, MA: Harvard University Press, 1965 and 1971.

Olson, Mancur. Power and Prosperity: Outgrowing Communist and Capitalist Dictatorships. New York: Basic Books, 2000.

Oremus, Will. "Are You Really the Product? The History of a Dangerous Idea." Slate, April 27, 2018. http://slate.com/technology/2018/04/are-you-really-facebooks-product-the-history-of-a-dangerous-idea.html.

O'Rourke, Kevin H. "Europe and the Causes of Globalization, 1790 to 2000." In Henryk Kierzkowski, ed. From Europeanization of the Globe to the Globalization of Europe. London: Palgrave, 2002. http://www.tcd.ie/Economics/TEP/2002_papers/TEPNo1KO22.pdf.

Orwell, George. "Notes on Nationalism." Polemic, October 1945. Penguin Modern, 2018.

Opportunity Insights. Economic Tracker. "Percent Change in Employment." https://tracktherecovery.org/.

Organization for Economic Co-operation and Development. "BEPS: Inclusive Framework on Base Erosion and Profit Shifting." https://www.oecd.org/tax/beps/.

Organization for Economic Co-operation and Development. "COVID-19 and Global Capital Flows." OECD Policy Responses to Coronavirus (COVID-19). July 3, 2020. http://www.oecd.org/coronavirus/policy-responses/covid-19-and-global-capital-flows-2dc69002/.

Organization for Economic Co-operation and Development. "COVID-19 and International Trade: Issues and Actions." OECD Policy Responses to Coronavirus (COVID-19). June 12, 2020. http://www.oecd.org/coronavirus/policy-responses/covid-19-and-international-trade-issues-and-actions-494da2fa/.

Organization for Economic Co-operation and Development. "Inequality." https://www.oecd.org/social/inequality.htm.

Organization for Economic Co-operation and Development. "New Approaches to Economic Challenges." https://www.oecd.org/naec/.

Organization for Economic Co-operation and Development. OECD Regional Outlook 2016: Productive Regions for Inclusive Societies. Paris: OECD, 2016.

Organization for Economic Co-operation and Development. An Overview of Growing Income Inequalities in OECD Countries: Main Findings. Paris: OECD, 2011.

Organization for Economic Co-operation and Development. "Social Spending." https://data.oecd.org/socialexp/social-spending.htm.

Organization for Economic Co-operation and Development. "Tackling Coronavirus (COVID-19): Contributing to a Global Effort." 2020. https://www.oecd.org/coronavirus/country-policy-tracker/.

Ostry, Jonathan D., Andrew Berg, and Charalambos G. Tsangarides. "Redistribution, Inequality and Growth." IMF Staff Discussion Note SDN/14/02, February 2014. https://www.imf.org/external/pubs/ft/sdn/2014/sdn1402.pdf.

O'Sullivan, John. "Democracies End When They Become Too Democratic." New York, May 1, 2016. http://nymag.com/daily/intelligencer/2016/04/america-tyranny-donald-trump.html.

Our Documents: The Second New Deal. "Franklin Delano Roosevelt's Address Announcing the Second New Deal." October 31, 1936. http://docs.fdrlibrary.marist.edu/od2ndst.html.

Our World in Data. "Life Expectancy." https://ourworldindata.org/life-expectancy.

Our World in Data. "Self-Reported Life Satisfaction vs GDP per Capita, 2020." https://ourworldindata.org/grapher/gdp-vs-happiness.

Oxford Essential Quotations 2022. https://www.oxfordreference.com/view/10.1093/acref/9780191843730.001.0001/q-oro-ed5-00006834.

Oxford Reference. https://www.oxfordreference.com.

Palese, Michela. "The Irish Abortion Referendum: How a Citizens' Assembly Helped to Break Years of Political Deadlock." Electoral Reform Society, May 29, 2018. https://www.electoral-reform.org.uk/the-irish-abortion-referendum-how-a-citizens-assembly-helped-to-break-years-of-political-deadlock/.

Peel, Michael, Anna Gross, and Clive Cookson. "WHO Struggles to Prove Itself in the Face of COVID-19." Financial Times, July 12, 2012. https://www.ft.com/content/c2809c99-594f-4649-968a-0560966c11e0.

Peel, Michael, Sam Fleming, and Guy Chazan. "EU Clamps Down on Covid Vaccine Exports." Financial Times, January 29, 2021. https://www.ft.com/content/24867d39-4507-4c48-be27-c34b581220b0.

Pei, Minxin. China's Crony Capitalism: The Dynamics of Regime Decay. Cambridge, MA: Harvard University Press, 2016.

Pellegrini, Bruno, and Luigi Zingales. "Diagnosing the Italian Disease." September 2014. http://faculty.chicagobooth.edu/luigi.zingales/papers/research/Diagnosing.pdf.

Penn World Tables 8.1. https://rdrr.io/cran/pwt8/man/pwt8.1.html.

Pension Protection Fund. The Purple Book 2020: DB Pensions Universe Risk Profile. https://www.ppf.co.uk/sites/default/files/2020-12/PPF_Purple_Book_20.pdf.

Personal Finance Data. "Net Worth Percentile Comparison Calculator by Age." https://personalfinancedata.com/networth-percentile-calculator/.

Peterson-KFF. "Health System Tracker." https://www.healthsystemtracker.org/.

Pettinger, Tejvan. "Definition of Public Goods." Economics Help, July 28, 2019. https://www.economicshelp.org/micro-economic-essays/marketfailure/public-goods/.

Pettinger, Tejvan. "Phillips Curve." Economics Help, March 1, 2019. https://www.economicshelp.org/blog/1364/economics/phillips-curve-explained/

Philippon, Thomas. The Great Reversal: How America Gave Up on Free Markets. Cambridge, MA: Belknap Press of Harvard University Press, 2019.

Philippon, Thomas, and Ariell Reshef. "Wages and Human Capital in the U.S. Financial Industry 1909–2006." National Bureau of Economic Research Working Paper 14644. January 2009. https://www.nber.org/papers/w14644.

Piketty, Thomas. "Brahmin Left vs Merchant Right: Rising Inequality & the Changing Structure of Political Conflict (Evidence from France, Britain and the US, 1948–2017)." WID.world Working Paper Series No. 2018/7. March 2018. http://piketty.pse.ens.fr/files/Piketty2018.pdf.

Piketty, Thomas. Capital and Ideology. Cambridge, MA, and London: Belknap Press of Harvard University Press, 2020.

Piketty, Thomas. Capital in the Twenty-First Century. Translated by Arthur Goldhammer. Cambridge, MA: Harvard University Press, 2013.

Plato. The Republic. Translated by Benjamin Jowett. http://classics.mit.edu/Plato/republic.html.

Polanyi, Karl. The Great Transformation: The Political and Economic Origins of Our Time. Boston: Beacon Press, 1957. First published 1944.

Politi, James. "Migration Opens the Door to Italy's Populists." Financial Times, August 1, 2017. https://www.ft.com/content/b964453a-72b1-11e7-aca6-c6bd07df1a3c.

Politi, James, Aime Williams, and Chris Giles. "US Offers New Plan in Global Corporate Tax Talks." Financial Times, April 8, 2021. https://www.ft.com/content/847c5f77-f0af-4787-8c8e-070ac6a7c74f.

Politi, James, Colby Smith, and Brendan Greeley. "Donald Trump Raises Tariffs on Chinese Goods after Stocks Tumble." Financial Times, August 24, 2019. https://www.ft.com/content/2db9c1ec-c5b9-11e9-a8e9-296ca66511c9.

Pomeranz, Kenneth. The Great Divergence: China, Europe, and the Making of the Modern World Economy. Princeton, NJ: Princeton University Press, 2000.

Popper, Karl. The Open Society and Its Enemies, Vol. 1, The Age of Plato. London: Routledge, 1945.

Portes, Jonathan. "The Economics of Migration." June 2019. https://journals.sagepub.com/doi/pdf/10.1177/1536504219854712.

Posen, Adam. "The Price of Nostalgia: America's Self-Defeating Economic Retreat." Foreign Affairs, May/June 2021. https://www.foreignaffairs.com/articles/united-states/2021-04-20/america-price-nostalgia.

Powell, Jerome H. "New Economic Challenges and the Fed's Monetary Policy Review." Federal Reserve, August 27, 2020. https://www.federalreserve.gov/newsevents/speech/powell20200827a.htm.

Prestowitz, Clyde. The World Turned Upside Down: America, China, and the Struggle for Global Leadership. New Haven, CT: Yale University Press, 2021.

Przeworski, Adam. "Conquered or Granted? A History of Suffrage Extensions." British Journal of Political Science 39, no. 2 (April 2009): 291–321.

Putnam, Robert D. Bowling Alone: The Collapse and Revival of American Community. New York and London: Simon & Schuster, 2000.

Rachel, Lukasz, and Lawrence H. Summers. "On Falling Neutral Real Rates, Fiscal Policy, and the Risk of Secular Stagnation." BPEA Conference Drafts. Brookings Papers on Economic Activity, March 7 and 8, 2019. https://www.brookings.edu/wp-content/uploads/2019/03/On-Falling-Neutral-Real-Rates-Fiscal-Policy-and-the-Risk-of-Secular-Stagnation.pdf.

Rachman, Gideon. "Atlantic Era under Threat with Donald Trump in White House." Financial Times, January 19, 2017. https://www.ft.com/content/73cc16e8-de36-11e6-86ac-f253db7791c6.

Rachman, Gideon. "The US and China's Dangerous Blame Game Will Do No Good." Financial Times, May 4, 2020. https://www.ft.com/content/ffc6ac00-8de0-11ea-9e12-0d4655dbd44f.

Rajan, Raghuram G. "A Fair and Simple Way to Tax Carbon Emissions." Financial Times, December 17, 2019. https://www.ft.com/content/96782e84-2028-11ea-b8a1-584213ee7b2b.

Rajan, Raghuram G. Fault Lines: How Hidden Fractures Still Threaten the World Economy. Princeton, NJ, and Oxford: Princeton University Press, 2011.

Rajan, Raghuram G. Third Pillar: The Revival of Community in a Polarized World. London: William Collins, 2019.

Ratcliffe, Susan, ed. Oxford Essential Quotations. Oxford: Oxford University Press, 2016.

Reilly, Katie. "Read Hillary Clinton's 'Basket of Deplorables' Remarks about Donald Trump Supporters." Time, September 10, 2016. https://time.com/4486502/hillary-clinton-basket-of-deplorables-transcript/.

Rhea, Gordon. "Why Non-Slaveholding Southerners Fought." American Battlefield Trust, January 25, 2011. https://www.battlefields.org/learn/articles/why-non-slaveholding-southerners-fought.

Richardson, Heather Cox. How the South Won the Civil War: Oligarchy, Democracy, and the Continuing Fight for the Soul of America. New York: Oxford University Press, 2020.

Riley, Jon, and Robert Chote. "Crisis and Consolidation in the Public Finances." Office for Budget Responsibility Working Paper No. 7. September 2014. https://obr.uk/docs/dlm_uploads/Working Paper7a.pdf.

Riordan, Primrose, and Sue-Lin Wong. "WHO Expert Says China Too Slow to Report Coronavirus Cases." Financial Times, February 5, 2020. https://www.ft.com/content/8ede7e92-4749-11ea-aeb3-955839e06441.

Robb, Greg. "Nobel Prize Winner Likens Trump 'Bullying' of Companies to Fascist Italy, Germany." Market Watch, January 6, 2017. http://www.marketwatch.com/story/nobel-prize-winner-likens-trump-bullying-of-companies-to-fascist-italy-germany-2017- 01-06?mg=prod/accounts-mw.

Rodan, Garry. "Consultative Authoritarianism and Regime Change Analysis: Implications of the Singapore Case." In Richard Robison, ed. Routledge Handbook of Southeast Asian Politics. London and New York: Routledge, 2012, 120 –34.

Rodriguez-Pose, Andrés. "The Revenge of the Places That Don't Matter (and What to Do about It)." Cambridge Journal of Regions, Economy and Society 11, no. 1 (March 2018): 189–209. https://eprints.lse.ac.uk/85888/1/Rodriguez-Pose_Revenge%20of%20Places.pdf.

Rodrik, Dani. The Globalization Paradox: Democracy and the Future of the World Economy. New York and London: W. W. Norton, 2011.

Rodrik, Dani. "The Inescapable Trilemma of the World Economy." Dani Rodrik's blog, June 27, 2007. https://rodrik.typepad.com/dani_rodriks_weblog/2007/06/the-inescapable.html.

Rodrik, Dani. Straight Talk on Trade: Ideas for a Sane World Economy. Princeton, NJ: Princeton University Press, 2017.

Rodrik, Dani, and Stefanie Stantcheva. "Fixing Capitalism's Good Jobs Problem." In Paul Collier, Diane Coyle, Colin Mayer, and Martin Wolf, eds. "Capitalism: What Has Gone Wrong, What Needs to Change, and How It Can Be Fixed." Oxford Review of Economic Policy 37, no. 4 (Winter 2021): 824–37.

Ronald Reagan Presidential Foundation & Institute. "Reagan Quotes and Speeches." https://www.reaganfoundation.org/ronald-reagan/reagan-quotes-speeches/news-conference-1/.

Roosevelt, Franklin Delano. "The Four Freedoms." January 6, 1941. https://www.americanrhetoric.com/speeches/fdrthefourfreedoms.htm.

Rudowitz, Robin, Rachel Garfield, and Elizabeth Hinton. "10 Things to Know about Medicaid: Setting the Facts Straight." Kaiser Family Foundation, March 6, 2019. https://www.kff.org/medicaid/issue-brief/10-things-to-know-about-medicaid-setting-the-facts-straight/.

Saez, Emmanuel. "Striking It Richer: The Evolution of Top Incomes in the United States (Updated with 2015 Preliminary Estimates)." June 30, 2016. https://eml.berkeley.edu/~saez/saez-UStopincomes-2015.pdf.

Saez, Emmanuel, and Gabriel Zucman. The Triumph of Injustice: How the Rich Dodge Taxes and How to Make Them Pay. New York: W. W. Norton, 2019.

Sainsbury, David. Windows of Opportunity: How Nations Create Wealth. London: Profile Books, 2020.

Sandbu, Martin. "The Case for the Affordability of Universal Basic Income." Financial Times, December 23, 2021. https://www.ft.com/content/3788b99e-7b8c-4641-8250-6f6823f1a7f6.

Sandbu, Martin. The Economics of Belonging: A Radical Plan to Win Back the Left Behind and Achieve Prosperity for All. Princeton, NJ, and Oxford: Princeton University Press, 2020.

Sandbu, Martin. "Is Culture or Economics at the Root of Our Strange Politics?" Financial Times, September 11, 2017. https://www.ft.com/content/c841a8d4-96d5-11e7-a652-cde3f882dd7b.

Sandbu, Martin. "Populists and Kleptocrats Are a Perfect Match." Financial Times, September 22, 2020. https://www.ft.com/content/ef4111a6 -8ac8- 419e-8747-8ce1b887cb61.

Sandbu, Martin. "Restructuring after COVID Will Matter Even More Than Recovery." Financial Times, October 15, 2020. https://www.ft.com/free-lunch.

Sandbu, Martin. "Sweden's Far-Right and the Left-Behind." Financial Times, July 4, 2019. https://www.ft.com/content/ec4adebc-99bc-11e9-8cfb-30c211dcd229.

Sandel, Michael J. The Tyranny of Merit: What's Become of the Common Good? London: Penguin, 2020.

Sandom, Christopher, Soren Faurby, Brody Sandel, and Jens-Christian Svenning. "Global Late Quaternary Megafauna Extinctions Linked to Humans, Not Climate Change." Proceedings of the Royal Society, Biological Sciences, July 22, 2014. https://royalsocietypublishing.org/doi/10.1098/rspb.2013.3254.

Sassoon, David. The Anxious Triumph: A Global History of Capitalism 1860–1914. London and New York: Allen Lane, 2019.

Sawyer, Wendy, and Peter Wagner. "Mass Incarceration: The Whole Pie 2020." Prison Policy Initiative, March 24, 2020. https://www.prisonpolicy.org/reports/pie2020.html.

Schaake, Marietje. "Greater Online Transparency Is the Key to Defending Democracy." Financial Times, January 10, 2022. https://www.ft.com/content/0e1d1cd8-73af-4a63-b426-e0ee5a7bf834.

Schama, Simon. "Who Speaks for the People? Liberal Institutions Are Under Attack from Leaders Who Claim to Embody the Popular Will." Financial Times, October 4, 2019. https://www.ft.com/content/9e8f70b8-e5eb-11e9-b112-9624ec9edc59.

Schechter, Asher. "Raghuram Rajan: Populist Nationalism Is 'the First Step toward Crony Capitalism.'" ProMarket, August 30, 2017. Stigler Center at the University of Chicago Booth School of Business. https://promarket.org/raghuram-rajan-populist-outcry-cry-help/.

Scheidel, Walter. Escape from Rome: The Failure of Empire and the Road to Prosperity. Princeton, NJ: Princeton University Press, 2019.

Scheidel, Walter. The Great Leveler: Violence and the History of Inequality from the Stone Age to the Twenty-first Century. Princeton,

NJ, and Oxford: Princeton University Press, 2017.

Schlesinger, Arthur. The Imperial Presidency. Boston and New York: Mariner Books, Houghton Mifflin, 1973 and 2004.

Schrimpf, Andreas, Hyun Song Shin, and Vladyslav Sushko. "Leverage and Margin Spirals in Fixed Income Markets during the COVID-19 Crisis." BIS Bulletin No. 2, April 2, 2020. Bank for International Settlements. https://www.bis.org/publ/bisbull02.pdf.

Schumpeter, Joseph A. Capitalism, Socialism and Democracy. London: George Allen & Unwin, 1994. First published in the UK in 1943.

Schwadel, Philip, and Gregory A. Smith. "Evangelical Approval of Trump Remains High, but Other Religious Groups Are Less Supportive." Pew Research Center, March 18, 2019. https://www.pewresearch.org/fact-tank/2019/03/18/evangelical-approval-of-trump-remains-high-but-other-religious-groups-are-less-supportive/.

Scott, Peter. Triumph of the South: A Regional Economic History of Early Twentieth Century Britain. London and New York: Routledge, 2007 and 2018.

Seabright, Paul. The Company of Strangers: A Natural History of Economic Life. Princeton, NJ: Princeton University Press, 2010.

Sen, Amartya. Development as Freedom. Oxford: Oxford University Press, 1999.

Sevastopulo, Demetri. "Trump Sees Clearer Path to Republican Nomination." Financial Times, February 24, 2016. https://www.ft.com/content/8bf2aeb0-db1e-11e5-a72f-1e7744c66818.

Sevastopulo, Demetri. "US Accuses China of Operating 'Open-Air Prison' in Xinjiang." Financial Times, May 12, 2021. https://www.ft.com/content/1f9f5f30-dc6e-4228-8b43-5faf522f223a.

Sevastopulo, Demetri, and Kathrin Hille. "US Fears China Is Flirting with Seizing Control of Taiwan." Financial Times, March 27, 2021. https://www.ft.com/content/3ed169b8-3f47-4f66-a914-58b6e2215f7d.

Sevastopulo, Demetri, and Katrina Manson. "Trump Says He Is Confident COVID-19 Came from Wuhan Lab." Financial Times, May 1, 2020. https://www.ft.com/content/84935e17-b50e-4a66-9c37-e2799365b783.

Shafik, Minouche. "In Experts We Trust?" Bank of England, February 22, 2017. https://www.bankofengland.co.uk/-/media/boe/files/speech/2017/in-experts-we-trust.pdf?la=en& hash=51801143BE9C2BAA60EF3F56F04D7A2E2C694952.

Shaw, Edward S. Financial Deepening in Economic Development. New York: Oxford University Press, 1973.

Shearmur, Jeremy, and Piers Norris Turner, eds. "Ideal and Reality in Society." In Popper: After the Open Society: Selected Social and Political Writings. London and New York: Routledge, 2008.

Shepherd, Christian. "Fear and Oppression in Xinjiang: China's War on Uighur Culture." Financial Times, September 12, 2019. https://www.ft.com/content/48508182-d426-11e9-8367-807ebd53ab77.

Shimer, David. Rigged: America, Russia, and One Hundred Years of Covert Electoral Interference. New York: Alfred A. Knopf, 2020.

Shrimsley, Robert. "Boris Johnson's Brexit Explosion Ruins Tory Business Credentials." Financial Times, June 25, 2018. https://www.ft.com/content/8075e68c-7857-11e8-8e67-1e1a0846c475.

Siedentop, Larry. Inventing the Individual: The Origins of Western Liberalism. London: Allen Lane, 2014.

Sierakowski, Slawomir. "The Five Lessons of Populist Rule." Project Syndicate, January 2, 2017. https://www.project-syndicate.org/commentary/lesson-of-populist-rule-in-poland-by-slawomir-sierakowski-2017-01?barrier=accesspaylog.

Skocpol, Theda. Diminished Democracy: From Membership to Management in American Civic Life. Norman: University of Oklahoma Press, 2003.

Slack, James. "Enemies of the People: Fury over 'Out of Touch' Judges Who 'Declared War on Democracy' by Defying 17.4M Brexit Voters and Who Could Trigger Constitutional Crisis." Daily Mail, November 4, 2016. https://www.dailymail.co.uk/news/article-3903436/Enemies-people-Fury-touch-judges-defied-17-4m-Brexit-voters-trigger-constitutional-crisis.html.

Smith, Adam. An Inquiry into the Nature and Causes of the Wealth of Nations. 5th ed. London: Methuen, 1904. First published 1776. http://www.econlib.org/library/Smith/smWN.html.

Smith, Robert, and Jim Pickard. "Greensill Capital Paid Cameron Salary of More Than $1M a Year." Financial Times, July 12, 2021. https://www.ft.com/content/536867f4-2dd3-42a1-9b29-54ed92693635.

Smithers, Andrew. Productivity and the Bonus Culture. Oxford: Oxford University Press, 2019.

Smyth, Jamie. "Chinese Tensions Put Australian Businesses under Pressure." Financial Times, November 11, 2020. https://www.ft.com/content/b764e4c9-cc38-43b6-848c-dba0cbc6475a.

Social Capital Project. "The Class Divide in Marriage." SCP brief, November 2017. https://www.jec.senate.gov/public/_cache/files/aba9b359-7457-4704-b0f1-93232f54b650/class-divide-in-marriage.pdf.

Soros, George. "The EU Should Issue Perpetual Bonds." Project Syndicate, April 20, 2020. https://www.project-syndicate.org/commentary/finance-european-union-recovery-with-perpetual-bonds-by-george-soros-2020-04.

Soutphommasane, Tim. The Virtuous Citizen: Patriotism in a Multicultural Society. Cambridge: Cambridge University Press, 2012.

Sperling, Gene. Economic Dignity. New York: Penguin, 2020.

Standing, Guy. The Precariat: The New Dangerous Class. London: Bloomsbury, 2011 and 2014.

Stanford Encyclopedia of Philosophy. "Plato on Rhetoric and Poetry." February 12, 2020. https://plato.stanford.edu/entries/plato-rhetoric/.

Stasavage, David. The Decline and Rise of Democracy: A Global History from Antiquity to Today. Princeton, NJ, and Oxford: Princeton University Press, 2020.

The Statutes Project. "1723: 9 George 1 c.22: The Black Act." https://statutes.org.uk/site/the-statutes/eighteenth-century/9-geo-i-c-22-the-black-act-1723/.

Steil, Benn. The Battle of Bretton Woods: John Maynard Keynes, Harry Dexter White, and the Making of a New World Order.

Princeton, NJ: Princeton University Press, 2013.

Stevens, Stuart. "Wake Up, Republicans. Your Party Stands for All the Wrong Things Now." Washington Post, January 1, 2020. https://www.washingtonpost.com/opinions/wake-up-republicans-your-party-stands-for-all-the-wrong-things-now/2019/12/31/c8347b32-2be8-11ea-9b60-817cc18cf173_story.html?utm_campaign=opinions&utm_medium=E-mail&utm_source=Newsletter&wpisrc=nl_opinions&wpmm=1.

Stewart, Katherine. "Why Trump Reigns as King Cyrus." New York Times, December 31, 2018. https://www.nytimes.com/2018/12/31/opinion/trump-evangelicals-cyrus-king.html?action=click&module=MoreInSection&pgtype=Article&region=Footer&contentCollection=Opinion.

Stiglitz, Joseph. "Inequality and Economic Growth." In Michael Jacobs and Mariana Mazzucato, eds. Rethinking Capitalism: Economics and Policy for Sustainable and Inclusive Growth. Chichester: Wiley-Blackwell, 2016. Chapter 8: 134–55.

Stiglitz, Joseph. The Price of Inequality: How Today's Divided Society Endangers Our Future. New York: W. W. Norton, 2012. https://www8.gsb.columbia.edu/faculty/jstiglitz/sites/jstiglitz/files/Inequality%20and%20Economic%20Growth.pdf.

Stiglitz, Joseph. "Prizes, Not Patents." Project Syndicate, March 6, 2007. https://www.project-syndicate.org/commentary/prizes—not-patents.

Stiglitz, Joseph, Amartya Sen, and Jean-Paul Fitoussi. Report by the Commission on the Measurement of Economic Performance and Social Progress. 2009. https://web.archive.org/web/20160806043140/. http://www.communityindicators.net/system/publication_pdfs/9/original/Stiglitz_Sen_Fitoussi_ 2009.pdf ?1323961027.

Stiglitz, Joseph E., and Hamid Rashid. "How to Prevent the Looming Sovereign-Debt Crisis." Project Syndicate, July 31, 2020. https://www.project-syndicate.org/commentary/how-to-prevent-looming-debt-crisis-developing-countries-by-joseph-e-stiglitz-and-hamid-rashid-2020-07.

Streeck, Wolfgang. Buying Time: The Delayed Crisis of Democratic Capitalism. Translated by Patrick Camiller. London and New York: Verso, 2013.

Streeck, Wolfgang. How Will Capitalism End? Essays on a Failing System. London and New York: Verso, 2016.

Summers, Lawrence H. "The Biden Stimulus Is Admirably Bold and Ambitious. But It Brings Some Big Risks, Too." Washington Post, February 4, 2021. https://www.washingtonpost.com/opinions/2021/02/04/larry-summers-biden-covid-stimulus/.

Summers, Lawrence H. "The Threat of Secular Stagnation Has Not Gone Away." Financial Times, May 6, 2018. https://www.ft.com/content/aa76e2a8-4ef2-11e8-9471-a083af05aea7.

Summers, Lawrence H., and Anna Stansbury. "The End of the Golden Age of Central Banking?: Secular Stagnation Is about More Than the Zero Lower Bound." November 2020. Preliminary and incomplete.

Susskind, Daniel. A World without Work: Technology, Automation, and How We Should Respond. London: Allen Lane, 2020.

Taleb, Nicholas. The Black Swan: The Impact of the Highly Improbable. London and New York: Penguin, 2007.

Task Force on Climate-Related Financial Disclosures. "Climate Change Presents Financial Risk to the Global Economy." https://www.fsb-tcfd.org.

Tax Justice Network. "Corporate Tax Haven Index 2019." Citing New York Times. https://corporatetaxhavenindex.org/.

"Tax Policy Center's Briefing Book." https://www.taxpolicycenter.org/briefing-book/what-carried-interest-and-should-it-be-taxed-capital-gain.

Taylor, Alan M. "International Capital Mobility in History: The Saving-Investment Relationship." National Bureau of Economic Research Working Paper Number 5743. September 1996. http://www.nber.org/papers/w5743.pdf.

Temin, Peter. The Vanishing Middle Class: Prejudice and Power in a Dual Economy. Cambridge, MA: MIT Press, 2017.

"Ten Important Supreme Court Decisions in Black History." Infoplease, February 28, 2017 (updated January 11, 2021). https://www.infoplease.com/us/government/judicial-branch/ten-important-supreme-court-decisions-in-black-history.

Tepper, Jonathan, with Denise Hearn. The Myth of Capitalism: Monopolies and the Death of Competition. Hoboken, NJ: Wiley, 2018.

Thomas, Mark E. 99%: Mass Impoverishment and How We Can End It. London: Apollo, 2019.

Thurley, Djuna, and James Mirza Davies. "Collective Defined Contribution Schemes." House of Commons Briefing Paper Number CBP 8674. July 2, 2020. file: https://researchbriefings.files.parliament.uk/documents/CBP-8674/CBP-8674.pdf.

Tocqueville, Alexis de. Democracy in America. Parts I and II. 1835 and 1840.

Toly, Noah J., and Sam Tabory. "100 Top Economies: Urban Influence and the Position of Cities in an Evolving World Order." October 13, 2016. Chicago Council on Global Affairs. https://www.thechicagocouncil.org/publication/100-top-economies-urban-influence-and-position-cities-evolving-world-order.

Tooze, Adam. Crashed: How a Decade of Financial Crises Changed the World. London: Allen Lane, 2018.

Tooze, Adam. Shutdown: How Covid Shook the World's Economy. London: Penguin, 2021.

Transparency International. Corruption Perceptions Index. https://www.transparency.org/en/cpi.

Trentmann, Frank. Free Trade Nation: Commerce, Consumption, and Civil Society in Modern Britain. Oxford: Oxford University Press, 2009.

Trinity College Cambridge. "Letter from J. M. Keynes to F. W. Pethick-Lawrence." https://archives.trin.cam.ac.uk /index.php/letter-from-j-m-keynes-to-f-w-pethick-lawrence-23.

Trotsky, Leon. "Revolutionary and Socialist Art." Literature and Revolution. https://www.marxists.org/archive/trotsky/1924/ lit _ revo/

ch0 8.htm.

Trump, Donald. "Inaugural Address." January 20, 2017. https://www.whitehouse.gov/inaugural-address.

Trump, Donald. "Remarks by President Trump in a Meeting with Republican Members of Congress on the United States Reciprocal Trade Act." January 24, 2019. https://www.whitehouse.gov/briefings-statements/remarks-president-trump-meeting-republican-members-congress-united-states-reciprocal-trade-act/.

Tucker, Paul. Unelected Power: The Quest for Legitimacy in Central Banking and the Regulatory State. Princeton, NJ, and Oxford: Princeton University Press, 2018.

Turner, Adair. Between Debt and the Devil: Money, Credit, and Fixing Global Finance. Princeton, NJ, and Oxford: Princeton University Press, 2016.

UK Parliament. "Simon de Montfort's Parliament." https://www.parliament.uk/about/living-heritage/evolutionofparliament/originsofparliament/birthofparliament/overview/simondemontfort/.

"UK Treaties." https://www.gov.uk/guidance/uk-treaties.

UNHCR. Central Mediterranean Route Situation, Supplementary Appeal, January–December 2018. http://www.unhcr.org/5aa78775c.pdf.

United Nations. Department of Economic and Social Affairs, Population Dynamics. World Population Prospects 2019. https://population.un.org/wpp/Download/.

United Nations Development Program. "Human Development Index." http://hdr.undp.org/en/content/human-development-index-hdi.

United Nations Population Division. Replacement Migration: Is It a Solution to Declining and Aging Populations? 2000. https://www.un.org/en/development/desa/population/publications/aging/replacement-migration.asp.

US Department of Labor. "Trade Act Programs." https://www.dol.gov/general/topic/training/tradeact#:~:text=The%20Trade%20Adjustment%20Assistance%20(TAA,a%20result%20of%20increased%20imports.

US Department of State. "Law of the Sea Convention." https://www.state.gov/law-of-the-sea-convention/.

US Department of State. "The Montreal Protocol on Substances That Deplete the Ozone Layer." https://www.state.gov/key-topics-office-of-environmental-quality-and-transboundary-issues/the-montreal-protocol-on-substances-that-deplete-the-ozone-layer/.

"U.S. Voting Rights Timeline." https://a.s.kqed.net/pdf/education/digitalmedia/us-voting-rights-timeline.pdf.

Vague, Richard. A Brief History of Doom: Two Hundred Years of Financial Crises. Philadelphia: University of Pennsylvania Press, 2019.

Van Parijs, Philippe, and Yannick Vanderborght. Basic Income: A Radical Proposal for a Free Society and a Sane Economy. Cambridge, MA, and London: Harvard University Press, 2017.

Vogl, Frank. The Enablers: How the West Supports Kleptocrats and Corruption—Endangering Our Democracy. Lanham, MD: Rowman & Littlefield, 2021.

Vollrath, Dietrich. Fully Grown: Why a Stagnant Economy Is a Sign of Success. Chicago: University of Chicago Press, 2020.

Wallace-Stevens, Fabian, and Emma Morgante. Who Is at Risk? Work and Automation in the Time of Covid-19. Royal Society of Arts, October 2020. https://www.thersa.org/globalassets/_foundation/new-site-blocks-and-images/reports/2020/10/work_and_automation_in_time_of_covid_report.pdf.

Washington, George. "Farewell Address." https://www.ourdocuments.gov/doc.php?flash=false&doc=15&page=transcript.

Webb, Dominic, and Matt Ward. The Comprehensive and Progressive Agreement for Trans-Pacific Partnership. House of Commons Library, June 22, 2021. https://researchbriefings.files.parliament.uk/documents/CBP-9121/CBP-9121.pdf.

Wei-Haas, Maya. "Controversial New Study Pinpoints Where All Modern Humans Arose." National Geographic, October 28, 2019. https://www.nationalgeographic.com/.

White House. "Remarks by President Trump, Vice President Pence, and Members of the Coronavirus Task Force in Press Briefing." April 2, 2020. https://www.whitehouse.gov/briefings-statements/remarks-president-trump-vice-president-pence-members-coronavirus-task-force-press-briefing-17/.

Wiener Holocaust Library. "How Did the Nazis Consolidate Their Power?" The Holocaust Explained. https://www.theholocaustexplained.org/the-nazi-rise-to-power/how-did-the-nazi-gain-power/1933-elections/.

Wilkerson, Isabel. Caste: The Origins of Our Discontents. New York: Random House, 2020.

Wilkinson, Richard, and Kate Pickett. The Inner Level: How More Equal Societies Reduce Stress, Restore Sanity and Improve Well-Being. London: Penguin, 2019.

Wilkinson, Richard, and Kate Pickett. The Spirit Level: Why Greater Equality Makes Societies Stronger. New York: Bloomsbury, 2009.

Williams, Aime. "Persistence of Donald Trump's China Tariffs Frustrates US Business." Financial Times, June 3, 2021. https://www.ft.com/content/fb775a22-eaa5-44b4-8643-16c3f40a5d02.

Williamson, Jeffrey G. "The Evolution of Global Labor Markets Since 1830: Background Evidence and Hypotheses." Explorations in Economic History 32, no. 2 (April 1995): 141–96.

Williamson, John. "The Washington Consensus as Policy Prescription for Development." January 2004. https://www.piie.com/publications/papers/williamson0204.pdf.

Wills, Matthew. "How Antebellum Christians Justified Slavery." JSTOR Daily, June 27, 2018. https://daily.jstor.org/how-antebellum-christians-justified-slavery/.

Wolf, Martin. Fixing Global Finance. Baltimore and London: Johns Hopkins University Press and Yale University Press, 2008 and 2010.

Wolf, Martin. India's Exports. Washington, DC: Oxford University Press for the World Bank, 1982.

Wolf, Martin. The Shifts and the Shocks: What We've Learned—and Have Still to Learn—from the Financial Crisis. London and New York: Penguin, 2014 and 2015.

Wolf, Martin. Why Globalization Works. London and New Haven, CT: Yale University Press, 2004.

Wolf, Martin. "When Multiculturalism Is a Nonsense." Financial Times, August 30, 2005. https://www.ft.com/content/ff41a586-197f-11da-804e-00000e2511c8.

Wolf, Martin. "Disputed Fruit of Unskilled Immigration." Financial Times, April 4, 2006. https://www.ft.com/content/ba686d9a-c407-11da-bc52-0000779e2340.

Wolf, Martin. "Why Today's Hedge Fund Industry May Not Survive." Financial Times, March 18, 2008. https://www.ft.com/content/c8941ad4-f503-11dc-a21b-000077b07658.

Wolf, Martin. "Is Unlimited Growth a Thing of the Past?" Financial Times, October 2, 2012. https://www.ft.com/content/78e883fa-0bef-11e2-8032-00144feabdc0.

Wolf, Martin. "Why China Will Not Buy the World." Financial Times, July 9, 2013. https://www.ft.com/content/28d1a4a8-e7ba-11e2-babb-00144feabdc0.

Wolf, Martin. "A Much-Maligned Engine of Innovation." Financial Times, August 4, 2013. https://www.ft.com/content/32ba9b92-efd4-11e2-a237-00144feabdc0.

Wolf, Martin. "Opportunist Shareholders Must Embrace Commitment." Financial Times, August 26, 2014. https://www.ft.com/content/6aa87b9a-2d 05-11e 4- 911b- 00144feabdc0.

Wolf, Martin. "Donald Trump Embodies How Great Republics Meet Their End." Financial Times, March 1, 2016. https://www.ft.com/content/743d91b8-df8d-11e5-b67f-a61732c1d025.

Wolf, Martin. "The Welfare State Is a Piggy Bank for Life." Financial Times, March 31, 2016. https://www.ft.com/content/b7ae7e52-f69a-11e5-96db-fc683b5e52db.

Wolf, Martin. "Brexit: Sovereignty Is Not the Same as Power." Financial Times, May 3, 2016. https://www.ft.com/content/fece7238-1071-11e6-91da-096d89bd2173.

Wolf, Martin. "The Tide of Globalization Is Turning." Financial Times, September 6, 2016. https://www.ft.com/content/87bb0eda-7364-11e6-bf48-b372cdb1043a.

Wolf, Martin. "Sluggish Global Trade Growth Is Here to Stay." Financial Times, October 25, 2016. https://www.ft.com/content/4efcd174-99d3-11e6-b8c6-568a43813464.

Wolf, Martin. "The Case against the Collapse of Capitalism." Financial Times, November 2, 2016. https://www.ft.com/content/7496e08a-9f7a-11e6-891e-abe238dee8e2.

Wolf, Martin. "Donald Trump Faces the Reality of World Trade." Financial Times, November 22, 2016. https://www.ft.com/content/064d51b0-aff4-11e6-9c37-5787335499a0.

Wolf, Martin. "Too Big, Too Leninist—a Chain Crisis Is a Matter of Time." Financial Times, December 13, 2016. https://www.ft.com/content/6a1b4010-be4c-11e6-8b45-b8b81dd5d080.

Wolf, Martin. "Democrats, Demagogues and Despots," Financial Times, December 21, 2016. https://www.ft.com/content/9310dcea-c5d2-11e6-8f29-9445cac8966f.

Wolf, Martin. "The Long and Painful Journey to World Disorder." Financial Times, January 5, 2017. https://www.ft.com/content/ef13e61a-ccec-11e6-b8ce-b9c03770f8b1.

Wolf, Martin. "The Folly of Donald Trump's Bilateralism in Global Trade." Financial Times, March 14, 2017. https://www.ft.com/content/ce92ae28-058e-11e7-ace0-1ce02ef0def9.

Wolf, Martin. "Dealing with America's Trade Follies." Financial Times, April 18, 2017. https://www.ft.com/content/fca7e9a4-2366-11e7-a34a-538b4cb30025.

Wolf, Martin. "Cities Must Be Open to the World When Nations Are Not." Financial Times, June 7, 2017. https://www.ft.com/content/fea537f8-34d6-11e7-99bd-13beb0903fa3.

Wolf, Martin. "Taming the Masters of the Tech Universe." Financial Times, November 14, 2017. https://www.ft.com/content/45092c5c-c872-11e7-aa33-c63fdc9b8c6c.

Wolf, Martin. "A Republican Tax Plan Built for Plutocrats." Financial Times, November 21, 2017. https://www.ft.com/content/e494f47e-ce1a-11e7-9dbb-291a884dd8c6.

Wolf, Martin. "Counter-Revolution by Jan Zielonka—Project Backlash." Financial Times, February 1, 2018. https://www.ft.com/content/e4290c10-069f-11e8-9650-9c0ad2d7c5b5

Wolf, Martin. "Donald Trump Declares Trade War on China." Financial Times, May 8, 2018. https://www.ft.com/content/dd2af6b0-4fc1-11e8-9471-a083af05aea7.

Wolf, Martin. "Italy's New Rulers Could Shake the Euro." Financial Times, May 22, 2018. https://www.ft.com/content/eb82fdfe-5ce4-11e8-9334-2218e7146b04.

Wolf, Martin. "Donald Trump Creates Chaos with His Tariffs Trade War." Financial Times, July 10, 2018. https://www.ft.com/content/ba65ac98-8364-11e8-a29d-73e3d454535d.

Wolf, Martin. "How We Lost America to Greed and Envy." Financial Times, July 17, 2018. https://www.ft.com/content/3aea8668-88e2-11e8-bf9e-8771d5404543.

Wolf, Martin. "The Price of Populism." Financial Times, October 24, 2018. https://www.ft.com/content /0 6181c56 -d13b-11e8 -a9f 2-7574db66bcd5.

Wolf, Martin. "We Must Rethink the Purpose of the Corporation." Financial Times, December 11, 2018. https://www.ft.com/content/786144bc-fc93-11e8-ac00-57a2a826423e.

Wolf, Martin. "The Rise of the Populist Authoritarians." Financial Times, January 22, 2019. https://www.ft.com/content/4faf6c4e-1d84-11e9-b2f7-97e4dbd3580d.

Wolf, Martin. "The World Needs to Change the Way It Taxes Companies." Financial Times, March 7, 2019. https://www.ft.com/content/9a22b722-40c0-11e9-b896-fe36ec32aece.

Wolf, Martin. "Monetary Policy Has Run Its Course." Financial Times, March 12, 2019. https://www.ft.com/content/08c4eb8c-442c-11e9-a965-23d669740bfb.

Wolf, Martin. "How Economists Failed as 'Experts'—and How to Make Them Matter Again." March 12, 2019. Institute for New Economic Thinking. https://www.ineteconomics.org/perspectives/blog/why-economists-failed-as-experts-and-how-to-make-them-matter-again.

Wolf, Martin. "Why Further Financial Crises Are Inevitable." Financial Times, March 19, 2019. https://www.ft.com/content/d9d94f4a-4884-11e9-bbc9-6917dce3dc62.

Wolf, Martin. "The Case for Capitalism." Financial Times, March 28, 2019. https://www.ft.com/content/d8b903d0-4bfe-11e9-bbc9-6917dce3dc62.

Wolf, Martin. "The Age of the Elected Despot Is Here." Financial Times, April 23, 2019. https://www.ft.com/content/9198533e-6521-11e9-a79d-04f350474d62.

Wolf, Martin. "Hypocrisy and Confusion Distort the Debate on Social Mobility." Financial Times, May 2, 2019. https://www.ft.com/content/577a0abe-6c04-11e9-a9a5-351eeaef6d84.

Wolf, Martin. "Greek Economy Shows Promising Signs of Growth." Financial Times, May 20, 2019. https://www.ft.com/content/b42ee1ac-4a27-11e9-bde6-79eaea5acb64.

Wolf, Martin. "The US-China Conflict Challenges the World." Financial Times, May 21, 2019. https://www.ft.com/content/870c895c-7b11-11e9-81d2-f785092ab560.

Wolf, Martin. "States Create Useful Money, but Abuse It." Financial Times, May 28, 2019. https://www.ft.com/content/fcc1274a-8073-11e9-9935-ad75bb96c849.

Wolf, Martin. "The Case for Making Wellbeing the Goal of Public Policy." Financial Times, May 30, 2019. https://www.ft.com/content/d4bb3e42-823b-11e9-9935-ad75bb96c849.

Wolf, Martin. "Martin Wolf: Why Rigged Capitalism Is Damaging Liberal Democracy." Financial Times, September 18, 2019. https://www.ft.com/content/5a8ab27e-d470-11e9-8367-807ebd53ab77.

Wolf, Martin. "The Narrow Corridor—the Fine Line between Despotism and Anarchy." Financial Times, September 26, 2019. https://www.ft.com/content/d8eaaaba-deee-11e9-b112-9624ec9edc59.

Wolf, Martin. "The Threat and the Promise of Digital Money." Financial Times, October 22, 2019. https://www.ft.com/content/fc079a6a-f4ad-11e9-a79c-bc9acae3b654.

Wolf, Martin. "The Fight to Halt the Theft of Ideas Is Hopeless." Financial Times, November 12, 2019. https://www.ft.com/content/d592af00-0a29-11ea-b2d6-9bf4d1957a67.

Wolf, Martin. "Why the US Economy Isn't as Competitive or Free as You Think." Financial Times, November 14, 2019. https://www.ft.com/content/97be3f2c-00b1-11ea-b7bc-f3fa4e77dd47.

Wolf, Martin. "How to Reform Today's Rigged Capitalism." Financial Times, December 3, 2019. https://www.ft.com/content/4cf2d6ee-14f5-11ea-8d73-6303645ac406.

Wolf, Martin. "A Partial and Ineffective US-China Trade Truce." Financial Times, January 21, 2020. https://www.ft.com/content/65557ec4-3851-11ea-a6d3-9a26f8c3cba4.

Wolf, Martin. "Last Chance for the Climate Transition." Financial Times, February 18, 2020. https://www.ft.com/content/3090b1fe-51a6-11ea-8841-482eed0038b1.

Wolf, Martin. "Britain Needs to Be Crystal Clear about Belated Virus Strategy." Financial Times, March 27, 2020. https://www.ft.com/content/f1871f34-6f46-11ea-89df-41bea055720b.

Wolf, Martin. "Coronavirus Crisis Lays Bare the Risks of Financial Leverage, Again." Financial Times, April 28, 2020. https://www.ft.com/content/098dcd60-8880-11ea-a01c-a28a3e3f bd33.

Wolf, Martin. "How to Escape the Trap of Excessive Debt." Financial Times, May 5, 2020. https://www.ft.com/content/2c5ddbd0-8e09-11ea-9e12-0d4655dbd44f.

Wolf, Martin. "Covid-19 Will Hit Developing Countries Hard." Financial Times, June 9, 2020. https://www.ft.com/content/31eb2686-a982-11ea-a766-7c300513fe47.

Wolf, Martin. "What Trade Wars Tell Us." Financial Times, June 18, 2020. https://www.ft.com/content/f 3ee37e0 -b0 86 -11ea-a4b6 -31f1eedf 762e.

Wolf, Martin. "The Dangerous War on Supply Chains." Financial Times, June 23, 2020. https://www.ft.com/content/e27b0c0c-1893-479b-9ea3-27a81c2506c9.

Wolf, Martin. "Democracy Will Fail If We Don't Think as Citizens." Financial Times, July 6, 2020. https://www.ft.com/content/36abf9a6-b838-4ca2-ba35-2836bd0b62e2.

Wolf, Martin. "Covid-19 Aggravates Adverse Underlying Trends." Financial Times, July 16, 2020. https://www.ft.com/content/d9c02dd2-81d8-4ee9-9552-034a599e1c79.

Wolf, Martin. "Alarm Signals of Our Authoritarian Age." Financial Times, July 21, 2020. https://www.ft.com/content/5eb5d26d-0abe-

434e-be12-5068bd6d7f06.

Wolf, Martin. "Martin Wolf—Will Covid-19 Kill Off Populism?" Financial Times, August 13, 2020. https://www.ft.com/video/1d5916ab-66b9-44ef-8528-804f518837f0.

Wolf, Martin. "There Is a Direct Line from Milton Friedman to Donald Trump's Assault on Democracy." ProMarket, October 4, 2020. https://promarket.org/2020/10/04/milton-friedman-donald-trump-assault-on-democracy-corporations/.

Wolf, Martin. "Ten Ways Coronavirus Will Shape World in Long Term." Financial Times, November 3, 2020. https://www.ft.com/content/9b0318d3-8e5b-4293-ad50-c5250e894b07.

Wolf, Martin. "Why Inflation Could Be on the Way Back." Financial Times, November 17, 2020. https://www.ft.com/content/dea66630-d054-401a-ad1c-65ebd0d10b38.

Wolf, Martin. "What the World Can Learn from the Covid-19 Pandemic." Financial Times, November 24, 2020. https://www.ft.com/content/7fb55fa2-4aea-41a0-b4ea-ad1a51cb415f.

Wolf, Martin. "Restoring UK Growth Is More Urgent Than Cutting Public Debt." Financial Times, December 13, 2020. https://www.ft.com/content/50394d54-1b2e-417b-ba6d-2204a4b05f24.

Wolf, Martin. "The American Republic's Near-Death Experience." Financial Times, January 19, 2021. https://www.ft.com/content/c085e962-f27c-4c34-a0f1-5cf2bd813fbc.

Wolf, Martin. "Containing China Is Not a Feasible Option." Financial Times, February 2, 2021. https://www.ft.com/content/83a521c0-6abb-4efa-be48-89ecb52c8d1.

Wolf, Martin. "Why Once Successful Countries Like the UK Fall Behind." Financial Times, February 21, 2021. https://www.ft.com/content/217f6d28-5a3e-48e0-bf6e-c2618da8f34b.

Wolf, Martin. "What Central Banks Ought to Target." Financial Times, March 2, 2021. https://www.ft.com/content/160db526-5e8d-4152-b711-21501a7fbd01.

Wolf, Martin. "Humanity Is a Cuckoo in the Planetary Nest." Financial Times, March 9, 2021. https://www.ft.com/content/a3285adf-6c5f-4ce4-b055-e85f39ff2988.

Wolf, Martin. "Martin Wolf Looks Back at the Pandemic One Year Later." Financial Times, March 11, 2021. https://www.ft.com/content/e02ec5cb-f08b-4bc9-a5ba-2978b680103c.

Wolf, Martin. "The Return of the Inflation Specter." Financial Times, March 26, 2021. https://www.ft.com/content/6cfb36ca-d3ce-4dd3-b70d-eecc332ba1df.

Wolf, Martin. "Larry Summers: I'm Concerned That What Is Being Done Is Substantially Excessive." Financial Times, April 12, 2021. https://www.ft.com/content/380ea811-e927-4fe1-aa5b-d213816e9073.

Wolf, Martin. "Economic Recovery Masks the Dangers of a Divided World." Financial Times, April 20, 2021. https://www.ft.com/content/0be32ec5-8a75-48f2-99f3-eb5bcd055287.

Wolf, Martin. "Action Must Replace Talk on Climate Change." Financial Times, May 4, 2021. https://www.ft.com/content/3fa154f3-84e7-4964-9a21-d3dbd41e1470 https://www.ft.com/content/3fa154f3-84e7-4964-9a21-d3dbd41e1470,

Wolf, Martin. "The Struggle for the Survival of US Democracy." Financial Times, May 11, 2021. https://www.ft.com/content/aebe3b15-0d55-4d99-b415-cd7b109e64f8.

Wolf, Martin. "We Can End the Covid Pandemic in the Next Year." Financial Times, May 25, 2021. https://www.ft.com/content/12fc9f47-7fd3-4690-93c5-f641688fca36.

Wolf, Martin. "How 'Creative Destruction' Drives Innovation and Prosperity." Financial Times, June 11, 2021. https://www.ft.com/content/3a0aa7cb-d10e-4352-b845-a50df70272b8.

Wolf, Martin. "Radical Reform of British Pension Provision Is Urgent." Financial Times, June 13, 2021. https://www.ft.com/content/791876ae-7ce2-4c0b-9f7a-c12b4f39f6d5.

Wolf, Martin. "The US Should Spurn the False Promise of Protectionism." Financial Times, June 15, 2021. https://www.ft.com/content/4edc2c5a-298f-4edd-81b7-5b94b7b23b93.

Wolf, Martin. "It Is Folly to Make Pensions Safe by Making Them Unaffordable." Financial Times, June 27, 2021. https://www.ft.com/content/138974df-5dc0-47e4-acb8-e2eb048fe8bd.

Wolf, Martin. "Equities Are the Only Sensible Foundation for Private Pensions." Financial Times, July 11, 2021. https://www.ft.com/content/e3a621d3-5cfc-4410-bd3c-0fde3535582b.

Wolf, Martin. "The G20 Has Failed to Meet Its Challenges." Financial Times, July 13, 2021. https://www.ft.com/content/c9448d15-8410-47d3-8f41-cd7ed41d8116.

Wolf, Martin. "COP26 Is the Real Thing and Not a Drill." Financial Times, October 19, 2021. https://www.ft.com/content/799b7b93-9ec5-4318-9ac1-c82cb81f96d.

Wolf, Martin. "What Is the Least We Need from COP26?" Financial Times, October 26, 2021. https://www.ft.com/content/f859d515-f1d0-405f-9aee-c609951f4254.

Wolf, Martin. "How We Can Share Our Divided World." Financial Times, November 2, 2021. https://www.ft.com/content/b371e181-eac3-41ef-88c5-ca2bb20edd99.

Wolf, Martin. "Dancing on the Edge of Climate Disaster." Financial Times, November 23, 2021. https://www.ft.com/content/6e2b366f-e139-4d69-bd4f-9254333bf316.

Wolf, Martin. "We Must Accept Higher Taxes to Fund Health and Social Care." Financial Times, November 29, 2021. https://www.ft.com/content/efc67bb9-cff4-49e5-9101-67d2382ece09.

Wolf, Martin. "Lessons in 'Leveling Up' from the Basque Country." Financial Times, November 30, 2021. https://www.ft.com/content/bb2c627f-1baa-4230-9cb8-3876c216b8f7.

Wolf, Martin. "A Call to Arms for Diverse Democracies and Their 'Decent Middle.'" Financial Times, May 5, 2022. https://www.ft.com/content/83ba0474-70ea-4759-81f1-e14f6ea269fa.

Wolf, Martin. "The Big Mistakes of the Anti-globalisers." Financial Times, June 21, 2022. https://www.ft.com/content/fa1f3a82-99c5-4fb2-8bff-a7e8d3f65849.

Wolf, Martin "In an Era of Disorder, Open Trade Is at Risk." Financial Times, June 28, 2022. https://www.ft.com/content/df62d58c-e864-4e3b-9aa6-5587e8ef1667.

Wolf, Martin. "A Matter of Interest—the Battle Over Monetary Policy." Financial Times, July 27, 2022. https://www.ft.com/content/e7cc3c01-08e3-47fc-9442-d45378b34bb8.

Wolff, Alan. "Trade, Global Cooperation Can Best Deliver Adequate Medical Supplies." September 4, 2020. World Trade Organization. https://www.wto.org/english/news_e/news20_e/ddgaw_04sep20_e.htm.

Woodhouse, Alice, and James Politi. "Populist Five Star Movement Secures 32 Percent of Vote in Italian Election." Financial Times, March 5, 2018. https://www.ft.com/content/ecd89a82-2045-11e8-a895-1ba1f72c2c11.

Wooldridge, Adrian. The Aristocracy of Talent: How Meritocracy Made the Modern World. London: Allen Lane, 2021.

World Atlas. https://www.worldatlas.com.

World Bank. "COVID-19: Debt Service Suspension Initiative." June 19, 2020. https://www.worldbank.org /en /topic/debt / brief/ covid-19 -debt-service-suspension-initiative.

World Bank. Global Economic Prospects June 2020. Washington, DC: World Bank, 2020.

World Bank. "International Migrant Stock, Total." http://data.worldbank.org/indicator/SM.POP.TOTL.

World Bank. World Development Indicators. http://data.worldbank.org/data-catalog/world-development-indicators.

World Inequality Report 2018. https://wir2018.wid.world/.

World Trade Organization. "Trade Falls Steeply in First Half of 2020." June 22, 2020. https://www.wto.org/cnglish/news_e/pres20_e/pr858_e.htm.

World Trade Organization. World Trade Statistical Review 2017. https://www.wto.org/english/res_e/statis_e/wts2017_e/wts17_toc_e.htm.

Wray, L. Randall. Modern Money Theory: A Primer on Macroeconomics for Sovereign Monetary Systems. New York: Palgrave Macmillan, 2012.

Wren-Lewis, Simon. The Lies We Were Told: Politics, Economics, Austerity and Brexit. Bristol: Bristol University Press, 2018.

Wright, Thomas, and Gabriel Zucman. "The Exorbitant Tax Privilege." National Bureau of Economic Research Working Paper 24983. September 2018. https://www.nber.org/papers/w24983.

Wu, Tim. The Curse of Bigness: Antitrust in the New Gilded Age. New York: Columbia Global Reports. 2018.

Yglesias, Matthew. "Fox News's Propaganda Isn't Just Unethical—Research Shows It's Enormously Influential: Without the 'Fox Effect,' Neither Bush Nor Trump Could Have Won." Vox, March 4, 2019. https://www.vox.com/2019/3/4/18249847/fox-news-effect-swing-elections.

Yglesias, Matthew. "Justin Trudeau, Unlike Trump, Is Taking NAFTA Renegotiation Really Seriously." Vox, August 23, 2017. https://www.vox.com/policy-and-politics/2017/8/23/16178914/trump-nafta-trudeau.

Zakaria, Fareed. The Future of Freedom: Illiberal Democracy at Home and Abroad. London and New York: W. W. Norton, 2007.

Ziblatt, Daniel. Conservative Parties and the Birth of Democracy. Cambridge: Cambridge University Press, 2017.

Zielonka, Jan. Counter-Revolution: Liberal Europe in Retreat. Oxford: Oxford University Press, 2018.

Zingales, Luigi, Jana Kasperkevic, and Asher Schechter. Milton Friedman 50 Years Later. ProMarket, 2020. Stigler Center for the Study of the Economy and the State. https://promarket.org/wp-content/uploads/2020/11/Milton-Friedman-50-years-later-ebook.pdf/.

Zoellick, Robert. "Whither China: From Membership to Responsibility?" September 21, 2015. US Department of State Archive. https://2001-2009.state.gov/s/d/former/zoellick/rem/53682.htm.

Zuboff, Shoshana. The Age of Surveillance Capitalism: The Fight for a Human Future and the New Frontier of Power. New York: Public Affairs, 2019.

民主資本主義的歧路
The Crisis of Democratic Capitalism

作者	馬丁・沃夫Martin Wolf
譯者	李芳齡
商周集團執行長	郭奕伶

商業周刊出版部	
總監	林雲
責任編輯	潘玫均
封面設計	Winder Chen
內文排版	点泛視覺設計工作室
出版發行	城邦文化事業股份有限公司 商業周刊
地址	104台北市中山區民生東路二段141號4樓
	電話：(02)2505-6789　傳真：(02)2503-6399
讀者服務專線	(02)2510-8888
商周集團網站服務信箱	mailbox@bwnet.com.tw
劃撥帳號	50003033
戶名	英屬蓋曼群島商家庭傳媒股份有限公司城邦分公司
網站	www.businessweekly.com.tw
香港發行所	城邦（香港）出版集團有限公司
	香港灣仔駱克道193 號東超商業中心1樓
	電話: (852) 2508-6231　傳真: (852) 2578-9337
	E-mail：hkcite@biznetvigator.com
製版印刷	科樂印刷事業股份有限公司
總經銷	聯合發行股份有限公司電話：(02) 2917-8022
初版1刷	2024年3月
定價	550元
ISBN	978-626-7366-18-9（平裝）
EISBN	9786267366196（PDF）/ 9786267366202（EPUB）

國家圖書館出版品預行編目(CIP)資料

民主資本主義的歧路：《金融時報》經濟學家思索資
本市場與民主體制的過去、現在、未來/馬丁.沃夫
(Martin Wolf)著；李芳齡譯. -- 初版. -- 臺北市：城邦
文化事業股份有限公司商業周刊, 2024.3　面；　公分
譯自：The crisis of democratic capitalism
ISBN 978-626-7366-18-9(平裝)
1.CST: 資本主義 2.CST: 國際經濟
550.187　　　　　　　　　　　　　112015337

藍學堂

學習・奇趣・輕鬆讀